DataBase 4500

データベース4500

【完成】
英単語・熟語

元東京家政大学教授　荻野治雄［監修］
Supervised by Ogino Haruo

3rd Edition

桐原書店

はじめに

「もっと自由に英語を使うことができたらいいのになあ」と思っている人は，きっとたくさんいることでしょう。しかし，こうした切実な望みにもかかわらず，思うように英語力が身につかないと悩んでいる人もまた多いことでしょう。

ひと口に英語力と言っても，さまざまな場面で多様な力が要求されます。本書の目的である英単語の力，つまり語い力もその1つです。語い力を身につけることだけが英語力向上の方法ではありませんし，それで十分でもありません。しかし確実に言えるのは，語い力なくしては英語で読むことや書くこと，話すこともできないということです。

本書は，大学入試に必要な英単語1,528語と英熟語340語を最重要語として収録しています。語の選定にあたっては，高校の教科書で学習する語に加え，過去の全センター試験と全国主要大学の入試問題を調査しました。さらに語の現れる頻度を，テーマ別・語法別に分析し，「入試での問われ方」の視点から収録語を決定しています。

2001年の初版発行以来，100万を超える読者に支持されてきた本書ですが，その間に入試に登場する英文のテーマも変わり，新たに問われるようになった単語も少なくありません。また，読者のみなさまからも，改善のためのご意見をたくさん頂戴しました。こうした入試の傾向の変化や，みなさまの声を反映するために，今回2度目の改訂を行いました。

具体的な改訂点は以下の通りです。①最新のデータ分析をもとに，新たに英単語約100語を追加し，国公立大2次・私立大対策レベルの単語の充実を図りました。②本書例文のおよそ半数を，『ロングマン現代英英辞典』および『ロングマン英和辞典』の用例から引用しました。コーパスに裏づけられた高頻度の表現を身につけることで，学習効果がさらに高まります。③本文レイアウトを大幅に刷新し，より見やすく情報を整理しなおしました。④付属の音声CDを従来の2枚から3枚に増やし，すべての見出し単語とその意味に加え，例文も収録しました。

単語帳は，単語の持つ本質的な意味を効率よく，リズム感を持って身につけられることが必須条件です。「継続は力なり」と言われますが，本書により，まさに「継続」が容易なものとなり，英語力のさらなる向上を目指すみなさまの日々の学習の役に立つことを願っています。

2008年秋
桐原書店編集部

本書の特長と使い方

①厳選された英単語・熟語
　本書では，センター試験から，国公立大2次試験・私立大対策も視野に入れ，英単語1,528と英熟語340を見出し語として入念に選びました。
　英単語・熟語の選定は，主要な高校英語Ⅰ・Ⅱの教科書を調査し，また過去の全センター試験のデータ分析と長年にわたる主要な大学の入試問題分析の結果も活用して行なう。
　基本的な英単語・熟語については，「入試での問われ方」を切り口に解説を加え，例題を掲載しました。

②レベル別・テーマ別の効率的な学習
　本書全体をレベル別に6段階に分け，関連づけて覚えやすいように，英単語・熟語をテーマ別に分類して提示しました。

③全単語・熟語に例文が完全対応。赤シート学習が可能
　右ページ（多義語，多機能語のページのみ左ページ）に，すべての見出し語に対応する例文を掲載しました。赤シートを使うことにより，英⇔和の双方向から定着度をチェックできます。

④単語に関する情報マーカーを充実
　発音やアクセントに注意すべき単語には，それぞれ 発 ア のマーカーをつけました。また，派生語や重要関連語も独自のマーカーで明示しています。

⑤文法・語法がわかる　　Grammar Focus
　LEVEL 1～4では，意味別分類のほかに，文法・語法問題で使い方が問われやすい単語をまとめて提示しました。「Grammar Focus」には文法・語法上のワンポイント・アドバイスを入れ，「Challenge」には大学入試で実際に出題された問題を掲載しています。

⑥入試長文で確認できる　　Challenge Reading
　LEVEL 5, 6では学習した単語が使われている，過去に実際に出題された入試長文の抜粋を掲載しました。テーマにそった英文を中心に掲載していますので，どのような文脈で単語が使われているかを確認できます。「Translation Example」に訳例を掲載していますので，英文と訳例を照らし合わせてみてください。

⑦長文を読んでみる　　長文読解
　各LEVELに，学習した単語・熟語が多く使われている長文を掲載しました。学習した語の意味を，長文の中で再確認できます。また，Quick Check!で関連語の知識も確認してください。

⑧入試問題を実際に解く　　実践問題
　各LEVELの最後に，過去に実際に出題された入試問題を掲載しました。そのLEVELで学習した単語や熟語が出題のポイントとなっている問題です。復習をかねて腕試しをしてください。

⑨CD3枚で耳から学習
　本書に添付されているCDには，「発音記号をマスターする」の音声と，本文左ページの全見出し単語と意味，および例文を収録しました。また，熟語は例文のみを収録し，「長文読解」の英文も収録しました。まず発音記号の読み方を音声で確認してから，本章へと進みましょう。

もくじ

はじめに ——————————————————— 2
本書の特長と使い方 ————————————— 3
発音記号をマスターする ——————————— 6
本書で使用している記号 ——————————— 10

LEVEL1 入試への足固め(1) ——————— 11

単語 ……………………………………………… 12
基本動詞を含む頻出熟語 ……………………… 52
長文読解 ………………………………………… 64
実践問題 ………………………………………… 66
実践問題 日本語訳と解説 ……………………… 68

LEVEL2 入試への足固め(2) ——————— 69

単語 ……………………………………………… 70
基本動詞を含む頻出熟語 ……………………… 110
長文読解 ………………………………………… 122
実践問題 ………………………………………… 124
実践問題 日本語訳と解説 ……………………… 126

LEVEL3 センター試験重要語(1) —————— 127

単語 ……………………………………………… 128
基本動詞を含む頻出熟語 ……………………… 168
押さえておきたい頻出熟語 …………………… 170
長文読解 ………………………………………… 180
実践問題 ………………………………………… 182
実践問題 日本語訳と解説 ……………………… 184

LEVEL4 センター試験重要語(2) ——— 185

　　単語 …………………………………………… 186
　　基本動詞を含む頻出熟語 ………………… 226
　　ここで差がつく頻出熟語 ………………… 228
　　長文読解 …………………………………… 238
　　実践問題 …………………………………… 240
　　実践問題 日本語訳と解説 ………………… 242

LEVEL5 国公立大2次・私立大対策(1) ——— 243

　　単語 …………………………………………… 244
　　ここで差がつく頻出熟語 ………………… 288
　　注意すべき多義語 ………………………… 292
　　長文読解 …………………………………… 312
　　実践問題 …………………………………… 314
　　実践問題 日本語訳と解説 ………………… 316

LEVEL6 国公立大2次・私立大対策(2) ——— 317

　　単語 …………………………………………… 318
　　注意すべき多機能語 ……………………… 370
　　覚えておきたい接頭辞 …………………… 380
　　覚えておきたい接尾辞 …………………… 382
　　長文読解 …………………………………… 384
　　実践問題 …………………………………… 386
　　実践問題 日本語訳と解説 ………………… 388

Challenge 日本語訳と解説 ———————————— 389
Challenge Reading 語句の確認 ———————— 391

単語さくいん ————————————————————— 392
熟語さくいん ————————————————————— 408

発音記号をマスターする

母音

発音記号	例	発音のポイント
[iː]	bee [bíː]：ハチ　　sea [síː]：海 he [híː]：彼は［が］	唇を左右に引っ張って「イー」と言う。
[i]	this [ðís]：これ　　sit [sít]：座る give [gív]：与える	口は「エ」を言う形で、力を入れずに「イ」と言う。
[e]	egg [ég]：卵　　next [nékst]：次に breakfast [brékfəst]：朝食	日本語の「エ」と同じように言えばよい。
[æ]	map [mǽp]：地図　　bag [bǽg]：かばん act [ǽkt]：行ない；行動する	唇を左右に強く引っ張って「ェア」と言う。
[uː]	food [fúːd]：食べ物　move [múːv]：動く true [trúː]：本当の	日本語の「ウ」より唇を前に突き出して「ウー」と言う。
[u]	put [pút]：置く　　foot [fút]：足 pull [púl]：引く	力を抜いて、唇を丸めて「ウ」と言う。
[ɔː]	call [kɔ́ːl]：呼ぶ soft [sɔ́ːft]：やわらかい daughter [dɔ́ːtər]：娘	口は日本語の「オ」の形で「アー」と言う。
[ɔːr]	port [pɔ́ːrt]：港　　door [dɔ́ːr]：ドア warm [wɔ́ːrm]：暖かい	上の [ɔː] を言ってから、舌先を上げて力を抜いて「ア」をそえる。
[ɑː]	father [fɑ́ːðər]：父 calm [kɑ́ːm]：静かな palm [pɑ́ːm]：ヤシ	口を大きく開いて、のどの奥から明るく「アー」と言う。
[ɑːr]	arm [ɑ́ːrm]：腕 smart [smɑ́ːrt]：頭のよい part [pɑ́ːrt]：部分	上の [ɑː] を言ってから、舌先を上げて力を抜いて「ア」をそえる。
[ɑ]	clock [klɑ́k]：時計　　god [gɑ́d]：神 hot [hɑ́t]：暑い	のどの奥で軽く「ア」と言う。
[ə]	around [əráund]：〜の周りに tomorrow [təmɑ́rou]：あした(は) silent [sáilənt]：静かな	口を大きく開けず、力を抜いてあいまいに「ア」と言う。

発音記号	例	発音のポイント
[əːr]	earth [ə́ːrθ]：地球　girl [gə́ːrl]：女の子 further [fə́ːrðər]：さらに遠くへ	舌先を上げて、口を大きく開けず、力を抜いてあいまいに「アー」と言う。
[ər]	percent [pərsént]：パーセント actor [æktər]：俳優 dollar [dálər]：ドル	[əːr] をのばさず短く言う。
[ʌ]	cut [kʌ́t]：切る　come [kʌ́m]：来る trouble [trʌ́bl]：困難	のどの奥のほうで「アッ」と強く言う。口はあまり開けない。
[ai]	ice [áis]：氷　sky [skái]：空 buy [bái]：買う	「ア」を強く、ややのばす感じで「アーイ」と言う。
[ei]	take [téik]：取る　eight [éit]：8 May [méi]：5月	「エ」を強く、ややのばす感じで「エーイ」と言う。
[ɔi]	oil [ɔ́il]：油　toy [tɔ́i]：おもちゃ noise [nɔ́iz]：騒音	日本語の「オ」より大きく丸く口を開け、「オーイ」とややのばす感じで言う。
[au]	mouth [máuθ]：口　cow [káu]：雌ウシ how [háu]：どのようにして	「ア」を強く、ややのばす感じで「アーウ」と言う。
[ou]	go [góu]：行く　coast [kóust]：海岸 follow [fálou]：ついて行く	口を小さく丸め、「オ」を強く、ややのばす感じで「オーウ」と言う。
[iər]	ear [iər]：耳　here [híər]：ここに deer [díər]：シカ	[i] のあとに [ər] を軽くそえる。
[eər]	air [éər]：空気　care [kéər]：心配する there [ðéər]：そこに	[e] のあとに [ər] を軽くそえる。
[uər]	poor [púər]：貧しい pure [pjúər]：純粋な sure [ʃúər]：確信して	[u] のあとに [ər] を軽くそえる。

子音

発音記号	例	発音のポイント
[p]	piano [piǽnou]：ピアノ　pig [píg]：ブタ supper [sʌ́pər]：夕食	唇を閉じ，息だけ勢いよく出して「プッ」と言う。
[b]	book [búk]：本　big [bíg]：大きい job [dʒάb]：仕事	唇を閉じ，のどの奥で声を出しながら息を出して「ブッ」と言う。
[t]	tea [tíː]：お茶　　ten [tén]：10 bat [bǽt]：バット	上の歯ぐきに舌の先をあてて息だけを出す。
[d]	desk [désk]：机　　deep [díːp]：深い sad [sǽd]：悲しい	上の歯ぐきに舌の先をあてて，のどの奥で声を出しながら息を出す。
[k]	kick [kík]：ける　　cold [kóuld]：冷たい shock [ʃάk]：衝撃	日本語の「ク」より強く激しく言う。
[g]	good [gúd]：よい　　gift [gíft]：贈り物 dog [dɔ́(ː)g]：イヌ	[k] を言うときに，同時にのどの奥で声を出す。
[f]	fine [fáin]：立派な　phone [fóun]：電話 enough [inʌ́f]：十分に	下唇に前歯の先をあてて，息だけそこから出す。
[v]	violin [vàiəlín]：バイオリン　very [véri]：とても　drive [dráiv]：運転する	下唇に前歯の先をあてて，声を出しながら息を出す。
[θ]	think [θíŋk]：考える　three [θríː]：3 tooth [túːθ]：歯	前歯の先に舌先を軽くつけて，そこから息だけを出す。
[ð]	this [ðis]：これ　　then [ðén]：そのとき smooth [smúːð]：なめらかな	前歯の先に舌先を軽くつけて，声を出しながら息を出す。
[s]	six [síks]：6　　circle [sɔ́ːrkl]：丸 pass [pǽs]：手渡す	上の歯ぐきに舌先を近づけて，そこから「ス」と息を出す。
[z]	zoo [zúː]：動物園　lose [lúːz]：失う easy [íːzi]：簡単な	上の歯ぐきに舌先を近づけて，そこから「ズ」と声を出しながら息を出す。
[ʃ]	she [ʃíː]：彼女は「が」　cash [kǽʃ]：現金 attention [əténʃən]：注意	日本語で「静かに」と言うときの「シー」に近い感じ。息だけを出す。
[ʒ]	usual [júːʒuəl]：いつもの decision [disíʒən]：決定 television [téləvìʒən]：テレビ	上の [ʃ] の音を出すときに，のどの奥で声を出しながら息を出す。

発音記号	例	発音のポイント
[tʃ]	**ch**eer [tʃíər]：歓声　　wa**tch** [wátʃ]：腕時計　　fu**t**ure [fjúːtʃər]：未来	舌先を上の歯ぐきにつけて，そこから「チ」と息を出す。
[dʒ]	**J**apan [dʒəpǽn]：日本　　pa**ge** [péidʒ]：ページ　　**j**u**dge** [dʒʌ́dʒ]：審判	舌先を上の歯ぐきにつけ，のどの奥で声を出しながら息を出す。
[ts]	boo**ts** [búːts]：長靴（複） ca**ts** [kǽts]：ネコ（複） no**t**es [nóuts]：メモ（複）	舌は日本語の「ツ」の位置で，息だけを出す。
[dz]	goo**ds** [gúdz]：品物 besi**des** [bisáidz]：〜のほかに be**ds** [bédz]：ベッド（複）	日本語の「ヅ（ズ）」と同じように，声を出す。
[h]	**h**ouse [háus]：家　　**h**uman [hjúːmən]：人間の　　**wh**o [húː]：だれ（が）	口をあとに続く母音の形にし，のどの奥から息だけを出す。
[m]	**m**ake [méik]：作る　　co**mb** [kóum]：くし　　su**mm**er [sʌ́mər]：夏	唇を閉じて，鼻の奥で「ム」と声を出す。
[n]	**n**ame [néim]：名前　　**n**oon [núːn]：正午　　ma**nn**er [mǽnər]：やり方	上の歯ぐきに舌先をつけ，鼻の奥で「ンヌ」と声を出す。
[ŋ]	i**n**k [íŋk]：インク E**n**glish [íŋgliʃ]：英語 lo**ng** [lɔ́(ː)ŋ]：長い	[k] や [g] の前の [n] が [ŋ] の音になる。[n] の音をのばして [k] や [g] に続けることが多い。
[l]	**l**ive [lív]：生きる　　**l**ove [lʌ́v]：愛　　te**ll** [tél]：話す	舌先を上の歯ぐきにつけて，鼻の奥のほうで「ウ」と声を出す。
[r]	**r**ight [rait]：右　　p**r**ide [práid]：誇り　　wo**rr**y [wə́ːri]：心配する	舌先を軽く上に上げ，軽く「ウ」をそえる感じで声を出す。
[j]	**y**oung [jʌ́ŋ]：若い　　**y**esterday [jéstərdèi]：きのう（は）　　**y**ard [jáːrd]：庭	[i] の口の形をして，あとに続く母音の発音へ移る。
[w]	**w**est [wést]：西　　**w**ind [wínd]：風　　**w**ave [wéiv]：波	唇を丸めて突き出し，「ウ」と言う。

※ (ː), (i), (h), (k) など (　) 内の音や，*r* と *ə* の音は，省略可能な音を表す。

本書で使用している記号

( ) ①単語の意味上の補足 ②省略可能な語(句)
③反意語・同意語・類義語の明示
(例) ① weather (特定の日の)天気 ② in (full) bloom 満開で
③ answer (= reply) ／ agree (↔ disagree)

[ ] 置きかえが可能な語(句)
(例) *be* anxious about[for] ... …のことで心配する
sound ～のように聞こえる[思われる]

《 》 文法・語法上の補足説明
(例) look 動《look at ... で》…を見る

(( )) アメリカ用法《米》・イギリス用法《英》
(例) neighbor ／ 《英》neighbour 名 近所

〈 〉 不規則動詞の活用変化〈過去形 - 過去分詞形〉
(例) wind 〈wound - wound〉

⇨ 派生語
(例) enter ⇨ entrance 名 入口；入場；入学

➡ 重要関連語や関連熟語，参考となる表現
(例) weather ➡ climate 名 (年間を通じての)気候
reach ➡ reach for ... …に手を伸ばす
border ➡ border dispute 国境[境界]紛争

↔ 反意語
(例) public 形 公共の (↔ private 私用の)

= 同意語
(例) appear ～のように見える (= look)

≒ 類義語および，ほぼ同じ意味を持つ語や表現
(例) shrimp 名 (小)エビ (≒ prawn)

(複) 複数形
(例) leaf (複) leaves ／ look 名《(複)で》容姿

発 ア 発：発音に注意すべき語　　ア：アクセントに注意すべき語
(例) weather [wéðər] 発　　temperature [témpərtʃər] ア

注意 注意すべき事柄
(例) dessert [dizə́ːrt] 名 デザート　注意 desert [dézərt] 名 砂漠

🔴 B-5 CD 収録マーカーとトラックナンバー
🔴 B-5 は，ディスク B のトラックナンバー 5 に音声が収録されていることを表す。

LEVEL 1

入試への足固め(1)

LEVEL 1 では，高校の教科書によく出てくる基本的な単語を中心に学習します。単語の意味を覚えるだけではなく，「discuss は自動詞か他動詞か」，「feel はどの文型でよく用いられるか」など，文法・語法を確認しながら身につけましょう。
また，go や have などの基本動詞を含む熟語も学習します。

天気に関する語

1 □ weather
発 [wéðər]
名 (特定の日の) 天気, 天候
→ climate [kláimət] 名 (年間を通じての) 気候

2 □ temperature
ア [témpərtʃər]
名 ① 温度, 気温
② 体温 (= body temperature)

3 □ wind
発 [wínd]
名 風　⇨ wíndy 形 風のある, 風の強い
注意 [wáind] 動 (時計・糸など)を巻く；
(道などが) 曲がりくねる　〈wound - wound〉

4 □ ray
[réi]
名 光線；放射線
→ X-ray　X線；レントゲン写真

5 □ view
[vjúː]
名 ① 眺め, 視界　② 見解, 意見
→ with a view to -ing ～するために

6 □ fine
[fáin]
形 ① 晴れた　② 立派な　③ (きめが) 細かい
注意 名 罰金
動 に罰金を科す

7 □ calm
発 [káːm]
形 穏やかな, 落ち着いた, 静かな
動 を落ち着かせる, を静める；静まる

GF 前置詞をつけてしまいたくなる他動詞 (1)

8 □ answer
[ǽnsər]
動 ① に答える　② に応答する
名 答え, 解決策, 返事 (= reply)

9 □ approach
発 [əpróutʃ]
動 ① に近づく　② に取り組む
名 ① (研究などの) 方法　② 接近

10 □ attend
[əténd]
動 ① に出席する
注意 ②《attend to ... で》…に注意を払う ● 1532
⇨ atténdance 名 出席；出席者

11 □ discuss
ア [diskʌ́s]
動 について議論する, を論じる
⇨ discússion 名 議論

12 □ enter
[éntər]
動 に入る, に入学する
⇨ éntrance 名 入口；入場；入学

Grammar Focus 01
他動詞：動詞のすぐあとに目的語がくる動詞。動詞と目的語の間に**前置詞は不要**。日本語の意味につられて, 前置詞を入れてしまわないように注意する。

Word No. 1 − 12

A-4

□ The **weather** in Tokyo has been very hot lately.	東京では最近，非常に暑い**天気**が続いている。
□ The **temperature** rose to 38 degrees Celsius today.	今日は**気温**が摂氏38度まで上昇した。
□ ⓐ My hat was blown off by the **wind**. ⓑ The road **winds** sharply.	ⓐ私の帽子は**風**で吹き飛ばされた。 ⓑその道は鋭く**曲がりくねっている**。
□ **Rays** of sunlight were shining through the clouds.	太陽の**光線**が雲間から輝いていた。
□ The house has wonderful **views** of the mountains.	その家からは，山々のすばらしい**眺め**が望める。
□ ⓐ The weather was **fine** on Sunday, so we went to the beach. ⓑ He got a 75 dollar **fine** for speeding.	ⓐ日曜日は**晴れ**だったので，私たちは浜辺へ行った。 ⓑ彼はスピード違反で75ドルの**罰金**を科せられた。
□ It was a **calm**, clear, beautiful day.	**穏やかで**，晴れた心地よい日だった。

A-5

□ He still hasn't **answered** my question.	彼は依然として私の質問に**答えて**いない。
□ As I **approached** the house, I noticed a light was on upstairs.	その家に**近づいた**とき，私は2階の明かりがついていることに気づいた。
□ All of the members **attended** the meeting.	メンバー全員が会議に**出席した**。
□ She refused to **discuss** the matter with them.	彼女は彼らとその問題について**議論する**ことを拒んだ。
□ When I **entered** the room, everybody looked at me at the same time.	私が部屋に**入った**とき，みんな同時に私を見た。

Challenge 01 適当な語句を選びなさい。

The class (　　) the problem.
　① discussed　　② discussed about
　③ discussed on　　④ discussed with　　〈東京経済大〉

答：①
→ p.389

→ のページに，日本語訳と解説を掲載しています。

■》 植物に関する語

13 □ **plant** 発 [plˈænt]	名①植物　②工場 動①を植える　②(考えなど)を植えつける 　⇨ plantátion 名大農場
14 □ **blossom** 発 [blάsəm]	名(果樹の)花；開花(期) 動(花が)開く；栄える
15 □ **bloom** [blúːm]	名①(観賞用の)花　②開花(期)；花盛り ➡ in (full) bloom (満開に)花が咲いて 動(花が)開く；栄える
16 □ **leaf** [líːf]	名①葉　②(本などの紙の)1枚　(複) leaves ➡ a leaf of paper 1枚の紙
17 □ **fruit** [frúːt]	名①果物，実　注意②成果 ➡ bear fruit 実を結ぶ，成果を上げる
18 □ **pick** [pík]	動①(花・実など)を摘む　②を拾う ➡ pick up ... ①…を拾い上げる 　②(車で)…を迎える，…を迎えに行く
19 □ **grow** [gróu]	動①成長する，大きくなる　②を育てる ③〜になる (= become)　〈grew - grown〉 ➡ grow up 成長する　⇨ grówth 名成長 ● 1457

■》 前置詞をつけてしまいたくなる他動詞（2）

20 □ **marry** [mˈæri]	動①と結婚する　②を結婚させる ➡ be married to ... …と結婚している ⇨ márriage 名結婚
21 □ **obey** ア [oubéi]	動に従う，に服従する ⇨ obédience 名従順，服従
22 □ **reach** [ríːtʃ]	動①に達する　②に手が届く　③に着く ➡ reach for ... …に手を伸ばす 名(手の)届く範囲 ➡ out of (the) reach 手の届かないところに
23 □ **resemble** [rizémbl]	動に似ている　注意進行形にしないこと。 ⇨ resémblance 名類似
24 □ **survive** ア [sərváiv]	動①を生き延びる；生き残る ②をうまく切り抜ける；うまくやっていく ⇨ survíval 名生存，存続

☐ Don't forget to water the **plants** every day while I'm away.	私がいない間，毎日忘れずに植物に水をやりなさい。
☐ The apple trees are covered in white **blossoms**.	リンゴの木が白い花で覆われている。
☐ The roses are *in full* **bloom** now.	今やバラが満開だ。
☐ Add a few **leaves** of fresh basil to the salad.	サラダに新鮮なバジルの葉を数枚加えなさい。
☐ I think his research will surely *bear* **fruit**.	私は彼の研究がきっと成果を上げると思う。
☐ I want you to **pick** her *up* at the airport.	私はあなたに空港へ彼女を迎えに行ってもらいたい。
☐ You've really **grown** since I saw you last.	私がこの前あなたに会って以来，あなたは実に成長した。
☐ ⓐ Lisa **married** a man from Japan. ⓑ Lisa *is* **married** *to* a Japanese man.	ⓐリサは日本出身の男性と結婚した。 ⓑリサは日本人男性と結婚している。
☐ You must **obey** the rules.	あなたは規則に従わなければならない。
☐ ⓐ Temperatures may **reach** 40 degrees Celsius today. ⓑ Keep medicines *out of the* **reach** of children.	ⓐ今日は気温が摂氏40度に達するかもしれない。 ⓑ薬を子どもたちの手の届かないところにしまっておきなさい。
☐ Kate closely **resembles** her father.	ケイトはお父さんによく似ている。
☐ Three of the passengers **survived** the airplane crash.	乗客のうち3人がその飛行機の墜落を生き延びた。

▶ 地理に関する語

25 □ continent [kάntənənt]
名 大陸
⇨ continéntal 形 大陸の

26 □ area 発 [éəriə]
名 ①(ある特定の)地域, 区域 ②(活動の)範囲
➡ area code 《米》(電話の)市外局番

27 □ part [pάːrt]
名 ①部分；部品；(国や都市の)地域 ②役(割)
動 注意 ①を分ける ②別れる；離れる

28 □ horizon ア 発 [həráizn]
名 地平線, 水平線
⇨ horizontal [hɔːrəzάntl] ア 形 地[水]平線の；同等の

29 □ border [bɔ́ːrdər]
名 ①国境, 境界 ②へり, 境目
➡ border dispute 国境[境界]紛争

30 □ foreign 発 [fɔ́(ː)rən]
形 ①外国の ②異質な
⇨ fóreigner 名 外国人

GF 他動詞と誤りやすい自動詞

31 □ apologize ア [əpάlədʒàiz]
動 謝罪する, わびる
➡ apologize to〈人〉〈人〉に謝る
➡ apologize for ... …を謝る ⇨ apólogy 名 謝罪

32 □ argue [άːrgjuː]
動 ①言い争う ②議論する
➡ argue with〈人〉〈人〉と言い争う[議論する]
⇨ árgument 名 議論

33 □ complain ア [kəmpléin]
動 不平を言う, 苦情を言う
➡ complain of[about] ... …について不平[苦情]を言う ⇨ compláint 名 不平, 苦情

34 □ graduate ア [grǽdʒuèit]
動 卒業する
➡ graduate from ... (学校など)を卒業する
⇨ graduátion 名 卒業

35 □ agree ア [əgríː]
動 意見が一致する, 同意する, 賛成する
(⟷ disagree 意見が合わない)
➡ agree with〈人〉〈人〉と意見が一致する
➡ agree to ... (案など)に同意する
⇨ agréement 名 合意；協定

Grammar Focus 02
自動詞：動詞のすぐあとに目的語を続けることができない動詞。〈動詞＋前置詞＋名詞〉という語順になる。動詞と前置詞の組み合わせを1つにして覚えよう。例：**arrive** *at* ...「…に着く」, **reply** *to* ...「…に返事をする」, **listen** *to* ...「…を聞く」などがある。

Word No. 25 – 35

A-8

☐ Australia is both a country and a **continent**.	オーストラリアは国であり，**大陸**でもある。
☐ Many **areas** of Africa have been suffering from severe drought lately.	最近，アフリカの多くの**地域**がひどい干ばつに苦しんでいる。
☐ In **parts** of Canada, French is the first language.	カナダのある**地域**では，フランス語が第1言語だ。
☐ The moon rose above the **horizon**.	月が**地平線**の上に昇った。
☐ The river lies on the **border** between the U.S. and Mexico.	その川はアメリカとメキシコの間の**国境**上にある。
☐ Today we hear many kinds of English with **foreign** accents.	今日では，**外国の**なまりのある英語を何種類も耳にする。

A-9

☐ We would like to **apologize** *for* the delay.	私たちは遅れたことを**謝罪いたします**。
☐ Those two are always **arguing** *with* each other.	あの2人はお互いにいつも**言い争っている**。
☐ Our neighbors **complained** to the police *about* the barking dogs.	近所の人たちは，ほえているイヌについて警察に**苦情を言った**。
☐ She **graduated** *from* Yale University in 1997.	彼女は1997年にエール大学を**卒業した**。
☐ ⓐ I **agreed** *with* him on this point. ⓑ I **agreed** *to* his plan.	ⓐ私はこの点で彼と**意見が一致した**。 ⓑ私は彼の計画に**同意した**。

Challenge　02　適当な語句を選びなさい。

Will you apologize (　　) you have done?
　① him for what　　② to him for what
　③ to him what　　④ for him to what　　〈関西大〉

答：②
→ p.389

▶ 動物に関する語

36 ☐ creature
発 [kríːtʃər]
名 生き物，動物
⇨ create 動 を創造する；を創作する ● 803

37 ☐ tail
[téil]
名 尾；しっぽ
注意〈同音語〉tale 名 物語 ● 1656

38 ☐ alive
[əláiv]
形 ①生きている（↔ dead 死んだ，枯れた）
　②生き生きして　➡ come alive 生き返る

39 ☐ bite
[báit]
動 をかむ；かみつく　〈bit - bit[bitten]〉
名 かむこと，1口分

40 ☐ dig
[díg]
動（地面・穴など）を掘る；
　（埋まっているもの）を掘り出す　〈dug - dug〉

GF▶ SVC の文型で用いられる動詞

41 ☐ feel
[fíːl]
動 ①〜の感じがする　②を感じる；と感じる
　③にさわってみる　〈felt - felt〉
➡ feel like -ing 〜したい気がする ● 927
⇨ féeling 名 感情；感じ

42 ☐ smell
[smél]
動 ①〜のにおいがする　②（におい）をかぐ
名 におい，嗅覚　〈smelled[smelt] - smelled[smelt]〉

43 ☐ taste
[téist]
動 ①〜の味がする　②を味見する
名 味；好み，嗜好

44 ☐ seem
[síːm]
動 〜のように思われる，〜のように見える；
　〜であるらしい

45 ☐ look
[lúk]
動 ①〜のように見える（= appear）
　②《look at ... で》…を見る
名 見ること；外観；《(複)で》容姿 ● p.118

46 ☐ appear
[əpíər]
動 ①〜のように見える（= look）
　②現れる；登場する（↔ disappear 消える）
⇨ appéarance 名 見かけ，外観；出現 ● 1577

47 ☐ sound
[sáund]
動 〜のように聞こえる[思われる]　名 音
形 注意 ①適切な　②確かな，しっかりした ● p.298

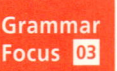

SVC の文型で用いられる動詞[V]のあとの補語[C]は，名詞，代名詞，形容詞，現在分詞，過去分詞である。

Word No. **36 — 47**

A-10

☐ There are all kinds of small **creatures** living in the pond.	その池にはあらゆる種類の小さな生き物が生息している。
☐ Our cat has a very short **tail**.	私たちのネコはとても短い尾をしている。
☐ It was a bad accident — they're lucky to be **alive**.	それはひどい事故だった。生きているとは彼らは運がいい。
☐ ⓐ The dog **bit** him and made his hand bleed. ⓑ Can I have a **bite** of your steak?	ⓐそのイヌは彼にかみついて，手を出血させた。 ⓑ君のステーキを1口くれませんか。
☐ My dog always **digs** holes to hide bones.	私のイヌはいつも骨を隠すために穴を掘る。

A-11

☐ I **feel** *sick* whenever I'm on a boat.	私は船に乗るといつも，気分が悪い感じがする[吐きけがする]。
☐ That soup **smells** *delicious*.	あのスープはおいしそうなにおいがする。
☐ This medicine **tastes** *bitter*.	この薬は苦い味がする。
☐ Kate **seems** *happy* at her new school.	ケイトは新しい学校で，楽しくやっているように思われる。
☐ ⓐ He **looks** *tired* after the long drive. ⓑ Take a close **look** at the photograph.	ⓐ長い運転のあとなので，彼は疲れているように見える。 ⓑ写真をよく見なさい。
☐ He tried hard to **appear** *calm*.	彼は落ち着いて見えるように懸命に努めた。
☐ That story **sounds** *strange*.	あの話は奇妙なように思われる。

Challenge 03 適当な語を選びなさい。

These flowers really smell (　　).
　① sweet　② sweeten　③ sweetly　④ sweetness
〈同志社大〉

答：①
→ p.389

集団・社会に関する語

48 □	**population** [pɑ̀pjəléiʃən]	名①**人口**，住民数 ②(全)住民 ➡ a large population 多くの人口
49 □	**generation** [dʒènəréiʃən]	名①**世代**，同世代の人々 ②一世代 ③発電 ⇨ génerate 動を生み出す ● 1081
50 □	**hero** [híːərou]	名**英雄**；(男性の)**主人公** (↔ heroine(女性の)主人公)
51 □	**right** [ráit]	名 注意①**権利** ②右 形①**正しい** ②右の 副①**適切に**；ちょうど ②右に ● p.292 ➡ right away すぐに，ただちに
52 □	**village** [vílidʒ]	名**村**　注意 town より小さい。 ⇨ víllager 名村人
53 □	**common** [kámən]	形①**共通の**；共同の (↔ personal 個人の) ②**よくある，ありふれた**
54 □	**public** [pʌ́blik]	形**公共の**，公衆の (↔ private 私用の) 名《the ～で》一般の人々；公衆 ➡ in public 人前で；公然と

GF ▶ SVOO の文型で用いられる動詞【give 型】

55 □	**give** [gív]	動**を与える**，を渡す　　　　● p.56 〈gave - given〉 ➡ give up -ing ～するのをやめる
56 □	**lend** [lénd]	動**を貸す**　　　　　　　　　　　　　　〈lent - lent〉 名貸し付けすること　　　　　　　　　　　　● 480
57 □	**show** [ʃóu]	動①**を見せる**；を示す ②を教える ③姿を現す　　　〈showed - shown[showed]〉 ➡ show up 姿を現す (= appear) 名ショー，展示会
58 □	**pass** [pǽs]	動①**を手渡す** ②(を)通り過ぎる ③に合格する ➡ pass by (時が)過ぎる 名通行(許可)証

Grammar Focus 04

give 型の動詞の **SVOO** の文型の文を SVO の文型で表現すると，SVO₁O₂ が SVO₂ **to** O₁ となる。ほかに，**pay**「を払う」，**sell**「を売る」，**send**「を送る」，**offer**「を申し出る」などがある。

Word No. 48 — 58

A-12

☐ What is the **population** of India?	インドの人口はどのくらいですか。
☐ Like most of my **generation**, I have never known a war.	ほとんどの同世代の人々と同様に，私は戦争を経験していない。
☐ Superman is a popular **hero** in comic books.	スーパーマンは人気のある漫画本の主人公だ。
☐ ⓐ We have the **right** to vote. ⓑ I left my bags **right** here.	ⓐ私たちには投票する権利がある。 ⓑ私はちょうどここにかばんを置き忘れた。
☐ Many apple farmers live in our **village**.	私たちの村にはたくさんのリンゴ農家の人々が住んでいる。
☐ We must write on a **common** topic.	私たちは共通の話題について書かなければならない。
☐ This museum is open to *the* **public** on weekdays.	この博物館は平日に一般の人々に公開されている。

A-13

☐ ⓐ I **gave** Angie a ticket to Osaka. ⓑ I **gave** a ticket to Osaka *to* Angie.	ⓐⓑ私はアンジーに大阪行きの切符を渡した。
☐ ⓐ Can you **lend** me some money? ⓑ Can you **lend** some money *to* me?	ⓐⓑ私にお金を少し貸してくれますか。
☐ ⓐ I'll **show** you some pictures. ⓑ I'll **show** some pictures *to* you.	ⓐⓑあなたに写真を何枚か見せましょう。
☐ ⓐ Could you please **pass** me the salt? ⓑ Could you please **pass** the salt *to* me?	ⓐⓑ私にその塩を取っていただけませんか。

Challenge 04 適当な語を選びなさい。

Would you please ( ) me the way to Shibuya Station?
　① take　② lead　③ guide　④ show　〈駒澤大〉

答：④
➡ p.389

社会に関する語

59 society [səsáiəti]
名 ①社会 ②交際 ③協会
⇨ sócial 形 社会の；社交の

60 culture [kʌ́ltʃər]
名 ①文化 ②教養
⇨ cúltural 形 文化の，文化的な
⇨ cúltured 形 教養のある

61 custom [kʌ́stəm]
名 ①(社会的な)慣習，(個人の)習慣
②《(複)で》関税

62 tradition [trədíʃən]
名 伝統，慣習
⇨ tradítional 形 伝統的な

63 rule [rúːl]
名 ①規則，原則 ②支配
➡ as a rule 概して
動 を支配する

64 role [róul]
名 役割，役目 ➡ play an important role in ...
…で重要な役割を果たす

65 address [ədrés, ǽdres]
名 ①住所 注意 ②演説
動 [ədrés] ①にあて先を書く
注意 ②に演説する

66 ceremony [sérəmòuni]
名 式，儀式
➡ wedding ceremony 結婚式

GF ▶ SVOO の文型で用いられる動詞【buy 型】

67 buy [bái]
動 を買う ⟨bought - bought⟩
➡ buy and sell 売買する 注意 日本語と順序が逆。

68 cook [kúk]
動 (を)料理する，(を)作る
名 料理を作る人；料理人

69 choose 発 [tʃúːz]
動 を選ぶ ⟨chose - chosen⟩
⇨ chóice 名 選択
➡ make a choice 選択する

70 get [gét]
動 ①を得る；を買う ②にする
③になる ④着く ○ p.62,114 ⟨got - got[gotten]⟩

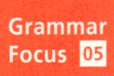

buy 型の動詞の SVOO の文型の文を SVO の文型で表現すると，SVO₁O₂ が SVO₂ for O₁ となる。ほかに，**make**「を作る」，**find**「を見つける」，**leave**「を残す」などがある。

Word No. 59 — 70

A-14

- ☐ This man is a danger to **society**.　　この男は**社会**にとって危険な存在だ。

- ☐ I love meeting people from different **cultures**.　　私は異なる**文化**出身の人たちに会うのが大好きだ。

- ☐ It's our **custom** to use chopsticks in this country.　　この国では箸を使うのが**慣習**だ。

- ☐ The tea ceremony is an ancient Japanese **tradition**.　　茶道は古くからある日本の**伝統**だ。

- ☐ We must obey the traffic **rules**.　　私たちは交通**規則**に従わなければならない。

- ☐ She *played an important* **role** *in* the project.　　彼女はその企画で重要な**役割**を果たした。

- ☐ ⓐ May I have your **address**?　　ⓐあなたの**住所**を教えてください。
  ⓑ The President gave an **address** to the nation.　　ⓑ大統領は国民に**演説**をした。

- ☐ The couple had their *wedding* **ceremony** at a church in Hawaii.　　その夫婦はハワイの教会で結婚**式**をあげた。

A-15

- ☐ ⓐ My mother **bought** me a new shirt.　　ⓐⓑ母は私に新しいシャツを**買ってくれた**。
  ⓑ My mother **bought** a new shirt *for* me.

- ☐ ⓐ Will you **cook** me a meal?　　ⓐⓑ私に食事を**作ってくれ**ますか。
  ⓑ Will you **cook** a meal *for* me?

- ☐ ⓐ I'll **choose** him a new jacket.　　ⓐⓑ私は彼に新しいジャケットを**選んであげる**つもりだ。
  ⓑ I'll **choose** a new jacket *for* him.

- ☐ ⓐ My parents **got** me this T-shirt.　　ⓐⓑ両親が私にこのTシャツを**買ってくれた**。
  ⓑ My parents **got** this T-shirt *for* me.

Challenge 05 適当な語を選びなさい。

Harry (　　) his family 200 million yen when he died.
① caused　② borrowed　③ left　④ remained
〈京都産業大〉

答：③
➡ p.389

■》気持ちや感情を表す形容詞

71 □ **proud** [práud]	形 誇りに思って → be proud of ... …を誇りに思っている ⇨ príde 名 誇り → take pride in ... …を誇りに思う
72 □ **grateful** [gréitfl]	形 感謝して → be grateful (to〈人〉) for ... …に対して(〈人〉に)感謝している
73 □ **afraid** [əfréid]	形 恐れて，心配して → be afraid of ... …を恐れて[心配して]いる → I'm afraid (that) ... 残念ながら…
74 □ **anxious** 発 [æŋ(k)ʃəs]	形 ①心配して　②切望して → be anxious about[for] ... …を心配している → be anxious for ... …を切望している ⇨ anxiety [æŋzáiəti] 発 名 ①心配　②切望
75 □ **ashamed** [əʃéimd]	形 恥じて → be ashamed of ... …を恥じている ⇨ sháme 名 恥ずかしさ ◯ 1668
76 □ **angry** [ǽŋgri]	形 怒って → get angry with ... …に怒る ⇨ ánger 名 怒り
77 □ **miserable** [mízərəbl]	形 みじめな；不幸な ⇨ mísery 名 みじめさ，悲惨さ ◯ 1667

■》SVOO の文型で注意すべき動詞（1）

78 □ **ask** [ǽsk]	動 ①を尋ねる；を頼む　②(を)求める → ask 〈人〉 to do 〈人〉に〜するよう頼む → ask a favor of ... …にお願いをする
79 □ **cost** 発 [kɔ́(ː)st]	動 (費用)がかかる，(犠牲など)を払わせる 名 費用，経費；犠牲　　　　　　　　〈cost - cost〉 → at the cost of ... …を犠牲にして
80 □ **save** [séiv]	動 ①を省く，を節約する ②を救う　③を蓄える
81 □ **envy** [énvi]	動 をうらやむ；をねたむ 名 ねたみ 注意 jealousy は，ねたみから憎しみまでを含む。
82 □ **spare** [spéər]	動 ①(時間)をさく　②をなしですます 形 余分の，予備の

☐ Lucy's family *is* so **proud** *of* her.	ルーシーの家族は彼女のことをとても**誇りに思って**いる。
☐ I'*m* so **grateful** *for* all your help.	私はあなたのあらゆる手助けにとても**感謝して**いる。
☐ ⓐ I'*m* **afraid** *of* losing my job. ⓑ I'*m* **afraid** *that* I can't help you.	ⓐ 私は仕事を失うことを**恐れて**いる。 ⓑ **残念ながら**私はお手伝いできません。
☐ ⓐ He *was* **anxious** *about* the safety of the machinery. ⓑ We *are* **anxious** *for* a new copy machine.	ⓐ 彼は機械の安全性を**心配して**いた。 ⓑ 私たちは新しいコピー機が**欲しくてたまらない**。
☐ I'*m* **ashamed** *of* the things I said to him.	私は彼に言ったことを**恥じて**いる。
☐ "Please don't be **angry** with me," she said.	「私に**怒ら**ないでください」と彼女は言った。
☐ Sally was feeling **miserable** because of her cold.	サリーは風邪をひいて、**みじめな**気持ちだった。
☐ We'll have to **ask** someone the way to the station.	私たちは、だれかに駅へ行く道を**尋ね**なければならないだろう。
☐ How much would it **cost** us to replace it?	それを取りかえるのに私たちはいくら**かかる**のでしょうか。
☐ If you lent me ten dollars, it would **save** me a trip to the bank.	君が私に10ドル貸してくれたら、銀行に出かける手間が**省ける**のになあ。
☐ Johnny **envies** you your success.	ジョニーが君の成功を**うらやんでいる**。
☐ Can you **spare** me a few minutes? I need your advice.	少し私に時間を**さいて**くれませんか。あなたの助言が必要です。

▶ 人に関する語

83 □ **age** [éidʒ]	名 ①年齢 ②時代 ➡ for *one's* age 年齢の割りに 動 年をとる
84 □ **kid** [kíd]	名 子ども 動 注意 冗談を言う；をからかう ➡ no kidding まさか，冗談でしょう
85 □ **host** [hóust]	名 (男の)主人(役)（↔ hostess (女の)主人(役)）； (テレビ番組の)司会者；主催者
86 □ **female** [fí:meil]	名 女性；雌 形 女性の；雌の ⇨ féminine 形 女性の，女性らしい
87 □ **male** [méil]	名 男性；雄 形 男性の；雄の ⇨ másculine 形 男性の，男性らしい
88 □ **human** [hjú:mən]	名 人間，人類（= human being） 形 人間の；人間的な ⇨ humánity 名 人類；人間性；人情 ● 1111

GF ▶ SVOO の文型で注意すべき動詞（2）

89 □ **owe** [óu]	動 ①(お金)を借りている ②(義務)を負っている ③(恩恵など)を受けている ➡ owe ... to ～ …は～のおかげである
90 □ **allow** ア発 [əláu]	動 ①を許す ②(時間・金など)を取っておく ➡ allow ⟨人⟩ to *do* ⟨人⟩が～するのを許す
91 □ **cause** [kɔ́:z]	動 ①(苦痛・被害)をもたらす ②を引き起こす，の原因となる ➡ cause ⟨人⟩ to *do* ⟨人⟩に～させる 名 原因
92 □ **charge** [tʃá:*rd*ʒ]	動 (代金)を請求する 名 ①料金 ②責任　　　　　　　　　　● 953 ➡ *be* in charge of ... …の担当[担任]である ● 1209
93 □ **loan** [lóun]	動 (お金)を貸し付ける，～を貸す 名 貸付(金)

 owe，allow，cause などは，SVOO の文型での用法が問われやすいので，目的語とあわせて覚えておこう。なお，allow の SVOO の文型での用法はやや古めかしい。

A-18

☐ The class is open to people of all **ages**.	この講座はすべての<u>年齢</u>の人々が利用できる。
☐ All the **kids** in my neighborhood gathered in the park.	近所の<u>子どもたち</u>はみんな，公園に集まった。
☐ He was the **host** at the birthday party.	彼が誕生日会の<u>主催者</u>だった。
☐ There are more **females** than males in my company.	私の会社では男性より<u>女性</u>のほうが多い。
☐ Many of the **males** in this village are unmarried.	この村の多くの<u>男性</u>が未婚だ。
☐ **Human** *beings* first landed on the moon in 1969.	<u>人類</u>は1969年に初めて月に降り立った。

A-19

☐ ⓐ I **owe** my friend 50 dollars. ⓑ The island **owes** its prosperity *to* tourism.	ⓐ私は友人に50ドルを<u>借りている</u>。 ⓑその島の繁栄は観光の<u>おかげだ</u>。
☐ **Allow** yourselves plenty of time to get to the airport.	空港に着くのに十分な時間を<u>取っておきなさい</u>。
☐ His behavior **caused** me a lot of trouble.	彼のふるまいは，私にたいへんな迷惑を<u>もたらした</u>。
☐ The restaurant **charged** us 50 dollars for the wine.	そのレストランはワインの代金として私たちに50ドルを<u>請求した</u>。
☐ Can you **loan** him ten dollars?	彼に10ドル<u>貸して</u>あげられますか。

Challenge 06 適当な語を選びなさい。

I ( ) Mary some money and must pay her back by next Monday.
　① borrowed　② loaned　③ owe　④ lend　〈東海大〉

答：③
→ p.389

▶ よくないイメージを持つ語

94 □ **false** 発 [fɔ́:ls]	形 ①誤った，いつわりの（↔ true 本当の） ②本物でない（↔ genuine 本物の）
95 □ **bitter** [bítər]	形 ①つらい　②(味が)苦い（↔ sweet 甘い） ➡ bitter experience つらい経験
96 □ **empty** [ém(p)ti]	形 からの；空虚な 動 をからにする
97 □ **short** [ʃɔ́:rt]	形 注意 ①不足した　②短い；背の低い ➡ be short of ... …が不足している ⇨ shórtage 名 不足 ◯ 1471
98 □ **absent** [ǽbsənt]	形 不在で，欠席で（↔ present 出席している） ➡ be absent from ... …を欠席している ⇨ ábsence 名 ①不在，欠席　②欠如，欠乏
99 □ **waste** 発 [wéist]	動 ①(お金・時間)をむだに使う，を浪費する ②を荒廃させる 名 浪費；廃棄物
100 □ **trouble** [trʌ́bl]	動 を悩ませる；に迷惑をかける 名 心配；迷惑；困難；もめごと

GF ▶ SVOC の文型で用いられる動詞

101 □ **leave** [lí:v]	動 ①を～のままにしておく　②(を)去る；出発する ③を置き忘れる　　　　　　　　◯ p.54 〈left - left〉 名 注意 休暇；許可
102 □ **find** [fáind]	動 ①が～だとわかる　②を見つける ③に判決を下す　　　　　　　　　〈found - found〉 ➡ find out ... …を知る；…を調べる
103 □ **elect** [ilékt]	動 を～に選出する　　注意 役職を表す補語には冠詞がつかない。 ⇨ elécion 名 選挙
104 □ **believe** [bilí:v]	動 ①が～だと思う　②(を)信じる ➡ believe in ... …の存在を信じる ⇨ belíef 名 信念 ◯ 1047

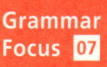
Grammar Focus 07

SVOC の文型では動詞[V]に続く目的語[O]と補語[C]に，〈**目的語＝補語**〉の関係がある。この文型をとる動詞は，ほかに **make**，**get**「～にする」，**paint**「～に塗る」，**call**「～と呼ぶ」，**name**「～と名づける」，**drive**「～の状態に追いやる」，**think**「～と考える」，**consider**「～と思う」など。

Word No. 94 – 104

A-20

□ People often make **false** assumptions.	人はしばしば誤った思い込みをする。
□ You can learn a lot from a **bitter** *experience*.	あなたはつらい経験から多くのことを学ぶことができる。
□ The fuel tank is almost **empty**.	その燃料タンクはほとんどからだ。
□ Can you lend me a couple of dollars? I'*m* a little **short** *of* money today.	私に2，3ドル貸してくれませんか。私は今日，少しお金が不足しているのです。
□ Why *were* you **absent** *from* school yesterday?	あなたはなぜきのう学校を欠席したのですか。
□ Don't leave the light on — you're **wasting** electricity.	明かりをつけっ放しにしないで。あなたは電気をむだにしているよ。
□ There is one thing that's been **troubling** me.	私をずっと悩ませていることが1つある。

A-21

□ Don't **leave** the door *open*.	ドアを開けたままにしておくな。
□ She **found** the work very *dull*.	彼女はその仕事がとてもつまらないとわかった。
□ They **elected** her *mayor*.	彼らは彼女を市長に選出した。
□ Nobody **believes** him to be *honest*.	だれも彼が正直だと思っていない。

Challenge 07 適当な語句を選びなさい。

Since you're fond of science fiction, I'm sure you will (　　) this book interesting.
　① see　② find　③ seen　④ think of　〈同志社大〉

答：②
→ p.389

旅行に関する語

105 □ tourist [túərist] 発
- 名 観光客
  - ⇨ tóur 名（観光・視察の）旅行
  - ⇨ tóurism 名 観光旅行；観光事業

106 □ travel [trǽvl]
- 名（周遊・観光）旅行
- 動 ①旅行する ②（光や音が）進む

107 □ voyage [vɔ́i(i)dʒ] 発
- 名 航海；船旅；空[宇宙]の旅
  - → jóurney 名（陸路を使った長期の）旅行，旅

108 □ rest [rést]
- 名 ①休息 注意 ②《the ～で》残り
  - → take a rest ひと休みする
- 動 休む；を休ませる

109 □ leisure [líːʒər] 発
- 名 余暇，ひま
  - → at *one's* leisure ひまなときに；時間をかけて

110 □ airport [éərpɔ̀ːrt]
- 名 空港
  - ⇨ pórt 名 港

111 □ abroad [əbrɔ́ːd]
- 副 外国へ，海外に（= overseas）
  - → go abroad 外国へ行く

112 □ sightseeing [sáitsìːiŋ]
- 名 観光，見物
  - → sightseeing tour 観光旅行

GF 用法や活用がまぎらわしい動詞

113 □ rise [ráiz]
- 動（自動詞）①上がる，昇る ②立ち上がる；起床する
- 名 上昇；増加 〈rose - risen〉

114 □ raise [réiz]
- 動（他動詞）①を上げる ②を育てる 〈raised - raised〉
  - → raise money（資）金を集める

115 □ lie [lái]
- 動（自動詞）①横たわる，横になる
  ②（ある位置・状態に）ある 〈lay - lain ; lying〉
- 注意 動 うそを言う （規則活用）〈lied - lied ; lying〉
- 名 うそ → tell a lie うそを言う

116 □ lay [léi]
- 動（他動詞）を横たえる，を置く 〈laid - laid ; laying〉

Grammar Focus 08

他動詞は **raise** *a hand* のように**目的語とあわせて**覚えておくのがよい。
lay は**他動詞 lay「を横たえる」の原形**でもあり，**自動詞 lie「横たわる」の過去形**でもあるのでとくに注意が必要。

☐ More than three million American **tourists** visit Britain every year.	毎年300万人以上のアメリカ人**観光客**がイギリスを訪れる。
☐ He spoke about his **travels** through Europe.	彼は彼のヨーロッパ**旅行**について話してくれた。
☐ The **voyage** from England to India used to take six months.	イギリスからインドへの**航海**はかつては6か月かかった。
☐ Let's *take a* **rest** after this meeting.	この会議のあとで**ひと休み**しましょう。
☐ I have no **leisure** for reading these days.	私はこのごろ，読書のための**ひま**がない。
☐ Her family went to see her off at the **airport**.	彼女の家族は，**空港**へ彼女を見送りに行った。
☐ I have never been **abroad**.	私は1度も**外国へ**行ったことがない。
☐ After an afternoon of **sightseeing** we were all exhausted.	午後の**観光**のあとで，私たちは皆疲れ果てた。
☐ The sun **rises** in the east and sets in the west.	太陽は東から**昇り**，西に沈む。
☐ **Raise** your hand if you know the answer.	答えがわかったら手を**上げなさい**。
☐ ⓐ You may **lie** on my bed if you are tired. ⓑ I knew he was *telling a* **lie**.	ⓐ疲れているなら，私のベッドで**横になって**もいいですよ。 ⓑ私は彼が**うそ**を言っているとわかっていた。
☐ She **laid** her gloves on the table.	彼女はテーブルの上に手袋を**置いた**。

Challenge 08 適当な語を選びなさい。

The dictionary was ( ) on the bookshelf.
① lying ② lain ③ laying ④ lied
〈四天王寺国際仏教大〉

答：①
➡ p.389

■ コミュニケーションに関する語

117 □ **conversation** [kànvərséiʃən]	名 会話 ⇨ convérse 動 談話する
118 □ **speech** [spíːtʃ]	名 ①演説　②話すこと　③話し方 ➡ make[give] a speech 演説をする
119 □ **attention** [əténʃən]	名 注意；注目　➡ pay attention to ... …に注意を払う，…を注意して見る[聞く]
120 □ **contact** ア [kɑ́ntækt]	名 接触，連絡 ➡ keep (in) contact with ... …と連絡を取り合う 動 に連絡する，に接触する

GF 原則的に進行形にしない動詞

121 □ **remain** [riméin]	動 ①〜のままである　②残っている ➡ remain to be *done* まだ〜されずに残っている 名 《(複)で》①遺跡　②残りもの　③遺体；化石
122 □ **own** [óun]	動 を所有している　形 自分自身の ➡ of *one's* own -ing 自分自身で〜した
123 □ **belong** [bilɔ́(ː)ŋ]	動 《belong to ...で》…に所属している， …のものである ⇨ belóngings 名《(複)扱い》所持品
124 □ **contain** [kəntéin]	動 ①を含む　②(怒り・興奮など)を抑える ⇨ content [kɑ́ntent] ア 名 内容 　　　　　[kəntént] ア 形 満足している
125 □ **exist** 発 [igzíst]	動 存在する ⇨ exístence 名 存在　⇨ coexístence 名 共存
126 □ **hate** [héit]	動 を憎む；をひどく嫌う 名 嫌悪；憎悪 ⇨ hátred 名 憎しみ
127 □ **understand** ア [ʌ̀ndərstǽnd]	動 を理解する；わかる　〈understood - understood〉 ⇨ understánding 名 理解 ⇨ misunderstánding 名 誤解

Grammar Focus 09

英語の動詞には**動作動詞**と**状態動詞**があるが，**状態動詞**はもともと継続の意味が含まれているので，原則として**進行形にしない**。ただし，言葉には例外がつきもので，「まさに今」と強調したい場合には，進行形にすることもある。

Word No. **117 – 127**

A-24

- [ ] I enjoyed an interesting **conversation** with Mike last night.
  私は昨夜、マイクとおもしろい会話を楽しんだ。

- [ ] His **speech** was too difficult for me to understand.
  彼の演説は私には難しすぎて理解できなかった。

- [ ] They *paid* **attention** *to* the lecture.
  彼らはその講義を注意して聞いた。

- [ ] I've *kept in* **contact** *with* a few old school friends.
  私は学生時代の旧友2, 3人と連絡を取り合っている。

A-25

- [ ] Please **remain** seated until all the lights are on.
  すべての照明が点灯するまで、座ったままでいてください。

- [ ] He doesn't **own** a car.
  彼は車を所有していない。

- [ ] My brother **belongs** *to* the baseball club.
  兄[弟]は野球部に所属している。

- [ ] This water **contains** many kinds of minerals.
  この水は多くの種類のミネラルを含む。

- [ ] Some people still believe creatures **exist** on the moon.
  月に生物が存在するとまだ信じている人もいる。

- [ ] He **hates** having his picture taken.
  彼は写真を撮られるのをひどく嫌う。

- [ ] I didn't **understand** the teacher's instructions.
  私は先生の指示を理解できなかった。

Challenge 09 適当な語句を選びなさい。

Actually, he is rather conservative. That is why he (　　) to that political party.
　① was belonging　② has belonged
　③ is belonging　④ belongs
〈明治大〉

答：④
→ p.389

▶ 討論・議論に関する語

128 □ subject [sʌ́bdʒekt]
- 名 ①話題, 題目 ②学科 ③主語
- 形 受けやすい
  - ➡ be subject to ... …に左右される
  - ⇨ subjéctive 形 主観的な（↔ objective 客観的な）

129 □ matter [mǽtər]
- 名 ①問題, 事柄 ②物質
- 動 注意 重要である ⭕ p.300

130 □ opinion [əpínjən]
- 名 意見；考え
  - ➡ be of the opinion that ... …という考えである

131 □ fact [fǽkt]
- 名 事実, 現実
  - ➡ in fact 実際に（= actually）

132 □ example [igzǽmpl]
- 名 例；手本
  - ➡ for example たとえば

133 □ reason [ríːzn]
- 名 ①理由 ②理性 ③道理
- 動 を推論する；思考する
  - ⇨ réasonable 形 もっともな；(値段が)手ごろな

134 □ knowledge 発 [nɑ́lidʒ]
- 名 知識
  - ⇨ knówledgeable 形 知識の豊富な

GF 使役動詞

135 □ make [méik]
- 動 ①《make ... do で》…に～させる【強制】
  ②を作る ③～になる 〈made - made〉
  ⭕ p.52, 110, 168, 226

136 □ let [lét]
- 動 ①《let ... do で》…に～させる【許可】
  ②《let us[let's] do で》～しよう 〈let - let〉
  ⭕ p.116

137 □ have [hǽv]
- 動 ①《have ... do で》…に～させる【依頼】
  ②《have ... done で》…を～される, …を～してもらう ③を食べる；を飲む 〈had - had〉
  ⭕ p.60

Grammar Focus 10

使役動詞は3つ, **make**【強制】, **let**【許可】, **have**【依頼】と覚える。使役動詞は〈動詞＋目的語＋原形不定詞〉の形で使われる。make の受動態は〈*be* ＋過去分詞＋ to 不定詞〉となる。使役動詞で問われるのは, 各動詞のニュアンスの違いと, 受動態で原形不定詞が to 不定詞になる点。

Word No. **128 - 137**

A-26

- ⓐ Now, let's switch the **subject** to Japanese literature.
 ⓑ Our plan *is* **subject** *to* weather conditions.

ⓐ さあ，話題を日本文学に変えましょう。
ⓑ 私たちの計画は天候に左右される。

- He doesn't usually talk about personal **matters**.

彼はいつもは個人的な事柄について話さない。

- In my **opinion**, we should do away with school uniforms.

私の意見では，学校の制服は廃止するべきだ。

- I can't say anything until I know all the **facts**.

すべての事実を知るまでは，私は何も言えない。

- This church is a good **example** of Gothic architecture.

この教会はゴシック建築のよい例です。

- We'd like to know the **reason** why she didn't accept the job.

私たちは，彼女がその仕事を引き受けなかった理由が知りたい。

- Most young people lack basic **knowledge** about politics.

ほとんどの若者は政治についての基本的な知識が足りない。

A-27

- ⓐ His words **made** me *change* my mind.
 ⓑ I *was* **made** *to* change my mind by his words.

ⓐ 彼の言葉が私に心を変えさせた。
ⓑ 私は彼の言葉によって心を変えさせられた。

- Some people seem to **let** their kids *do* whatever they like.

自分の子どもたちに好きなことを何でもさせる人もいるようだ。

- My brother **had** me *fix* his bike.

私の兄[弟]は私に彼の自転車を修理させた。

Challenge 10 適当な語句を選びなさい。

His parents should (　) because his grades are poor.
① force him study　② let him to study
③ make him study　④ have him to study　〈立命館大〉

答：③
→ p.389

▶ 状況・位置を表す語

138 □	**situation** [sìtʃuéiʃən]	名 ①状況　②立場　③位置 ➡ the situation in Iraq イラク情勢
139 □	**position** [pəzíʃən]	名 ①位置，場所　②地位 ➡ in position 適所に
140 □	**front** 発 [fránt]	名 ①《the 〜で》前部（↔ the rear 後部）　②正面 ➡ in front of ... …の正面で[に]
141 □	**bottom** [bátəm]	名《the 〜で》(最)下部，(最)低部（↔ the top 最上部） ➡ from the bottom of one's heart 心の底から
142 □	**neighborhood** [néibərhùd]	《英》neighbourhood 名 ①近所，付近　②近所の人々 ⇨ néighbor /《英》néighbour 　名 隣人，近所の人
143 □	**point** [pɔ́int]	名 ①点，地点；先端　②《the 〜で》要点　③得点 ➡ be at[on] the point of -ing 　まさに〜しようとしている 動 (を)指し示す

GF 〈他動詞＋目的語＋ to 不定詞〉の形をとる動詞（1）

144 □	**enable** [enéibl]	動 に〜することを可能にする 注意 無生物を主語にとることが多い。
145 □	**persuade** [pərswéid]	動 ①を説得して〜させる　②を納得させる ⇨ persuásion 名 説得
146 □	**encourage** [enkə́:ridʒ]	動 ①に〜するように励ます　②を勇気づける （↔ discourage にやる気をなくさせる） ⇨ cóurage 名 勇気 ○ 184
147 □	**expect** [ikspékt]	動 ①が〜するだろうと思う　②を予期する ⇨ expectátion 名 期待；予期 ⇨ expéctancy 名 期待(値)；予測(値)
148 □	**invite** [inváit]	動 ①に〜するように依頼する[誘う] ②を招待する，を誘う ⇨ invitátion 名 招待

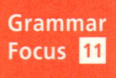

Grammar Focus 11 — この形をとる動詞はほかに，**tell**「に〜するよう命じる」，**ask**「に〜するよう頼む」，**advise**「に〜することを勧める」，**cause**「に〜させる」，**allow**「が〜するのを許す」などがある。

Word No. **138 − 148**

A-28

☐ Peter was put into a difficult **situation**.	ピーターは困難な**状況**に置かれた。
☐ I couldn't see the accident from my **position**.	私の**位置**からはその事故が見えなかった。
☐ Don't stand *in* **front** *of* the TV.	テレビの**正面**に立つな。
☐ Can you hold *the* **bottom** of the ladder for me?	はしごの**下部**を押さえていてくれませんか。
☐ He lives in my **neighborhood**.	彼は私の**近所**に住んでいる。
☐ ⓐ This lake is deepest at this **point**. ⓑ I *was at the* **point** *of* quitt*ing* my job.	ⓐこの湖はこの**地点**がいちばん深い。 ⓑ私は**まさに**仕事をやめ**ようとしてい**た。

A-29

☐ The loan **enabled** him *to* buy the house.	ローンが彼に家を買うこと**を可能にした**。
☐ We **persuaded** him *to* attend the meeting.	私たちは彼**を説得して**会議に出席**させた**。
☐ They **encouraged** her *to* practice speaking English every day.	彼らは彼女に毎日英語を話す練習をするように**励ました**。
☐ He **expected** us *to* work on Sunday.	彼は, 私たちが日曜日も働く**だろうと思った**。
☐ They **invited** her *to* join the party.	彼らは彼女にパーティーに参加するように**誘った**。

Challenge 11 適当な語を選びなさい。

Jet planes ( ) us to go to Australia in ten hours.
① enable ② make ③ let ④ have 〈流通経済大〉

答：①
➡ p.389

▶ 生活に関する語

149 □ **clothes** 発 [klóu(ð)z]	名《複数扱い》**服**, 衣服；着物 ⇨ clothing [klóuðiŋ] 発 名衣類 ⇨ cloth [klɔ́(:)θ] 発 名布（複）cloths
150 □ **comb** 発 [kóum]	名**くし** 動（くしで）**髪をとかす** 注意 語末の b は発音しない。
151 □ **case** [kéis]	名①箱 注意 ②**場合** ③**事件** ● p.296 ➡ in case of ... …の場合は
152 □ **gift** [gíft]	名①**贈り物** ②（生まれつきの）**才能** 動**を贈る** ⇨ gífted 形才能のある
153 □ **seat** [síːt]	名**座席** ➡ take[have] a seat 席に着く 動**を着席させる**
154 □ **cover** [kávər]	名①**カバー**, 覆い；(本の)**表紙** ②**避難場所** 動①**を覆う**, **を包む** ②（範囲が）**にわたる**

GF ▶ 〈他動詞＋目的語＋ to 不定詞〉の形をとる動詞（2）

155 □ **force** [fɔ́ːrs]	動①**に～することを強制する** ②（仕事・考えなど）**を押しつける** 名**武力；暴力** ● 942
156 □ **compel** [kəmpél]	動①**に～することを強いる** ②**を強要する**
157 □ **oblige** [əbláidʒ]	動**に～することを義務づける** ⇨ obligátion 名義務；義理
158 □ **require** [rikwáiər]	動①**に～するように要求する[義務づける]** ②**を必要とする** ⇨ requírement 名必要条件, 資格
159 □ **permit** [pərmít]	動**が～することを許す[可能にする]**（= allow） ➡ weather permitting 天気がよければ ● 921 ⇨ permíssion 名許可

Grammar Focus 12　force, compel などの動詞は**受動態**で使われることが多く、「〈人〉は～せざるをえない」と訳すこともできる。

Word No. 149 – 159

A-30

☐ She always wears such expensive **clothes**.	彼女はいつもとても高価な服を着ている。
☐ He sold his gold watch to buy her the **comb**.	彼女にくしを買ってあげるために，彼は金の腕時計を売った。
☐ He put his camera in a wooden **case**.	彼はカメラを木製の箱に入れた。
☐ I bought this CD as a **gift** for Jane, but she already had it.	ジェーンへの贈り物としてこのCDを買ったが，彼女はすでに持っていた。
☐ Excuse me. Is this **seat** reserved?	すみません。この座席は予約されていますか。
☐ I'm looking for a nice **cover** for my bed.	私はベッド用のすてきなカバーを探している。

A-31

☐ Government troops have **forced** the rebels *to* surrender.	政府軍は反乱者に降伏することを強制した。
☐ The new law will **compel** employers *to* provide health insurance.	その新法は雇い主に，健康保険を掛けることを強いることになる。
☐ The minister was **obliged** *to* send in a report once every six months.	大臣は半年に1度，報告書を提出することを義務づけられていた。
☐ The teacher **required** his students *to* study hard every day.	先生は，生徒たちに毎日一生懸命勉強するように要求した。
☐ His father **permitted** him *to* study abroad.	彼の父は，彼が留学することを許した。

Challenge 12 　適当な語を選びなさい。

If you are ( ) to do something, you are forced to do it.
① allowed　　② compelled
③ recommended　　④ suggested　　〈東京理科大〉

答：②
➡ p.389

▶ 建物に関する語

160 □ **factory** [fǽktəri]	名 **工場**, 製作所 ➡ manufácture 名製造 動を製造する ○ 624
161 □ **museum** ア [mju:zíəm]	名 **博物館**, 美術館（= art museum）
162 □ **store** [stɔ́:r]	名 ①《おもに《米》で》**店** 注意 ②**蓄え** 動 注意 **を蓄える** ➡ shóp 名《おもに《英》で》店
163 □ **office** [ɔ́fis]	名 ①**事務所**；会社　②**官職**(の地位) ⇨ ófficer 名役人；警官
164 □ **story** [stɔ́:ri]	名 注意 ①(建物の)**階** (= floor) ②**話**, 物語
165 □ **frame** [fréim]	名 ①**骨組み**　②(窓などの)**枠** 動 **を組み立てる**

GF 動名詞ではなく不定詞を目的語にとる動詞（1）

166 □ **afford** [əfɔ́:rd]	動 ①《can afford to do で》**～する余裕がある**, ～できる　②**を与える** ⇨ affórdable 形手ごろな価格の
167 □ **attempt** [ətémpt]	動 ①**～することを試みる**　②**を企てる** 名 試み, 企て；努力
168 □ **fail** [féil]	動 ①**～しそこなう**　②**(を) 失敗する** ➡ never fail to do 必ず～する ⇨ fáilure 名失敗
169 □ **hope** [hóup]	動 ①**～したいと思う**　②**(を) 望む**, **(を) 期待する** ➡ hope for ... …を望む 名 希望；見込み
170 □ **intend** [inténd]	動 ①**～するつもりである**　②**を意図する** ⇨ inténtion 名意図
171 □ **manage** 発 [mǽnidʒ]	動 ①**どうにかして～する** ②**を管理する**；**を経営する** ⇨ mánagement 名経営；管理

Grammar Focus 13　**不定詞**は,「まだ行われていないこと」や「可能性のあること」など, **これから先の時点に起こること**を表す。

Word No. **160 – 171**

A-32

☐ Producing things in **factories** also produces waste.	工場でものを生産することは，廃棄物もまた生み出している。
☐ The **museum** has an extensive collection of historic photographs.	その博物館は歴史上重要な写真を幅広く所蔵している。
☐ This **store** carries a wide variety of goods.	この店は品ぞろえが豊富だ。
☐ I usually get to the **office** around eight o'clock.	私はふつうは8時ごろに事務所に着く。
☐ My family decided to add another **story** to our house.	私の家族は家に階を1つ増築することに決めた。
☐ They have to build the **frame** of the new house first.	彼らはまず，新しい家の骨組みを組み立てなくてはいけない。

A-33

☐ We *can*'t **afford** *to* go on vacation this year.	私たちは今年，休暇旅行に行く余裕がない。
☐ Any prisoner who **attempts** *to* escape will be shot.	脱走することを試みる囚人は，みな銃で撃たれるぞ。
☐ ⓐ She **failed** *to* catch the first train. ⓑ She *never* **fails** *to* catch her usual train.	ⓐ彼女は始発電車に乗りそこなった。 ⓑ彼女はいつもの電車に必ず乗る。
☐ I **hope** *to* sing this song on stage some day.	私は，いつの日かこの曲を舞台で歌いたいと思う。
☐ Most of these students **intend** *to* continue their education at university.	ここの大半の生徒は大学へ進学するつもりだ。
☐ We **managed** *to* persuade him.	私たちはどうにかして彼を説得した。

Challenge **13** 適当な語句を選びなさい。

Bill never fails (　　) a birthday present to his mother.
① for sending　② of sending　③ to send　④ send
〈京都外国語大〉

答：③
→ p.389

自然・地形に関する語

172 □ nature [néitʃər]
图 ①自然 ②性格 ③性質
➡ by nature 生まれつき
⇨ nátural 形 自然の, 当然の

173 □ source [sɔ́:rs]
图 ①水源 ②出所, 源 ③原因
⇨ résource 图《通常(複)で》資源 ● 1826

174 □ desert ⑦ [dézərt]
图 砂漠
注意 [dizə́:rt] ⑦ 動 を見捨てる
注意 dessert [dizə́:rt] 图 (食事の)デザート ● 640

175 □ space [spéis]
图 ①宇宙 ②空間;余地
➡ in space 宇宙で[に, へ]

176 □ even 発 [í:vn]
形 ①(表面などが)平らな ②等しい ③偶数の
副 ①～でさえ ②《比較級を強めて》さらに
➡ even if ... たとえ…だとしても ● 1225

GF 動名詞ではなく不定詞を目的語にとる動詞 (2)

177 □ pretend ⑦ [priténd]
動 ①～するふりをする ②と偽る
⇨ preténder 图 偽善者

178 □ refuse ⑦ [rifjú:z]
動 ①～することを拒む ②を断る
③(許可)を与えない
⇨ refúsal 图 拒否

179 □ promise 発 [prάmis]
動 ①～することを約束する
②～する見込みがある
图 ①約束 ②見込み

180 □ offer [ɔ́(:)fər]
動 ①～することを申し出る ②を提供する
图 申し出, 提案

181 □ desire ⑦ [dizáiər]
動 ①～することを強く望む ②を強く望む
图 願望, 要望, 欲望

182 □ plan ⑦ [plǽn]
動 ①～することを計画する ②～するつもりである
图 ①計画, 案 ②《通常(複)で》予定

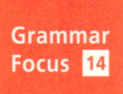

Grammar Focus 14

他動詞には目的語に, (1)**不定詞のみ**をとるもの, (2)**動名詞のみ**をとるもの, (3)**両方とり, 意味が変わらないもの**, (4)**両方とり, 意味が異なるもの**, がある。(3)に関しては意識しなくてもよいが, (4)はそれぞれの意味を必ず覚え, (1)と(2)はどちらをとるかを確実に覚えておこう。

Word No. **172 – 182**

A-34

☐ We grew up in the countryside, surrounded by the beauty of **nature**.	私たちは自然の美しさに囲まれた田舎で育った。
☐ The **source** of this river is high in the mountains.	この川の水源は山の高いところにある。
☐ The Sahara is the world's largest **desert**.	サハラは世界最大の砂漠である。
☐ Who was the first American *in* **space**?	宇宙へ最初に行ったアメリカ人はだれでしたか。
☐ The floor must be completely **even** before we lay the tiles.	タイルを敷く前に，床が完全に平らになっていなければならない。

A-35

☐ He **pretended** *to* be seriously ill.	彼はひどい病気のふりをした。
☐ I absolutely **refuse** *to* take part in anything illegal.	私は絶対にどんな違法なことに加担することも拒む。
☐ They **promised** *to* see each other again after a year.	彼らは1年後に再会することを約束した。
☐ Her father **offered** *to* pick us up.	彼女の父親は私たちを迎えに来ることを申し出た。
☐ He **desired** *to* return to Mexico.	彼はメキシコに戻ることを強く望んだ。
☐ He **plans** *to* go to Ireland in the near future.	彼は近い将来，アイルランドに行くことを計画している。

Challenge 14 適当な語句を選びなさい。

I refuse ( ) here in the cold.
　① wait　② waiting　③ to wait　④ to waiting
〈大阪学院大〉

答：③
→ p.389

▶ よいイメージを持つ語

183 □ **chance** [tʃǽns]	名①（偶然の）**機会**，好機　②見込み ➡ by chance 偶然に
184 □ **courage** 発 [kə́ːridʒ]	名**勇気** ⇨ encóurage 動を励ます，を勇気づける ● 146 ⇨ courageous [kəréidʒəs] 形勇気のある
185 □ **familiar** ア [fəmíljər]	形①**よく知られた**　②**親しい** ➡ *be* familiar to ... …によく知られている ➡ *be* familiar with ... …をよく知っている
186 □ **sure** [ʃúər]	形**確信して**；**確実な** ➡ *be* sure of ... …を確信している ➡ *be* sure to *do* きっと〜するはずだ ⇨ súrely 副確かに
187 □ **true** [trúː]	形**本当の**；本物の；真実で（↔ false 誤った） ➡ come true 実現する ● 231 ➡ *be* true of ... …にあてはまる ⇨ trúth 名真実　⇨ trúly 副本当に

GF ▶ 不定詞ではなく動名詞を目的語にとる動詞（1）

188 □ **enjoy** [endʒɔ́i]	動①**〜して楽しむ** ②**を楽しむ**；**を享受する**
189 □ **avoid** [əvɔ́id]	動①**〜するのを避ける**　②**を避ける**
190 □ **finish** [fíniʃ]	動①**〜し終える**　②**を終える**；**終わる** 名**終わり**；**仕上げ**
191 □ **stop** [stáp]	動①**〜するのをやめる**　②**止まる**；**を止める** 注意➡ stop to *do* 立ち止まって［立ち寄って］〜する ➡ stop ... from -ing …が〜するのをやめさせる 名①**停止**　②**停留所**

Grammar Focus 15　不定詞が未来指向的であるのに対して，**動名詞**は，「している最中のこと」や「すでにしたこと」など，**すでに事実として存在していること**を表す。

Word No. **183 − 191**

A-36

- □ I never get a **chance** to relax these days. | 最近, 私はくつろぐ**機会**が1度もない。

- □ He faced the disease with **courage**. | 彼は**勇気**を持って病気に立ち向かった。

- □ ⓐ The signs of drug addiction *are* **familiar** *to* most doctors.
  ⓑ *Are* you **familiar** *with* this type of machine?
  | ⓐ薬物中毒の兆候は, 大半の医師に**よく知られている**。
  ⓑあなたはこの種の機械を**よく知って**いますか。

- □ ⓐ I'*m* **sure** *of* his success.
  ⓑ He *is* **sure** *to* succeed.
  | ⓐ私は彼の成功を**確信している**。
  ⓑ彼は**きっと**成功する**はず**だ。

- □ ⓐ I hope your dream will *come* **true** soon.
  ⓑ The same *is* **true** *of* all political parties.
  | ⓐ君の夢がすぐに**実現する**といいね。
  ⓑ同じことがすべての政党に**あてはまる**。

A-37

- □ He **enjoys** play*ing* the guitar on Sundays. | 彼は日曜日にはギターを弾いて**楽しむ**。

- □ We want to **avoid** disappoint*ing* our customers. | 私たちはお客様をがっかりさせることを**避け**たい。

- □ He **finished** clean*ing* his room in an hour. | 彼は1時間で部屋をそうじし**終えた**。

- □ ⓐ **Stop** chew*ing* gum in class!
  ⓑ I **stopped** *to* buy a bottle of water at the convenience store.
  | ⓐ授業中にガムをかむのを**やめなさい**。
  ⓑ私はそのコンビニエンス・ストアに**立ち寄って**ボトル入りの水を買った。

Challenge 15 適当な語句を選びなさい。

She avoided (　) the question by pretending not to hear it.
① answering　② answer
③ to answer　④ to have answered 〈椙山女学園大〉

答：①
→ p.389

▶ 方向・距離などを表す語

192 □ close
[klóus] 発
- 形 ①近い，接近した ②綿密な，きめ細かい
- 副 近くに，接近して
- 動 [klóuz] 発 ①閉まる；を閉める ②を終える
  - ⇨ closely [klóusli] 副 密接に，ぴったりと；綿密に

193 □ far
[fá:r]
- 形 遠い (↔ near 近い)
- 副 ①遠くに ②(程度が)はるかに
  - ➡ far from ... 決して…でない
  - ➡ as[so] far as ... …する限り(では)

194 □ distant
[dístənt]
- 形 遠い，離れた ➡ distant from ... …から遠い
  - ⇨ dístance 名 距離；道のり

195 □ upstairs
[ʌ́pstéərz]
- 副 階上に，2階で
  - (↔ downstairs 階下に，1階で)

▶ 不定詞ではなく動名詞を目的語にとる動詞（2）

196 □ practice
[préktis]
- 動 ①〜する練習をする ②を実行する
  - ③(医者・弁護士など)(を)開業している
- 名 ①練習 ②実践 ③慣習，習慣
  - ➡ put ... into practice …を実行する
  - ⇨ práctical 形 実践的な ◯ 1344

197 □ consider
[kənsídər] ア
- 動 ①〜するのをよく考える
  - ②を〜と思う[見なす]
  - ⇨ considerátion 名 考慮；思いやり
    - ➡ take ... into consideration …を考慮に入れる
  - ⇨ consíderable 形 かなりの，相当な

198 □ escape
[iskéip]
- 動 ①〜するのをまぬがれる ②逃げる
  - ➡ escape from ... …から逃げる
- 名 逃亡，脱出

199 □ admit
[ədmít] ア
- 動 ①〜したのを認める (↔ deny)
  - ②(入場・入学など)を許可する
  - ⇨ admíssion 名 入場[入学]許可；入場料 ◯ 955

200 □ deny
[dinái] ア 発
- 動 ①〜したのを否定する (↔ admit)
  - ②を拒む；を認めない
  - ⇨ deníal 名 否定

201 □ miss
[mís]
- 動 ①〜しそこなう ②に乗り遅れる
  - ③を恋しく思う

Word No. 192 − 201

A-38

- ⓐ Susan sat on a chair **close** to the window.
  ⓑ Would you mind if I **closed** the window?

  ⓐ スーザンは窓の**近くの**いすに座った。
  ⓑ 窓を**閉めて**もかまいませんか。

- ⓐ Osaka is not so **far** from Kyoto.
  ⓑ This item is **far** *from* cheap.
  ⓒ *As* **far** *as* I know, she is studying Spanish.

  ⓐ 大阪は京都からそれほど**遠く**ない。
  ⓑ この品物は**決して安くない**。
  ⓒ 私が知る**限りでは**，彼女はスペイン語を勉強している。

- Can you see the **distant** light ahead?

  前方の**遠くの**光が見えますか。

- Our children are making a lot of noise **upstairs**.

  私たちの子どもたちが**2階で**騒いでいる。

A-39

- ⓐ Today we're going to **practice** park*ing*.
  ⓑ It gave him the chance to *put* his ideas *into* **practice**.

  ⓐ 今日，私たちは駐車する**練習をする**つもりだ。
  ⓑ それが，彼の考えを**実行する**機会を彼に与えた。

- ⓐ Have you **considered** gett*ing* a new car?
  ⓑ We will *take* your recent illness *into* **consideration** when marking your exams.

  ⓐ あなたは新車を買うことを**よく考えました**か。
  ⓑ あなたのテストを採点するとき，あなたが最近した病気のことを**考慮**に入れます。

- The dog narrowly **escaped** be*ing* hit by a bus.

  そのイヌはかろうじてバスにひかれるのを**まぬがれた**。

- She **admitted** caus*ing* an accident by driving carelessly.

  彼女は不注意運転で事故を引き起こしたことを**認めた**。

- The man **denied** try*ing* to steal the jewelry.

  その男は宝石を盗もうとしたことを**否定した**。

- He had **missed** be*ing* elected by a single vote.

  彼はたった1票差で選出され**そこなった**。

重要性を表す語

202 □	**important** [impɔ́ːrtənt]	形 **重要な**，大切な ⇨ impórtance 名 重要性 ➡ of great importance 極めて重要な
203 □	**precious** [préʃəs]	形 ①**貴重な**，大切な　②高価な ➡ precious metal 貴金属
204 □	**main** [méin]	形 **おもな**，主要な ⇨ máinly 副 主として；おもに
205 □	**perfect** [pə́ːrfikt]	形 **完全な**，完ぺきな ⇨ perféction 名 完全(さ) ⇨ pérfectly 副 完全に；完ぺきに

GF 目的語が不定詞か動名詞かで意味の異なる動詞

206 □	**remember** ア [rimémbər]	動 **を覚えている**，を思い出す ➡ remember to *do* 忘れずに〜する ➡ remember -ing 〜したことを覚えている
207 □	**forget** ア [fərgét]	動 **を忘れる**　〈forgot - forgot[forgotten]〉 ➡ forget to *do* 〜するのを忘れる ➡ forget -ing 〜したことを忘れる
208 □	**try** [trái]	動 **を試みる**，を試す ➡ try to *do* 〜しようと努力する ➡ try -ing 試しに〜してみる 名 試み，努力 ⇨ tríal 名 裁判；試験；試練 ● 1061
209 □	**mean** [míːn]	動 **を意味する**；を意図する　〈meant - meant〉 ➡ mean to *do* 〜するつもりでいる ➡ mean -ing (結果として)〜することになる 注意 形 卑劣な，意地の悪い　● p.294 ⇨ méaning 名 意味；意図

Grammar Focus 16

不定詞の行為は**これから起こること**であり，主語の意思が含まれている。一方，**動名詞**の行為は**すでに起こったこと**や**実際の行為**だと，不定詞と動名詞の表す意味の違いを考えるとよい。

Word No. **202 – 209**

A-40

☐ It's **important** for you to listen to others carefully.	君には，他人の言うことを注意深く聞くことが**重要だ**。
☐ Nothing is more **precious** than our health.	健康より**貴重な**ものはない。
☐ What are your **main** reasons for going to university?	君が大学へ進学する**おもな**理由は何ですか。
☐ His answer to this question was **perfect**.	この質問に対する，彼の答えは**完ぺきだった**。

A-41

☐ ⓐ **Remember** *to* mail this letter.	ⓐこの手紙を**忘れずに投函しなさい**。
ⓑ I **remember** receiv*ing* a postcard from her.	ⓑ私は彼女からはがきを受けとっ**たのを覚えている**。
☐ ⓐ I **forgot** *to* set the alarm.	ⓐ私は目覚ましをセット**するのを忘れた**。
ⓑ I'll never **forget** see*ing* you.	ⓑ私は決して君に会っ**たことを忘れ**ないだろう。
☐ ⓐ I **tried** *to* get up at six, but I couldn't.	ⓐ私は6時に起き**ようと努力した**が，起きられなかった。
ⓑ They decided they would **try** liv*ing* in America for a while.	ⓑ彼らは**試しに**しばらくアメリカに住んで**みる**ことに決めた。
☐ ⓐ I **meant** *to* tell you, but I forgot.	ⓐあなたに話す**つもりだった**のですが，私は忘れました。
ⓑ My new job will **mean** travel*ing* all over the world.	ⓑ私の今度の仕事は，世界中を旅**することになる**だろう。

Challenge 16 適当な語句を選びなさい。

I remember (　　) home in a pickup truck last Sunday.
① ride　② riding　③ to have ridden　④ to ride
〈慶應大〉

答：②

➡ p.389

可能性・頻度を表す語

210 □ certain
発 [sə́ːrtn]
形 確実な；確信して
➡ be certain to do 〜するのは確実である
⇨ cértainly 副 確かに

211 □ likely
[láikli]
形 ありそうな（↔ unlikely ありそうにない）
➡ be likely to do 〜しそうである

212 □ almost
[ɔ́ːlmoust]
副 ほとんど，もう少しで（＝ nearly）
➡ almost all ... ほとんどすべての…

GF 思いがけない意味を持つ動詞

213 □ become
[bikʌ́m]
動 ①に似合う　②〜になる　〈became - become〉
➡ What has become of ...? …はどうなったか．

214 □ count
発 [káunt]
動 ①重要である，価値がある　②を数える
➡ count on[upon] ... …をあてにする

215 □ face
[féis]
動 ①（困難など）に直面する　②に面する
名 顔；表面　➡ face to face 向かい合って

216 □ follow
[fálou]
動 ①《it follows that ... で》…ということになる
②（に）ついて行く；（に）続く

217 □ last
[lǽst]
動 ①続く　②持ちこたえる
形 ①最後の　②この前の　副 最後に

218 □ run
[rʌ́n]
動 ①を経営する　②を動かす　③立候補する
④流れる　⑤走る　〈ran - run〉
➡ run out of ... …を使い果たす

219 □ stand
[stǽnd]
動 ①《疑問・否定文で》をがまんする　②立つ　◯ p.120
➡ stand for ... …を表す ◯ 615　〈stood - stood〉

220 □ wear
発 [wéər]
動 ①をすり減らす；すり減る　②を身に着けている
名 摩擦，耐久性　◯ p.310 〈wore - worn〉

221 □ pay
[péi]
動 ①得になる　②（に）報いる　③（を）払う〈paid - paid〉
名 給料，手当　◯ 967

222 □ sell
[sél]
動 ①《自動詞で》売れる　②を売る　〈sold - sold〉
⇨ sále 名 販売；特売

Grammar Focus 17

これらの動詞は中学校でも学ぶ基本的な単語だが，たとえば **wear** なら「を身に着けている」だけでなく「**をすり減らす**」という意味も押さえたい。よく知っている単語でも1度辞書をひき，単語に対するイメージをふくらませるとよいだろう。

Word No. **210 – 222**

A-42

☐ It seems **certain** that there will be an election in May.	5月に選挙があるのは**確実な**ように思える。
☐ My grandmother **is likely** to live to one hundred.	私の祖母は100歳まで生き**そうだ**。
☐ It's an **almost** impossible task.	それは**ほとんど**達成不可能な課題だ。

A-43

☐ I think this blue dress really **becomes** you.	この青いドレスは，本当に君に**似合う**と思う。
☐ First impressions really do **count**.	第一印象は実に**重要だ**。
☐ Young people are **facing** problems finding jobs in that country.	その国では若い人が就職難に**直面している**。
☐ Interest rates are going down, so *it* **follows** *that* house sales will improve.	金利が下がってきているから，住宅の販売が好転していく**ことになる**だろう。
☐ The hot weather **lasted** for the whole month of September.	暑い天気が9月中**続いた**。
☐ For a while, she **ran** a restaurant in Boston.	しばらくの間，彼女はボストンでレストランを**経営した**。
☐ She couldn't **stand** her husband's coming home late.	彼女は夫の帰りが遅いのを**がまんする**ことができなかった。
☐ Her jeans are **wearing** at the knees.	彼女のジーンズはひざのところが**すり減ってきている**。
☐ In my experience, it doesn't **pay** to argue with her.	私の経験では，彼女と議論することは**得にならない**。
☐ Her latest book is **selling** well in Japan.	彼女の最新作は日本でよく**売れている**。

Challenge 17 適当な語句を選びなさい。

This bookstore is (　　) three young sisters who really love books.
　① run by　　　　② frequently visit
　③ built in　　　　④ a favorite one　　〈東京経済大〉

答：①
➡ p.389

基本動詞を含む頻出熟語

make ①
①を作る ②(事態・状態)を生み出す，を引き起こす ③を(ある状態)にする ④に〜させる

223 □ *be* made from ...	(原料)**から作られている** 注意 from は製品を見て原材料がわからないときに使う。
224 □ *be* made of ...	(材料)**でできている** 注意 of は製品を見て原材料がわかるときに使う。
225 □ *be* made up of ...	**…で構成されている**
226 □ make ... into 〜	**…を(製品)に加工する** ➡ *be* made into ... (製品)に加工される
227 □ make up *one's* mind to *do*	**〜しようと決心する** (= decide to *do*)
228 □ make a point of -ing	**〜することにしている** (= make it a point to *do*)
229 □ make progress in ...	**…において進歩をとげる**

come ①
①(自分の方に)来る ②(相手の方に)行く ③(ある状態に)なる

230 □ come across ...	**…に出くわす，…に偶然会う**
231 □ come true	**実現する** (= *be* realized)
232 □ come to	**意識を取り戻す** ➡ come to *oneself* 自制心を取り戻す
233 □ come off	**①行われる** (= *be* held) **②落ちる，取れる，はがれる**
234 □ come to think of it	**考えてみると，そう言えば** (= talking about it, speaking of it)
235 □ come by (...)	**①…を手に入れる** **②立ち寄る**

A-44　Word No. **223 − 235**

make はものごとに働きかけて，新しい別のものや状況を生み出すことを表す。
いろいろな文型で使われるので，注意が必要である。　　　　　　　　　⊃ 135

□ Cheese **is** **made** **from** milk.	チーズは牛乳**から作られている**。
□ This table **is** **made** **of** wood.	このテーブルは木**でできている**。
□ The committee **is** **made** **up** **of** representatives from every state.	その委員会は各州の代表者**で構成されている**。
□ Milk **is** **made** **into** butter in this factory.	この工場では牛乳がバター**に加工される**。
□ She **made** **up** **her** **mind** **to** work harder.	彼女はもっと一生懸命働こう**と決心した**。
□ I **make** **a** **point** **of** read*ing* a magazine before going to bed.	私は寝る前に雑誌を読む**ことにしている**。
□ He **made** great **progress** **in** improving his speaking ability.	彼は話す能力を向上させること**において**大きな**進歩をとげた**。

come は人やものが自分のところに向かって来ることを表す。
相手を中心に考え，相手のところに行くことも come で表すことができる。

□ I've never **come** **across** anyone like her.	私はこれまで彼女のような人**に出くわ**したことがない。
□ Her dream of owning a home finally **came** **true**.	家を持ちたいという彼女の願いがようやく**実現した**。
□ The boy fainted, but he **came** **to** after a while.	その少年は気を失ったが，しばらくして**意識を取り戻した**。
□ ⓐ The party **came** **off** as planned.	ⓐパーティーは計画どおりに**行われた**。
ⓑ This label won't **come** **off**.	ⓑこのラベルはどうしても**取れない**。
□ **Come** **to** **think** **of** **it**, he did seem a little upset.	**考えてみると**，彼は確かに多少うろたえていたようだった。
□ How on earth did you **come** **by** these tickets?	あなたはいったいどうやってこれらのチケット**を手に入れた**のですか。

基本動詞を含む頻出熟語

go	①（現在の位置から離れて）行く　②（道・ものが）至る　③（悪い状態）になる
236 □ **go on -ing**	~し続ける (= continue -ing[to *do*], keep (on) -ing)
237 □ **go on with ...**	...を続ける
238 □ **go -ing at[in, on]** 〈場所〉	〈場所〉に~しに行く　注意 前置詞を押さえる。 × He **went** fish**ing** *to* the river. ○ He **went** fish**ing** *in* the river.
239 □ **go through ...**	①...を経験する（= experience）　②...を通り抜ける　➡ go through with ... ...をやり通す
240 □ **go bad**	（食べ物などが）腐る
241 □ **go from bad to worse**	さらに悪い方向に向かう；ますますつまらなくなる
242 □ **go ahead with ...**	...を始める，...に取りかかる（= begin, start）
243 □ **go over ...**	①...をよく調べる ②...について考える
244 □ **go with ...**	①...に似合う，...と調和する ②...と交際する
245 □ **go out of** *one's* **way to** *do*	（必要がないのに）わざわざ~する，無理して~する ➡ go out of the way ①回り道する　②取り乱す
246 □ *be* **on the go**	仕事に追われている，常に活動している 注意 go 名 行くこと，活動

leave	①を去る　②を置き忘れる；を残す　③を（ある状態のまま）に放っておく
247 □ **leave ... behind**	①...を置き忘れる，...を連れていかない ②（財産など）をあとに残す
248 □ **leave much[a lot] to be desired**	問題が多い，不満な点が多く残っている ➡ leave nothing to be desired 全然問題がない
249 □ **leave ... alone**	...を1人にしておく， ...をそっとしておく
250 □ **leave ... out**	...を省く，...を入れ忘れる

A-45 Word No. **236 − 250**

> go は come と逆に，自分や相手のところから遠ざかっていくことを表す。
> 悪い状態を表す形容詞を補語にする SVC の文型での用法にも注意する。

☐ He **went on** work*ing* until he was 91. 彼は91歳まで働き**続けた**。

☐ Please **go on with** your work. 仕事**を続けて**ください。

☐ They **went** sightsee*ing* **in** Kurashiki. 彼らは倉敷へ観光**に行った**。

☐ She has **gone through** a lot this year. 彼女は今年，たくさんのこと**を経験した**。

☐ This milk has **gone bad**. この牛乳は**腐って**いる。

☐ Matters continued to **go from bad to worse**. 事態は**さらに悪い方向に向かい**続けた。

☐ **Go ahead with** the work right now. 今すぐ仕事**を始めなさい**。

☐ In the competition, the judges **go over** all the dogs and assess them. コンテストで，審査員たちはすべてのイヌ**をよく調べて**評価する。

☐ Do you think these shoes **go with** this dress? この靴はこのドレス**に似合う**と思いますか。

☐ Jeff **went out of his way to** replace the flat tire for me. ジェフは私のために，**わざわざ**パンクしたタイヤを交換**してくれた**。

☐ I've **been on the go** all day. 私は1日中**仕事に追われ**ていた。

> leave はものごとをそのままにして，その場を離れることを表す。
> 離れたあとの状態に注目した意味が「を残す」だと考えればよい。 ◎ 101

☐ I think I **left** my wallet **behind** at the restaurant. 私はレストランに財布**を置き忘れてきた**と思う。

☐ This kind of product **leaves a lot to be desired**. この種の製品は**問題が多い**。

☐ Oh, just **leave** me **alone**, will you? ああ，ちょっと私**を1人にしておいて**くれませんか。

☐ Tell me everything you heard. Don't **leave** anything **out**. あなたが聞いたことすべてを打ち明けなさい。何も**省いて**はいけない。

基本動詞を含む頻出熟語

give

①を与える，を渡す　②を催す
③（圧力などに負けて）譲る；崩れる

251 □ give 〈人〉 a hand	〈人〉に手を貸す，〈人〉の手伝いをする （= give a hand to 〈人〉）
252 □ give 〈人〉 a call[ring]	〈人〉に電話をする （= call, telephone）
253 □ give birth to ...	…を産む（= bear）
254 □ give up (...)	（…を）あきらめる，（…を）断念する ➡ give up -ing ～するのをやめる ➡ give 〈人〉 up for lost 　〈人〉が行方不明とあきらめる
255 □ give in (...)	①譲る，屈服する ②…を提出する（= hand in ...） ➡ give in to ... …に屈服する（= yield to ...）
256 □ give way to ...	①…に譲歩する；…に屈する，…に負ける ②…に道を譲る（= yield to ...）
257 □ given ...	…を考慮に入れれば； もし…があれば
258 □ give out ...	…を配る（= distribute）
259 □ give away ...	①（秘密など）を明かす ②…を無料で配る
260 □ give rise to ...	…を引き起こす， …の原因となる
261 □ give off ...	（におい・熱など）を発する， …を出す

set

①を置く　②を整える　③を（ある状態）にする
④（太陽や月が）沈む

262 □ set out (...)	①《on, forを伴って》（…に）出発する（= leave） ②…に着手する
263 □ set in	①（季節・天気が）始まる ②（よくないことが）定着する，流行する
264 □ set about ...	…に取りかかる，…に着手する

A-46　Word No. 251 − 264

giveは他動詞「を与える」の意味だけでとらえがちだが，自動詞「譲る；崩れる」の意味を含む熟語も重要である。　●55

☐ Can you **give** me **a hand** with this?	これに**手を貸して**くれませんか。
☐ I'll **give** you **a call** at about seven, okay?	7時ごろあなたに**電話をする**けど，大丈夫ですか。
☐ Ann **gave birth to** a baby boy.	アンは男の子**を産んだ**。
☐ I **gave up** smok*ing* when I got pregnant.	私は妊娠したときに喫煙**をやめた**。
☐ We will never **give in** *to* terrorist demands.	私たちは決してテロリストの要求**に屈服し**ない。
☐ She **gave way to** temptation and ate the chocolate cake.	彼女は誘惑**に負けて**チョコレートケーキを食べた。
☐ I think I did all right, **given** that I didn't study much for the test.	あまり試験勉強をしなかったこと**を考慮に入れれば**，私はよくやったと思う。
☐ The tour conductor **gave out** the admission tickets to all of us.	添乗員が私たちみんなに入場券**を配った**。
☐ He **gave away** as little information as possible.	彼は最小限しか情報**を明かさ**なかった。
☐ His careless words **gave rise to** misunderstandings.	彼の不注意な発言は誤解**を引き起こした**。
☐ The paint **gives off** fumes.	ペンキは有毒なガス**を発する**。

setはものごとをある固定された状態にすえることを表す。

☐ In 1673, they **set out** *on* their dangerous journey.	1673年に，彼らは危険な旅に**出発した**。
☐ We wanted to leave before winter **set in**.	私たちは冬が**始まる**前に出発したかった。
☐ Lou **set about** decorating their new house.	ルーは新居の内装**に取りかかった**。

基本動詞を含む頻出熟語

take ①
①を取る ②を持って行く,を連れて行く
③を必要とする ④を〜とみなす,を〜と思う

265 □	take care of ...	①…の世話をする (= look after ...) ②…に気を配る
266 □	take over (...)	(…を)引き継ぐ；交代する
267 □	take part in ...	…に参加する (= participate in ...)
268 □	it takes 〈人〉〈時間〉 to *do*	〈人〉が〜するのに〈時間〉がかかる (= it takes 〈時間〉 for 〈人〉 to *do*)
269 □	take ... for granted	…をあたりまえに思う, …を当然のことと思う
270 □	take it easy	気楽にする ➡ take ... seriously …を深刻に受けとめる
271 □	take ... for 〜	①(誤って)…を〜だと思い込む (= mistake ... for 〜) ②…を〜だと思う

keep ①
①を持っている ②を取っておく ③を(ある状態)にしておく ④(約束・規則など)を守る

272 □	keep good[early] hours	早寝早起きをする
273 □	keep a diary	日記をつける
274 □	keep good time	(時計の)時間が正確である
275 □	keep (on) -ing	〜し続ける (= continue -ing[to *do*]) ➡ keep on with ... …を続ける
276 □	keep ... -ing	…を〜するままにしておく
277 □	keep 〈人〉 company	〈人〉に同行する,〈人〉につき合う ➡ in company with ... …といっしょに

> take はものを持って[人を連れて]その場から遠ざかることを表す。
> 「を〜とみなす、を〜と思う」の意味を含む熟語も重要である。

- [ ] Who is **taking care of** the dog while you are away? | 君の留守中、だれがイヌ**の世話をしている**のですか。
- [ ] She wants me to **take over** her business when she retires. | 彼女は引退するときに、私に彼女の会社**を引き継いで**ほしいと思っている。
- [ ] About 400 students **took part in** the protest. | 400人ほどの学生が抗議**に参加した**。
- [ ] **It takes** me about 20 minutes **to** get to work. | 私は通勤するのに20分ほどかかる。
- [ ] My mother **took** it **for granted** that I would go to college. | 私の母は、私が大学に行くこと**をあたりまえだと思った**。
- [ ] Just **take it easy** and relax. | 少し**気楽にして**、リラックスしなさい。
- [ ] I **took** the woman walking with Mike **for** his mother. | 私は、マイクと歩いていた女性**を**彼の母親**だと思い込んだ**。

> keep はものごとを変化させないで同じ状態に保つことを表す。
> 〈keep＋目的語＋補語〉の形に注意する。　　　　　　　　　⊃337

- [ ] The doctor advised him to **keep good hours**. | 医者は彼に**早寝早起きをする**ように忠告した。
- [ ] My grandfather has **kept a diary** for 70 years. | 私の祖父は70年間**日記をつけ**ている。
- [ ] He says his antique watch **keeps good time**. | 彼のアンティークの時計は**時間が正確**だそうだ。
- [ ] We must **keep on** try*ing*. | 私たちは挑戦**し続け**なければならない。
- [ ] They **kept** us wait*ing* for more than an hour. | 彼らは私たち**を**1時間以上も待たせた**ままにした**。
- [ ] I'll **keep you company** on the way to Osaka. | 私が大阪まで**あなたに同行し**ましょう。

基本動詞を含む頻出熟語

have

①を持っている ②を食べる，を飲む
③に〜してもらう，に〜させる

278 □	**have a good time -ing**	〜して楽しむ ➡ have a hard time -ing 〜してつらい思いをする
279 □	**have no idea**	わからない，全然知らない
280 □	**have an eye for ...**	…を見る目がある
281 □	**have only to** *do*	〜しさえすればよい ➡ have to *do* 〜しなければならない
282 □	**have ...** *done*	…を〜してもらう，…を〜される
283 □	**have words with ...**	①…と口論する ②（複数の人が）…に同意する
284 □	**have an effect on ...**	①…に影響を与える　②…に効果がある ➡ *be* of no effect 効果がない
285 □	**have[take, go]** *one's* **own way**	自分の思い通りにする
286 □	**have a good command of ...**	…を自由にあやつる
287 □	**have no choice but to** *do*	〜せざるをえない， 〜するほかに選択の余地がない

turn

①回る；を回す ②向く；を向ける
③曲がる；を曲げる

288 □	**turn up**	現れる，出てくる（＝ appear）
289 □	**turn out (to be) ...**	①…だとわかる（＝ prove (to be) ...） ②結局…になる（＝ result in ...）
290 □	**turn down ...**	①…を断る（＝ refuse） ②（明かりや音量など）を下げる
291 □	**by turns**	代わる代わるに，次から次へと
292 □	**in turn**	順番に，入れかわりに；今度は

have はものごとや状況を手に入れた状態にあることを表す。
使役の用法「に～させる」の意味に注意する。 ●137

☐ They **had a good time** play*ing* music together.	彼らはいっしょに音楽を演奏**して楽しんだ**。
☐ I **have no idea** what you're talking about.	私はあなたが何のことを話しているのか**わからない**。
☐ Ms. Greene **has an eye for** detail.	グリーンさんは細かいところ**を見る目がある**。
☐ You **have only to** press this button.	あなたはこのボタンを押し**さえすればよい**。
☐ My sister **had** her bike *repaired* yesterday.	私の姉[妹]は昨日，自転車**を修理してもらった**。
☐ I **had words with** my mother last night.	昨夜，私は母**と口論した**。
☐ The trip really **had an effect on** her.	その旅は実に彼女**に影響を与えた**。
☐ You can't **have your own way** in everything.	君はすべてにおいて**自分の思い通りにする**ことができるわけではない。
☐ Fujiko **has a good command of** English.	フジコは英語**を自由にあやつる**。
☐ She **had no choice but to** agree.	彼女は同意**せざるをえなかった**。

turn は回転して方向が変わり，状態に変化が起こることを表す。 ●367

☐ She **turned up** late as usual.	彼女はいつものように遅れて**現れた**。
☐ That guy **turned out to be** Maria's cousin.	あの男はマリアのいとこ**だとわかった**。
☐ They offered her the job, but she **turned** it **down**.	彼らは彼女に仕事を申し出たが，彼女はそれ**を断った**。
☐ The movie was **by turns** funny and frightening.	その映画は笑いと恐怖が**代わる代わるに**現れた。
☐ He examined each patient **in turn**.	彼は**順番に**それぞれの患者を診察した。

基本動詞を含む頻出熟語

get ①
①を得る，を受け取る　②を(ある状態)にする
③(ある状態)になる

293 □	**get to** *do*	〜するようになる ➡ get to know 〈人〉〈人〉と知り合いになる
294 □	**get ... to** *do*	①…に〜させる ②…に〜してもらう
295 □	**get in touch with ...**	…と連絡を取る
296 □	**get on[along] with ...**	…と仲よくやっていく
297 □	**get nowhere**	進展しない，目的を達成しない ➡ get ... nowhere …に利益をもたらさない
298 □	**get on** *one's* **nerves**	〜をいらつかせる，〜の神経にさわる
299 □	**get[stand] in** *one's* **way**	〜のじゃまをする (= get in the way of ...)

call
①(を)呼ぶ；(人・もの)を〜と呼ぶ
②(に)電話をする

300 □	**call (...) up**	①(…に)電話をする (= call, telephone) ②(記憶など)を呼び起こす (= recall)
301 □	**call for ...**	①…を強く求める ②…を必要とする (= require)
302 □	**call on** 〈人〉	〈人〉を訪問する (= visit)
303 □	**call it a day**	(その日の)仕事を切り上げる
304 □	**call (...) back**	①(…に)折り返し電話する ②…を呼び戻す
305 □	**call ... off**	…を中止する，…を取り消す (= cancel)
306 □	**call in**	(会社・テレビ局などへ)電話を入れる ➡ call in sick 病欠の電話をする

A-49　Word No. 293 – 306

get は人が主語の場合は，意図的にものやある状態を手に入れることを表す。
また，人以外が主語の場合は，自然とある状態になることを表す。　　　　⊃70

☐ How did you **get to** know him?	君はどうやって彼**と知り合いになった**のですか。
☐ **Get** him **to** wash his hands before he starts cooking.	調理を始める前に彼**に**手を洗わ**せなさい**。
☐ You can always **get in touch with** me at the office.	職場でしたらいつでも私**と連絡を取る**ことができます。
☐ I can't **get along with** people who are not sincere.	私は誠実でない人**と仲よくやっていく**ことができない。
☐ The police are **getting nowhere** with this case.	この事件での警察の捜査は**進展していない**。
☐ The noise from downstairs was starting to **get on my nerves**.	下の階からの騒音が私**をいらつかせ**始めていた。
☐ He is determined to succeed and nothing's going to **get in his way**.	彼は成功することを決心していて，彼**のじゃまをする**ようなものは何もない。

call は相手の反応を期待して大きな声で呼びかけることを表す。

☐ He **called** me **up** to tell me the news.	彼はその知らせを告げるために私**に電話をした**。
☐ Human rights groups are **calling for** the release of political prisoners.	人権団体が政治犯の釈放**を強く求めている**。
☐ I'm going to **call on** an old friend in Paris next weekend.	私は来週末にパリにいる古くからの友だち**を訪問する**つもりだ。
☐ We've been working hard for hours, so let's **call it a day** and go home.	私たちは何時間も一生懸命働いたから，**仕事を切り上げて**帰りましょう。
☐ He's busy at the moment. Can he **call** you **back** later?	彼はただ今，手が離せません。のちほど彼から**折り返し電話をして**もよろしいでしょうか。
☐ The game was **called off** because of heavy rain.	大雨のため試合は**中止**された。
☐ Viewers **called in** to complain about the violence.	視聴者が暴力シーンに対する苦情を言うため**電話を入れた**。

長文読解 LEVEL 1

⊙LEVEL 1で学習した，赤字の語(句)の意味を確認しながら，長文を読んでみましょう。

※語句の下の数字は，参考となる Word No. です。

1　The Sahara **Desert** is on the **continent** of Africa. In this **desert**, there are few **plants** and **creatures**. There is sand everywhere. Occasionally, there are camels and **humans**.

2　There is little water in the Sahara but there is one **area** with water. This place is called an oasis. A **village** is usually near an oasis. People *are* **grateful** *for* water in the **desert** and **save** every drop to stay **alive**. They *are* often **short** *of* water and it cannot be **wasted**.

3　There is a big oasis on the **border** of Libya and Egypt. It is near the **village** of Siwa. A few **tourists** **go out of their way to** visit Siwa. There is no airport or train station, so people **have no choice but to** take a bus or car to **get** there. Visitors go **sightseeing** *at their* **leisure**.

4　Many of the **important** places in Siwa are very old. A **journey** here takes **courage** because it is **far** from any towns or cities. You can **lie** on the ground at night and **look** *at* the **distant** stars. You can **find** *out* a lot about the history of ancient Greek and Egyptian **cultures**. You can **choose** to go to the **main** attraction of Siwa — the beautiful oasis that is open to the **public** every day.

(214 words)

Quick Check! ➡ 解答は p.68

① 「デザート」を意味する名詞は？　　　⇨ _____

④ 「を創造する」を意味する動詞は？　　⇨ _____

⑤ 「人間性」を意味する名詞は？　　　　⇨ _____

⑪ 「不足」を意味する名詞は？　　　　　⇨ _____

⑫ 名詞 waste の意味は？　　　　　　　⇨ _____

> また，Quick Check!で，語いに関する知識を再確認してみましょう。

A-50

1 サハラ①**砂漠**はアフリカ②**大陸**にある。この①**砂漠**には，③**植物**や④**生き物**はほとんどいない。いたるところに砂がある。ときおり，ラクダや⑤**人間**がいる。

2 サハラには水がほとんどないが，水のある⑥**地域**が1つある。この場所はオアシスと呼ばれている。⑦**村**はたいていオアシスの近くにある。人々は①**砂漠**にある水に対して⑧**感謝していて**，⑩**生き**続けるために1滴1滴を⑨**蓄える**。たいてい水が⑪**不足している**ので，⑫**むだに使う**ことはできない。

3 リビアとエジプトの⑬**国境**に大きなオアシスがある。それはシワの⑦**村**の近くだ。わずかな⑭**観光客**が⑮**わざわざ**シワを訪れる。空港や鉄道の駅がないので，人々がそこに⑰**着く**ためには，バスや車に乗る⑯**ほかに選択の余地がない**。訪れる人々は，⑲**時間をかけて**⑱**観光**に行く。

4 シワの⑳**重要な**場所の多くは，とても古い。ここでの㉑**旅**は㉒**勇気**を必要とする。というのは，シワはどの町や都市からも㉓**遠い**からだ。夜には地面に㉔**横たわって**，㉖**遠くの星を**㉕**見る**ことができる。古代ギリシャやエジプトの㉘**文化**の歴史について多くのことを㉗**知る**ことができる。シワの㉚**主要な**名所に行くことを㉙**選ぶ**ことができる。そこは毎日㉛**一般の人々**に開放されている美しいオアシスだ。

⑳「重要性」を意味する名詞は？　⇨ _____
㉒「を励ます」を意味する動詞は？　⇨ _____
㉖ 名詞 distance の意味は？　⇨ _____
㉘「文化的な」を意味する形容詞は？　⇨ _____
㉛「私用の」を意味する反意語は？　⇨ _____

実践問題 LEVEL 1

⊙ 英文に合うように，もっとも適当な語(句)を選び，番号で答えなさい。

□ **1.** Would you (　) me?
　① be married　② get married　③ marry　④ marry with
〈武蔵大〉

□ **2.** The salesman persuaded (　) the expensive automobile.
　① me buying　② me to buy　③ buying me　④ to buy me
〈大阪産業大〉

□ **3.** Stomach pains are sometimes (　) by too much worry.
　① caught　② seemed　③ effected　④ caused
〈関東学院大〉

□ **4.** If I buy a second-hand computer, it will (　) me hundreds of dollars.
　① add　② help　③ keep　④ save
〈センター試験〉

□ **5.** "Do you still plan to go to Hawaii on this winter vaction?"
"Yes, and I wish you'd consider (　) with me."
　① go　② going　③ to go　④ to going
〈センター試験〉

□ **6.** I'll never forget (　) Geneva when I was a student.
　① to have visited　② to visit　③ visited　④ visiting
〈京都産業大〉

□ **7.** I wonder how long this fine weather will (　).
　① end　② last　③ pass　④ stop
〈南山大〉

□ **8.** I can't afford (　) a new car.
　① to buying　② to buy　③ buy　④ bought
〈福岡大〉

実践問題 LEVEL 1 ANSWERS (p.67)	9. ② ➡ 137	10. ③ ➡ 266	11. ② ➡ 114
	12. ② ➡ 269	13. ③ ➡ 187	14. ③ ➡ 136
	15. ④ ➡ 34	16. ③ ➡ 23	

☐ 9. He should have a mechanic (　　) the car before he buys it.
　　① checking　② check　③ have checked　④ checked　〈愛知工大〉

☐ 10. "You have been driving for hours. Shall I take (　　)?"
　　"No, that's okay. I enjoy driving and I know you hate it, especially on highways."
　　① back　② on　③ over　④ up　〈センター試験〉

☐ 11. After losing his wife, the man (　　) his six children alone.
　　① rose　② raised　③ risen　④ arise　〈愛知学院大〉

☐ 12. I (　　) it for granted that you knew what was happening.
　　① imagined　② took　③ proposed　④ agreed　〈亜細亜大〉

☐ 13. Britain has recently had a high level of unemployment — but the same is true (　　) many other countries.
　　① at　② from　③ of　④ to　〈センター試験〉

☐ 14. Although her parents had said "no" for a long time, they finally (　　) her go to Europe.
　　① allowed　② got　③ let　④ made　〈センター試験〉

☐ 15. I want to be a teacher when I (　　) this school.
　　① end　② graduate at　③ graduate　④ graduate from　〈浜松大〉

☐ 16. The girl (　　) her mother in many respects.
　　① resembling　② is resembled to　③ resembles　④ resembles to　〈関西学院大〉

実践問題 LEVEL 1 ANSWERS (p.66)

1. ③ ➡ 20	2. ② ➡ 145	3. ④ ➡ 91
4. ④ ➡ 80	5. ② ➡ 197	6. ④ ➡ 207
7. ② ➡ 217	8. ② ➡ 166	

➡の数字は，参考となる Word No. です。

実践問題 LEVEL 1　日本語訳と解説

1. 私と結婚してくださいますか。
   ※「Aと結婚する」は⟨marry A⟩。この意味でのmarryは他動詞であることに注意。
2. その販売員は、私を説得して高価な自動車を買わせた。
   ※⟨persuade A to *do*⟩で、「Aを説得して～させる」の意味。
3. 胃痛はときどき、過度の悩みによってもたらされる。
   ※causeは「(苦痛・被害)をもたらす」、⟨be caused by ...⟩で「…によってもたらされる」の意味。
4. 私が中古のコンピュータを買えば、何百ドルもの節約になるだろう。
   ※⟨save A B⟩で「AからBを省く、Aに対してBの節約になる」の意味。addとhelpにはSVOOの文型の用法はない。keepだと「AのためにBを取っておく」という意味。
5. 「あなたはまだこの冬休みにハワイへ行くことを計画していますか?」「はい、そしてあなたが私といっしょに行こうと考えてくれるといいのですが」
   ※considerは目的語に動名詞をとる。
6. 私は学生だったときにジュネーヴを訪れたことを絶対に忘れないだろう。
   ※⟨forget -ing⟩で「(以前)～したことを忘れる」の意味。⟨forget to *do*⟩は「(これから)～するのを忘れる」の意味になることに注意。
7. このいい天気がどのくらい続くのかな。
   ※lastは形容詞だと「最後の」の意味だが、動詞で「続く、持ちこたえる」の意味があることも押さえておく。
8. 私は新車を買う余裕がない。
   ※affordは目的語に不定詞をとる。⟨can afford to *do*⟩で「～する余裕がある」の意味。
9. 彼は車を買う前に整備士にそれを点検させたほうがよい。
   ※使役動詞haveは⟨have A *do*⟩で、「Aに～させる」の意味で、【依頼】のニュアンスがある。⟨have A *done*⟩で「Aを～してもらう」となり、設問文を書きかえると、He should have the car checked by a mechanic ....となる。
10. 「あなたはもう何時間も運転してるね。交代しようか?」「いいえ、大丈夫。私は運転を楽しんでいるし、あなたが運転が嫌いなことも知っています、特に高速道路ではね」
    ※⟨take over (...)⟩で「(…を)引き継ぐ、交代する」の意味。
11. 妻を失ったあと、その男は1人で6人の子どもを育てた。
    ※raiseは他動詞で「を育てる」の意味。rise「昇る」は自動詞⟨活用：rise-rose-risen⟩。
12. 何が起きていたか、当然あなたが知っていると私は思っていた。
    ※⟨take ... for granted⟩で「…を当然のことと思う」の意味。この文ではtookのあとに形式目的語のitが置かれている。本来の目的語はthat以下。
13. イギリスは最近失業率が高い。しかし同じことがほかの多くの国にもあてはまる。
    ※⟨be true of ...⟩で「…にあてはまる」の意味。
14. 彼女の両親は長い間「だめだ」と言ってきたが、最終的には彼女がヨーロッパに行くのを許した。
    ※目的語のあとに原形不定詞があるので、使役動詞が入ると考える。letは【許可】、makeは【強制】のニュアンスがある。allowは⟨allow A to *do*⟩の形で用いる。
15. この学校を卒業したら、私は先生になりたい。
    ※⟨graduate from A⟩で「Aを卒業する」の意味。
16. その少女は多くの点で彼女の母親に似ている。
    ※resembleは他動詞で「に似ている」の意味。他動詞なので前置詞は不要。また、状態動詞なので、進行形にしない。

長文読解 LEVEL 1　Quick Check!　解答

① dessert　④ create　⑤ humanity　⑪ shortage　⑫ 浪費、廃棄物
⑳ importance　㉒ encourage　㉖ 距離、道のり　㉘ cultural　㉛ private

LEVEL 2

入試への足固め(2)

LEVEL 2では引き続き,入試への足固めとなる基本的な単語を学習します。〈remind A of B〉で「AにBを思い出させる」,〈prevent A from -ing〉で「Aが~するのを妨げる」などの典型的な語法を身につけましょう。
また,hold や look などの基本動詞を含む熟語も引き続き学習します。

▶ よくない状況を表す語

307 □ accident
[ǽksədənt]
名①(交通)事故　②偶然
➡ by accident 偶然に
⇨ accidéntal 形偶然の

308 □ pain
[péin]
名①痛み，苦痛　②《(複)で》苦労，努力
⇨ páinful 形つらい，痛い

309 □ ill
[íl]
形①病気で　②悪い　➡ fall ill 病気になる
副悪く（↔ well 元気な，よく）　〈worse - worst〉
➡ speak ill of ... …の悪口を言う
⇨ íllness 名病気

310 □ die
[dái]
動死ぬ，(植物が)枯れる　⇨ déath 名死
⇨ déad 形死んだ，(植物が)枯れた

GF ▶ 〈他動詞＋A of B〉の形をとる動詞（1）【関連の of】

311 □ remind
[rimáind]
動に思い出させる，に気づかせる
➡ remind 〈人〉of ... 〈人〉に…を思い出させる

312 □ inform
ア [infɔ́ːrm]
動に知らせる
➡ inform 〈人〉of ... 〈人〉に…を知らせる
⇨ informátion 名情報 ● 847

313 □ convince
ア [kənvíns]
動に納得させる；に確信させる
➡ convince 〈人〉of ... 〈人〉に…を納得[確信]させる
➡ be convinced (that) ... …だと確信している
⇨ convíction 名確信

314 □ warn
発 [wɔ́ːrn]
動に警告する
➡ warn 〈人〉of ... 〈人〉に…を警告する
⇨ wárning 名警告

315 □ suspect
ア [səspékt]
動①を疑う　②に感づく
➡ suspect 〈人〉of ... 〈人〉に…の疑いをかける
名 [sʌ́spekt] ア 容疑者　　　　　　　　　● 669
⇨ suspícion 名疑惑　⇨ suspícious 形疑わしい

Grammar Focus 18　前置詞 of には「…についての」という，【関連】の意味がある。

Word No. **307 — 315**

A-51

- [ ] Have you ever been in an **accident**?
  あなたは今までに**事故**にあったことがありますか。

- [ ] I felt a severe **pain** in my stomach this morning.
  私は今朝, 胃にひどい**痛み**を感じた。

- [ ] ⓐ He's been **ill** for over two weeks.
  ⓑ Don't *speak* **ill** *of* others.
  ⓐ彼は2週間以上も**病気**だ。
  ⓑ他人の**悪口**を言うな。

- [ ] The musician **died** in a traffic accident.
  そのミュージシャンは交通事故で**死んだ**。

A-52

- [ ] That song always **reminds** me *of* our first date.
  あの歌はいつも私たちの初めてのデートを**思い出させる**。

- [ ] Please **inform** me *of* the result as soon as possible.
  なるべく早く私に結果を**知らせて**ください。

- [ ] ⓐ Luckily, she **convinced** the jury *of* her innocence.
  ⓑ I *am* **convinced** *that* our products will sell well in your country.
  ⓐ幸いにも, 彼女は陪審員たちに自分の無罪を**納得させた**。
  ⓑ私たちの製品があなたの国でよく売れるだろうということを, 私は**確信している**。

- [ ] I **warned** him *of* the risks of smoking.
  私は彼に喫煙の危険性を**警告した**。

- [ ] The police **suspect** him *of* being a spy.
  警察は彼にスパイの**疑いをかけている**。

Challenge 18 適当な語を選びなさい。

He ( ) his teacher of his excellent grade on the examination.
① informed   ② reported   ③ noticed   ④ suggested
〈中央大〉

答：①
→ p.390

▶ 会社・職業に関する語

316 □ company
[kʌ́mpəni]
图 ①会社 ②仲間 ③同席すること
➡ in company with ... …といっしょに

317 □ project
ア [prɑ́dʒekt]
图 計画, 企画, 事業
動 [prədʒékt] ア ①を予測する ②(画像)を映写する

318 □ career
ア [kəríər]
图 (生涯の)仕事, 職業；経歴

319 □ clerk
[klə́ːrk]
图 ①《米》店員 ②(会社などの)事務員

320 □ document
[dɑ́kjəmənt]
图 文書, 書類
⇨ documéntary 形 文書の 图 実録作品

321 □ envelope
ア [énvəlòup]
图 封筒
⇨ envelop [envéləp] ア 動 を包む

GF 〈他動詞＋A of B〉の形をとる動詞（2）【分離の of】

322 □ rob
[rɑ́b]
動 を奪う, を強奪する
➡ rob 〈人〉 of ... 〈人〉から…を奪う
⇨ róbber 图 強盗 ⇨ róbbery 图 強盗(事件)

323 □ deprive
ア [dipráiv]
動 (能力・権利など)を奪う, を剥奪する
➡ deprive 〈人〉 of ... 〈人〉から…を奪う

324 □ cure
[kjúər]
動 を治す, を治療する
➡ cure 〈人〉 of ... 〈人〉の…を治療する
图 治療(法)；回復

325 □ clear
[klíər]
動 ①を片づける ②を取り除く ③晴れる
➡ clear 〈場所〉 of ... 〈場所〉から…を片づける
形 ①はっきりした ②晴れた

326 □ rid
[ríd]
動 を取り除く 〈rid[ridded] - rid[ridded]〉
➡ rid 〈もの〉 of ... 〈もの〉から…を取り除く
➡ get rid of ... …を取り除く, …を捨てる ◎ 573

327 □ cheat
[tʃíːt]
動 ①をだます；をだまし取る ②カンニングをする
➡ cheat 〈人〉 (out) of ... 〈人〉から…をだまし取る

Grammar Focus 19　前置詞 of には「…から」という,【分離】【剥奪】の意味がある。ほかに〈strip A of B〉で,「A から B をはぎ取る」も覚えておこう。

Word No. **316 − 327**

A-53

- ⓐ Which **company** do you work for?
  ⓑ I really enjoyed your **company**.
  ⓐどちらの**会社**にお勤めですか。
  ⓑ君と**いっしょ**で本当に楽しかった。
- There was a **project** to rebuild this office.
  この事務所を建て直す**計画**があった。
- I want to find out more about **careers** in publishing.
  私は出版の**仕事**についてもっと詳しく知りたい。
- He is a **clerk** at a convenience store.
  彼はコンビニエンスストアの**店員**だ。
- You can attach any **documents** to an email.
  Eメールにはどんな**文書**も添付できる。
- I put the letter in an **envelope** and mailed it today.
  私はその手紙を**封筒**に入れて，今日，郵送した。

A-54

- They **robbed** him *of* all his possessions.
  彼らは彼から所持品すべてを**奪った**。
- The war **deprived** these children *of* a normal home life.
  その戦争が，この子どもたちからふつうの家庭生活を**奪った**。
- This medicine will **cure** him *of* the disease.
  この薬が彼の病気を**治す**だろう。
- They **cleared** the road *of* fallen leaves.
  彼らは道路の落ち葉を**片づけた**。
- He **rid** his house *of* white ants.
  彼は家からシロアリを**駆除した**。
- The men **cheated** the tourists *out of* all their money.
  その男たちは旅行者たちからすべての所持金を**だまし取った**。

Challenge 19 適当な語を選びなさい。

TV has (　) us of our enjoyment of conversation over dinner at home.
　① enabled　② given　③ lost　④ robbed　〈日本大〉

答：④
➡ p.390

■》生活に関する動詞

328 □ act [ǽkt]
- 動 ①行動する ②(を)演じる
- 名 行為；法律
  - ⇨ áction 名 行為；行い

329 □ bear [béər]
- 動 ①(苦痛など)に耐える ②(責任など)を負う
  ③(重さなど)を支える ④(子)を産む ⇨ p.306
  - → be born 生まれる 〈bore - borne[born]〉
  - → bear ... in mind …を念頭に置いておく

330 □ burn [bə́ːrn]
- 動 ①燃える；を燃やす ②焦げる；を焦がす
  - → burn out 燃え尽きる

331 □ continue ⑦[kəntínjuː]
- 動 続く；を続ける
  - → continue -ing[to do] 〜し続ける
  - ⇨ contínuous 形 連続した

332 □ gather [gǽðər]
- 動 ①集まる；を集める ②(速度など)を増す

333 □ include ⑦[inklúːd]
- 動 を含む, を含める (↔ exclude を除外する)
  - ⇨ inclúding 前 を含めて

334 □ spend [spénd]
- 動 ①(お金)を費やす, を使う
  ②(時間)を費やす, を過ごす 〈spent - spent〉

335 □ wake [wéik]
- 動 を起こす；目が覚める (= awake) 〈woke - woken〉
  - → wake (...) up …を起こす；目を覚ます

GF》〈他動詞＋ A from -ing〉の形をとる動詞【禁止の from】

336 □ prevent ⑦[privént]
- 動 を妨げる, を防ぐ
  - → prevent ... from -ing …が〜するのを妨げる

337 □ keep [kíːp]
- 動 ①を妨げる, をさせない ②を持っている
  ③を取っておく ④を〜の状態にしておく
    ⇨ p.58,112 〈kept - kept〉
  - → keep ... from -ing …が〜するのを妨げる ⇨ 562

338 □ prohibit ⑦[prouhíbət]
- 動 を禁止する
  - → prohibit ... from -ing …が〜するのを禁止する
  - ⇨ prohibítion 名 禁止

Grammar Focus 20
前置詞 from には【禁止】【制止】の意味があり、【妨害】【抑制】【禁止】を表す他動詞と結びつき、〈他動詞＋ A from -ing〉で、「A が〜しないようにする」を意味する。

Word No. **328 – 338**

A-55

☐ My mother always tells me to **act** more quickly.	母はいつも私にもっとすばやく**行動する**ように言う。
☐ ⓐ I can't **bear** to see her cry.	ⓐ彼女が泣くのを見るのは**耐え**られない。
ⓑ The company must **bear** some responsibility for the accident.	ⓑその会社は事故に対して何らかの責任を**負わ**なければならない。
☐ Parts of the building are still **burning**.	そのビルの所々がまだ**燃えている**。
☐ Amy **continued** *to* work after she had her baby.	エイミーは子どもを産んだあとも働き**続けた**。
☐ Thousands of people **gathered** outside the embassy.	何千人もの人が大使館の外に**集まった**。
☐ This bus tour doesn't **include** a meal.	このバスツアーは食事を**含ん**でいません。
☐ My brother **spent** the whole day watching TV.	兄[弟]はテレビを見てまる1日**過ごした**。
☐ I'll **wake** you *up* when it's time to leave.	出発する時間になったら，私が**起こして**あげるよ。

A-56

☐ The accident **prevented** him *from* attend*ing* the meeting.	その事故は彼が会議に出席するのを**妨げた**。
☐ Nobody will **keep** me *from going* to Spain.	だれも私がスペインに行くのを**妨げ**ないだろう。
☐ The company **prohibits** workers *from* smok*ing* inside the factory.	その会社は労働者が工場内で喫煙するのを**禁止している**。

Challenge 20 適当な語を選びなさい。

My pride ( ) me from borrowing money from him.
① forced ② helped ③ prevented ④ refused
〈京都産業大〉

答：③
→ p.390

▶ 性格・性質を表す語

339 □ personality
ア [pə̀:rsənǽləti]
名 個性，性格；人格
⇨ pérsonal 形 個人的な ● 373

340 □ shy
[ʃái]
形 ①恥ずかしがりの；内気な
②（動物が）おくびょうな

341 □ brave
[bréiv]
形 勇敢な，勇気のある
⇨ brávely 副 勇敢に

342 □ smart
[smá:rt]
形 ①頭のよい，賢い ②しゃれた
注意 日本語で使われる「スマート」は，英語では slim「ほっそりした」を用いる。

343 □ lazy
[léizi]
形 怠惰な，怠け者の
⇨ láziness 名 怠惰

344 □ independent
ア [ìndipéndənt]
形 独立した（↔ dependent 依存した）
→ *be* independent of ... …から独立している
⇨ indepéndence 名 独立

GF ▶ 〈他動詞＋ A with B〉の形をとる動詞

345 □ provide
ア [prəváid]
動 ①を供給する，を提供する ②備える
→ provide〈人・場所〉with ...
〈人・場所〉に…を供給[提供]する
→ provide for[against] ... …に備える

346 □ supply
発 ア [səplái]
動 を供給する
→ supply〈人〉with ...〈人〉に…を供給する
名 供給（↔ demand 需要）

347 □ present
発 ア [prizént]
動 ①を贈る ②を示す；を見せる
→ present〈人〉with ...〈人〉に…を贈る
→ present ... to〈人〉〈人〉に…を贈る
名 [préznt] ①贈り物 注意 ②《通常 the 〜で》現在
形 [préznt] ①出席[存在]している（↔ absent 欠席[不在]で） 注意 ②《通常 the 〜で》現在の ● p.306

Grammar Focus 21

前置詞 **with** は【供給】【贈与】を表す他動詞と結びつき，〈**他動詞＋ A with B**〉の形で「**A（人・場所）に B（もの）を与える**」の意味を表す。この形は，【利益】【目的】を表す前置詞 **for** を使って書きかえることができ，〈**他動詞＋ B for A**〉の語順となり，**A と B の順序が入れかわる**ことに注意する。

Word No. **339 − 347**

A-57

☐ He was an ambitious man with a strong **personality**.	彼は強い**個性**がある野心的な男だった。
☐ She is very **shy** with strangers.	彼女は見知らぬ人たちに対してとても**恥ずかしがりだ**。
☐ It was **brave** of you to speak in front of all those people.	あの人たち全員の前で話をするとは，君は**勇敢**だった。
☐ Here are a few tips every **smart** traveler should know.	**賢い**旅行者なら知っておくべき秘訣がいくつかあります。
☐ Jack is the **laziest** student in this class.	ジャックはこのクラスでいちばん**怠惰な**生徒だ。
☐ He *is* **independent** *of* his parents.	彼は両親から**独立し**ている。

A-58

☐ ⓐ The Internet **provides** us *with* a lot of information. ⓑ The Internet **provides** a lot of information *for* us.	ⓐⓑインターネットは私たちにたくさんの情報を**提供する**。
☐ They **supplied** the injured people *with* medicine.	彼らはけが人たちに薬を**供給した**。
☐ ⓐ The princess **presented** the winner *with* a prize. ⓑ Everyone was **present** at the meeting.	ⓐ王女が優勝者に賞を**贈った**。 ⓑみんながその会議に**出席して**いた。

Challenge 21 適当な語を選びなさい。

Mr. and Mrs. Brown (　　) their daughter with a good education.
　① gave　② held　③ provided　④ handed

〈横浜商大〉

答：③
→ p.390

■ 形状・外観などを表す語

348 □ **shape** [ʃéip]	名 形, 姿；状態　動 を形づくる ➡ stay[keep] in shape 体調を維持する
349 □ **surface** 発 ア [sə́ːrfəs]	名 表面, 外面 形 表面の；外面の
350 □ **spot** [spάt]	名 ①場所, 地点　②はん点, しみ ➡ on the spot その場に；即座に
351 □ **thick** [θík]	形 ①厚い (↔ thin 薄い)　②太い ③(液体・気体が)濃い
352 □ **tight** [táit]	形 きつい (↔ loose [lúːs] ゆったりした) 副 きつく；しっかりと
353 □ **rough** 発 [rʌ́f]	形 ①(表面が)でこぼこした, ざらざらした ②荒っぽい　③おおよその ⇨ róughly 副 乱暴に；おおよそ
354 □ **dull** 発 [dʌ́l]	形 ①(色・光・感覚などが)鈍い, くすんだ ②退屈な　③(刃物が)切れ味の悪い

GF 〈他動詞＋A for B〉の形をとる動詞

355 □ **blame** [bléim]	動 ①を非難する　②の責任にする　名 非難 ➡ blame ~ for ... ~を…で非難する ➡ *be* to blame 責任がある
356 □ **praise** [préiz]	動 を賞賛する, をほめる　名 賞賛 ➡ praise〈人〉for ...〈人〉を…で賞賛する
357 □ **criticize** ア [krítəsàiz]	《英》criticise 動 を批判する ➡ criticize〈人〉for ...〈人〉を…で批判する ⇨ críticism 名 批判
358 □ **punish** 発 [pʌ́niʃ]	動 を罰する ➡ punish〈人〉for ...〈人〉を…で罰する ⇨ púnishment 名 処罰
359 □ **thank** [θǽŋk]	動 に感謝する　名 《(複)で》感謝, 謝意 ➡ thank〈人〉for ...〈人〉に…のことで感謝する

Grammar Focus 22　前置詞 for は【非難】【賞賛】【感謝】を表す他動詞と結びついて,〈他動詞＋A for B〉の形で「B(理由)のことでAを責める・ほめる・感謝する」の意味を表す。ほかに〈scold A for B〉で,「BのことでAをしかる」も覚えておこう。

Word No. **348 — 359**
A-59

☐	The cake was in the **shape** of a star.	そのケーキは星の形をしていた。
☐	The **surface** of the table is covered with wet paint.	そのテーブルの表面は、塗りたてのペンキで覆われている。
☐	We found a quiet **spot** on the beach.	私たちは浜辺で静かな場所を見つけた。
☐	My father wears **thick** glasses.	私の父は厚いメガネをかけている。
☐	These pants are too **tight** for me to wear.	このズボンは私がはくにはきつすぎる。
☐	I'm not used to driving on **rough** roads.	私はでこぼこした道を運転するのに慣れていない。
☐	The weekly meeting tends to be deadly **dull**.	週1度の定例会議は、死ぬほど退屈になりがちだ。

A-60

☐	ⓐ The report **blames** poor safety standards *for* the accident. ⓑ He *is to* **blame** for his actions.	ⓐ報告書はその事故は低い安全基準によるものだと非難している。 ⓑ彼は自分の行動の責任がある。
☐	The mayor **praised** the rescue team *for* their courage.	市長は救助隊の勇敢さを賞賛した。
☐	Everyone **criticizes** him *for* his selfish attitude.	みんなが彼のわがままな態度を批判している。
☐	It's unfair to **punish** a whole class *for* the actions of one student.	1人の学生の行為でクラス全体を罰するのは不公平だ。
☐	She **thanked** her boss *for* his kind advice.	彼女は、上司の親切な助言のことで彼に感謝した。

Challenge 22 適当な語を選びなさい。

Richard and Tom admitted their mistake immediately.
They (　) themselves for being wrong.
① blamed　② confessed　③ pointed　④ said
〈梅花女子大〉

答：①
➡ p.390

▶ 交通・交通機関に関する語

360 □ **traffic** [trǽfik]	名 **交通**，交通量 ➡ traffic jam 交通渋滞 ➡ traffic accident 交通事故	
361 □ **transportation** [trænspərtéiʃən]	名 (米)**輸送**；輸送機関 ⇨ transport [trænspɔ́ːrt] ⑦ 動 を輸送する，を運ぶ 　　　　　　　[trǽnspɔːrt] ⑦ 名 (英)輸送；輸送機関 　　　　　　　　　　　　　　　　　　　　　　● 1008	
362 □ **path** 発 [pǽθ]	名 **小道**，細道	
363 □ **fuel** 発 [fjúːəl]	名 **燃料** ➡ fuel consumption 燃料消費量 動 (に)燃料を補給する	

▶ 「動く」「移動する」ことなどを表す語

364 □ **move** [múːv]	動 ①**動く**；を動かす　②引っ越す ③を感動させる ⇨ móvement 名 動き；(社会)運動	
365 □ **cross** [krɔ́(ː)s]	動 ①**(を)横切る**　②を交差させる 名 十字架；交差点	
366 □ **return** [ritə́ːrn]	動 **戻る**；を戻す 名 戻すこと，返却	
367 □ **turn** 発 [tə́ːrn]	動 ①**回る**；を回す　②向く；を向ける ③曲がる；を曲げる ➡ turn over ... …を裏返しにする ➡ turn out (to be) ... …だとわかる ● 289 名 ①回転　注意 ②順番　　　　　　　　● p.60	
368 □ **spread** 発 [spréd]	動 **広がる**；を広げる　　　　　　〈spread - spread〉 名 広まり，広がり	
369 □ **hurry** [hə́ːri]	動 **急ぐ**；を急がせる ➡ hurry up 急ぐ 名 急ぐこと ➡ in a hurry 急いで	
370 □ **ride** [ráid]	動 (車など)**(に)乗る**　　　　　　　〈rode - ridden〉 名 乗ること ➡ go for a ride (車などで)出かける	

Word No. **360 – 370**

A-61

☐	I was late for the meeting because of a **traffic** *jam*.	**交通**渋滞のせいで，私は会議に遅れた。
☐	The city needs to improve its public **transportation**.	その市は公共**輸送機関**を改善する必要がある。
☐	We walked along the **path** through the woods.	私たちは森を抜ける**小道**に沿って歩いた。
☐	Most of the weight of an airplane when it takes off is from the **fuel**.	航空機が離陸するときの重量のほとんどは**燃料**によるものだ。

A-62

☐	Hiroshi **moved** to Tokyo last month.	ヒロシは先月，東京へ**引っ越した**。
☐	Before you **cross** the street, make sure there are no other cars coming.	通りを**横切る**前に，ほかに車が来ていないか確認しなさい。
☐	She had just **returned** from an appointment.	彼女はちょうど人と会って**戻ってきた**ところだった。
☐	ⓐ **Turn** your answer sheets *over*. ⓑ The rumor **turned** *out to be* true.	ⓐ解答用紙を**裏返しにしなさい**。 ⓑそのうわさが真実**だとわかった**。
☐	Panic **spread** through the town.	町中にパニックが**広がった**。
☐	They were **hurrying** to catch their train.	彼らは電車に間に合うように**急いで**いた。
☐	He had never learned to **ride** a bicycle.	彼は決して自転車に**乗れる**ようにはならなかった。

▶ 判断の基準に関する語

371 □ impression
[impréʃən]
名 ①印象, 感銘　②思い込み
⇨ impréss 動 に印象づける ◯ 1351
⇨ impréssive 形 印象的な

372 □ image
発 ア [ímidʒ]
名 ①イメージ　②像　③映像, 画像
⇨ imágine 動 (を)想像する ◯ 407

373 □ personal
[pə́ːrsənl]
形 ①個人的な, 私的な　②個人の
➡ personal opinion 個人的な意見

374 □ private
[práivət]
形 私用の, (個人)専用の (↔ public 公共の)
⇨ prívacy 名 私生活, プライバシー

375 □ individual
ア [ìndəvídʒuəl]
形 ①個々の, 個人の　②独特の
名 個人, 個体　⇨ indivídualism 名 個人主義

▶ 感情を伝える動詞

376 □ celebrate
ア [séləbrèit]
動 (を)祝う, (を)ほめたたえる
⇨ celebrátion 名 祝い；祝典

377 □ nod
[nád]
動 うなずく　注意 yes を表すジェスチャー。
名 うなずき

378 □ pardon
[páːrdn]
動 を許す　名 許し
➡ I beg your pardon? ごめんなさい。；
もう一度おっしゃってください。

379 □ please
[plíːz]
動 を喜ばせる, を満足させる　副 どうぞ
⇨ pléasure 名 喜び　⇨ pléased 形 うれしい
➡ be pleased with ... …が気に入っている

380 □ worry
発 [wə́ːri]
動 心配する；を心配させる
➡ worry about[over] ... …のことを心配する

381 □ wish
[wíʃ]
動 ①(を)望む, (を)祈る　②《wish to do で》～したい
と願う　③《wish ＋仮定法で》～ならいいと思う
名 望み；願い(ごと)

382 □ depend
[dipénd]
動 《depend on[upon] ... で》…に頼る；…次第である
⇨ depéndence 名 頼ること, 依存
⇨ depéndent 形 頼っている, 依存した
➡ be dependent on[upon] ... …に頼っている

383 □ rely
[rilái]
動 《rely on[upon] ... で》…に頼る, …をあてにする
⇨ relíance 名 依存；信頼

Word No. **371 − 383**

A-63

- What was your **impression** of him? 彼の印象はどうでしたか。
- Jeff decided to improve his **image**. ジェフは自分のイメージをよくしようと決心した。
- I think it is a **personal** problem. それは個人的な問題だと思う。
- Each bedroom has a **private** bathroom. 各寝室に専用の浴室がある。
- It is a matter of **individual** taste. それは個々の好みの問題だ。

A-64

- How do you usually **celebrate** your birthday? いつもは誕生日をどのように祝いますか。
- I asked her if she was ready to go, and she **nodded**. 彼女に出かける準備はできているか尋ねたら、彼女はうなずいた。
- The king **pardoned** her for her crime. 国王は彼女の罪を許した。
- His violin solo **pleased** the queen. 彼のバイオリンの独奏は女王を喜ばせた。
- "Why didn't you tell me?"
  "I didn't want to **worry** you." 「なぜ私に話してくれなかったの？」「君を心配させたくなかったんだ」
- ⓐ I **wish** you the best of luck!
  ⓑ I **wish** you *were* here with me now. ⓐ君の幸運を祈る。 ⓑ君が今、僕といっしょにここにいたならいいと思う。
- ⓐ The amount you earn **depends** *on* your experience.
  ⓑ The country *is* heavily **dependent** *on* foreign labor. ⓐ稼げる額はあなたの経験次第だ。 ⓑその国は外国人労働者に大きく頼っている。
- Many people now **rely** *on* the Internet for news. 今では、多くの人々がニュースをインターネットに頼っている。

▶ 短い時間を表す語

384 □ **minute** 発 [mínət]	名 ①分　②少しの間 ➡ the minute ... …するとすぐに ➡ for a minute 少しの間 注意 [main(j)úːt] 発 形 微小な，詳細な	
385 □ **moment** 発 [móumənt]	名 瞬間；少しの間 ➡ the moment ... …するとすぐに ○ 886 ➡ for a moment 少しの間 ➡ at any moment 今にも	
386 □ **rapid** [rǽpid]	形 速い，急激な ➡ rapid growth 急成長 ⇨ rápidly 副 速く	
387 □ **brief** [bríːf]	形 ①短時間の　②簡潔な 名 要約　➡ in brief ①手短に　②要するに	
388 □ **due** [d(j)úː]	形 ①(人・乗り物などが) 到着する予定で ②当然の；正当な　　　　　　　　　　　○ p.304 ➡ due to ... …の理由で，…のために ➡ be due to do 〜することになっている	
389 □ **current** ア [kə́ːrənt]	形 ①現在の　②流行の 名 ①流れ　②風潮　③電流 ⇨ cúrrency 名 ①普及　②貨幣，通貨	
390 □ **instantly** ア [ínstəntli]	副 すぐに，即座に (= right away) ⇨ ínstant 形 即座の　名 瞬間	

▶ 「口述する」ことを表す語

391 □ **repeat** [ripíːt]	動 (を)くり返す；(を)くり返して言う ➡ History repeats itself. 歴史はくり返す。《諺》	
392 □ **whisper** [(h)wíspər]	動 (を)ささやく，ひそひそと話す 名 ささやき，うわさ	
393 □ **pronounce** [prənáuns]	動 (を)発音する ⇨ pronunciation [prənʌnsiéiʃən] 発 名 発音 注意 つづりと発音に注意。	
394 □ **excuse** [ikskjúːz]	動 ①を許す，を大目に見る　②言いわけをする ➡ excuse ⟨人⟩ for ... ⟨人⟩の…を許す 名 [ikskjúːs] 発 弁解，言いわけ	

Word No. **384 — 394**

A-65

- ⓐ The last train leaves in five **minutes**.
  ⓑ He explained the plan in **minute** detail.

  ⓐ最終電車はあと5分で発車する。
  ⓑ彼はその計画を事細かに説明した。

- ⓐ The next **moment** he turned away quickly.
  ⓑ He said he would call you *the* **moment** he got home.

  ⓐ次の瞬間,彼はすばやく背を向けた。
  ⓑ彼は家に着いたらすぐに,君に電話すると言った。

- She made a **rapid** recovery after the operation.

  その手術のあと,彼女は急速な回復をした。

- After a **brief** intermission, the performance continued.

  短い休憩時間のあと,公演は続いた。

- ⓐ The flight from Chicago is **due** at 6:30 p.m.
  ⓑ She was absent from work **due** *to* illness.

  ⓐシカゴからの便は午後6時30分に到着する予定だ。
  ⓑ彼女は病気のために仕事を休んだ。

- This magazine carries many articles about **current** social problems.

  この雑誌には今の社会問題に関する記事がたくさん載っている。

- I recognized him **instantly** in the crowd.

  人ごみの中ですぐに彼だとわかった。

A-66

- Don't **repeat** the same mistake.

  同じ間違いをくり返すな。

- You don't have to **whisper** — no one can hear us.

  ひそひそと話す必要はないよ。だれにも聞こえないから。

- How do you **pronounce** that word on the blackboard?

  黒板に書いてあるあの単語は,どのように発音するのですか。

- Tom's teacher **excused** him *for* coming late.

  トムの先生は,彼が遅れて来たのを大目に見た。

▶ 文学に関する語

395 □ **literature** ㋐ [lítərətʃər]	名 ①**文学（作品）** ②文献，論文 ⇨ líterary 形 文学の ● 743	
396 □ **novel** [nάvl]	名 **小説** 形 ざん新な ⇨ nóvelty 名 ざん新さ；目新しいもの	
397 □ **sentence** [séntəns]	名 ①**文** 注意 ②判決 動 注意 に判決を下す	
398 □ **content** [kάntent]	名 ①**内容**；《(複)で》(容器などの)**中身** ②《(複)で》もくじ；項目	
399 □ **author** ㋲ [ɔ́ːθər]	名 **著者**，作者	

▶ 知的活動に関する語

400 □ **judge** [dʒʌ́dʒ]	動 ①**(を)判断する** ②(を)裁判する 名 裁判官 ➡ judging from ... …から判断すると ● 919 ⇨ júdgment /《英》júdgement 名 判断；裁判	
401 □ **solve** [sάlv]	動 (問題)**を解く**，(困難)を解決する ⇨ solútion 名 解決，解決策 ● 1803	
402 □ **prove** ㋲ [prúːv]	動 ①**を証明する** ②《prove (to be) ... で》…だとわかる ⇨ próof 名 証拠；証明 ● 1058	
403 □ **notice** [nóutəs]	動 (に)**気づく**，(に)注意する 名 注意；通知，掲示 ➡ take notice of ... …に注意する	
404 □ **realize** ㋐ [ríːəlàiz]	《英》realise 動 ①**に気づく**，がはっきりわかる ②を実現する	
405 □ **check** [tʃék]	動 ①**(を)調べる**；(を)点検する ②(を)阻止する 名 ①点検 ②《米》小切手 (=《英》cheque)	
406 □ **explain** [ikspléin]	動 (を)**説明する** ➡ explain ... to〈人〉〈人〉に…を説明する ⇨ explanátion 名 説明 ● 1796	
407 □ **imagine** [imǽdʒin]	動 (を)**想像する** ⇨ imaginátion 名 想像(力) ⇨ imáginative 形 想像力豊かな ⇨ imáginary 形 想像上の，架空の	
408 □ **adjust** [ədʒʌ́st]	動 ①**を調整[調節]する** ②《adjust to ... で》…に適合する，…に慣れる	

Word No. **395 – 408**

A-67

☐ My sister is studying Japanese **literature** at college.	姉[妹]は大学で日本**文学**を勉強している。
☐ I read a long **novel** during my summer vacation.	私は夏休みの間に長編**小説**を読んだ。
☐ ⓐ Write your answers in full **sentences**. ⓑ She received an eight-year **sentence**.	ⓐ完全な**文**で答えを書きなさい。 ⓑ彼女は8年の**判決**を受けた。
☐ I was asked to show the **contents** of my suitcase at customs.	私は税関でスーツケースの**中身**を見せるよう求められた。
☐ It's clear that the **author** is a woman.	**著者**が女性だということは明らかだ。

A-68

☐ You should never **judge** people by their looks.	人を容姿で**判断する**べきではない。
☐ You won't **solve** anything by running away.	逃げていては何1つ**解決する**ことはできないだろう。
☐ He **proved** *to be* innocent.	彼は無実**だとわかった**。
☐ I **noticed** that her hands were shaking.	私は，彼女の両手が震えているのに**気づいた**。
☐ Do you **realize** you're an hour late?	あなたは1時間遅れていることに**気づい**ていますか。
☐ The doctor will **check** your blood pressure.	医師があなたの血圧を**調べます**。
☐ He carefully **explained** the procedure.	彼は慎重に手順を**説明した**。
☐ **Imagine** that you have just won a million dollars.	自分が100万ドルを当てたと**想像してみなさい**。
☐ It took a few seconds for her eyes to **adjust** *to* the darkness.	彼女の目が暗闇**に慣れる**のに，数秒かかった。

▶ 学問・分析に関する語

409 □ expert
ア [ékspə:rt]
图 専門家, 熟練者
形 熟練した

410 □ professor
ア [prəfésər]
图 教授
➡ a professor of economics 経済学の教授

411 □ instruction
[instrʌ́kʃən]
图 ①指導 ②《通常(複)で》指示
⇨ instrúct 動 に指導する, に指示する

412 □ survey
ア [sə́:rvei]
图 ①調査 ②ざっと見渡すこと
動 [sərvéi] ア ①を調査する ②をざっと見渡す

413 □ grade
[gréid]
图 ①《米》成績 (=《英》mark)
②学年 ③等級, 程度

414 □ major
[méidʒər]
動 専攻する ➡ major in ... …を専攻する
图《米》専攻科目 形 ①多数派の ②主要な
(↔ minor ①少数派の ②重要でない)
⇨ majórity 图 多数派 (↔ minority 少数派)

▶ 「人に働きかける」ことを表す語

415 □ appeal
[əpí:l]
動 (世論・武力などに)訴える；求める
➡ appeal to 〈人〉for ... 〈人〉に…を求める
图 訴え

416 □ communicate
ア [kəmjú:nikèit]
動 を伝える；意思を伝え合う；連絡を取る
➡ communicate with ... …と連絡を取る, …と意思
を伝え合う, …と通信し合う
⇨ communicátion 图 (意思)伝達；通信(手段)
◯ 1305

417 □ introduce
[intrəd(j)ú:s]
動 ①を紹介する ②を導入する
⇨ introdúction 图 ①紹介 ②導入

418 □ react
[ri(:)ǽkt]
動 反応する ➡ react to ... …に反応を示す
⇨ reáction 图 反応；反発；反動

419 □ respond
[rispánd]
動 (に)対応する, (に)応答する
⇨ respónse 图 応答

420 □ support
[səpɔ́:rt]
動 を支える；を扶養する；を支持する
图 支え；扶養；支持

421 □ treat
発 [trí:t]
動 ①を扱う ②を治療する ③をもてなす
图 ①もてなし ②ごちそう ③おごり
⇨ tréatment 图 治療(法)；取り扱い(方)

Word No. **409 – 421**

A-69

☐ He is an **expert** in computers.	彼はコンピュータの専門家だ。
☐ He is also famous as a history **professor**.	彼は歴史学の教授としても有名だ。
☐ Press enter and follow the on-screen **instructions**.	決定（キー）を押して，画面の指示に従いなさい。
☐ I must report the results of this **survey** next week.	来週，私はこの調査の結果を報告しなければならない。
☐ I don't want to inform my mother of my **grades**.	私は母に成績のことを知らせたくない。
☐ He is **majoring** *in* economics.	彼は経済学を専攻している。

A-70

☐ Farmers have **appealed** *to* the government *for* help.	農業従事者たちは政府に援助を求めた。
☐ ⓐ A baby **communicates** its needs by crying. ⓑ They **communicate** *with* each other by using sign language.	ⓐ赤ちゃんは泣くことによって要求を伝える。 ⓑ彼らは手話を使ってお互いに意思を伝え合う。
☐ Let me **introduce** you to my colleagues.	私の同僚にあなたを紹介しましょう。
☐ The audience **reacted** *to* the pianist's performance by applauding.	聴衆はピアニストの演奏に拍手で反応した。
☐ The fire department **responded** to the call within minutes.	消防署は通報に数分で対応した。
☐ Which of the two teams do you **support**?	あなたはその2つのチームのうち，どちらを支持しますか。
☐ My mother still **treats** us like children.	母はいまだに私たちを子どものように扱う。

姿・形に関する語

422 □ **size** [sáiz]	名 **大きさ**；(服などの)**寸法** ➡ *be* the size of ... …と同じ大きさである
423 □ **fat** 発 [fǽt]	形 **太った** ➡ get fat 太る 名 脂肪
424 □ **bare** [béər]	形 **裸の，むきだしの** ➡ in *one's* bare feet 素足で ⇨ bárely 副 ほとんど〜ない

GF 提案・要求などを表す動詞

425 □ **advise** 発 ア [ədváiz]	動 ①**(に)忠告する**，(に)助言する ②《advise 〈人〉to *do* で》〈人〉に〜することを勧める ⇨ advice [ədváis] 名 忠告 ● 844
426 □ **decide** [disáid]	動 ①**を決める** ②《decide to *do* で》〜しようと決心する ⇨ decísion 名 決定；決断
427 □ **demand** [dimǽnd]	動 **を要求する** 名 要求；需要 (↔ supply 供給) ➡ *be* in demand 需要がある
428 □ **insist** [insíst]	動 **(と)主張する**；(と)強く要求する ➡ insist on ... …を主張する
429 □ **order** [ɔ́ːrdər]	動 ①**を命令する** ②(を)注文する 名 ①命令 ②注文 注意 ③順序；秩序　● p.296 ➡ put ... in order …を整理する ➡ out of order 故障して，調子が悪い
430 □ **propose** [prəpóuz]	動 ①**を提案する** ②結婚を申し込む ⇨ propósal 名 提案；申し込み；プロポーズ
431 □ **request** [rikwést]	動 **を要請する** 名 要請，依頼 ➡ make a request 要請をする
432 □ **suggest** [sə(g)dʒést]	動 **を提案する**；示唆する ⇨ suggéstion 名 提案；示唆

> **Grammar Focus 23**　【要求】【提案】【命令】などを表す動詞に続く that 以下の部分では，事実ではなく話者の考えを述べる場合，助動詞 **should** が用いられる。ただし，アメリカ英語では命令の意味を表す**原形**が用いられるのがふつうである。

Word No. **422 − 432**

A-71

- The human heart *is* about *the* **size** *of* a fist. — 人間の心臓は，ほぼ握りこぶしと同じ**大きさ**だ。
- Our dog is starting to *get* **fat**. — 私の家のイヌは**太り**始めている。
- He walked on the grass *in his* **bare** *feet*. — 彼は草の上を**素**足で歩いた。

A-72

- I **advised** her that she *should* consult a lawyer. — 私は彼女に，弁護士と相談するように**忠告した**。
- It was **decided** that four hospitals (*should*) be closed. — 4つの病院が閉鎖されることが**決められ**た。
- They **demanded** that the government (*should*) free all political prisoners. — 彼らは政府に，すべての政治犯を釈放することを**要求した**。
- He **insisted** that everybody (*should*) come to the party. — 彼はみんながパーティーに来ることを**主張した**。
- She **ordered** that they (*should*) leave the room. — 彼女は彼らに，その部屋を出るように**命令した**。
- I **propose** that she (*should*) become president. — 私は彼女が社長になることを**提案する**。
- He **requested** that his name (*should*) be removed from the list. — 彼は名簿から自分の名前が削除されるように**要請した**。
- I **suggested** that we (*should*) go for a drive. — 私は，私たちがドライブに行くことを**提案した**。

Challenge 23 適当な語句を選びなさい。

I insisted that something (　) about the problem.
① be done　② is done　③ done　④ was doing
〈近畿大〉

答：①
→ p.390

▶ 歴史・社会に関する語

433 □ **origin** ア [ɔ́(:)ridʒin]	名 起源, 生まれ ⇒ oríginal 形①最初の ②原文の 名原作
434 □ **civilization** ア [sìvələzéiʃən]	名 文明 ⇒ cívilize 動 を文明化する ⇒ cívilized 形 文明化した；教養のある
435 □ **race** [réis]	名①人種；民族, 種族 ②競争；競走 動(と)競争する；(と)競走する
436 □ **progress** ア [prágres]	名 進歩, 前進 ➡ make progress 進歩する 動 [prəgrés] ア 進歩する, 前進する；上達する ⇒ progréssive 形 進歩的な
437 □ **event** ア [ivént]	名 できごと；事件；行事 ⇒ evéntually 副 結局は, いつかは
438 □ **adventure** [ədvéntʃər]	名①冒険 ②予期せぬできごと
439 □ **treasure** 発 [tréʒər]	名 宝物；貴重品 動 を大切に取っておく, を大事にする
440 □ **crop** [kráp]	名 農作物；収穫高
441 □ **harvest** ア [há:rvist]	名①収穫；収穫期 ②成果, 報い 動 を収穫する, を取り入れる

▶ 「手を使ってする」ことを表す語

442 □ **sew** 発 [sóu]	動①を縫う, を縫いつける ②縫いものをする 〈sewed - sewed[sewn]〉
443 □ **receive** [risí:v]	動①を受け取る；を受ける ②を歓迎する ⇒ receipt [risí:t] 名 領収書 ⇒ recéption 名 歓迎(会), 宴会
444 □ **bend** [bénd]	動①を曲げる；曲がる ②かがむ 〈bent - bent〉 ➡ bend down かがむ
445 □ **collect** [kəlékt]	動 を集める ⇒ colléction 名 収集(物)
446 □ **fix** [fíks]	動①を固定する ②を修理する ③(日程など)を決定する ④《米》(を)用意する
447 □ **grab** [grǽb]	動 をつかむ, をつかみ取る 名 つかむこと

☐	There are various theories about the **origin** of the universe.	宇宙の<u>起源</u>についてはさまざまな説がある。
☐	The Pyramids are symbols of the ancient Egyptian **civilization**.	ピラミッドは古代エジプト<u>文明</u>の象徴だ。
☐	People should be treated equally, regardless of their **race**.	<u>人種</u>に関係なく，人は平等に扱われるべきだ。
☐	I have *made* a lot of **progress** with my English.	私の英語はたいへん<u>進歩</u>した。
☐	What is the most important **event** of this year?	今年のもっとも重要な<u>できごと</u>は何ですか。
☐	My grandfather used to tell us about his **adventures**.	祖父はよく自分の<u>冒険</u>について話してくれたものだった。
☐	A lot of **treasures** were stolen during the war.	たくさんの<u>宝物</u>が戦争中に盗まれた。
☐	The main **crop** in Japan is rice.	日本のおもな<u>農作物</u>は米だ。
☐	We should have a good **harvest** this year.	私たちは今年，十分な<u>収穫</u>が得られるはずだ。

A-74

☐	Can you **sew** a patch on my jeans?	ジーンズに継ぎを<u>縫いつけて</u>くれますか。
☐	She **received** an honorary degree from Harvard.	彼女はハーバード大学から名誉学位を<u>受けた</u>。
☐	He **bent** a stick to make a bow.	彼は棒切れを<u>曲げて</u>弓を作った。
☐	The company **collects** information about consumer trends.	その会社は消費者動向に関する情報を<u>集めている</u>。
☐	Please **fix** the fan while I'm cooking.	私が料理をしている間に，扇風機を<u>修理して</u>ください。
☐	I **grabbed** a drink from the tray.	私はトレーから飲み物を<u>つかみ取った</u>。

■》価値や状態などの判断を表す語

448 □ **excellent** ア [éksələnt]	形 優れた；優秀な ⇨ excél 動 にまさる ⇨ éxcellence 名 優秀，卓越	
449 □ **essential** ア [isénʃl]	形 不可欠の；本質的な ➡ be essential to[for] ... …に不可欠である 名 不可欠のもの ⇨ éssence 名 本質	
450 □ **proper** [prápər]	形 適切な，ふさわしい ⇨ próperly 副 適切に	
451 □ **worth** [wə́:rθ]	前 〜の価値がある ➡ worth -ing 〜する価値がある 名 価値 ⇨ worthy [wə́:rði] 発 形 値する，ふさわしい ◎ 1762	
452 □ **severe** [sivíər]	形 ①（人・規律が）厳しい ②（天候が）厳しい ③（痛みが）ひどい	
453 □ **awful** 発 [ɔ́:fl]	形 ひどい；恐ろしい；ものすごい ⇨ áwe 名 畏敬［畏怖］の念	
454 □ **evil** 発 [í:vl]	形 ①邪悪な ②不吉な；不幸な 名 悪，害悪	
455 □ **ugly** ア [ʌ́gli]	形 ①みにくい ②不快な	

■》増加・減少などを表す動詞

456 □ **increase** ア [inkrí:s]	動 増える；を増やす 名 [ínkri:s] ア 増加 （↔ decrease 動 減る 名 減少）
457 □ **reduce** [rid(j)ú:s]	動 を減らす，を縮小する 名 減少；割引 ⇨ redúction 名 減少，削減
458 □ **lose** 発 [lú:z]	動 ①を失う，をなくす（↔ gain を得る） ②（に）負ける ③を見失う ⟨lost - lost⟩ ➡ lose *one's* way 道に迷う ➡ *be* lost 迷子になる ⇨ lóss 名 損失 ◎ 854
459 □ **produce** [prəd(j)ú:s]	動 ①を生産する，を製造する ②を演出する 名 （農）産物 ⇨ próduct 名 製品，産物 ⇨ prodúction 名 生産，製造

☐	Dogs have an **excellent** sense of smell.	イヌには**優れた**嗅覚がある。
☐	A good diet *is* **essential** *for* our health.	適切な食事は私たちの健康に**不可欠**だ。
☐	**Proper** exercise is important for good health.	健康には**適切な**運動が重要だ。
☐	The film is well **worth** see*ing*.	その映画は十分に見る**価値がある**。
☐	We were surprised at the judge's **severe** penalty.	私たちは審判の**厳しい**処罰に驚いた。
☐	It was a really **awful** concert.	それは実に**ひどい**演奏会だった。
☐	This story is about an **evil** wizard.	これは**邪悪な**魔法使いについての物語だ。
☐	I think jealousy is an **ugly** emotion.	嫉妬は**みにくい**感情だと私は思う。

☐	Visits to the website have **increased** greatly since May.	5月以降そのウェブサイトの閲覧が非常に**増えた**。
☐	Small companies need to **reduce** costs in order to survive.	小さな会社は生き残るために経費を**減らす**ことが必要だ。
☐	ⓐ I **lost** my wallet on my way home from work. ⓑ We **lost** *our way* because we didn't have a map.	ⓐ私は職場から家に帰る途中で財布を**なくした**。 ⓑ地図を持っていなかったので、私たちは**道に迷った**。
☐	This factory **produces** TVs.	この工場はテレビを**製造している**。

▶ 期間・順序などを表す語

460 □ **period** [píəriəd]	名①**期間** ②《the ～で》時代 ③授業時間 ④終止符(.)
461 □ **former** [fɔ́:rmər]	形①**前の**，元の ②《the ～で》**前者(の)** (↔ the latter)
462 □ **latter** [lǽtər]	形①《通常 the ～で》**あとの**；後半の ②《the ～で》**後者(の)** (↔ the former)
463 □ **modern** 発 ア [mɑ́dərn]	形**現代[近代]の**，現代[近代]的な；最新(式)の ⇨ módernize 動 を現代化する
464 □ **ancient** [éinʃənt]	形①**古代の** ②時代がかった，古くさい 名《the ～で》古代人
465 □ **afterward(s)** ア [ǽftərwərd(z)]	副**あとで**(= later)，そのあと

GF ▶「発話する」ことを表す動詞

466 □ **tell** [tél]	動①**(を)話す** ②**に知らせる，に教える** ③《tell〈人〉to *do* で》〈人〉**に～するように命じる** 注意 伝える内容と相手に重点を置く。SVO, SVOO の文型を とる。 〈told - told〉 ➡ tell ... from ～ …を～と見分ける ⇨ 869
467 □ **say** [séi]	動①《say that ... で》**…と言う**；(本などに)**…と書いて ある** ②**(を)言う** 注意 伝える内容に重点を置く。SV, SVO の文型をとる。 〈said - said〉
468 □ **speak** [spí:k]	動①**話す** ②**(外国語などの言語)を話す** 注意 口から出される音を意識する。②の用法以外は，基本的に SV の文型をとる。 〈spoke - spoken〉 ➡ speak to ... …と話をする ⇨ spéech 名 演説；話すこと ⇨ 118
469 □ **talk** [tɔ́:k]	動**話す** 注意 相手を意識する。SV の文型をとる。 ➡ talk to ... …と話をする，…に話しかける

Grammar Focus 24 これらの各動詞が**どの文型**をとるかが問われるので，しっかり覚えておこう。

Word No. **460 – 469**

A-77

☐ She stopped working for a **period** of two months.	彼女は2か月の**期間**,働くのをやめた。
☐ I happened to see the **former** mayor on the train.	私は電車の中で偶然に**前の**市長を見かけた。
☐ *The* **latter** method would be simpler.	**後者の**やり方のほうがより簡単だろう。
☐ We can't do without computers in **modern** society.	**現代**社会では,コンピュータなしではやっていけない。
☐ The Colosseum is one of **ancient** Rome's largest structures.	コロセウムは**古代**ローマのもっとも巨大な建造物の1つだ。
☐ Charles arrived shortly **afterwards**.	チャールズは**そのあと**まもなく到着した。

A-78

☐ ⓐ She **told** me that she would move to Osaka next month. ⓑ The teacher **told** the children *to* sit down quietly.	ⓐ彼女は来月大阪に引っ越すと,私に**知らせた**。 ⓑ先生は子どもたち**に**静かに腰を下ろす**ように命じた**。
☐ ⓐ She **said** to me *that* she didn't like strong coffee. ⓑ The card doesn't **say** who sent the flowers.	ⓐ彼女は私に濃いコーヒーは好きではない**と言った**。 ⓑカードにはだれが花を送ったのか**書いて**ない。
☐ ⓐ I haven't **spoken** *to* him since last Monday. ⓑ In Canada, they **speak** English and French.	ⓐ私は先週の月曜日から彼と**話をして**いない。 ⓑカナダでは,英語とフランス語が**話されて**いる。
☐ She spent a long time **talking** *to* him.	彼女は彼と**話をして**長い時間を過ごした。

Challenge 24 適当な語を選びなさい。

They (　) each other about the problem.
① told to　② spoke　③ talked to　④ discussed
〈共立女子大〉

答:③
➡ p.390

■ 状況・状態を表す語

470 □ complete [kəmplíːt]
- 形 ①完全な, 全部の ②完成した
- 動 を完成する, を仕上げる
  - ⇨ complétely 副 完全に, すっかり

471 □ ideal ⑦ [aidíːəl]
- 形 ①理想的な ②想像上の
- 名 理想

472 □ complex ⑦ [kəmpléks]
- 形 複雑な;複合の 名 [kámpleks] ⑦ ①複合体;合成物 ②固定概念, コンプレックス(劣等感)
  - ⇨ compléxity 名 複雑さ

473 □ general [dʒénərəl]
- 形 概略の, 全体の, 一般の (↔ special 特別の, 専門の)
  - ➡ in general 一般に ⇨ génerally 副 一般に

474 □ plain [pléin]
- 形 ①明らかな;わかりやすい ②質素な;無地の
- 注意 ③味つけしていない

475 □ available ⑦ [əvéiləbl]
- 形 利用できる, 入手できる
  - ⇨ aváil 動 (に)役立つ 名 利益

476 □ fortunately ⑦ [fɔ́ːrtʃənətli]
- 副 幸運にも (↔ unfortunately 不幸にも)
  - ⇨ fórtunate 形 幸運な ● 1780
  - ⇨ fórtune 名 ①幸運 ②財産 ● 1779

GF 「貸す／借りる」ことを表す動詞

477 □ borrow [bárou]
- 動 ①(無料で)を借りる, ②(考え・言葉)を借用する
  - ➡ borrow a book 本を借りる

478 □ rent [rént]
- 動 ①(土地・家など)を賃借りする
  ②(土地・家など)を賃貸しする
- 名 使用料, 賃貸料, 家賃
  - ⇨ réntal 形 賃借[賃貸]の 名 賃借[賃貸]料

479 □ use 発 [júːz]
- 動 ①(一時的に電話やトイレなど)を借りる
  ②を使う ③を利用する
- 名 [júːs] 発 ①使用 ②用途 ③役立つこと ● p.294

480 □ lend [lénd]
- 動 (もの・金)を貸す ● 56 ⟨lent - lent⟩
  - ➡ lend a (helping) hand 手を貸す, 手伝う

Grammar Focus 25 「貸す」「借りる」を表す動詞は, **目的語とあわせて**覚えておこう。

Word No. **470 — 480**

A-79

☐ She has a **complete** collection of the Beatles' albums. | 彼女はビートルズのアルバムの**完全な**コレクションを持っている。

☐ In an **ideal** world there would be no war. | **理想的な**世界なら戦争はないだろう。

☐ His speech was too **complex** for me to understand. | 彼の話はとても**複雑**だったので、私には理解できなかった。

☐ I have a **general** idea of what I want to express. | 私は、表現したいことの**大まかな**イメージがある。

☐ It was **plain** to see he was a rich man. | 彼が裕福な人であることは、一見して**明らか**だった。

☐ That CD is not **available** in Japan. | あのCDは日本では**入手でき**ない。

☐ **Fortunately**, I was already at home when it began to rain. | **幸運にも**、雨が降り始めたとき、私はすでに帰宅していた。

A-80

☐ Can I **borrow** your car for the weekend? | 週末に君の車を**借りて**いいですか。

☐ ⓐ Most students **rent** apartments in their second year of college.
ⓑ I have to pay the **rent** at the beginning of every month. | ⓐほとんどの学生が、大学2年生になるとアパートを**賃借りする**。
ⓑ毎月月初に、私は**家賃**を払わなければばならない。

☐ Can I **use** your pen? | 君のペンを**借りて**もいいですか。

☐ I **lent** him my car for two days. | 私は彼に車を2日間**貸した**。

Challenge 25 適当な語を選びなさい。

Does Kenji still have that book he (　　) from the library?
① asked　② borrowed　③ lent　④ rented
〈センター試験〉

答：②
➡ p.390

■》都会生活に関する語

481 □ fashion
[fǽʃən]
名 ①流行, ファッション ②やり方
→ be in fashion 流行している
⇨ fáshionable 形流行の

482 □ crowd
発 [kráud]
名 群衆, 人ごみ
→ a crowd of ... たくさんの…, …の群れ
動 (に)群がる
→ be crowded with ... …で混雑している

483 □ avenue
ア [ǽvən(j)ùː]
名 大通り
→ stréet 名通り

484 □ suburb
ア [sʌ́bəːrb]
名 ①《the suburbs で》郊外, 近郊
②《a suburb で》郊外の1地区

485 □ local
[lóukl]
形 ①地元の, その土地の ②各駅停車の
⇨ lócally 副地元で, 現地で

■》「思考する」ことなどを表す語

486 □ suppose
[səpóuz]
動 《suppose that ... で》①…と思う；…と推測する
②もし…なら
→ be supposed to do ~することになっている
⇨ supposítion 名仮定

487 □ associate
発 ア [əsóuʃièit]
動 ①《associate ... with ~で》…で~を連想する
②《associate with ... で》…と交際する
名 [əsóuʃiət] 発 仲間 ⇨ associátion 名協会；連想

488 □ regard
ア [rigáːrd]
動 ①《regard ... as ~で》…を~とみなす
②を尊敬する
名 ①配慮 ②敬意, 尊敬
→ with[in] regard to ... …に関して(は)

489 □ wonder
発 [wʌ́ndər]
動 ~だろうかと思う；(に)驚く
名 驚き；驚くべきもの

490 □ determine
ア [ditə́ːrmin]
動 ①を決心する；を決心させる ②を決定する
→ be determined to do ~することを決心している
⇨ determinátion 名決心

491 □ identify
ア [aidéntəfài]
動 がだれ[何]だかわかる；(身元)を確認する
→ identify ... with ~ …を~と同一に考える

Word No. **481 – 491**

A-81

- ⓐ I don't follow the latest **fashions**.
  ⓑ Short skirts *are in* **fashion** this summer.

  ⓐ私は最新の流行を追わない。
  ⓑこの夏，短いスカートが流行している。

- She walked through the **crowd** and got into the car.

  彼女は群衆の中を歩いて，車に乗り込んだ。

- My aunt lives on a long **avenue** in the center of town.

  私のおばは，町の中心部の長い大通りに住んでいる。

- My uncle lives in *a* **suburb** of Tokyo.

  私のおじは東京の郊外の１地区に住んでいる。

- The fire was reported in the **local** newspaper.

  その火災は地元の新聞で報道された。

A-82

- ⓐ I **suppose** *that* she will come to the party.
  ⓑ He *was* **supposed** *to* arrive here before five o'clock.

  ⓐ私は彼女がパーティーに来ると思う。
  ⓑ彼は5時前にここに到着することになっていた。

- Most Japanese **associate** Brazil *with* coffee and soccer.

  ほとんどの日本人は，ブラジルでコーヒーとサッカーを連想する。

- ⓐ This author is **regarded** *as* the authority on the subject.
  ⓑ Important changes are being made *with* **regard** *to* security.

  ⓐこの著者はそのテーマについての権威とみなされている。
  ⓑ警備に関して重大な変革がなされている。

- I **wonder** how James is getting on.

  私はジェームズがうまくやっているだろうかと思う。

- My father *was* **determined** *to* give up smoking.

  私の父は喫煙をやめることを決心していた。

- I could not **identify** the singer on TV.

  私はテレビに出ている歌手がだれだかわからなかった。

▶ 生活に関する動詞（1）

492 □ wrap [rǽp]
- 動 **を包む**；（布など）を巻きつける
- 名 《米》包むもの；ラップ

493 □ press [prés]
- 動 **(を)押す**；(を)押しつける
- 名 ①押すこと
- 注意 ②《the 〜で》新聞，雑誌，報道機関，マスコミ
- ⇨ préssure 名 圧力 ● 1789

494 □ polish [páliʃ]
- 動 **をみがく**：のつやを出す
- 名 つや出し

495 □ pack [pǽk]
- 動 ①**を詰め込む**　②(を)荷造りする
- 名 包み，荷物
  - ⇨ páckage 名 包み，小包

496 □ mend [ménd]
- 動 **を修繕する**，を直す
  - → mend a dress ドレスを繕(つくろ)う

497 □ hang [hǽŋ]
- 動 ①**を掛ける**；掛かる
- ②をぶら下げる；ぶら下がる　〈hung - hung〉
- 注意 ③を絞首刑にする
  - （規則活用）〈hanged - hanged〉
  - ⇨ hánger 名 掛けるもの，ハンガー

GF ▶ 感情に働きかける他動詞とそこから派生した形容詞（1）

498 □ excite [iksáit]
- 動 **を興奮させる**
  - → excite the audience 観客を興奮させる
  - ⇨ excítement 名 興奮；動揺

499 □ exciting [iksáitiŋ]
- 形 **興奮させる**，わくわくさせる
  - → an exciting movie 興奮する映画

500 □ excited [iksáitid]
- 形 （人が）**興奮した**，わくわくした
  - → *be* excited at[by] ... …に興奮している

Grammar Focus 26

excite「を興奮させる」，satisfy「を満足させる」，tire「を疲れさせる」など，人の感情などに影響を与える他動詞から派生した形容詞（**exciting / excited**，**satisfying / satisfied**，**tiring / tired**）は**分詞形容詞**と呼ばれる。**現在分詞**は「〜させるような」という**能動**の意味を，**過去分詞**は「〜させられた」という**受動**の意味を表す。元になる動詞が**他動詞**であることを押さえ，現在分詞＝能動，過去分詞＝受動と考えること。

Word No. **492 - 500**

A-83

- ☐ He **wrapped** a bandage around my injured wrist. — 彼は私のけがをした手首に包帯を巻きつけてくれた。
- ☐ If you **press** the button, the door will open. — そのボタンを押せば，ドアが開きます。
- ☐ My father **polishes** his shoes every Sunday afternoon. — 父は毎週日曜日の午後に靴をみがく。
- ☐ She **packed** a lot of fruit into the bag. — 彼女はその袋にたくさんの果物を詰め込んだ。
- ☐ My father **mended** his suit before the interview. — 私の父は面接の前にスーツを修繕した。
- ☐ This lamp **hangs** from the ceiling. — このランプは天井からぶら下がっている。

A-84

- ☐ His victory **excited** us all. — 彼の勝利は私たちみんなを興奮させた。
- ☐ His victory was **exciting** to us all. — 彼の勝利は私たちみんなを興奮させるものだった。
- ☐ We *were* all **excited** *at* his victory. — 私たちは皆，彼の勝利に興奮した。

Challenge 26 適当な語句を選びなさい。

When some ( ) children got onto the train, it became very noisy.
① excite ② excited ③ excitement ④ to excite
〈中央大〉

答：②
➡ p.390

■》生活に関する動詞（2）

501 □ **fasten** 発[fǽsn]	動を固定する，を締める ⇨ fástener 名《英》ファスナー	
502 □ **fold** [fóuld]	動を折りたたむ；(手・腕など)を組む ➡ with *one's* arms folded 腕を組んで ● 922	
503 □ **pour** 発[pɔ́ːr]	動①(液体など)を注ぐ ②流れ出る 注意③《it pours で》雨が激しく降る	
504 □ **fit** [fít]	動(に)合う；を合わせる，を適合させる ➡ *be* fit for ... …に適している	
505 □ **care** [kéər]	動を気にかける；気にかける ➡ care for ... ①…を望む ②…の世話をする ● 1531 名①心配 ②注意 ③世話 ➡ take care of ... …の世話をする ● 265 ⇨ cáreful 形注意深い　cárefully 副注意深く	

■》感情に働きかける他動詞とそこから派生した形容詞（2）

506 □ **interest** ア[íntərəst]	動に興味を持たせる 名①興味，関心 ②利害；利益 ③利子 ➡ have an interest in ... …に興味[関心]を持つ	
507 □ **interesting** [íntərəstiŋ]	形興味深い，おもしろい ➡ an interesting story おもしろい話	
508 □ **interested** [íntərəstəd]	形(人が)興味を持った ➡ *be* interested in ... …に興味[関心]がある ● 1248	
509 □ **satisfy** ア[sǽtisfài]	動①を満足させる ②(必要・条件など)を満たす ⇨ satisfáction 名満足	
510 □ **satisfying** [sǽtisfàiiŋ]	形満足のいく，満足な ➡ a satisfying meal 満足のいく食事	
511 □ **satisfied** [sǽtisfàid]	形(人が)満足した ➡ *be* satisfied with ... …に満足している ● 1252	
512 □ **tire** [táiər]	動①を疲れさせる ②を飽きさせる 注意名《米》タイヤ(=《英》tyre)	
513 □ **tiring** [táiəriŋ]	形疲れる；退屈な	
514 □ **tired** [táiərd]	形(人が)疲れた；飽きた　➡ *be* tired from ... …で疲れている　➡ *be* tired of ... …に飽きている	

Word No. **501 – 514**

A-85

☐	We'll take off soon. Please **fasten** your seat belt.	まもなく離陸します。シートベルトを**締めて**ください。
☐	Tom **folded** the cloth in half.	トムは布を半分に**折りたたんだ**。
☐	**Pour** the tea into this cup, please.	このカップの中に紅茶を**注いで**ください。
☐	The uniform **fits** her perfectly.	その制服は彼女にぴったり**合っている**。
☐	ⓐ She didn't **care** what her father thought. ⓑ I had to *take **care*** *of* her dog while she was traveling abroad.	ⓐ彼女は父親が何を思うかを**気にかけ**なかった。 ⓑ彼女が海外旅行中、私は彼女のイヌの**世話**をしなくてはいけなかった。

A-86

☐	The article **interested** me a lot.	その記事は私にとても**興味を持たせた**。
☐	The article was very **interesting** to me.	その記事は私にとってたいへん**興味深い**ものだった。
☐	I *was* very **interested** *in* the article.	私はその記事にとても**興味があ**った。
☐	My present job **satisfies** me.	今の仕事は私を**満足させてくれる**。
☐	My present job is **satisfying** to me.	今の仕事は私にとって**満足のいく**ものだ。
☐	I *am* **satisfied** *with* my present job.	私は今の仕事に**満足している**。
☐	The long flight **tired** the passengers.	長時間の飛行が乗客を**疲れさせた**。
☐	The long flight was **tiring** to the passengers.	長時間の飛行は乗客にとって**疲れる**ものだった。
☐	The passengers *were* **tired** *from* the long flight.	乗客は長時間の飛行で**疲れて**いた。

▶ 発生・終局を表す語

515 □ occur [əkə́:r]
- 動 ①起こる (= happen) ②(心に)浮かぶ
- → it occurs that ... …が起こる
- → it occurs to 〈人〉 that ... 〈人〉に…が浮かぶ

516 □ quit [kwít]
- 動 (を)やめる 〈quit - quit /《英》quitted - quitted〉
- → quit school 学校を中退する

517 □ retire [ritáiər]
- 動 退職する, 引退する
- → retire from ... …を退職する
- ⇨ retírement 名 退職

518 □ settle [sétl]
- 動 ①(紛争・問題など)を解決する
- ②定住する;を定住させる;入植する
- ③を静める;静まる;を落ち着かせる
- → settle down 落ち着く
- ⇨ séttlement 名 ①解決 注意 ②入植(地)

▶ 感情に働きかける他動詞とそこから派生した形容詞 (3)

519 □ amaze [əméiz]
- 動 をびっくりさせる, を驚嘆させる
- ⇨ amázement 名 驚き;驚嘆

520 □ amazing [əméiziŋ]
- 形 びっくりするような, 驚くべき
- → an amazing skill 驚くべき技術

521 □ amazed [əméizd]
- 形 (人が)びっくりした, 驚嘆した
- → be amazed at[by] ... …にびっくりしている

522 □ amuse [əmjú:z]
- 動 をおもしろがらせる, を楽しませる
- ⇨ amúsement 名 娯楽;楽しみ

523 □ amusing [əmjú:ziŋ]
- 形 おもしろい, 楽しませる
- → an amusing novel おもしろい小説

524 □ amused [əmjú:zd]
- 形 (人が)おもしろがって, 楽しそうな
- → be amused at[by] ... …をおもしろがる

525 □ bore [bɔ́:r]
- 動 を退屈させる
- 名 退屈な人[こと]
- ⇨ bóredom 名 退屈

526 □ boring [bɔ́:riŋ]
- 形 退屈な
- → a boring speech 退屈なスピーチ

527 □ bored [bɔ́:rd]
- 形 (人が)退屈した
- → be bored with ... …に退屈している

☐ The explosion **occurred** at 9:00 a.m.	午前9時に爆発が**起こった**。
☐ He **quit** his job after having an argument with a colleague.	彼は同僚と口論したあと，仕事を**やめた**。
☐ He was forced to **retire** early because of poor health.	彼は健康を害したため，早期に**退職**せざるをえなかった。
☐ Attempts to **settle** the dispute have been unsuccessful.	紛争を**解決する**試みは失敗している。

☐ Her rapid recovery **amazed** me.	彼女の回復の速さは私を**びっくりさせた**。
☐ Her rapid recovery was **amazing** to me.	彼女の回復の速さは私にとって**びっくりするようなもの**だった。
☐ I *was* **amazed** *at* her rapid recovery.	私は彼女の回復の速さに**びっくりした**。
☐ His idea **amused** me very much.	彼の発想は私をたいへん**おもしろがらせた**。
☐ His idea was very **amusing** to me.	彼の発想は私にとってたいへん**おもしろいもの**だった。
☐ I *was* very **amused** *at* his idea.	私は彼の発想をたいへん**おもしろいと思**った。
☐ The movie **bored** me.	その映画は私を**退屈させた**。
☐ The movie was **boring** to me.	その映画は私にとって**退屈な**ものだった。
☐ I *was* **bored** *with* the movie.	私はその映画に**退屈した**。

■ 宗教・精神などに関する語

528 □ **religion** ア [rilídʒən]	名 宗教 ➡ belief in a religion 宗教への信仰 ⇨ relígious 形 宗教の；信心深い ● 1044
529 □ **soul** [sóul]	名 魂；精神 注意〈同音語〉sole 形 唯一の　名 足の裏
530 □ **miracle** ア [mírəkl]	名 奇跡, 奇跡的なできごと ➡ work[perform] a miracle 奇跡を起こす
531 □ **ghost** 発 [góust]	名 幽霊

■ 感情に働きかける他動詞とそこから派生した形容詞 (4)

532 □ **annoy** ア [ənɔ́i]	動 をいらいらさせる, を悩ませる ⇨ annóyance 名 いらだち
533 □ **annoying** [ənɔ́iiŋ]	形 いらいらさせる, うっとうしい ➡ an annoying sound うっとうしい音
534 □ **annoyed** [ənɔ́id]	形 (人が)いらいらした ➡ be annoyed at ... …にいらいらしている
535 □ **confuse** ア [kənfjúːz]	動 ①を混乱させる, をまごつかせる ②を混同する ➡ confuse ... with 〜 …を〜と混同する ⇨ confúsion 名 混乱；混同
536 □ **confusing** [kənfjúːziŋ]	形 混乱させる(ような), わかりにくい ➡ a confusing map わかりにくい地図
537 □ **confused** [kənfjúːzd]	形 (人が)混乱した, 困惑した, 途方に暮れた ➡ be confused about ... …に困惑している
538 □ **disappoint** ア [dìsəpɔ́int]	動 を失望させる, をがっかりさせる ⇨ disappóintment 名 失望；落胆
539 □ **disappointing** [dìsəpɔ́intiŋ]	形 失望させる, 期待外れの ➡ disappointing result 期待外れの結果
540 □ **disappointed** [dìsəpɔ́intid]	形 (人が)失望した, がっかりした ➡ be disappointed at ... …に失望している

I'm taking a course on philosophy and **religion**.	私は哲学と宗教についての講義を取っている。
I believe that the **soul** lives forever after we die.	私は、死んだあとも魂は永遠に生きると信じている。
It's a **miracle** you weren't killed in that terrible accident!	君があのひどい事故で死ななかったなんて奇跡だ。
They say a young girl's **ghost** haunts the house.	その家には幼い少女の幽霊が出没するそうだ。

His interruptions **annoyed** me.	彼の妨害は私をいらいらさせた。
His interruptions were **annoying** to me.	彼の妨害は私にはうっとうしかった。
I *was* **annoyed** *at* his interruptions.	私は彼の妨害にいらいらした。
The difficult problem **confused** me.	その難問は私をまごつかせた。
The difficult problem was **confusing** to me.	その難問は私にはわかりにくかった。
I *was* **confused** *about* the difficult problem.	私はその難問に途方に暮れた。
Mike's failure **disappointed** his mother.	マイクの失敗は母親を失望させた。
Mike's failure was **disappointing** to his mother.	マイクの失敗は母親を失望させるものだった。
Mike's mother *was* **disappointed** *at* his failure.	マイクの母親は彼の失敗にがっかりした。

基本動詞を含む頻出熟語

make ②
①を作る　②(事態・状態)を生み出す，を引き起こす　③を(ある状態)にする　④に〜させる

541 ☐ **make a difference**	変化をもたらす，重要である
542 ☐ **make the best of ...**	(悪い状況・条件など)を最大限に活用する ➡ make the most of ... 　(一般的に)…を最大限に利用する
543 ☐ **make use of ...**	…を利用する
544 ☐ **make sure (of) ...**	…を確かめる
545 ☐ **make up with ...**	…と仲直りをする
546 ☐ **make out ...**	…を理解する，…がわかる
547 ☐ **make it impossible for ⟨人⟩ to** *do*	⟨人⟩が〜するのを不可能にする， ⟨人⟩に〜できなくする

come ②
①(自分の方に)来る　②(相手の方に)行く　③(ある状態に)なる

548 ☐ **come up with ...**	(考えなど)を思いつく； …を提案する
549 ☐ **come into being**	(ものが)誕生する，生み出される；出現する ➡ come into ... …(の状態)になる
550 ☐ **come about**	(ことが)起こる，生じる (= happen)
551 ☐ **come up**	①(問題などが)生じる ②(議論などで)話題に上がる
552 ☐ **come out**	①(太陽・月など天体が)現れる ②(花が)咲く ③(本などが)出版される ④(真相などが)明らかになる
553 ☐ **come[go] into effect**	(法律などが)施行される，発効する ➡ bring ... into effect (法律など)を実施する， 　(計画など)を実行する

Word No. **541 − 553**

makeはものごとに働きかけて、新しい別のものや状況を生み出すことを表す。いろいろな文型で使われるので、注意が必要である。 ⇒135

☐ Working together, we can **make a** big **difference**.	力を合わせれば、私たちは大きな**変化をもたらす**ことができる。
☐ He is **making the best of** his hospital stay by reading.	彼は読書をすることで、入院**を最大限に活用している**。
☐ The bank employee had **made use of** confidential information.	その銀行員は機密情報**を利用していた**。
☐ I'll **make sure of** how many people they need.	私は、彼らが何人必要としているのか**を確かめる**つもりだ。
☐ I'm not ready to **make up with** him yet.	私はまだ彼**と仲直りをする**気にはなれない。
☐ I couldn't **make out** what I'd done to annoy her.	私のした何が彼女をいらいらさせたのか**がわからなかった**。
☐ His smile always **makes it impossible for** me **to** say good-bye to him.	彼の笑顔がいつも私に彼にさようならと言う**のを不可能にする**。

comeは人やものが自分のところに向かって来ることを表す。相手を中心に考え、相手のところに行くこともcomeで表すことができる。

☐ She couldn't **come up with** a clever reply.	彼女は、気の利いた返答**を思いつく**ことができなかった。
☐ Nobody knows for sure when the universe **came into being**.	宇宙がいつ**誕生した**のか、だれもはっきりとは知らない。
☐ How did this situation **come about**?	どうやってこの状況が**起こった**のですか。
☐ The same problems **come up** every time.	同じ問題がいつも**生じる**。
☐ ⓐ The clouds disappeared and the sun **came out**. ⓑ The truth about the matter finally **came out**.	ⓐ雲が消えて太陽が**現れた**。 ⓑその問題に関する真実がついに**明らかになった**。
☐ The Japanese Constitution **came into effect** on May 3, 1947.	日本国憲法は1947年5月3日に**施行された**。

基本動詞を含む頻出熟語

take ②
①を取る ②を持って行く，を連れて行く
③を必要とする ④を〜とみなす，を〜と思う

554 □	**take after ...**	**…に似ている**（= resemble）
555 □	**take up ...**	①（趣味など）**を始める** ②…を取り上げる
556 □	**take place**	①（式・行事などが）**行われる**，開催される ②（ことが）起こる，生じる ➡ take the place of ... …の代わりをする
557 □	**take** *one's* **time on[at] ...**	**…をゆっくりやる**，…をじっくりやる
558 □	**take in ...**	①（客など）**を受け入れる** ②…を理解する ③…をだます（= deceive）
559 □	**take ... into account**	**…を考慮[計算]に入れる**
560 □	**take ... into consideration**	**…を考慮に入れる** ○197
561 □	**take on ...**	①**…を引き受ける**，（責任）を負う ②（車などに）…を乗せる

keep ②
①を持っている ②を取っておく ③を（ある状態）にしておく ④（約束・規則など）を守る

562 □	**keep ... from -ing**	**…が〜するのを妨げる[防ぐ]**，…に〜させない （= prevent ... from -ing）
563 □	**keep away from ...**	**…に近づかない**，…を避ける ➡ keep ... away from 〜 …を〜から遠ざけておく
564 □	**keep in touch with ...**	**…と連絡を取り合う**，…と関係を保つ ➡ get in touch with ... …と連絡を取る ○295
565 □	**keep ... to** *oneself*	①**…を人に話さないでおく** ②…を1人占めにする
566 □	**keep off ...**	①**…に立ち入らない** ②…を防ぐ，…を寄せつけない
567 □	**keep to ...**	（規則など）**に従う**（= obey）
568 □	**keep** *one's* **word [promise]**	**約束を守る**（↔ break *one's* word[promise] 約束を破る） ➡ make a promise 約束をする
569 □	**keep an eye [*one's* eye(s)] on ...**	**…を見張る**，…を見守る

A-92 Word No. 554 − 569

take はものを持って［人を連れて］その場から遠ざかることを表す。
「を〜とみなす，を〜と思う」の意味を含む熟語も重要である。

☐ Everyone says I **take after** my mother.	みんなが私は母親**に似ている**と言う。
☐ I've just **taken up** golf.	私はゴルフ**を始めた**ばかりだ。
☐ The next meeting will **take place** on Thursday.	次回の会議は木曜日に**行われる**予定だ。
☐ Don't rush. **Take your time on** this task.	急がないで。この仕事**をじっくりやりなさい**。
☐ When Mary's parents threw her out, my mother **took** her **in**.	メアリーが両親に追い出されたとき，私の母が彼女**を受け入れた**。
☐ Architects must **take** the needs of disabled people **into account**.	建築家は身体障害者の要望**を考慮に入れ**なければならない。
☐ I've made this plan perfect, **taking** all things **into consideration**.	あらゆること**を考慮に入れて**，私はこの計画を完ぺきなものにした。
☐ I've **taken on** far too much work lately.	私は最近，あまりに仕事**を引き受け**すぎている。

keep はものごとを変化させないで同じ状態に保つことを表す。
〈keep ＋目的語＋補語〉の形に注意する。　　　　　　　　　　　　　⊃ 337

☐ Try to **keep** the soil **from** gett*ing* dry.	土**が**乾燥**するのを防ぐ**ようにしなさい。
☐ **Keep away from** the fire!	たき火**に近づくな**。
☐ We live in different countries but we still **keep in touch with** each other.	私たちは違う国に住んでいるが，いまだにお互いに**連絡を取り合っている**。
☐ Nobody else knows about this, so **keep** it **to yourself**.	これを知る者はほかにだれもいないから，それを**人に話さないように**。
☐ In this Japanese garden you must **keep off** the grass.	この日本庭園では，芝生**に立ち入ってはいけない**。
☐ You have to **keep to** the rules.	規則**に従わ**なければなりません。
☐ Can you trust her to **keep her word**?	あなたは彼女が**約束を守る**と信用できますか。
☐ We're **keeping our eyes on** the patient's condition.	私たちは，その患者の容体**を見守っている**。

基本動詞を含む頻出熟語

get ②	①を得る，を受け取る　②を（ある状態）にする　③（ある状態）になる
570 □ **get down to ...**	…に（真剣に）取りかかる
571 □ **get over ...**	①…を乗り越える，…を克服する（＝ overcome） ②…を終わりにする
572 □ **get the better of ...**	…に勝つ，…をしのぐ
573 □ **get rid of ...**	…を取り除く，…を捨てる，…を処分する ➡ rid〈もの〉of ...〈もの〉から…を取り除く ⇨ 326
574 □ **get through ...**	①…を終える　②…を通過する ③…を乗り切る
575 □ **get at ...**	①…を言おうとする，…を意味する ②（事実などを）を突きとめる［つかむ］

hold	①を持っている；を含んでいる　②（会など）を催す　③持ちこたえる；（ある状態）のままである
576 □ **hold the line**	電話を切らないでおく
577 □ **hold *one's* breath**	①息を止める ②かたずをのむ
578 □ **hold *one's* tongue**	黙っている（＝ *be* quiet）
579 □ **hold good[true]**	（法律などが）有効である，あてはまる
580 □ **hold out (...)**	①（攻撃などに）耐える，持ちこたえる ②（希望など）を与える，…を提供する ➡ hold out against ...（敵など）に抵抗する
581 □ **hold back ...**	①…を押しとどめる（＝ withhold） ②（感情など）を抑える（＝ control）

A-93　Word No. **570 — 581**

getは人が主語の場合は，意図的にものやある状態を手に入れることを表す。
また，人以外が主語の場合は，自然にある状態になることを表す。　●70

□ By the time we <u>got down to</u> work, it was 10:00 p.m.	私たちがようやく仕事に真剣に取りかかったときには，午後10時だった。
□ She seems to have <u>gotten over</u> her shyness.	彼女は内気な性格を克服したようだ。
□ My curiosity <u>got the better of</u> me.	好奇心が私に勝った。
□ I had to <u>get rid of</u> all my old clothes before we moved.	引っ越しする前に，私はすべての古い服を処分しなければならなかった。
□ We have a lot of work to <u>get through</u>.	私たちは終えなければならない仕事がたくさんある。
□ What exactly are you <u>getting at</u>?	あなたはいったい何を言おうとしているのですか。

holdは対象となるものをある一定の状態にとどめておくことを表す。

□ Please <u>hold the line</u> while I transfer you.	おつなぎする間，電話を切らないでおいてください。
□ They <u>held their breath</u> as the two tigers fought.	2頭のトラが闘っているとき，彼らはかたずをのんだ。
□ I wanted to say something funny but decided to <u>hold my tongue</u>.	私は何かおもしろいことを言いたかったが，黙っていることに決めた。
□ Twenty years on, his advice still <u>holds good</u>.	20年経った今も，彼の忠告はあてはまる。
□ The soldiers <u>held out</u> *against* the enemy in the mountains.	兵士たちは山の中で敵に抵抗した。
□ The police <u>held back</u> the crowd of excited fans at the airport.	空港で警察は興奮したファンの群れを押しとどめた。

基本動詞を含む頻出熟語

let
①に〜させる　②(ある状態)にしておく　③を貸す

582 □ let ... alone
…をそのままにしておく (= leave ... alone)；…をほうっておく

583 □ let alone ...
…は言うまでもなく

584 □ let ... down
①…をがっかりさせる，…を失望させる
②…を下降させる

585 □ let ... out
(秘密など) をもらす，…を暴露する

586 □ let go of *one's* hand
〜の手を放す
➡ let go of ... …を放[離]す；…を自由にする

do
①をする；を処理する　②(人に)をもたらす　③を作る　④役に立つ，間に合う

587 □ do over ...
…をやり直す (= redo)

588 □ do nothing but *do*
〜してばかりいる，〜以外には何もしない

589 □ do with ...
①…で間に合わせる，…ですませる
(= make do with ..., make ... do)
②…を処理する，…を扱う

590 □ do without ...
…なしですます (= dispense with ...)

591 □ do ... good /　do good to ...
…に益をもたらす，(薬が)…に効く
➡ do ... harm / do harm to ...
…に害をもたらす
➡ do more harm than good
害にはなっても益にはならない

592 □ any ... will do
どんな…でも役に立つ，どんな…でもよい

593 □ do away with ...
…を廃止する (= abolish)；…を捨てる

A-94　Word No. 582 − 593

let はある状態を解放すること，相手の意思にまかせることを表す。
使役の用法では make と異なり，【強制】ではなく【許可】のニュアンスになる。　　●136

☐ He couldn't **let** the cat **alone**.	彼はそのネコ**をほうっておけ**なかった。
☐ The baby can't even sit up yet, **let alone** walk!	その赤ちゃんはお座りもまだできないから，歩くこと**は言うまでもない**。
☐ Don't **let** me **down** by doing a poor job.	下手な仕事をして私**をがっかりさせ**ないでくれ。
☐ Who **let out** that it's my birthday?	私の誕生日だとだれが**もらした**のですか。
☐ **Let go of my hand**. You're hurting me!	**私の手を放して**。痛いよ。

do は意図的にものに働きかけることを表す。
自動詞「役に立つ」の意味は問われやすいので注意する。

☐ I have to **do over** my homework because I made a lot of mistakes.	間違いが多かったので，私は宿題**をやり直さ**なければならない。
☐ He **does nothing but** read the newspaper on Sundays.	彼は日曜日にはいつも新聞を読ん**でばかりいる**。
☐ I'll **do with** this car because I can't afford a new one.	新車を買う余裕がないので，私はこの車**で間に合わせる**つもりだ。
☐ I can **do without** a cellphone for a few days.	私は数日なら携帯電話**なしですます**ことができる。
☐ ⓐ A day at the beach will **do** you **good**.	ⓐ浜辺での1日はきっと君**に益をもたらす**[君の**健康によい**]だろう。
ⓑ Smoking **does more harm than good**.	ⓑ喫煙は**害にはなっても益にはならない**。
☐ **Any** kind of music **will do** as long as it is played on a piano.	ピアノで演奏されているなら，**どんな**音楽**でもよい**。
☐ I think that old rule should be **done away with**.	その古い規則は**廃止**されるべきだと私は思う。

基本動詞を含む頻出熟語

look
①見る ②〜のように見える
③捜す, 調べる

594 □ **look 〈人〉 in the face**	〈人〉の顔をじっと見る ➡ look 〈人〉 in the eye 〈人〉の目をじっと見る
595 □ **look like ...**	①…に似ている, …のように見える ②…になりそうだ
596 □ **look ... up in ～**	…を～で調べる
597 □ **look into ...**	①…を調査する, …を研究する (＝investigate) ②…の中をのぞく
598 □ **look ... over**	①…にざっと目を通す ②…を調べる (＝check)
599 □ **look up to ...**	…を尊敬する (↔ look down on[upon] ...)
600 □ **look down on[upon] ...**	…を見下す, …を軽く見る (↔ look up to ...)
601 □ **look on[upon] ... as ～**	…を～とみなす, …を～と考える (＝regard ... as ～)
602 □ **look [watch] out for ...**	①…に気をつける, …に注意する ②…を捜す；…を手に入れようとする
603 □ **look back on[upon] ...**	…を回想する ➡ look back at[to] ... 振り返って…を見る

put
①を置く ②(文字など)を記入する
③(ある状態)にする

604 □ **put an end to ...**	①…を終わらせる, …にけりをつける ②…を取り除く；…を廃止する
605 □ **put up with ...**	…をがまんする (＝endure)
606 □ **put on ...**	①(服など)を着る (↔ take off ... …を脱ぐ) ②(電灯・テレビなど)をつける (↔ put off ...)
607 □ **put off ...**	①…を延期する (＝postpone) ②(電灯・テレビなど)を消す (↔ put on ...)
608 □ **put forward ...**	①(意見・提案など)を出す ②…を推薦する

| look は対象となるものに意識的に目を向けることを表す。 |

She **looked** me **in** the **face** and told me I was a liar.	彼女は私**の顔をじっと見て**，私のことをうそつきだと言った。
I don't **look** much **like** my sister.	私はあまり姉[妹]**に似**ていない。
I **looked** the word **up in** the dictionary.	私はその単語**を**辞書**で調べた**。
The police are **looking into** the matter.	警察がその件**を調査している**。
Can you **look** this letter **over** before I send it?	送る前にこの手紙**にざっと目を通して**くれますか。
I've always **looked up to** Bill for his courage and determination.	ビルには勇気と決断力があるので，私は常に彼**を尊敬**している。
She **looks down on** people who watch too much TV.	彼女はテレビを見すぎる人**を見下して**いる。
I **look on** him **as** a good friend.	私は彼**を**親友**とみなす**。
We'd better **look out for** pickpockets in this crowded store.	この混雑した店の中では，私たちはスリ**に気をつけた**ほうがよい。
My grandfather likes to **look back on** the old days.	私の祖父は昔のこと**を回想する**のが好きだ。

| put はものごとをある位置・状態にすえることを表す。 |

The army **put an end to** the civil war.	軍がその内戦**を終わらせた**。
I don't know how she **puts up with** his violent temper.	私は，彼女がどうやって彼の激しい気性**をがまんしている**のかわからない。
She **put on** her favorite blue dress.	彼女はお気に入りの青いドレス**を着た**。
The game has been **put off** until tomorrow.	試合は明日まで**延期**された。
The committee **put forward** a number of suggestions.	委員会はたくさんの提案**を出した**。

基本動詞を含む頻出熟語

help
①(を)手伝う；(を)助ける ②(に)役立つ
③《canを伴って》を避ける，を防ぐ

609 □ **help 〈人〉 with ...**
〈人〉の…を手伝う

610 □ **help ... (to) *do***
…が～するのを手伝う

611 □ **cannot help -ing**
～せずにはいられない
(= cannot (help) but *do*)
➡ It can't be helped. しかたがない。
➡ I can't help it. 私にはどうしようもない。

612 □ **help (...) out**
(…を)手伝う，
…を援助する

stand
①立っている ②(ある態度を)とる
③(を)我慢する ④(状態に)ある

613 □ **stand by (...)**
①…を支える，…の力になる (= support)
②(…の)そばに立つ；傍観する

614 □ **stand up for ...**
①…を支持する
②…を弁護する，…を守る

615 □ **stand for ...**
①…を表す，…の略である
②…を支持する

616 □ **stand out**
目立つ，際立つ

bring
①を持ってくる ②(ある状態)に導く
③をもたらす

617 □ **bring out ...**
①(製品など)を出す，…を発売する
②(才能など)を引き出す

618 □ **bring *oneself* to *do***
～する気になる

619 □ **bring ... to light**
(証拠など)を明るみに出す

620 □ **bring ... home to 〈人〉**
〈人〉に…を痛感させる，
〈人〉に…をはっきりわからせる

621 □ **bring ... up**
①…を育てる (= raise)
②(問題など)を持ち出す

Word No. 609 − 621

help はある状態をより好ましい方向へ導き，それがだれか[何か]の役に立つことを表す。
また，avoid「を避ける」の意味もある。

- □ Dad, can you **help** me **with** my homework? / お父さん，私の宿題**を手伝って**くれますか。
- □ I **helped** her **to** carry her boxes upstairs. / 私は彼女**が**箱を2階に運ぶ**のを手伝った**。
- □ I **cannot help** think*ing* that I've made a very big mistake. / 私は自分が大変な失敗をしたと考え**ずにはいられない**。
- □ He **helped** me **out** even though he was busy with his work. / 彼は自分の仕事で忙しかったが，私**を手伝った**。

stand は SV の文型で立っていること，SVC の文型で補語とともに，ある状態にあることを表す。他動詞「を我慢する」の意味にも注意する。　　　　　　　　　　○219

- □ Don't worry. I'll **stand by** you when you're in trouble. / 心配しないで。君が困ったときは私が君**を支える**つもりだ。
- □ Don't be afraid to **stand up for** what you believe in. / 恐れずに自分が信じるもの**を支持しな**さい。
- □ What does UNHCR **stand for**? / UNHCRは何**の略**ですか。
- □ The outlines of chimneys **stood out** against the pale sky. / 煙突の輪かくが，薄暗い空に対して**際立った**。

bring はものごとや人をこちら側に持ってくることを表す。

- □ The computer company **brings out** a new model every season. / そのコンピュータ会社は季節ごとに新製品**を出す**。
- □ She still can't **bring herself to** talk about it. / 彼女はいまだにそのことを話す**気になれ**ない。
- □ A journalist **brought** the politician's secret **to light**. / あるジャーナリストがその政治家の秘密**を明るみに出した**。
- □ The news **brought** the sadness of war **home to** me. / そのニュースが私**に**戦争の悲しみ**を痛感させた**。
- □ I was born and **brought up** in Minneapolis. / 私はミネアポリスで生まれ**育った**。

長文読解 LEVEL 2

⊙LEVEL2で学習した，赤字の語(句)の意味を確認しながら，長文を読んでみましょう。

1　Is it difficult to learn to ①**use** a PC or ②**personal** computer?　Actually, the ③**contents** of a computer are not so ④**complex**.　Programs are written in a language or code.　These programs ⑤**respond** to commands.　Sometimes, a computer stops working ⑥**properly** and it takes hours, days or weeks to ⑦**solve** the problem.　When this happens, we say the computer has crashed. How ⑧**annoying** it is to have a broken computer!　Still, we can ⑨**make the best of** a ⑩**confusing** situation.　For example, we may become very familiar with computers after a few crashes.　We ⑪**realize** that we actually know a lot about computers when we begin ⑫**helping** our friends **with** their computer problems.

2　Is it difficult to ⑬**explain** the Internet *to* senior citizens?　⑬**Explain** it *to* them like this: the Internet is a huge network of ②**personal** computers ⑭**communicating** *with* other computers all over the world.　Don't forget to ⑮**advise** them that it is important to protect your ⑯**privacy** on this network. Still, the Internet is very convenient.　If you have any questions, you can search for the answer on the Internet and you may be able to hit upon the answers *within a* ⑰**minute**.

3　②**Personal** computer ①**use** is ⑱**rapidly** ⑲**increasing**.　Someday, computers might ⑳**progress** to a level where they can *perform* ㉑**miracles**.

(213 words)

Quick Check!　➡ 解答は p.126

⑤「応答」を意味する名詞は？　　　⇨ _____
⑦「解決」を意味する名詞は？　　　⇨ _____
⑧「いらだち」を意味する名詞は？　⇨ _____
⑩「混乱」を意味する名詞は？　　　⇨ _____
⑬「説明」を意味する名詞は？　　　⇨ _____

また，Quick Check!で，語いに関する知識を再確認してみましょう。

A-97

① PC，つまり②パーソナル・コンピュータ[パソコン]を①使うことができるようになることは難しいだろうか。実際には，コンピュータの③中身はそれほど④複雑ではない。プログラムは一種の言語，つまりコードで書かれている。これらのプログラムは命令に⑤応答する。ときどきコンピュータは⑥適切に動くのをやめ，問題を⑦解決するのに何時間も何日も何週間もかかる。これが起こると，コンピュータがクラッシュしたと言う。壊れたコンピュータを持っているのはどれほど⑧いらいらすることか。それでも，⑩混乱する状況⑨を最大限に活用することができる。たとえば，数回のクラッシュのあと，コンピュータにとても詳しくなるかもしれない。友だち⑫のコンピュータのトラブルを手伝い始めると，自分が実際に，コンピュータについてたくさん知っていることに⑪気づく。

② 高齢者にインターネットを⑬説明するのは難しいだろうか。彼らにインターネットをこのように⑬説明しなさい。インターネットは，世界中のほかのコンピュータと⑭通信し合っている，②パーソナル・コンピュータの巨大なネットワークであると。このネットワークでは⑯プライバシーを守ることが重要だということを，彼らに⑮忠告するのを忘れてはいけない。それでも，インターネットはとても便利だ。疑問があったら，インターネットで答えを探せるし，1⑰分以内で[すぐに]答えに出くわせるかもしれない。

③ ②パーソナル・コンピュータの①使用は⑱急速に⑲増えている。いつの日か，コンピュータが㉑奇跡を起こすことが可能なレベルまで㉒進歩するかもしれない。

⑭「(意思)伝達」を意味する名詞は？　⇨　_____
⑮「忠告」を意味する名詞は？　⇨　_____
⑱「速い」を意味する形容詞は？　⇨　_____
⑲「減る」を意味する反意語は？　⇨　_____
⑳「進歩的な」を意味する形容詞は？　⇨　_____

実践問題 LEVEL 2

⊙ 英文に合うように，もっとも適当な語(句)を選び，番号で答えなさい。

☐ **1.** "Do you know that Jean has got a new job?"
"No, she has (　) us nothing about it."
① said　② spoke　③ talked　④ told 〈センター試験〉

☐ **2.** If you (　) a place to somebody, you let them use it as long as they regularly pay you a certain amount of money.
① borrow　② give　③ lend　④ rent 〈センター試験〉

☐ **3.** We must keep in mind that smoking (　) us more harm than good.
① damages　② does　③ gets　④ makes 〈センター試験〉

☐ **4.** That chicken soup reminds me (　) my grandmother.
① from　② for　③ on　④ of 〈東京工科大〉

☐ **5.** He has no friends (　).
① to depend　② to trusting in　③ to rely on　④ talked with 〈福島大〉

☐ **6.** The heavy snowfall (　) them from leaving the hotel.
① prevented　② deprived　③ interrupted　④ disturbed 〈桜美林大〉

☐ **7.** Parents should provide their children (　) decent food and clothing.
① by　② for　③ to　④ with 〈センター試験〉

☐ **8.** I suggested to Mary (　) with me to collect empty cans on the street, but she said she was too busy.
① come　② that she come　③ that she had come　④ to have come 〈センター試験〉

実践問題 LEVEL 2 ANSWERS (p.125)					
9. ④ ➡ 461		**10.** ④ ➡ 342		**11.** ③ ➡ 400	
12. ④ ➡ 523		**13.** ④ ➡ 615		**14.** ④ ➡ 573	
15. ① ➡ 590		**16.** ② ➡ 546			

☐ **9.** Our PE teacher, a (　　) professional basketball player, is coaching the school team.
　　① previous　② late　③ once　④ former　　　〈センター試験〉

☐ **10.** Sarah is always able to answer the teacher's questions. She is such a (　　) girl.
　　① dependent　② lazy　③ shy　④ smart　　　〈センター試験〉

☐ **11.** (　　) from what he says, the situation is bad.
　　① Judge　② Judgment　③ Judging　④ Is judged　　　〈東海大〉

☐ **12.** David said that he found the movie very (　　).
　　① amusingly　② amuse　③ amused　④ amusing　　　〈上智大〉

☐ **13.** I don't know what NGO (　　) for.
　　① expresses　② indicates　③ means　④ stands　　　〈南山大〉

☐ **14.** I just can't see why he doesn't (　　) his motorcycle, since he never rides it anymore.
　　① get along　② get away　③ get hold of　④ get rid of　　　〈センター試験〉

☐ **15.** I find it difficult to get up early in the morning, so I have to (　　) breakfast.
　　① do without　② get rid of　③ put up with　④ slow down　　　〈センター試験〉

☐ **16.** The sailors could not (　　) out the shore through the fog.
　　① come　② make　③ put　④ run　　　〈関西学院大〉

実践問題 LEVEL 2 ANSWERS (p.124)

1. ④ ➡ 466	2. ④ ➡ 478	3. ② ➡ 591
4. ④ ➡ 311	5. ③ ➡ 383	6. ① ➡ 336
7. ④ ➡ 345	8. ② ➡ 432	

実践問題 LEVEL 2　日本語訳と解説

1. 「ジーンが新しい仕事を得たことを，あなたたちは知っていますか？」「いいえ，彼女はそれについて，私たちに何も話していません」
   ※目的語が2つ (us, nothing) あるので，SVOOの文型をとるtellの過去分詞toldを選ぶ。
2. もしだれかにある場所を賃貸しするのであれば，その人が定期的に一定の額のお金を支払う限り，その場所をその人が使用するのを許す。
   ※rentは「を賃貸しする」，borrowは「（無料で）を借りる」，lendは「（もの・金）を貸す」の意味。
3. 喫煙は害にはなっても益にはならないことを，心に留めておかなくてはいけない。
   ※〈do A more harm than good〉で「Aにとって害にはなっても益にはならない」の意味。
4. あのチキンスープは私に祖母を思い出させる。
   ※〈remind A of B〉で「AにBを思い出させる」の意味。
5. 彼には頼れる友人がいない。
   ※〈friends to rely on〉で「頼れる友人」の意味。不定詞が直前の名詞friendsを修飾している。friendsは前置詞onの目的語。
6. 大雪は，彼らがホテルを出発するのを妨げた。
   ※〈prevent A from -ing〉で「Aが～するのを妨げる」の意味。
7. 親は，子どもにきちんとした食事と衣服を与えるべきである。
   ※〈provide A with B = provide B for A〉で「AにBを供給する」の意味。
8. 私はメアリーに，通りの空き缶をいっしょに集めに行こうと提案したが，彼女はとても忙しいと言った。
   ※〈suggest to A + that節〉で，「～することをAに提案する」の意味。that節内の動詞が〈should + 原形〉か，単に原形となることに注意。
9. 私たちの体育の先生は，元プロのバスケットボールの選手で，学校のチームのコーチをしている。
   ※formerで「前の，元の」の意味。PEはphysical educationの略。
10. サラはいつも先生の質問に答えることができる。彼女は本当に賢い女の子だ。
    ※smartは「賢い」，dependent「依存した」，lazy「怠け者の」，shy「恥ずかしがりの」の意味。
11. 彼の言うことから判断すると，状況は悪い。
    ※〈judging from ...〉で「…から判断すると」の意味。
12. デイヴィッドはその映画がとてもおもしろいと思うと言った。
    ※その映画が「（だれかを）おもしろがらせる」と考え，他動詞amuse「をおもしろがらせる，を楽しませる」から派生した形容詞amusingを選ぶ。
13. NGOが何の略であるか，私は知らない。
    ※〈stand for ...〉で「…を表す，…の略である」の意味。
14. 私は，彼がどうしてオートバイを処分しないのかがわからない。というのは，彼はもうそれに全然乗っていないからだ。
    ※〈get rid of ...〉で「…を捨てる，…を処分する」の意味。
15. 朝早く起きるのが難しいとわかっているので，私は朝食抜きですまさなくてはいけない。
    ※〈do without ...〉で「…なしですませる」の意味。
16. 船員たちは霧を通しては岸がわからなかった。
    ※〈make out ...〉で「…がわかる」の意味。

長文読解 LEVEL 2　Quick Check!　解答

⑤ response　⑦ solution　⑧ annoyance　⑩ confusion　⑬ explanation
⑭ communication　⑮ advice　⑱ rapid　⑲ decrease　⑳ progressive

LEVEL 3
センター試験 重要語(1)

LEVEL 3では、センター試験で頻出する重要な単語を学習します。sensitive「敏感な」とsensible「分別のある」など、使い分けのまぎらわしい単語を整理しながら覚え、実践的な力を身につけましょう。
また、基本動詞を含む熟語以外に、センター試験で頻出する重要熟語も学習します。

▶ 科学・技術に関する語

622 □ technique
[tekníːk] ア
名 (専門)技術；(音楽・美術などの)技法
⇨ téchnical 形 技術上の，専門的な

623 □ method
[méθəd]
名 ①方法 ②筋道，順序
⇨ methodólogy 名 方法論

624 □ manufacture
[mæ̀njəfǽktʃər] ア
名 ①製造，生産 ②《通常(複)で》製品
動 (工場などで)を製造する
⇨ manufácturer 名 製造業者，メーカー

▶ ダメージに関する語

625 □ harm
[háːrm]
動 に害を与える，を傷つける
名 ①害；損害 ②悪意
➡ do ... harm / do harm to ...
…に害を与える ⇨ hármful 形 有害な

626 □ suffer
[sʌ́fər]
動 苦しむ；(苦痛・損害)を受ける
➡ suffer from ... …で苦しむ，…を患う

627 □ hurt
[hə́ːrt] 発
動 ①を傷つける；(感情)を害する ②痛む
名 傷，けが 〈hurt - hurt〉

628 □ injure
[ín(d)ʒər] ア
動 にけがをさせる，を傷つける
➡ be injured in ... …でけがをする ◯ 1253
⇨ ínjury 名 負傷；損害

629 □ crash
[krǽʃ]
動 ①(車が)衝突する，(飛行機が)墜落する
②(激しい音を立てて)壊れる
名 衝突，墜落

630 □ destroy
[distrɔ́i] ア
動 を破壊する ⇨ destrúction 名 破壊 ◯ 1385
⇨ destrúctive 形 破壊的な

631 □ ruin
[rúː(ː)in]
動 ①を台なしにする ②を破滅させる
名 荒廃；《通常(複)で》廃墟；遺跡

632 □ explode
[iksplóud] ア
動 爆発する；を爆発させる
⇨ explósion 名 爆発；急増

633 □ shoot
[ʃúːt]
動 ①(を)撃つ ②(球技で)シュートする 〈shot - shot〉
名 ①(草木の)芽，発芽 ②(写真・映画の)撮影

634 □ recover
[rikʌ́vər]
動 ①回復する ②を取り戻す
➡ recover from ... …から回復する
⇨ recóvery 名 回復

B-1

The surgery was done using a new **technique**.	その手術は新しい技術を用いて行われた。
I think we should try again using a different **method**.	私たちは別の方法を使って再び試してみるべきだと私は思う。
The **manufacture** of high-performance robots is expensive.	高性能ロボットの製造は費用がかかる。

B-2

ⓐ Smoking **harms** our health. ⓑ Overeating can *do* **harm** *to* the body.	ⓐ喫煙は私たちの健康に害を与える。 ⓑ食べ過ぎは体に害を与えることがある。
I'm **suffering** *from* a backache.	私は背中[腰]の痛みで苦しんでいる。
I'm sorry. I didn't mean to **hurt** your feelings.	ごめんなさい。私はあなたの気持ちを傷つけるつもりはなかったんです。
He **injured** his leg while playing soccer.	彼はサッカーをしていて脚にけがをした。
Five cars **crashed** on the street.	通りで5台の車が衝突した。
The building was completely **destroyed** by the earthquake.	その建物は地震で完全に破壊された。
Our school trip was **ruined** by the heavy rain.	私たちの修学旅行は、大雨で台なしにされた。
Firefighters were called when a gas tank **exploded**.	ガスタンクが爆発したとき、消防隊が呼ばれた。
He was **shot** in the back while trying to escape.	彼は逃げようとしている間に背中を撃たれた。
It will take several months for him to **recover** *from* the knee injury.	彼がひざのけがから回復するのに数か月かかるだろう。

■》自然・地質に関する語

635 □ volcano
ア [vɑlkéinou]
名 火山
➡ an active volcano 活火山

636 □ dust
[dʌ́st]
名 ほこり，ちり
動 ①をふりかける　②のほこりを取る
⇨ dústy 形 ほこりまみれの；ほこりっぽい

637 □ soil
[sɔ́il]
名 ①土，土壌　②土地
動 を汚す

638 □ jewel
発 [dʒúːəl]
名 ①宝石　②《通常（複）で》宝飾品
⇨ jéwelry 名 宝石類

■》食べ物に関する語

639 □ grain
[gréin]
名 ①穀物　②（穀物の）粒
➡ a grain of rice 米の粒

640 □ dessert
発 [dizə́ːrt]
名 デザート
注意 desert [dézərt] 名 砂漠 ○ 174

641 □ raw
発 [rɔ́ː]
形 ①（食べ物が）生の
②加工されていない，原料のままの
➡ raw material 素材；《（複）で》原料

642 □ shrimp
[ʃrímp]
名 (小)エビ（≒ prawn ）

■》料理・食事に関する語

643 □ bake
[béik]
動 （パンなど）を焼く；焼ける
⇨ bákery 名 パン屋

644 □ boil
[bɔ́il]
動 ①を沸騰させる；沸騰する
②を煮る；煮える
➡ a boiled egg ゆで卵

645 □ melt
[mélt]
動 を溶かす；溶ける
➡ melt away 溶けてなくなる

646 □ feed
[fíːd]
動 ①にえさをあげる，に食べ物を与える
②（家族など）を養う　　　　〈fed - fed〉
➡ be fed up with ... …に飽き飽きしている
名 えさ，飼料

Word No. **635 – 646**

B-3

- [ ] The **volcano** could erupt at any time. / その**火山**はいつ噴火してもおかしくない。
- [ ] My desk and chair were covered with **dust**. / 私の机といすは**ほこり**で覆われていた。
- [ ] Farm workers cultivate the **soil** every day. / 農業労働者は毎日**土**を耕す。
- [ ] The diamond is a popular **jewel**. / ダイヤモンドは人気のある**宝石**だ。

B-4

- [ ] Last year's **grain** harvest was the biggest ever. / 昨年の**穀物**の収穫高は過去最高だった。
- [ ] What would you like for **dessert**? / **デザート**には何を召し上がりますか。
- [ ] Some Japanese people don't like to eat **raw** fish. / **生**の魚を食べるのが好きではない日本人もいる。
- [ ] I'll have the **shrimp** salad. / 私は**エビ**のサラダをいただこう。

B-5

- [ ] Cover the chicken breasts with the sauce and **bake** them. / 鶏の胸肉にソースをかけて，それらを**焼きなさい**。
- [ ] You have to **boil** some water to make spaghetti. / スパゲッティを作るためにお湯を**沸かさ**なければなりません。
- [ ] **Melt** 2 tablespoons of butter in a small frying pan. / 大さじ2杯のバターを小さいフライパンに**溶かしなさい**。
- [ ] Have you **fed** the cat? / ネコに**えさをあげました**か。

人・人体や健康に関する語

647 □ blood [blʌ́d] 発
图 血, 血液
⇨ bléed 動 出血する

648 □ breath [bréθ]
图 息, 呼吸
⇨ breathe [bríːð] 発 動 呼吸する, 息をする ◯ 791

649 □ birth [báːrθ]
图 ①誕生 ②生まれ
➡ birth rate 出生率
⇨ bírthday 图 誕生日

650 □ disease [dizíːz] 発
图 (重大な疾患や感染症などの)病気
➡ suffer from a disease 病気を患う

651 □ fever [fíːvər]
图 ①(病気の)熱 ②熱狂
➡ have a fever 熱がある

652 □ cough [kɔ́(ː)f] 発
图 せき
➡ a bad cough ひどいせき
動 せきをする

653 □ aid [éid]
图 ①手当 ②助力, 援助
➡ first aid 応急手当
動 を助ける, を援助する

654 □ pale [péil]
形 ①青ざめた ②(色が)薄い
➡ turn[go] pale 青ざめる

655 □ comfortable [kʌ́mfərtəbl] ア
形 ①快適な, 心地よい ②くつろいで
⇨ cómfort 图 慰め 動 を慰める

656 □ asleep [əslíːp]
形 眠って(⟷ awake 目が覚めて)
➡ fall asleep 眠り込む, 寝入る

「準否定」を表す副詞

657 □ hardly [háːrdli]
副 ほとんど〜ない (= scarcely) ◯ 996
➡ hardly[scarcely] ... when[before] 〜
…すると同時に〜 ◯ 888

658 □ scarcely [skéərsli]
副 ほとんど〜ない (= hardly)

659 □ rarely [réərli]
副 めったに〜ない (= seldom)
⇨ ráre 形 まれな, 珍しい ◯ 797

660 □ seldom [séldəm]
副 めったに〜ない (= rarely)
注意 rarely よりやや文語的な表現。

☐	He lost a lot of **blood** in the accident.	彼はその事故で大量の血を失った［大量に出血した］。
☐	Take a deep **breath** and count to ten.	深呼吸をして10まで数えなさい。
☐	Congratulations on the **birth** of your son!	息子さんのご誕生おめでとうございます。
☐	The doctors found a cure for the **disease**.	医師団はその病気の治療法を見つけた。
☐	Andy *has a* **fever** and won't be coming into work today.	アンディーは熱があるので，今日は職場に来ないだろう。
☐	His **cough** is due to the smoke here.	彼のせきはここの煙のせいだ。
☐	He provided *first* **aid** to the patient.	彼はその患者に応急手当を施した。
☐	He looked very **pale** this morning.	彼は今朝，とても青ざめて見えた［顔色が悪かった］。
☐	You'd better sleep in a **comfortable** bed.	君は快適なベッドで眠るほうがいい。
☐	My grandfather *fell* **asleep** watching TV.	私のおじいちゃんはテレビを見てるうちに眠り込んだ。
☐	I **hardly** know my neighbors.	私は近所の人たちをほとんど知らない。
☐	It was getting dark and she could **scarcely** see in front of her.	だんだん暗くなっていき，彼女は目の前がほとんど見えなかった。
☐	She **rarely** goes out at night.	彼女はめったに夜に出歩かない。
☐	He **seldom** loses his temper.	彼はめったにかっとなることがない。

■》政治・社会に関する語

661 □ **government** ア [gʌ́vərnmənt]	图①《しばしば Government で》**政府**　②**政治** ⇨ góvern 動①を統治する　②を管理する ● 1167
662 □ **politics** ア [pάlətìks]	图①**政治(学)**　②**政策**　⇨ political 形**政治の** ● 1147 ⇨ politícian 图政治家
663 □ **policy** [pάləsi]	图①**政策**　②**方針** ➡ public policy 公共政策
664 □ **democracy** ア [dimάkrəsi]	图**民主主義**；民主主義国家 ⇨ democrátic [dèməkrǽtik] ア 形民主主義の
665 □ **system** [sístəm]	图①**制度**，**組織**　②**体系** ⇨ systemátic [sìstəmǽtik] ア 形組織的な
666 □ **president** ア [prézidənt]	图①《しばしば President で》**大統領** ②**社長**
667 □ **citizen** ア [sítizn]	图**市民**；国民
668 □ **official** ア [əfíʃl]	形**公式の**，公の 图**公務員**；高官 ⇨ ófficer 图(軍の)将校；役員； 　警察官(= police officer)

GF》訳語がまぎらわしい動詞

669 □ **suspect** ア [səspékt]	動①《suspect that ... で》(好ましくない内容を肯定的に)**…だろうと思う**　②**(を)疑う** 图 [sʌ́spekt] ア **容疑者**　　　　　　　　　● 315
670 □ **doubt** 発 [dáut]	動①《doubt that[if, whether] ... で》(好ましくない内容を否定的に)**…ではないと思う**　②**(を)疑う** 图**疑い**　⇨ dóubtful 形疑わしい ● 1799
671 □ **write** [ráit]	動①(文字など)**を書く**　②**手紙を書く** ➡ write to ... …に手紙を書く　〈wrote - written〉
672 □ **draw** 発 [drɔ́ː]	動①(線で絵や図形など)**を描く**；(線)**を引く** ②を引く；を引き出す　③近づく　〈drew - drawn〉

Grammar Focus 27　suspect のあとには that 節が続き，doubt のあとには that 節のほか if [whether] 節が続く。**don't doubt that ...** で「きっと…だと思う」と肯定の意味になることに注意。**write** は「**文字で言葉を書く**」ことで，**draw** は「**線で絵や図形を描く**」こと。

Word No. **661 − 672**

B-8

- [ ] The **government** has been very slow to take action. | 政府は，行動を起こすのがとても遅くなっている。
- [ ] I studied **politics** in college. | 私は大学で政治学を学んだ。
- [ ] There seem to be no effective **policies** to solve this problem. | この問題を解決するための効果的な政策はないように思える。
- [ ] In a true **democracy**, people respect freedom of speech. | 真の民主主義国家では，人々は言論の自由を尊重する。
- [ ] Jim studied the political **system** of Japan. | ジムは日本の政治制度を研究した。
- [ ] Lincoln was the 16th **President** of the United States. | リンカーンはアメリカ合衆国の第16代大統領だった。
- [ ] The mayor urged **citizens** to begin preparing for a major storm. | 市長は市民に強大な嵐に備え始めるよう勧告した。
- [ ] She paid an **official** visit to China. | 彼女は中国を公式訪問した。

B-9

- [ ] I **suspected** *that* there was something wrong with the engine. | 私は，エンジンに何か異常があるのだろうと思った。
- [ ] Doctors **doubted** *that* surgery would be necessary. | 医師団は手術が必要ではないだろうと思った。
- [ ] Please **write** your name at the bottom of this sheet of paper. | この用紙の下のほうにあなたの名前を書いてください。
- [ ] Keith was **drawing** a complicated graph. | キースは複雑なグラフを描いていた。

| Challenge 27 | 適当な語を選びなさい。 |

I do not (　　) that he did this out of kindness, for he is always considerate of others.
　① doubt　② think　③ find　④ suspect　〈福岡大〉

答：①
→ p.390

135

▶ 挑戦・追跡などに関する語

673 □ **challenge** ⑦ [tʃǽlin(d)ʒ]	動 ①に異議を唱える ②に挑む ③を要求する 名 挑戦
674 □ **struggle** [strʌ́gl]	動 ①闘う，奮闘する ②もがく 名 ①奮闘，努力 ②もがき
675 □ **chase** [tʃéis]	動 を追跡する；を追い求める 名 追跡

GF 人の性格・性質を表す形容詞

676 □ **careless** [kéərləs]	形 不注意な，軽率な (↔ careful 注意深い) ⇨ cárelessly 不注意に(も)，軽率に
677 □ **wise** [wáiz]	形 賢明な，賢い (↔ foolish) ⇨ wísdom 名 英知，知恵 ● 1650
678 □ **foolish** [fú:liʃ]	形 愚かな，思慮のない (↔ wise) ⇨ fóol 名 愚か者 動 をからかう
679 □ **clever** [klévər]	形 ①利口な，頭がよい (↔ stupid) ②器用な ③巧妙な
680 □ **stupid** [st(j)ú:pəd]	形 ①ばかな，愚かな (↔ clever) ②くだらない
681 □ **kind** [káind]	形 親切な，優しい 名 種類 ⇨ kíndness 名 親切；親切な行為
682 □ **considerate** ⑦ [kənsídərət]	形 思いやりがある，理解がある ⇨ consíder 動 をよく考える ● 197
683 □ **polite** [pəláit]	形 礼儀正しい，ていねいな ⇨ políteness 名 礼儀正しさ
684 □ **rude** [rú:d]	形 失礼な，無礼な ⇨ rúdeness 名 無礼(な態度)
685 □ **cruel** [krú:əl]	形 残酷な，むごい ⇨ crúelty 名 残酷(な行為)

Grammar Focus 28

人の性質・性格を表す形容詞は，**判断の根拠を表す不定詞**を伴い〈**it is[was] ＋形容詞＋ of ＋〈人〉＋ to do**〉「～するとは〈人〉は…だ[だった]」という表現を作ることがある。**676** の例文は，He *was careless to* leave the door unlocked. と書きかえることができる。人の行為についての判断を表す〈**it is[was] ＋形容詞＋ for ＋〈人〉＋ to do**〉の形は人を主語として書きかえることができない。　● p.158　GF33

Word No. **673 − 685**

B-10

☐ She was always **challenging** his authority.	彼女は彼の権威にいつも異議を唱えていた。
☐ The airline is **struggling** with high fuel costs.	その航空会社は，高い燃料費の問題と闘っている。
☐ The police **chased** the suspect along the main road.	警察は大通りに沿って容疑者を追跡した。

B-11

☐ *It was* **careless** *of* him *to* leave the door unlocked.	ドアの鍵をかけないままにしておくとは，彼は不注意だった。
☐ *It was* **wise** *of* you *to* reserve your tickets in advance.	切符を前もって予約しておくとは，君は賢明だった。
☐ *It was* **foolish** *of* you *to* expect him to come.	彼が来るのを期待していたとは，君は愚かだった。
☐ The **clever** boy solved the problem in a few minutes.	その利口な男の子は数分でその問題を解いてしまった。
☐ *It was* **stupid** *of* me *to* give her the money.	彼女にお金を渡すとは，私はばかだった。
☐ *It's* really **kind** *of* them *to* let us use their pool.	私たちにプールを使わせてくれるとは，彼らは本当に親切だ。
☐ *It was* **considerate** *of* you *to* let us know.	私たちに知らせてくれるとは，あなたは思いやりがあった。
☐ *It was* **polite** *of* him *to* reply to my letter so quickly.	あんなに早く私の手紙に返事をくれるとは，彼は礼儀正しかった。
☐ *It is* **rude** *of* you *to* say such a thing in public.	人前でそんなことを言うとは，君は失礼だ。
☐ Children's jokes can sometimes be very **cruel**.	子どもの冗談は時としてとても残酷なことがある。

Challenge 28 適当な語を選びなさい。

It was (　　) of him to make such an error.
① possible　② careless　③ hard　④ general
〈福岡大〉

答：②
→ p.390

▶ 頻度などを表す語

686 □ frequently
ア [fríːkwəntli]
副 頻繁に，しばしば
⇨ fréquent 形 頻繁な ● 1774
⇨ fréquency 名 ①頻発 ②頻度 ③周波数

687 □ occasionally
[əkéiʒənəli]
副 たまに，時折
⇨ occásional 形 たまの
⇨ occásion 名 ①（特定の）時；機会 ②行事

688 □ gradually
[grǽdʒuəli]
副 だんだんと，次第に
⇨ grádual 形 段階的な

689 □ finally
[fáinəli]
副 ようやく；ついに（= at last）；最後に
⇨ fínal 形 最後の，最終の 名 決勝戦

▶ 「体を動かす」ことなどを表す語

690 □ exercise
[éksərsàiz]
動 ①運動する
　②を訓練する　③を行使する
名 運動，練習；練習問題

691 □ operate
ア [ápərèit]
動 ①（機械など）を操作する　②作動する
　③（に）手術をする
⇨ operátion 名 操作；手術 ● 1554

692 □ bow
発 [báu]
動 おじぎをする，（頭）を下げる
名 おじぎ
注意 [bóu] 発 名 弓 ➡ árrow 名 矢

693 □ lift
[líft]
動 を持ち上げる；持ち上がる
名 ①リフト；昇降機
　②《英》エレベーター（=《米》elevator）

694 □ row
[róu]
動 ボートをこぐ；をこぐ
注意 名 列；並び
➡ in a row 1列に並んで

695 □ roll
[róul]
動 ①転がる；を転がす　②を巻く
名 巻いたもの；ロールパン

696 □ float
[flóut]
動 ①浮かぶ；を浮かべる　②漂う
➡ float on water 水に浮く

697 □ eliminate
[ilímənèit]
動 を削除する，を取り除く
➡ eliminate ... from 〜 …を〜から取り除く

Word No. **686 — 697**

B-12

☐ We see each other fairly **frequently**.	私たちはかなり頻繁に会っている。
☐ I see your brother playing in this park **occasionally**.	私はたまに君の兄[弟]がこの公園で遊んでいるのを見かける。
☐ The typhoon is **gradually** approaching Japan.	その台風がだんだんと日本に近づいている。
☐ After several delays we **finally** took off.	何度かの延期のあと，ようやく離陸した。

B-13

☐ Most people need to **exercise** more.	ほとんどの人はもっと運動する必要がある。
☐ Do you know how to **operate** the air conditioner?	その空調設備を操作する方法がわかりますか。
☐ She **bowed** and left the stage.	彼女はおじぎをし，舞台から去った。
☐ Sophie **lifted** the receiver before the second ring.	ソフィは2度目のコールが鳴る前に受話器を上げた。
☐ We **rowed** to the island.	私たちはその島までボートをこいだ。
☐ One of the eggs **rolled** off the counter.	卵が1つ調理台から転がり落ちた。
☐ The balloon kept **floating** in the sky for a while.	その風船はしばらく空に浮かび続けていた。
☐ You can't completely **eliminate** fat *from* your diet.	脂肪分を完全に食事から取り除くことはできません。

▶ 心的態度を表す語

698 □ confidence
ア [kάnfidəns]
名 ① 信頼；自信　② 秘密
⇨ cónfident 形 自信がある
⇨ confidéntial 形 秘密の

699 □ effort
ア [éfərt]
名 努力　➡ make every effort to *do*
～するためにあらゆる努力をする

700 □ favor
[féivər]
《英》favour 名 好意；親切な行為
➡ ask a favor of ... …にお願いをする
（＝ ask ... (for) a favor）
⇨ fávorite /《英》fávourite 形 お気に入りの ● 727

701 □ responsible
[rispάnsəbl]
形 責任のある
➡ *be* responsible for ... …に責任がある
⇨ responsibílity 名 責任

702 □ serious
発 [síəriəs]
形 ① 真剣な，まじめな　② 重大な
⇨ sériously 副 ① 真剣に　② 深刻に

703 □ curious
発 [kjúəriəs]
形 好奇心の強い
➡ *be* curious about ... …に対して好奇心がある
⇨ curiósity 名 好奇心

704 □ aggressive
[əgrésiv]
形 攻撃的な，好戦的な
⇨ aggréssion 名 (不当な)攻撃；侵略

GF ▶ ラテン語を起源に持つ語

705 □ superior
ア [supíəriər]
形 優れた　➡ *be* superior to ... …より優れている
⇨ superiórity 名 優越，卓越

706 □ inferior
ア [infíəriər]
形 劣った　➡ *be* inferior to ... …より劣っている
⇨ inferiórity 名 劣等

707 □ senior
[sí:njər]
形 年上の；上位の　名 先輩，上級生
➡ *be* senior to ... …より年上[上位]である

708 □ junior
[dʒú:njər]
形 年下の；下位の　名 後輩，下級生
➡ *be* junior to ... …より年下[下位]である

709 □ prefer
ア [prifə́:r]
動 を好む　➡ prefer ... to ～　～より…を好む
⇨ préferable 形 好ましい　⇨ préference 名 好み

Grammar Focus 29　語尾が -ior で終わる形容詞はラテン語起源で，すでに**比較の意味が含まれ**ている。比較の対象を示すときは than ではなく **to** を用いる。

☐	I have complete **confidence** in him.	私は彼に完全な**信頼**をおいている。
☐	We *make every* **effort** *to* satisfy clients' wishes.	私たちは依頼人の希望を満たすためにあらゆる**努力**をします。
☐	ⓐ May I *ask a* **favor** *of* you? ⓑ May I *ask* you *for a* **favor**?	ⓐⓑあなたに**お願い**をしてもいいですか。
☐	Who *was* **responsible** *for* the accident?	その事故はだれに**責任が**あったのか。
☐	I stopped laughing because I realized Tim was **serious**.	ティムが**真剣だ**とわかったので、私は笑うのをやめた。
☐	My nephew is a **curious** boy.	私の甥は**好奇心の強い**男の子だ。
☐	When I said "no," she became rude and **aggressive**.	私が「だめだ」と言うと、彼女は無礼で**攻撃的**になった。
☐	Your computer *is* far **superior** *to* mine.	君のコンピュータは僕のよりずっと**優れて**いる。
☐	Their performance *was* **inferior** *to* that of other groups.	彼らの演技は、ほかのグループのものより**劣って**いた。
☐	ⓐ Scott *is* **senior** *to* me by two years. ⓑ Scott is my **senior** by two years.	ⓐⓑスコットは私より2歳**年上だ**。
☐	ⓐ I'*m* **junior** *to* Scott by two years. ⓑ I'm Scott's **junior** by two years.	ⓐⓑ私はスコットより2歳**年下だ**。
☐	My sister **prefers** staying home *to* going out.	姉[妹]は外出するより家にいるほうを**好む**。

Challenge 29 適当な語を選びなさい。

This wine is ( ) to that wine in flavor.
① better ② more ③ inferior ④ worse 〈南山大〉

答：③
→ p.390

▶ 犯罪・戦争・紛争に関する語

710 □ thief [θíːf]
图 どろぼう，空き巣 （複）thieves
⇨ théft 图 盗み

711 □ crime [kráim]
图 (法律上の)罪；犯罪
➡ commit a crime 罪を犯す
⇨ críminal 形 犯罪の　图 犯罪者

712 □ battle [bǽtl]
图 ①(局地的な)戦闘；戦い　②闘争
動 戦う

713 □ weapon 発[wépn]
图 武器，兵器
➡ weapons of mass destruction (WMD) 大量破壊兵器

714 □ enemy 発[énəmi]
图 敵 (↔ friend 味方)

715 □ alarm [əláːrm]
图 ①警報(器)，報知器；目覚まし(時計)
　②驚き；恐怖
動 ①をはっとさせる　②に警告を発する

716 □ guilty 発[gílti]
形 有罪の，罪を犯した (↔ innocent 無実の)
⇨ gúilt 图 罪 (↔ innocence 無実)

717 □ delinquent [dilíŋkwənt]
形 非行の，軽犯罪の；義務を怠る
⇨ delínquency 图 非行；過失；怠慢

▶ 強い感情を表す語

718 □ pity [píti]
图 ①あわれみ　②《通常 a ～で》残念なこと
➡ it's a pity that ... …は残念なことだ
動 をかわいそうに思う

719 □ dislike ア[disláik]
動 をいやがる，を嫌う (↔ like を好む)
图 反感

720 □ hesitate ア[hézitèit]
動 をためらう，を躊躇(ちゅうちょ)する
➡ don't hesitate to *do* 遠慮なく～する
⇨ hesitátion 图 ためらい，躊躇

721 □ regret ア[rigrét]
動 を後悔する，を残念に思う
图 後悔，遺憾
⇨ regréttable 形 後悔させる，残念な
⇨ regrétful 形 後悔して，残念に思って

Jewelry worth 100,000 dollars was stolen by the **thieves**.	１０万ドルの価値がある宝石が、その**どろぼうたち**に盗まれた。
They *committed the* **crimes** of buying and selling drugs.	彼らは麻薬売買の**罪**を犯した。
The army is now ready for **battle**.	軍隊は今や**戦闘**態勢に入っている。
We want to get rid of nuclear **weapons**.	私たちは核**兵器**を廃絶したいと思っている。
The plane was shot down by the **enemy**.	その飛行機は**敵**によって撃墜された。
The fire **alarm** went off.	火災**報知器**が鳴った。
They were proven **guilty** by the court.	彼らは法廷で**有罪**であると立証された。
Jail is not a good place to rehabilitate **delinquent** youths.	刑務所は**非行**青少年を更生させるのに適した場所ではない。
It's a **pity** *that* John can't come to the party.	ジョンがパーティーに来られないのは**残念なことだ**。
I **dislike** getting up early in the morning.	私は朝早起きするのが**いやだ**。
Don't **hesitate** *to* contact me if you need any more information.	もっと情報が必要なときは**遠慮なく**私に連絡し**なさい**。
I **regret** not seeing the Mona Lisa when I was in Paris.	私は、パリにいたときモナリザを見なかったことを**後悔している**。

■「先頭に立って導く」ことなどを表す語

722 □ lead [líːd]
動 ①を導く，の先頭に立つ；を案内する
②(道などが)通じる 〈led - led〉
名 首位，リード；手本

723 □ conduct ⑦ [kəndʌ́kt]
動 ①を行う，を運営する ②を指揮する
名 [kándʌkt] ⑦ ①行為，ふるまい ②運営
⇨ condúctor 名 ①指揮者 ②車掌

724 □ direct ⑦ [dərékt, dairékt]
動 ①を向ける ②を指揮する ③に道を教える
形 直接の；まっすぐな 副 じかに
⇨ diréction 名 ①指揮 ②方向 ◯ 817

725 □ influence ⑦ [ínfluəns]
動 に(間接的な)影響を与える
名 影響，影響力
⇨ influéntial 形 影響力のある，有力な

726 □ affect ⑦ [əfékt]
動 ①に(直接的な)影響を与える，(病気が)を冒す
②を感動させる
⇨ afféction 名 愛情，好意 ◯ 1739

■ つづりと意味が混乱しやすい形容詞 (1)

727 □ favorite 発 [féivərət]
形 お気に入りの，いちばん好きな
名 お気に入りの人[もの]
⇨ fávor 名 好意 ◯ 700

728 □ favorable [féivərəbl]
形 ①(返事などが)好意的な，賛成の
②好都合な，有利な

729 □ industrial ⑦ [indʌ́striəl]
形 産業の，工業の
➡ industrial revolution 産業革命
⇨ industry [índʌstri] ⑦ 名 産業；勤勉 ◯ 853
⇨ indústrialized 形 工業化した，産業化した

730 □ industrious ⑦ [indʌ́striəs]
形 勤勉な，よく働く (= hardworking)

731 □ sensitive [sénsətiv]
形 敏感な；(人が)傷つきやすい，傷ついて
➡ be sensitive to ... …に敏感である
⇨ sénse 名 感覚；分別 ◯ 1285

732 □ sensible [sénsəbl]
形 分別のある，賢明な

Word No. **722 – 732**

B-18

- [ ] A nurse took her arm and **led** her to a chair. | 看護師は彼女の手を取って，いすに**案内した**。
- [ ] We are **conducting** a survey of consumer attitudes towards organic food. | 私たちは，有機食品に対する消費者の考え方の調査を**行っている**。
- [ ] I'd like to **direct** your attention to the fourth paragraph. | 第4段落に注意を**向け**ていただきたい。
- [ ] Several factors are likely to **influence** this decision. | いくつかの要因がこの決定に**影響を与え**そうだ。
- [ ] Many companies have been badly **affected** by the recession. | 多くの企業が不況で深刻な**影響を受け**ている。

B-19

- [ ] What's your **favorite** color? | あなたが**いちばん好きな**色は何ですか。
- [ ] The film received **favorable** reviews. | その映画は**好意的な**批評を受けた。
- [ ] **Industrial** production has risen by two percent since November. | **工業**生産高は11月以降2％増加した。
- [ ] Most of the students I knew at college were serious and **industrious**. | 私が大学で知り合ったほとんどの学生は真面目で**勤勉**だった。
- [ ] You have to *be* **sensitive** *to* the needs of others. | あなたはほかの人の要求に**敏感**にならなくてはいけない。
- [ ] She seems very **sensible** because she always shows good judgment. | いつも確かな判断をするので，彼女はとても**分別がある**ように思われる。

▶「示す」「引きつける」ことなどを表す語

733 □ **display** ア [displéi]	動 ①を陳列する；を示す ②を画面に表示する 名 ①陳列；展示　②ディスプレー
734 □ **arrange** [əréin(d)ʒ]	動 ①を手配する，を取り決める ②を配置する，をきちんと並べる ⇨ arrángement 名①手配　②協定
735 □ **imitate** ア [ímətèit]	動 ①をまねる，を模倣する　②を見習う ⇨ imitátion 名模造品，にせもの
736 □ **indicate** ア [índikèit]	動 ①を示す　②を暗示する ⇨ indicátion 名暗示；(ある事の)しるし
737 □ **behave** 発 [bihéiv]	動 ふるまう ➡ behave *oneself* 行儀よくふるまう ⇨ behávior ／《英》behaviour 名行動；態度
738 □ **attract** [ətrǽkt]	動 を引きつける，を魅惑する ⇨ attráctive 形魅力的な

GF》つづりと意味が混乱しやすい形容詞（2）

739 □ **successful** [səksésfl]	形 成功した，うまくいっている ⇨ succéss 名成功 ⇨ succéed 動①成功する　②を継ぐ；● 1805
740 □ **successive** [səksésiv]	形 連続の ⇨ succéssion 名連続；継承
741 □ **literate** [lítərət]	形 (人が)読み書きができる （↔ illiterate 読み書きができない） ⇨ líteracy 名読み書きの能力
742 □ **literal** [lítərl]	形 文字どおりの，逐語的な；実際の ⇨ líterally 副文字どおりに(は)
743 □ **literary** [lítərèri]	形 文学の，文芸の ⇨ líterature 名文学 ● 395

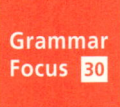

Grammar Focus 30

語源が同じ形容詞でも，語尾（接尾辞）によって意味が変わってくるものがある。つづりと意味が混乱しないように，例文を通して整理しておきたい。代表的な接尾辞として，-able ／ -ible「〜できる」，-ful「〜に満ちた」，-ous「〜の多い」，-ic「〜に関係がある」，-ive「〜の性質を持つ」，-ate「〜された状態の」などがある。

● p.382,383

Word No. **733 – 743**

B-20

☐ All the exam results will be **displayed** on the board.	試験の結果はすべて掲示板に**掲示**されます。
☐ Beth **arranged** a meeting with the marketing director.	ベスは販売促進部長との会合の**手配をした**。
☐ Jack is good at **imitating** his teacher's voice.	ジャックは先生の声を**まねる**のが上手だ。
☐ The study **indicates** a connection between poverty and crime.	その研究は貧困と犯罪の関連を**示している**。
☐ He **behaved** as if he didn't know me.	彼はまるで私を知らないかのように**ふるまった**。
☐ The story has **attracted** a lot of interest from the media.	その話はマスコミから多くの関心を**引きつけた**。

B-21

☐ Were you **successful** in persuading him?	あなたは彼を説得するのに**成功した**のですか。
☐ The team has had five **successive** victories.	そのチームは5試合**連続**の勝利を収めている。
☐ My sister is not **literate** in English.	姉[妹]は英語で**読み書きができ**ない。
☐ I didn't mean that in the **literal** sense.	私は**文字どおりの**意味でそう言ったのではない。
☐ Some people think New York is the center of the **literary** world.	ニューヨークが**文学**界の中心だと考える人もいる。

Challenge 30 適当な語を選びなさい。

He is very (　) about losing the race, so don't mention it.
① sensible　② sensitive　③ sensual　④ sensational
〈慶應大〉

答：②
→ p.390

▶ 類似・相似などを表す語

744 □ **alike** ⑦[əláik]	形 似ている　副 同様に，同等に ➡ look alike そっくりである	
745 □ **similar** ⑦[símələr]	形 同類の，よく似た ➡ be similar to ... …によく似ている ⇨ similárity 名 類似	
746 □ **equal** ⑦[íːkwəl]	形 ①等しい　②平等な　名 対等の人 ➡ be equal to ... …に等しい，…に匹敵する 動 に等しい，に匹敵する　⇨ equálity 名 平等	
747 □ **variety** 発[vəráiəti]	名 ①種類(= kind)　②多様性，変化 ➡ a variety of ... さまざまな…，多様な…	

▶「意見を述べる」ことなどを表す語

748 □ **state** [stéit]	動 を(はっきり)述べる，を表明する 名 注意 ①状態　②国家；州 ⇨ státement 名 声明，陳述 ● 829	
749 □ **refer** ⑦[rifə́ːr]	動 ①言及する，述べる　②を参照する ➡ refer to ... …に言及する ⇨ réference 名 ①言及　②参照	
750 □ **claim** [kléim]	動 ①を主張する　②を要求する，を求める 名 ①主張　②要求	
751 □ **approve** 発[əprúːv]	動 (に)賛成する，(を)認める ➡ approve of ... …に賛成する，…を認める ⇨ appróval 名 賛成，是認	
752 □ **recommend** ⑦[rèkəménd]	動 を勧める；を推薦する ⇨ recommendátion 名 勧告；推薦	
753 □ **reply** 発⑦[riplái]	動 返事をする，答える 名 返事，答え	
754 □ **correct** [kərékt]	動 を訂正する　形 正しい，正確な ➡ the correct answer 正解	
755 □ **accept** [əksépt]	動 ①を受け入れる (↔ refuse を拒む) ②を受け取る ⇨ accéptable 形 許容できる	
756 □ **debate** [dibéit]	動 を討論する；議論する 名 討論；議論	

Word No. **744 − 756**

B-22

☐ Those twin sisters are exactly **alike**.	その双子の姉妹はまったく**よく似ている**[うりふたつだ]。
☐ Tom's voice *is* **similar** *to* his brother's.	トムの声は彼の兄[弟]の声に**よく似て**いる。
☐ The rent *is* **equal** *to* half of his monthly income.	家賃は彼の月収の半分に**等しい**。
☐ Our cafeteria offers *a* **variety** *of* sandwiches.	私どもの食堂は**さまざま**なサンドイッチを提供している。

B-23

☐ ⓐ The witness **stated** that he had not seen the woman before. ⓑ The solid **state** of water is ice.	ⓐ目撃者はその女性に以前に会ったことはないと**はっきり述べた**。 ⓑ水の固体の**状態**は氷である。
☐ The actor avoided **referring** *to* the scandal.	その俳優はそのスキャンダルに**言及する**のを避けた。
☐ Doctors **claim** to have discovered a cure for the disease.	医師団はその病気の治療法を発見したと**主張している**。
☐ You can only go on the trip if your parents **approve**.	両親が**賛成する**場合のみ、あなたは旅行に行ってもよい。
☐ I **recommend** that you get some professional advice.	専門家の助言を受けることを**勧める**よ。
☐ He hung up before she had a chance to **reply**.	彼女が**返事をする**間もなく、彼は電話を切った。
☐ He **corrected** some errors in my English composition.	彼は私の英作文の誤りを**訂正した**。
☐ Helen **accepted** the job of sales manager.	ヘレンは販売部長の仕事を**引き受けた**。
☐ The politicians **debated** the question of raising taxes.	その政治家たちは、増税問題を**討論した**。

▶ 注意すべき前置詞・副詞など

757 □ **despite** ア [dispáit]	前 ～にもかかわらず（= in spite of ...）
758 □ **beyond** [bijá:nd]	前 ①～を越えて（= above） ②～の向こうに 　③《疑問・否定文で》～のほかに
759 □ **beneath** [biní:θ]	前 ①～の下に ②～に値しない
760 □ **besides** [bisáidz]	前 ～のほかに，～に加えて 副 そのうえ，さらに；そのほかに
761 □ **throughout** ア [θruáut]	前 ①～のいたるところに ②～の間ずっと 副 すっかり
762 □ **therefore** [ðéərfɔ:r]	副 したがって，それゆえに 注意 接続詞ではなく副詞である。
763 □ **anyway** [éniwèi]	副 とにかく，いずれにせよ（= anyhow）， どうにかして
764 □ **once** 発 [wʌns]	副 1度，かつて ➡ once again もう1度 接 1度［いったん］～すると　　　　　　○ p.378

GF ▶「高い／安い」「多い／少ない」を表す語

765 □ **high** [hái]	形 ①（高さ・位置が）高い ②（価値・給料が）高い 副 高く
766 □ **low** [lóu]	形 ①（高さ・位置が）低い ②（価値・給料が）低い［安い］ 副 低く
767 □ **expensive** ア [ikspénsiv]	形 （品物が）高価な，費用のかかる 　（↔ inexpensive 値打ちの割りに安い）
768 □ **cheap** [tʃí:p]	形 （品物が）安い，安物の，安っぽい
769 □ **large** [lá:rdʒ]	形 ①（数・量が）多い ②（形・面積・容量が）大きい， 広い ⇨ lárgely 副 主として
770 □ **small** [smɔ́:l]	形 ①（数・量が）少ない，わずかな ②（形・面積・容量が）小さい，せまい

Grammar Focus 31: **expensive / cheap** は，おもに品物の値段が「**高い／安い**」を表す。「高くはない」の意味では **inexpensive** を用いる。**high / low** は，price「価格」や salary「給与」などの「**高い／低い**」を表し，**large / small** は expense「費用」や population「人口」などの「**多い／少ない**」を表す。

We went out **despite** the heavy rain.	私たちは大雨<u>にもかかわらず</u>外出した。
The professor's lecture was **beyond** my understanding.	その教授の講義は，私の理解<u>を越えて</u>いた。
The whale disappeared **beneath** the waves.	クジラは波<u>の下に</u>姿を消した。
Besides going to college, she works fifteen hours a week.	大学に通うこと<u>のほかに</u>，彼女は週に15時間働いている。
It is a large organization with offices **throughout** the world.	それは世界<u>のいたるところに</u>事務所を構える巨大な組織だ。
Ms. Boyd is absent and **therefore** we have no English class today.	ボイド先生はお休みです。<u>したがって</u>今日は英語の授業はありません。
It's not a serious illness, but you should see a doctor **anyway**.	深刻な病気ではないが，<u>とにかく</u>医者に診てもらったほうがいい。
Would you say it **once** *again* in a loud voice?	大きな声で<u>もう1度</u>言っていただけませんか。
The cost of living in Tokyo is very **high**.	東京での生活費はとても<u>高い</u>。
Computer prices are very **low** nowadays.	近ごろはコンピュータの価格がとても<u>安い</u>。
She wore an **expensive** dress.	彼女は<u>高価な</u>ドレスを着ていた。
My father bought a pair of **cheap** shoes.	父は<u>安い</u>靴を1足買った。
This town has a **large** population of older people.	この町は高齢者の人口が<u>多い</u>。
My expenses were **small** last month.	先月の私の出費は<u>少な</u>かった。

Challenge 31 適当な語を選びなさい。

In some countries female clerks' salaries are generally (　　).
① cheap　② expensive　③ little　④ low
〈立命館大〉

答：④
→ p.390

▶ 計算に関する動詞

771 □ estimate
ア [éstəmèit]
動 ①(を)見積もる ②を評価する
名 [éstəmət] 見積もり，見積もりの金額
⇨ estimátion 名 判断，評価

772 □ measure
発 [méʒər]
動 ①(を)測定する ②を評価する
名 ①対策 ②基準

773 □ divide
[diváid]
動 ①を分ける；を分類する
②(数)を割る (↔ multiply を掛ける)
⇨ divísion 名 割り算，分割

774 □ add
[ǽd]
動 ①(を)足す ②を加える；をつけ加える
➡ add ... to ~ …を~に加える
⇨ addítion 名 追加；足し算
➡ in addition to ... …に加えて
⇨ addítional 形 追加の

775 □ amount
発 [əmáunt]
動 《amount to ... で》①(合計して)…に達する
②結局…になる
名 ①《the ~で》総計，総額 ②量，額
➡ a large amount of ... 多量の…，多額の…

GF ▶ 「可能」を表す形容詞

776 □ able
[éibl]
形 できる，有能な (↔ unable できない)
➡ be able to do ~することができる
⇨ abílity 名 能力，才能 ◐ 1317

777 □ capable
発 ア [kéipəbl]
形 能力がある，有能な (↔ incapable 能力がない)
➡ be capable of -ing ~することができる
⇨ capabílity 名 能力

778 □ possible
[pásəbl]
形 ①可能な，可能性のある ②できる限りの
(↔ impossible 不可能な)
➡ it is possible for〈人〉to do
〈人〉が~することが可能である
➡ as ... as possible できるだけ…
⇨ possibílity 名 可能性

Grammar Focus 32
able は人のみを主語にとる。capable は人も無生物も主語にとる。possible は人を主語にとらず，〈it is possible for +〈人〉+ to do〉の形で用いる。able, capable は限定用法で人を修飾するが，possible は限定用法で人を修飾せず，possible solution「可能な解決策」のように使う。

Word No. **771 – 778**

B-26

☐ The tree is **estimated** to be at least 700 years old.	その木は少なくとも樹齢700年と**見積も**られている。
☐ The rainfall was **measured** over a three-month period.	降雨量は3か月にわたって**測定**された。
☐ Our class was **divided** into five groups.	私たちのクラスは5つのグループに**分け**られた。
☐ ⓐ Please **add** all the numbers on this line. ⓑ I have to study French *in* **addition** *to* English.	ⓐこの列のすべての数字を**足して**ください。 ⓑ私は英語**に加えて**, フランス語も勉強しなければならない。
☐ ⓐ The number of unemployed people **amounts** *to* more than 10,000. ⓑ *A large* **amount** *of* money was put into the project.	ⓐ失業者の数は1万人以上**に達する**。 ⓑ多**額**のお金がその計画に投入された。

B-27

☐ ⓐ He *is* **able** *to* run 100 meters within eleven seconds. ⓑ She is one of our most **able** students.	ⓐ彼は100メートルを11秒以内で走ることが**できる**。 ⓑ彼女はもっとも**有能な**生徒の1人だ。
☐ The company *is* **capable** *of* handl*ing* larger orders.	その会社はさらに大きな注文を取り扱うことが**できる**。
☐ ⓐ *It is* **possible** *for* him *to* run 100 meters within eleven seconds. ⓑ He ran away *as* fast *as* **possible**.	ⓐ彼は100メートルを11秒以内で走ることが**可能だ**。 ⓑ彼は**できるだけ**速く逃走した。

Challenge 32 適当な語句を選びなさい。

( ) to come to the office an hour earlier than usual tomorrow?
① Are you possible ② Is it possible for you
③ Is it capable for you ④ Is it able for you 〈センター試験〉

答：②
➡ p.390

■》人間関係に関する語

779 □ **attitude** ア [ǽtit(j)ùːd]	名①**態度**，心がまえ ②**姿勢**
780 □ **manner** [mǽnər]	名①**方法**，やり方（＝ way） ②《(複)で》**行儀** ③**態度**
781 □ **habit** [hǽbit]	名（個人の）**習慣**，くせ ⇨ habítual 形習慣的な
782 □ **appointment** [əpɔ́intmənt]	名①（面会の）**約束**，予約 ②**任命** ➡ have an appointment with ... …と会う約束がある ⇨ appóint 動 を約束する；を任命する ◐ 1166
783 □ **concern** ア [kənsə́ːrn]	名①**関心**，心配 ②**関係**；**関連** 動 ①**を心配させる** ②**に関係する**
784 □ **affair** [əféər]	名①《(複)で》**情勢**，問題，事情 ②**事件** ➡ foreign affairs 外交問題
785 □ **consensus** [kənsénsəs]	名**意見の一致**，合意 ➡ reach (a) consensus 合意に達する

■》「口を使ってする」ことを表す語

786 □ **announce** 発 [ənáuns]	動 **を公表する**，を知らせる ⇨ annóuncement 名 公表，告知
787 □ **greet** [gríːt]	動 **にあいさつをする**，を迎える ⇨ gréeting 名 あいさつ ➡ greeting card あいさつ状
788 □ **scold** [skóuld]	動 **(を)しかる**，(に)小言を言う ➡ scold〈人〉for ... …のことで〈人〉をしかる
789 □ **scream** [skríːm]	動 **悲鳴を上げる**，叫ぶ 名 悲鳴，絶叫
790 □ **quarrel** [kwɔ́(ː)rl]	動 **口論する**，言い争う 名 口論，言い争い ➡ have a quarrel with ... …と口論する
791 □ **breathe** 発 [bríːð]	動 **呼吸する**，息をする ⇨ breath [bréθ] 発 名 息，呼吸 ◐ 648
792 □ **sigh** [sái]	動 **ため息をつく** 名 ため息

Word No. **779 – 792**

B-28

☐ His **attitude** toward his new job seemed to be very positive.	新しい仕事に対する彼の**態度**は，とても前向きのようだった。
☐ The issue was resolved in a **manner** that was fair to both sides.	その問題は両者に公平な**やり方**で解決された。
☐ She has a **habit** of speaking quickly when she is angry.	彼女には怒ったときに早口で話す**くせ**がある。
☐ I *have an* **appointment** *with* the professor at three o'clock.	私は3時に教授と会う**約束**がある。
☐ **Concern** is growing for the children's safety.	子どもの安全に対する**関心**が高まっている。
☐ He is not interested in political **affairs**.	彼は政治**情勢**に興味がない。
☐ There was a clear **consensus** on the need for change.	変革の必要性について明らかな**意見の一致**があった。

B-29

☐ The government has **announced** the date of the next election.	政府は次の選挙の日付を**公表した**。
☐ My mother **greeted** the visitors warmly.	母は心をこめて訪問客を**迎えた**。
☐ Tom's mother **scolded** him *for* not studying.	トムの母親は，トムが勉強しないことで彼を**しかった**。
☐ She **screamed** when she saw a mouse on the floor.	床の上のネズミを見て，彼女は**悲鳴を上げた**。
☐ I *had a* **quarrel** *with* Nancy on the train.	私は電車でナンシーと**口論**した。
☐ Now relax and **breathe** deeply.	さあ，落ち着いて，深く**呼吸しなさい**。
☐ Frankie stared out of the window and **sighed** deeply.	フランキーは窓の外をじっと見つめ，深く**ため息をついた**。

■》一般性・特殊性を表す語

793 □ **normal** [nɔ́:rml]	形 標準的な；正常な （↔ abnormal 異常な；例外的な）
794 □ **ordinary** ア [ɔ́:rdənèri]	形 ①ふつうの ②平凡な （↔ extraordinary 並外れた）
795 □ **average** ア [ǽvəridʒ]	形 平均的な，ふつうの 名 平均 ➡ on average 平均して，概して
796 □ **regular** [régjələr]	形 規則的な，定期的な（↔ irregular 不規則な） ⇨ régulate 動 を規制する
797 □ **rare** [réər]	形 まれな，珍しい ⇨ rárely 副 めったに〜ない ○ 659
798 □ **particular** ア [pərtíkjələr]	形 ①特定の ②特別の ③詳しい ⇨ partícularly 副 特に，とりわけ
799 □ **relative** 発 ア [rélətiv]	形 ①相対的な（↔ absolute 絶対的な） ②関係のある 名 親戚 ⇨ reláte 動 関係がある ⇨ relátion 名 関係

■》出版・報道などに関する語

800 □ **publish** [pʌ́bliʃ]	動 ①(を)出版する ②(を)公表する ⇨ públisher 名 出版社 ⇨ publicátion 名 出版，公表 ⇨ publícity 名 宣伝，広告
801 □ **print** [prínt]	動 ①(を)印刷する ②(を)出版する 名 出版物；活字
802 □ **broadcast** [brɔ́:dkæst]	動 を放送する，を放映する 〈broadcast - broadcast〉 名 放送番組
803 □ **create** 発 [kriéit]	動 を創作する，を創造する ⇨ creátion 名 創作，創造 ⇨ creátive 形 創造的な
804 □ **design** [dizáin]	動 ①を設計する，をデザインする ②を計画する 名 ①設計(図)，デザイン ②計画，意図
805 □ **media** [mí:diə]	名 (マス)メディア，マスコミ 注意 medium の複数形でもある。○ 1745

Word No. **793 − 805**

B-30

☐ It has become **normal** for college students to have a cell phone.	大学生が携帯電話を持つのが**標準的に**なった。
☐ He leads a simple and **ordinary** life.	彼は素朴で**平凡な**生活を送っている。
☐ What is the **average** rainfall in this area?	この地域の**平均的な**降水量はいくらですか。
☐ Do you do any **regular** exercise?	何か**定期的な**運動をしていますか。
☐ These coins are **rare**.	これらのコインは**珍しい**。
☐ Most students choose a **particular** area for their research.	大半の学生は研究対象に，ある**特定の**分野を選択する。
☐ The **relative** value of that currency is high.	その通貨の**相対的な**価値は高い。

B-31

☐ My uncle will **publish** his autobiography at his own expense.	おじは自費で自伝を**出版する**つもりだ。
☐ 50,000 copies of this book have been **printed** so far.	この本はこれまでに5万部**印刷され**た。
☐ The interview was **broadcast** live across Europe.	そのインタビューはヨーロッパ中で生**放送**された。
☐ The musician also **created** some fine paintings.	その音楽家は優れた絵画も何枚か**創作した**。
☐ This car is **designed** for families.	この車は家族向けに**設計され**ている。
☐ The scandal was widely reported in the **media**.	その不祥事は**メディア**で広く報道された。

戦い・犯罪などに関する動詞

806	**murder** [mə́ːrdər]	動 (人)を殺す 名 殺人(事件) ⇨ múrderer 名 殺人者, 殺人犯
807	**arrest** [ərést]	動 ①を逮捕する ②の注意を引く 名 逮捕 ➡ under arrest 逮捕されて
808	**seize** 発 [síːz]	動 ①を押収する；を奪い取る ②をつかむ ➡ seize〈人〉by the arm 〈人〉の腕をつかむ
809	**surround** [səráund]	動 を囲む, を包囲する ⇨ surróundings 名《複数扱い》周囲, 環境
810	**oppress** [əprés]	動 (権力などで)を虐げる, を圧迫する ⇨ oppréssive 形 圧制的な, 過酷な

GF 人を主語にとるとき注意する形容詞

811	**dangerous** [déin(d)ʒərəs]	形 ①危険な ②危害を加えそうな ⇨ dánger 名 危険；危険人物
812	**useless** [júːsləs]	形 ①むだな ②役に立たない(↔ useful 役に立つ)
813	**impossible** ア [impάsəbl]	形 ①不可能な(↔ possible 可能な), ありえない ②どうしようもない
814	**convenient** ア [kənvíːniənt]	形 便利な, 都合のよい (↔ inconvenient 不便な) ⇨ convénience 名 便利, 便利なもの
815	**necessary** ア [nésəsèri]	形 必要な(↔ unnecessary 不必要な) 名《(複)で》必需品 ⇨ necéssity 名 必要(性)；《(複)で》生活必需品 ⇨ necessárily 副 必ず, 必然的に

Grammar Focus 33

ここで取り上げた形容詞は人を主語にすると, 行為を説明するのではなく, 人そのものの説明になる。例えば, He is dangerous. とすると, 「彼」が「危険人物」となる。**811** の例文は, **形式主語** it に対する**本来の主語**が to swim in this lake なので, To swim in this lake is dangerous for children. と書きかえることはできるが, Children are dangerous to swim in this lake. と**書きかえることはできない**。この文章を無理に解釈すると, 「その湖で泳ぐとは子どもたちは危険な存在だ」というおかしな意味になる。

⇒ p.136 GF28

She was found guilty of **murder**.	彼女は**殺人**で有罪の判決を受けた。
Bill was **arrested** for drunk driving.	ビルは飲酒運転で**逮捕**された。
I saw a policeman **seize** the pickpocket *by the arm*.	私は，警察官がそのスリの腕を**つかむ**のを見た。
The lake is **surrounded** by trees.	その湖は木々に**囲**まれている。
In colonial times, native tribes were **oppressed** by the settlers.	植民地時代には，先住部族は入植者たちに**虐げ**られた。
It is **dangerous** *for* children *to* swim in this lake.	子どもたちがこの湖で泳ぐのは**危険**だ。
It is **useless** *for* you *to* ask him for help.	あなたは彼に助けを求めても**むだ**だ。
It's **impossible** *for* us *to* beat your team.	私たちが君たちのチームを破るのは**不可能**だ。
It is more **convenient** *for* you *to* go there by car.	あなたは車でそこへ行くほうが，より**便利**だ。
It may *be* **necessary** *for* him *to* have an operation.	彼は手術を受けることが**必要**になるかもしれない。

Challenge 33 適当な語句を選びなさい。

Call me whenever (　　).
① it is convenient for you　② it will be convenient for you
③ you are convenient　④ you will be convenient
〈専修大〉

答：①
→ p.390

▶ 議論・会議に関する語(1)

816 □ topic
[tápik]
名 話題, 議題

817 □ direction
[dərékʃən, dairékʃən]
名 ①指揮, 管理 ②方向 ③方針
➡ in the direction of ... …の方向に

818 □ result
[rizʌ́lt]
名 結果, 成績
動 ①《result from ... で》…に原因がある
②《result in ... で》…という結果になる

819 □ conclusion
[kənklúːʒən]
名 結論；結末
➡ in conclusion 終わりに, 要するに
⇨ conclúde 動 と結論づける；を終える ● 1428

820 □ opportunity
ア [àpərt(j)úːnəti]
名 機会, 好機, チャンス

821 □ principal
[prínsəpl]
形 おもな, 主要な；もっとも重要な
名 支配者；社長, 校長

822 □ opposite
ア [ápəzit, ápəsit]
形 ①(性質・立場が)正反対の, 逆の
②向かい側の, 反対側の
名 反対の人 前 ～の向かいに
⇨ opposítion 名 ①反対 ②(競技の)相手
➡ in opposition to ... …に反対して

823 □ poll
[póul]
名 世論調査；投票
動 投票する；一定の票を得る

▶ 敬意を表す語

824 □ respect
[rispékt]
動 を尊敬する；を重視する
名 ①尊敬；重視 ②点, 事項 ③関係　　● p.302
➡ with respect to ... …に関しては
⇨ respéctable 形 きちんとした, 品のよい
⇨ respéctful 形 礼儀正しい, ていねいな

825 □ admire
[ədmáiər]
動 ①に感心する, を称賛する
②を鑑賞する
⇨ ádmirable 形 みごとな
⇨ admirátion 名 賞賛

826 □ appreciate
ア [əpríːʃièit]
動 ①のよさがわかる, を認識する
②を鑑賞する ③を感謝する　　● p.310
⇨ appreciátion 名 理解；鑑賞；感謝

Word No. **816 – 826**

B-34

☐ Do you know the main **topic** of tomorrow's meeting?	あなたは，明日の会議のおもな<u>議題</u>を知っていますか。
☐ We can't carry out the plan without his **direction**.	私たちは彼の<u>指揮</u>なしでその計画を実行することはできない。
☐ As a **result** of the pilots' strike, all flights have had to be canceled.	パイロットのストライキの<u>結果</u>，全便が欠航せざるを得なくなった。
☐ It is still too early to reach a **conclusion** on this point.	この点についての<u>結論</u>を出すのはまだ早すぎる。
☐ I missed an **opportunity** to attend the meeting.	私はその会議に出席する<u>機会</u>を逃した。
☐ He is one of the **principal** members of the new committee.	彼は，その新しい委員会の<u>主要な</u>メンバーの1人だ。
☐ ⓐ Those words have completely **opposite** meanings. ⓑ That political party is *in* **opposition** *to* the policy.	ⓐそれらの単語はまったく<u>正反対の</u>意味だ。 ⓑあの政党はその政策に<u>反対</u>している。
☐ A recent **poll** found that 80 percent of the citizens support the governor.	最近の<u>世論調査</u>で住民の80％が知事を支持していることがわかった。

B-35

☐ ⓐ She **respects** him for his honesty. ⓑ *With* **respect** *to* that matter, I don't have any information.	ⓐ彼女は彼の正直さを<u>尊敬する</u>。 ⓑその問題<u>に関しては</u>，私は何も情報を持っていない。
☐ I **admire** him for what he's achieved.	私は彼が成し遂げたことに<u>感心している</u>。
☐ My brother is too young to **appreciate** this long novel.	私の弟はこの長編小説の<u>よさがわかる</u>には若すぎる。

■》議論・会議に関する語 (2)

827 □ board
発 [bɔ́ːrd]
名 ①**委員会**，会議　注意 committee より上位の委員会。
②板，盤

828 □ committee
ア [kəmíti]
名 **委員会**，(全)委員

829 □ statement
[stéitmənt]
名 **声明**，陳述
➡ issue[make] a statement 声明を出す
⇨ státe 動 を(はっきり)述べる ● 748

830 □ strategy
[strǽtədʒi]
名 **戦略**，計画

■》「得る」「欠く」「取り去る」ことなどを表す語

831 □ gain
[géin]
動 ①**を得る**(↔ lose を失う)
②を増す；(時計が)進む
名 ①**利益**(↔ loss 損失)　②**増加**

832 □ obtain
ア [əbtéin]
動 **を手に入れる**，を得る(≒ get)

833 □ score
[skɔ́ːr]
動 (得点・点数)**を取る**；得点する
名 **得点**，点数

834 □ lack
[lǽk]
動 **を欠く**，がない
➡ be lacking in ... …に欠けている
名 **不足**，欠如
➡ for lack of ... …がないために

835 □ decrease
ア [dìːkríːs]
動 **減る**；を減らす
名 [díːkriːs] ア **減少**
(↔ increase 動 増える　名 増加)

836 □ replace
[ripléis]
動 ①**に取ってかわる**　②**を取りかえる**
➡ replace ... with ~ …を~と取りかえる

837 □ remove
[rimúːv]
動 **を取り去る**，を取り除く
➡ remove ... from ~ …を~から取り除く
⇨ remóval 名 除去

838 □ adopt
[ədɑ́pt]
動 ①**を採用する**　②**を養子にする**
⇨ adóption 名 採用
注意 adapt [ədǽpt] 動 を適応させる ● 1298

Word No. **827 – 838**

B-36

☐ The **board** made a decision after much discussion.	十分な議論を経て**委員会**は決断を下した。
☐ The planning **committee** is made up of fifteen members.	企画**委員会**は15人のメンバーで構成されている。
☐ He *made a* **statement** about the trade problem.	彼は貿易問題についての**声明**を出した。
☐ His **strategy** was so clever that he easily won the game of chess.	彼の**戦略**はとても巧みだったので、彼はチェスの勝負に容易に勝った。

B-37

☐ You can **gain** something important from your failure.	失敗から何か大切なものを**得る**ことができる。
☐ Further details can be **obtained** from our website.	私たちのウェブサイトから、さらなる詳細を**手に入れられ**ます。
☐ The crowd cheered when he **scored** in the final minute of the game.	試合の残り1分で彼が**得点した**とき、観衆は歓声を上げた。
☐ Kevin **lacks** a desire to try new things.	ケビンには新しいことに挑戦する意欲が**ない**。
☐ The number of smokers has been **decreasing** recently.	最近、喫煙者の数が**減ってきている**。
☐ The Euro has **replaced** many European currencies.	ユーロが多くの欧州の通貨に**取ってかわった**。
☐ **Remove** the old wallpaper and fill any holes in the walls.	古い壁紙を**取り去って**、壁のくぼみを埋めなさい。
☐ We've decided to **adopt** a slightly different approach.	私たちは少し違った方法を**採用する**ことに決めた。

▶「目を使ってする」ことを表す語

839 □ stare [stéər]
　動 (を)じっと見る，(を)凝視する
　➡ stare at ... …をじっと見る

840 □ discover [diskʌ́vər]
　動 を発見する
　⇨ discóvery 名 発見

841 □ seek [síːk]
　動 ①(を)捜す；(を)求める　〈sought - sought〉
　　②《seek to do で》～しようと努める
　➡ seek for ... …を捜す，…を求める

842 □ search [sə́ːrtʃ]
　動 ①(場所)を捜す　②捜す；求める
　➡ search ... for ～ ～を求めて…を捜す
　➡ search for ... …を捜す，…を求める
　名 ①捜索　②調査

843 □ recognize [rékəgnàiz]
　動 ①がだれ[何]だかわかる，を認識する
　　②を認める
　⇨ recognítion 名 認識

GF 不可算名詞

844 □ advice [ədváis]
　名 忠告，アドバイス
　➡ take[follow] one's advice ～の忠告に従う
　⇨ advise [ədváiz] 動 (に)忠告する ⇒ 425

845 □ baggage [bǽgidʒ]
　名《米》(旅行の)手荷物(=《英》luggage)
　➡ a piece of baggage 1つの手荷物

846 □ furniture [fə́ːrnitʃər]
　名 家具
　⇨ fúrnish 動 (に)家具を備えつける ⇒ 1095

847 □ information [ìnfərméiʃən]
　名 ①情報，知識　②案内
　⇨ infórm 動 に知らせる ⇒ 312

848 □ machinery [məʃíːnəri]
　名 機械装置
　⇨ machíne 名《可算名詞》機械

849 □ news [n(j)úːz]
　名 ①報道，ニュース
　　②便り，消息，知らせ

Grammar Focus 34

不可算名詞は原則として複数形がなく，a[an] や数詞といっしょに用いることができない。「多い／少ない」という量を表す場合は **much / little** をつける。数える場合は，**a piece of** baggage「1つの手荷物」，**two items of** news「2つのニュース」のように，単位の基準となる名詞が複数形となる。

What are you **staring** *at*?	あなたは何をじっと見ているのですか。
They **discovered** Inca ruins in the jungle.	彼らはジャングルでインカ人の遺跡を発見した。
Environmental groups are **seeking** *to* protect the forests.	環境保護団体がその森林を保護しようと努めている。
The area was thoroughly **searched**.	その地域は徹底的に捜索された。
I didn't **recognize** you in your uniform.	君は制服を着ていたから、私は君がだれだかわからなかった。
There's *lots of* **advice** in the book on child care.	その本には育児に関するアドバイスがたくさんある。
How *many pieces of* **baggage** can I carry on the airplane?	機内には手荷物をいくつ持ち込めますか。
I want to get *some* new **furniture** for my house.	私は家に新しい家具をいくつか買いたいと思っている。
I have *two pieces of* **information** to pass on to you.	私は君に伝えたい情報が2つある。
We have come to depend on labor-saving **machinery**.	私たちは省力型の機械装置に頼るようになってきた。
There wasn't *much* **news** yesterday.	昨日はあまりニュースがなかった。

Challenge 34 適当な語を選びなさい。

We got a lot of ( ) from the teacher.
　① homeworks　　② information
　③ agreeable　　　④ informations　　〈上智大〉

答：②
→ p.390

▶ 経済に関する語

850 □ economy
[ikάnəmi] ア
图 ①経済(活動) ②節約 ⇨ económic 形 経済(上)の
⇨ economics [èkənάmiks] ア 图 経済学
⇨ economical [èkənάmikl] ア 形 経済的な

851 □ price
[práis]
图 ①価格；《(複)で》物価 ②代償
動 に値段をつける

852 □ trade
[tréid]
图 ①貿易, 取引 ②商売, ～業
動 ①貿易する ②を交換する

853 □ industry
[índəstri] ア
图 ①産業, 工業 ②勤勉
⇨ industrial [indΛstriəl] ア 形 産業の ○ 729
⇨ industrious [indΛstriəs] ア 形 勤勉な ○ 730

854 □ loss
[lɔ́(:)s]
图 損失, 損害 ➡ be at a loss 途方にくれる
⇨ lóse 動 を失う ○ 458

855 □ consumer
[kəns(j)ú:mər]
图 消費者 (↔ producer 生産者)
⇨ consúme 動 を消費する

856 □ duty
[d(j)ú:ti]
图 ①関税, 税金 ②義務 ③《(複)で》職務
➡ duty-free shop 免税店

857 □ balance
[bǽləns] ア
图 ①(預金などの)残高, (貿易などの)収支
②つり合い, バランス
動 とつり合う

858 □ guarantee
[gæ̀rəntí:] ア
動 を保証する；を約束する
图 保証, 保証書

▶ 団体行動に関する語

859 □ join
[dʒɔ́in]
動 ①(人や団体)に加わる ②を接合する
③《join in ... で》(活動)に参加する

860 □ participate
[pɑ:rtísəpèit] ア
動 《participate in ... で》(活動)に参加する
(= take part in ...)
⇨ participátion 图 参加
⇨ partícipant 图 参加者, 出席者

861 □ organize
[ɔ́:rɡənàiz] ア
動 ①(行事・活動など)を準備をする
②をまとめる ③を組織する
⇨ organizátion 图 組織；準備

862 □ unite
[junáit]
動 ①団結[協力]する；を団結[協力]させる
②結合する；を結合させる

☐	There are some signs of recovery in the Japanese **economy**.	日本**経済**には回復のきざしがいくつかある。
☐	What's the **price** of this camera, including tax?	このカメラの**価格**は税込みでいくらですか。
☐	**Trade** in ivory has been banned since 1990.	象牙の**貿易**は1990年以降，禁止されている。
☐	Heavy **industries** are rapidly developing in China.	中国では重**工業**が急速に発展している。
☐	The company had a **loss** of 300,000 dollars last year.	その会社は昨年，30万ドルの**損失**があった。
☐	**Consumers** are spending more this year.	今年，**消費者**はより多くお金を使っている。
☐	The **duty** on wine has gone up.	ワインの**関税**が上がった。
☐	I'm going to check my **balance** at the bank.	私は銀行で私の**残高**を確認するつもりだ。
☐	We **guarantee** all our clients complete satisfaction.	私たちはすべてのお客様にこれ以上はない満足を**保証する**。
☐	Eight new members are expected to **join** our club soon.	8人の新たなメンバーが間もなく私たちのクラブに**加わる**予定だ。
☐	More than 400 children **participated** *in* a clean-up of the park.	400人以上の子どもたちが公園の清掃**に参加した**。
☐	The course was **organized** by a training company.	その講座は研修会社によって**準備**された。
☐	People must **unite** with the police to defeat crime.	犯罪を撲滅するために人々は警察と**協力**しなければならない。

基本動詞を含む頻出熟語

make ③
①を作る　②（事態・状態）を生み出す，を引き起こす　③を（ある状態）にする　④に〜させる

863 □ make *oneself* understood	自分の意思を伝える ➡ make *oneself* heard 自分の声［意見］を聞いてもらう，声が通る
864 □ make a[*one's*] living	生計を立てる
865 □ make way for ...	…に道を譲る
866 □ make *one's* way	①（やっとのことで）進む，行き着く ②出世する
867 □ make for ...	①…のほうへ向かう ②…に役立つ；…を生み出す
868 □ make *oneself* at home	気楽にする，くつろぐ ➡ feel at home くつろぐ

その他の基本動詞①

869 □ tell ... from 〜	…を〜と見分ける，…を〜と区別する（＝ distinguish ... from 〜）
870 □ tell ... off	…をしかる ➡ tell ... off for 〜 …を〜の理由でしかる
871 □ feel free to *do*	自由に〜する，遠慮なく〜する
872 □ feel ill at ease	落ち着かない感じがする，不安に感じる
873 □ show up	現れる
874 □ hand in ...	…を提出する
875 □ learn to *do*	〜ができるようになる，〜することを覚える
876 □ think over ...	…をじっくり考える

makeはものごとに働きかけて、新しい別のものや状況を生み出すことを表す。いろいろな文型で使われるので、注意が必要である。

☐ He was confused and couldn't **make himself understood**.	彼は混乱していて**自分の意思を伝える**ことができなかった。
☐ It may be hard to **make a living** as a musician.	音楽家として**生計を立てる**のは難しいかもしれない。
☐ They **made way for** the man in the wheelchair.	彼らは車いすに乗った男性**に道を譲った**。
☐ The two friends **made their way** toward the ship.	その2人の友だちは船のほう**へやっとのことで進んだ**。
☐ They **made for** the beach with their surfboards.	彼らはサーフボードを持って海岸**のほうへ向かった**。
☐ I'm glad you came. **Make yourself at home**, please.	あなたが来てくれてうれしいです。**気楽にしてください**。

☐ Most experts can **tell** an expensive diamond **from** a cheap one.	ほとんどの専門家は高価なダイヤモンド**を**安物**と見分ける**ことができる。
☐ The mother **told** her daughter **off** *for* not doing as she was told.	母親は、言われたようにしないので娘**をしかった**。
☐ If you have any questions, **feel free to** ask.	何か質問があれば、**遠慮なく聞きなさい**。
☐ Everybody was silent at the table and I **felt ill at ease**.	食卓でみんな黙っていたので、私は**落ち着かない感じがした**。
☐ She **showed up** twenty minutes late for class.	彼女は授業に20分遅れて**現れた**。
☐ The students **hand in** their exercise books once a week.	生徒たちは毎週1回、ワークブック**を提出する**。
☐ I **learned to** ride a bicycle when I was 12.	私は12歳のときに自転車に乗ること**ができるようになった**。
☐ I need to **think over** this matter.	私はこの問題**をじっくり考える**必要がある。

押さえておきたい頻出熟語

▶ 頻度・回数に関する熟語

877 □ every time ...	...するときはいつも（= whenever ... ） ➡ every time 毎回，いつも
878 □ one after another	次々と
879 □ on end	①連続して，続けて；たて続けに ②直立して
880 □ more often than not	たいてい， ふつうは（= usually）
881 □ on and off	断続的に，ときどき， （雨などが）降ったりやんだり
882 □ once in a while	ときどき （= occasionally, sometimes）
883 □ once (and) for all	きっぱりと，この１度限りで
884 □ in the long run	長い目で見れば， 結局は（↔ in the short run 目先のことを考えると，短期的には）

▶「...するとすぐに」の表現

885 □ as soon as ...	...するとすぐに ➡ as soon as possible できるだけ早く （= as soon as *one* can）
886 □ the moment ...	...するとすぐに （= the instant[minute] ... ）
887 □ no sooner ... than ～	...すると同時に～，...するとすぐに～ 注意 強意のため no sooner が文頭に置かれると，倒置が起こり，〈No sooner ＋助動詞＋主語＋動詞〉の語順になる。
888 □ hardly[scarcely] ... when [before] ～	...すると同時に～，...するとすぐに～ 注意 強意のため hardly[scarcely] が文頭に置かれると，倒置が起こり，〈Hardly[Scarcely] ＋助動詞＋主語＋動詞〉の語順になる。
889 □ directly ...	《英》...するとすぐに（= as soon as ... ） ⇨ diréctly 副 直接に；まっすぐに；ちょうど

☐ The roof leaks **every time** it rains.	雨が降る**ときはいつも**，屋根が雨漏りする。
☐ The marathon runners reached the finish line **one after another**.	マラソン走者たちが**次々と**ゴールした。
☐ The professor spent hours **on end** writing his paper.	教授は何時間も**連続して**論文を書いた。
☐ **More often than not**, the buses come late on rainy days.	雨の日には**たいてい**バスが遅れて来る。
☐ It rained **on and off** for the whole afternoon.	午後はずっと雨が**降ったりやんだり**した。
☐ I only see her **once in a while** at school.	私は学校で彼女を**ときどき**見かけるだけだ。
☐ Let's settle this matter **once and for all**.	**きっぱりと**，この問題に決着をつけよう。
☐ All our hard work will be worth it **in the long run**.	**長い目で見れば**，私たちのした苦労は無駄にはならないだろう。
☐ **As soon as** I walked into the room, I knew there was something wrong.	部屋に入る**とすぐに**，私は何かおかしいと気づいた。
☐ I want you to call me **the moment** you get home.	家に着いた**らすぐに**，私に電話をしてほしい。
☐ **No sooner** had he sat down **than** the bell rang.	彼が座る**と同時に**，チャイムが鳴った。
☐ I had **hardly** arrived in the office **when** the phone rang.	私が事務所に到着する**と同時に**，電話が鳴った。
☐ I came **directly** I got your message.	私は君の伝言をもらう**とすぐに**来た。

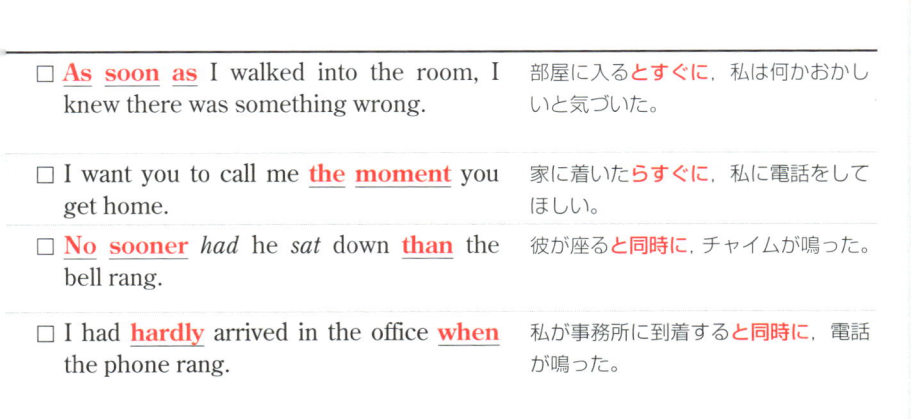

押さえておきたい頻出熟語

▶ 等位接続詞を用いた相関表現

890 □	both A and B	AもBも，AとBの両方とも 注意 主語の場合，動詞は複数で受ける。
891 □	not A but B	AでなくB 注意 主語の場合，動詞はBに一致。
892 □	not only A but (also) B	AだけでなくBもまた（＝ B as well as A） 注意 主語の場合，動詞はBに一致。〈B as well as A〉も，Bに一致。
893 □	either A or B	AかBのどちらか，AまたはB 注意 主語の場合，動詞はBに一致。
894 □	neither A nor B	AもBも〜ない 注意 主語の場合，動詞はBに一致。

▶【目的】を表す接続詞

895 □	so that ...	…するために，…するように
896 □	in order that ...	…するために，…するように ➡ in order to do 〜するために ○907
897 □	for fear (that) ...	…しないように，…することを恐れて ➡ for fear of -ing 〜しないように
898 □	in case ...	①…するといけないから，…の場合に備えて ②万一…の場合には，もし…ならば

▶ nothing / something を用いた慣用表現

899 □	have nothing to do with ...	…とは関係がない；…に関心がない ➡ have something to do with ... …と関係がある
900 □	for nothing	①むだに　②無料で
901 □	nothing but ...	…しかない，…以外にない， …にすぎない（＝ only）
902 □	something is wrong with ...	…の調子［具合］が悪い， …が故障している
903 □	think nothing of ...	…を何とも思わない，…を軽んじる (↔ think much of ... …を重んじる)

☐ **Both** he **and** his wife enjoyed the movie.	彼も奥さんもその映画を楽しんだ。
☐ I dislike **not** what he says **but** the way he says it.	彼の言うことでなく，彼の言いかたがいやなのです。
☐ Shakespeare was **not only** a writer **but also** an actor.	シェイクスピアは作家というだけでなく，役者でもあった。
☐ You can have **either** rice **or** pasta.	ライスかパスタのどちらかをお召し上がりいただけます。
☐ The equipment is **neither** accurate **nor** safe.	その装置は正確でも安全でもない。
☐ I lowered my voice **so that** she wouldn't hear.	彼女に聞こえないように，私は声を落とした。
☐ The research is necessary **in order that** new treatments can be developed.	新たな治療法が開発されるために，その研究が必要だ。
☐ I didn't tell her about the accident **for fear that** I might upset her.	彼女を動揺させないように，私は事故のことを教えなかった。
☐ Take an umbrella, **in case** it rains.	雨が降るといけないから，傘を持って行きなさい。
☐ The politician **had nothing to do with** the scandal.	その政治家はそのスキャンダルとは関係がなかった。
☐ If we don't get the contract, all our hard work will have been **for nothing**.	もし契約が取れなかったら，私たちの懸命な仕事はすべてむだになってしまうだろう。
☐ There was **nothing but** salad to eat.	食べるものがサラダしかなかった。
☐ **Something is wrong with** the TV.	テレビの調子が悪い。
☐ I had a pain in my back but **thought nothing of** it at the time.	私は背中[腰]に痛みがあったが，そのときはそれを何とも思わなかった。

押さえておきたい頻出熟語

▶ 不定詞を用いた慣用表現

904 □ too ... (for ―) to *do*	（―が）～するには…すぎる，あまりにも…なので（―が）～できない
905 □ ... enough to *do*	～するのに十分…，とても…なので～ ➡ so ... that ～ とても…なので～
906 □ so ... as to *do*	～するほどに…，…にも～してしまう
907 □ in order to *do*	～するために，～するように【目的】 ➡ in order that ... …するために ◎896
908 □ in order not to *do*	～しないように【目的】 ➡ in order that ... not ... …しないように ➡ for fear (that) ... …しないように ◎897
909 □ so as to *do*	～するために，～するように【目的】
910 □ so as not to *do*	～しないように【目的】 注意 〈in order to *do*〉や〈so as to *do*〉などは不定詞の用法が【目的】であることを明示するために使われる表現。
911 □ *be* to *do*	①～することになっている【予定・運命】 ②～するつもりである【意図・目的】 ③～しなければならない【義務・命令】 ④～できる【可能】 注意 〈*be* to *do*〉は主語が「これからすること」を表す。ここから①～④の意味が生まれたと考えればよい。 また，④【可能】の意味は否定文で使われるのがほとんどで，その場合は〈to *do*〉の部分が〈to be *done*〉という不定詞の受動態の形で表現されることが多い。

☐ The box was **too** heavy **for** me **to** lift.	その箱は私**が**持ち上げる**には重すぎ**た。
☐ The room is large **enough to** put three beds in it.	その部屋は3台のベッドを置く**のに十分**な広さがある。
☐ I was **so** careless **as to** lock the car with the key inside.	私は不注意**にも**鍵を中に入れたまま車をロックしてしまった。
☐ He trained every day **in order to** improve his performance.	彼は演技を上達させる**ために**，毎日トレーニングした。
☐ **In order not to** offend anyone, I did not tell them the real reason for my visit.	だれの感情も害さ**ないように**，私が訪ねた本当の理由は言わなかった。
☐ We left early **so as to** avoid the busy period.	混雑する時間帯を避ける**ために**，私たちは早く出発した。
☐ The little boy ran off **so as not to** be caught.	その小さな男の子は捕まら**ないように**逃げ出した。
☐ ①I **am to** meet the president this afternoon. ②If you **are to** succeed in the project, you will need our help. ③All staff members **are to** wear uniforms. ④*Not* a star **was to** *be seen* in the sky.	①今日の午後，私は社長に会う**ことになっている**。【予定】 ②その企画を成功させる**つもり**なら，君には私たちの援助が必要だ。【意図】 ③全職員は制服を着用し**なければならない**。【義務】 ④空には星1つ見ることが**でき**なかった。【可能】

▶ 否定的な意味を持つ熟語

912 □ **for the life of me**	《否定文で》どうしても〜ない
913 □ **under[in] no circumstances**	どんな状況でも〜ない，決して〜ない（＝never） 注意 強調のためunder[in] no circumstancesが文頭に置かれると，倒置が起こり，〈Under[in] no circumstances＋助動詞＋主語＋動詞〉の語順となる。
914 □ **seldom, if ever**	（たとえあったとしても）めったに〜ない，〜は，まずない
915 □ **out of the question**	論外で，絶対無理で（＝impossible）
916 □ **if *one* can help it**	できることなら

▶ 分詞を含む慣用表現

917 □ **generally speaking**	一般的に言えば，概して（＝if we speak generally）
918 □ **speaking of ...**	…と言えば，…のことだが（＝talking about ...）
919 □ **judging from ...**	…から判断すると（＝if we judge from ...）
920 □ **considering ...**	…を考慮すると（＝if we consider ...） 注意 これらの分詞を含む慣用表現では，分詞の意味上の主語は明示されない。不特定の人々や話者を表す意味上の主語が省略されたものと考えればよい。
921 □ **weather permitting**	天気がよければ（＝if the weather is fine）
922 □ **with *one's* arms folded**	腕を組んで 注意 〈with＋名詞＋分詞〉の形は，主節と同時に起こっている事柄を補足的に説明するときに使われる。 withを用いた表現はほかに，with the door **open**「扉を開けたままで」，with the radio **on**「ラジオをつけたまま」などもある。

☐ I can't **for the life of me** remember where I put my keys.	私はどこに鍵を置いたのかを**どうしても**思い出せ**ない**。
☐ **Under no circumstances** would he change his mind.	**どんな状況でも**彼は気持ちを変え**ない**だろう。
☐ He **seldom**, **if ever**, arrives on time.	彼は**めったに**時間どおりに来**ない**。
☐ A new car is **out of the question** at the moment.	今のところ新車なんて**論外**だ。
☐ I don't want to become sick **if I can help it**.	**できることなら**，私は病気にはなりたくない。
☐ **Generally speaking**, the Japanese are a polite people.	**一般的に言えば**，日本人は礼儀正しい国民だ。
☐ **Speaking of** birthdays, when's yours?	誕生日と**言えば**，君のはいつですか。
☐ I would say she's pretty rich, **judging from** her clothes.	彼女の服**から判断すると**，彼女はかなりの金持ちだろう。
☐ **Considering** the strength of the opposition, we did very well to score two goals.	対戦相手の強さ**を考慮すると**，2得点あげたのだから私たちはとてもよくやった。
☐ I'm playing golf this afternoon, **weather permitting**.	**天気が**よければ，私は今日の午後ゴルフをするつもりだ。
☐ She stood in front of us **with her arms folded**.	彼女は**腕を組んで**私たちの正面に立っていた。

押さえておきたい頻出熟語

▶ 注意すべき助動詞（句）

923 □ had better *do*	～しなさい，～するべきだ **注意** 「～しないと困ったことになるよ」という強い【忠告】のニュアンスがあるので，通常は目下の人に対して用いる。
924 □ ought to *do*	～するべきだ， ～したほうがよい（＝ should）
925 □ need not *do*	～する必要がない（＝ don't have to *do*） **注意** 助動詞 need は否定文でのみ用いられる。肯定文では一般動詞 need を〈need to *do*〉の形で用いる。また，過去のことを述べる場合には〈needed to *do*〉の形で用いる。

▶ 動名詞を用いた慣用表現

926 □ there is no -ing	～できない
927 □ feel like -ing	～したい気がする ➡ feel like ...（食べ物）を食べたい気がする
928 □ How about -ing?	～するのはどうですか （＝ What do you say to -ing?）
929 □ look forward to -ing	～するのを楽しみに待つ
930 □ *be* used to -ing	～するのに慣れている （＝ *be* accustomed to -ing）　　　○p.295 ➡ used to *do*（以前はよく）～したものだった
931 □ object to -ing	～するのに反対する
932 □ when it comes to -ing	～するということになると， ～の話になると
933 □ need -ing	～される必要がある（＝ want -ing） **注意** この表現では need[want] のあとに置かれる動名詞は完全に名詞化して受け身の意味を持つ。そのため，目的語や補語，修飾語などを伴うことができない。 動名詞ではなく〈need to be done〉のように受動態の不定詞を使って表現することもできる。
934 □ it goes without saying that ...	…ということは言うまでもない

☐ You **had better** hurry if you want to catch the train.	その列車に乗りたいのなら，急ぎ**なさい**。
☐ You **ought to** take up some sport to stay in shape.	健康でいるために君は何かスポーツでも始める**べきだ**。
☐ You **need not** stay long here.	あなたはここに長くいる**必要がない**。
☐ **There is no** know*ing* what will happen next.	次に何が起きるのかは知りようが**ない**。
☐ I **feel like** sing*ing* out.	私は大きな声で歌い**たい気がする**。
☐ **How about** go*ing* to see a movie?	映画を見に行くの**はどうですか**。
☐ I'm **looking forward to** see*ing* my family again.	私は家族に再会するの**を楽しみに待っている**。
☐ You **are used to** driv*ing* in the city.	君は都会で運転するの**に慣れている**。
☐ My wife **objected to** my chang*ing* jobs in my forties.	私の妻は私が40代で転職するの**に反対した**。
☐ **When it comes to** fish*ing*, no one is better than my brother.	釣りをする**ということになると**，私の兄[弟]より上手な人はいない。
☐ This shirt **needs** wash*ing*.	このシャツは洗濯**される必要がある**。
☐ **It goes without saying that** the Internet is a good source of information.	インターネットが優れた情報源だ**ということは言うまでもない**。

長文読解 LEVEL 3

⊙LEVEL3で学習した，赤字の語の意味を確認しながら，長文を読んでみましょう。

1　As we live on the planet Earth, we can't help living with natural disasters. We all know about natural disasters such as earthquakes and hurricanes. ①**Hardly** anyone is not afraid of them. They can cause severe ②**injury** and much ③**destruction** to our ④**surroundings**. It takes a long time to ⑤**recover**.

2　There are various ⑥**techniques** and ⑦**methods** used to ⑧**measure** the strength of an earthquake or to tell when a ⑨**volcano** will ⑩**explode**. However, none of these ⑥**techniques** are perfectly accurate.

3　Did you know that hurricanes, typhoons and cyclones ⑪**refer** *to* the same kind of storm? Although different words are used, the storms are ⑫**alike**. Many people ⑬**suffer** *from* them. And they ⑭**harm** the environment and important ⑮**industrial** areas.

4　When I was a junior high school student, a tornado came into my town. It sounded as if a big train was coming to my backyard. The wind was so strong that a tree ⑯**crashed** through the roof of our house.

5　Of course, animals were ⑰**affected**, too. My ⑱**wise** cat, Frisky, seemed to know before the tornado hit that it was coming, so he ⑲**sought** shelter immediately. Animals seem to have a sixth ⑳**sense**. I think they are very ㉑**sensitive** and almost always perceive natural disasters before we humans do.

(208 words)

Quick Check!　→ 解答は p.184

②「にけがをさせる」を意味する動詞は？　⇨ _____
③「を破壊する」を意味する動詞は？　⇨ _____
④「を囲む」を意味する動詞は？　⇨ _____
⑤「回復」を意味する名詞は？　⇨ _____
⑩ 名詞 explosion の意味は？　⇨ _____

> また，Quick Check! で，語いに関する知識を再確認してみましょう。

🔊 B-48

⬜1 私たちは地球という惑星に住んでいるので，自然災害とともに生活することは避けられない。私たちは皆，地震やハリケーンといった自然災害について知っている。それらを恐れていない人は①**ほとんどいない**。それらは私たちの④**周囲**に深刻な②**損害**や，大きな③**破壊**をもたらしうる。⑤**回復する**には長い時間がかかる。

⬜2 地震の強さを⑧**測定し**，また，いつ⑨**火山**が⑩**噴火する**かを知るために，さまざまな⑥**技術**や⑦**方法**が使われる。しかしこれらの⑥**技術**のどれをとってみても，完全に正確だというわけではない。

⬜3 ハリケーンや台風，サイクロンが，同じような嵐のことを⑪**言っている**のを知っていただろうか。別の単語が使われているが，それらの嵐は⑫**似ている**。大勢の人々がそれらの嵐で⑬**苦しむ**。そしてそれらの嵐は，環境や重要な⑮**工業**地域に⑭**害を与える**。

⬜4 私が中学生だったとき，竜巻が私の町にやって来た。それはまるで，私の家の裏庭に大きな電車が来たかのように聞こえた。風がとても強かったので，木が私たちの家の屋根を⑯**突き破った**。

⬜5 もちろん，動物も⑰**影響を受け**た。私の⑱**賢い**ネコ，フリスキーは，その竜巻が襲う前に，それが近づきつつあることがわかっていたようで，すぐに避難する場所を⑲**探した**。動物は第六番目の⑳**感覚**［第六感］を持っているようだ。彼らはとても㉑**敏感で**，ほとんどいつも，私たち人間が気づく前に自然災害に気づくのだと思う。

⑪「言及」を意味する名詞は？　　　　⇨ _____
⑭「有害な」を意味する形容詞は？　　⇨ _____
⑮「勤勉な」を意味する形容詞は？　　⇨ _____
⑰ 名詞 affection の意味は？　　　　　⇨ _____
㉑「分別のある」を意味する形容詞は？⇨ _____

実践問題 LEVEL 3

⊙ 英文に合うように，もっとも適当な語(句)を選び，番号で答えなさい。

☐ 1. His wife is in the hospital because she was (　) in a car crash.
　　①broken　②damaged　③destroyed　④injured　〈センター試験〉

☐ 2. The muscle (　) I am referring is one of the largest in the human body.
　　①in which　②to which　③for which　④from which　〈杏林大〉

☐ 3. I had (　) entered the house when the telephone rang.
　　①evenly　②severely　③hardly　④rarely　〈上智大〉

☐ 4. Some insects spread diseases which can (　) humans.
　　①include　②attract　③affect　④stimulate　〈中央大〉

☐ 5. Since you're only staying the weekend, you should not take (　) baggage.
　　①too heavy　②too many　③too big　④too much　〈愛知学院大〉

☐ 6. My grandmother's house is a nice place, but there (　) furniture in it.
　　①are a few　②is a lot　③is too much　④are too many　〈センター試験〉

☐ 7. I've heard so (　) news about the scandal that I'm sick of it.
　　①few　②little　③many　④much　〈センター試験〉

☐ 8. This magazine gives me (　) useful information about modern jazz.
　　①many　②a lot of　③an　④a　〈東京経済大〉

実践問題 LEVEL 3 ANSWERS (p.183)

9. ③ → 739	10. ② → 721	11. ④ → 727
12. ② → 731	13. ③ → 814	14. ④ → 766
15. ④ → 817	16. ④ → 887	

□ **9.** His attempt to enter the university was (　　) and he celebrated with his friends.
　　① succeeded　② success　③ successful　④ successive
　　〈センター試験〉

□ **10.** Juliet is very (　　) for what she said to me yesterday.
　　① regret　② regretful　③ regrettable　④ regretted　〈京都産業大〉

□ **11.** The cookies my sister makes are delicious. They are my (　　).
　　① favorable　② favors　③ favored　④ favorite　〈東京経済大〉

□ **12.** My eyes are very (　　) to sunlight.
　　① sensible　② sensitive　③ serious　④ sentiment　〈九州産業大〉

□ **13.** We could meet downtown. (　　)?
　　① Are you convenient　　② Is it convenient of you
　　③ Will that be convenient for you　　④ Will you be convenient
　　〈センター試験〉

□ **14.** Nowadays not many students want to be teachers, probably because they find teachers' salaries very (　　).
　　① cheap　② expensive　③ inexpensive　④ low　〈センター試験〉

□ **15.** Mary is walking (　　) the direction of the station.
　　① to　② for　③ on　④ in　〈名城大〉

□ **16.** No sooner had I arrived at the station than (　　).
　　① did the train leave　　② had the train left
　　③ the train leaves　　④ the train left　〈青山学院大〉

実践問題 LEVEL 3 ANSWERS (p.182)

1. ④ ➡ 628	2. ② ➡ 749	3. ③ ➡ 657
4. ③ ➡ 726	5. ④ ➡ 845	6. ③ ➡ 846
7. ④ ➡ 849	8. ② ➡ 847	

実践問題 LEVEL 3　日本語訳と解説

1. 彼の妻は入院している。車の衝突事故でけがをしたからだ。
※〈be injured in ...〉で「…でけがをする」の意味。brokenは腕などを主語にして「骨折している」の意味。

2. 私が言及している筋肉は、人間の体の中でもっとも大きいものの1つだ。
※〈refer to ...〉で「…に言及する」の意味。

3. 私が家に入るとすぐに、電話が鳴った。
※〈hardly ... when 〜〉で「…するとすぐに〜」の意味。

4. 人間を冒す病気を広める昆虫もいる。
※affectは「(病気が)を冒す」、includeは「を含む」、attractは「を引きつける」、stimulateは「を刺激する」の意味。

5. 週末を過ごすだけなのだから、たくさんの荷物を持っていかないほうがよい。
※baggageは不可算名詞なので、manyで修飾することはできない。

6. 私の祖母の家はいい場所だが、家具が多すぎる。
※furnitureは不可算名詞。

7. 私はそのスキャンダルについてとても多くのニュースを聞いたので、それにうんざりしている。
※newsは不可算名詞。〈be sick of ...〉で「…にうんざりしている」の意味。

8. この雑誌は、モダンジャズについてたくさんの役に立つ情報を私に提供してくれる。
※informationは不可算名詞なので不定冠詞であるaやanはつかない。またmanyで修飾することもできない。

9. その大学に入るという彼の試みは成功し、彼は友人とお祝いをした。
※動詞succeedの派生語。successは名詞で「成功」、succeededは過去分詞形で「継承された」、successiveは形容詞で「連続した」の意味。

10. ジュリエットは昨日私に言ったことにとても後悔している。
※regretは動詞で「を後悔する」、名詞で「後悔」の意味。派生語のregrettableは形容詞で「残念な」、過去分詞のregrettedは「後悔された」の意味。

11. 私の姉[妹]が作るクッキーはおいしい。それらは私の好物だ。
※favorは名詞で「好意」の意味。派生語の、favorableは形容詞で「好意的な」、favoredは形容詞で「気に入られた」、favoriteは形容詞・名詞で「お気に入りの(人・もの)」の意味。

12. 私の目は日光にとても敏感だ。
※sensitiveは「敏感な」、sensibleは「分別のある」の意味。つづりと意味の違いに注意。

13. 中心街でお会いしましょう。それであなたに都合がいいでしょうか。
※convenientは「(ものごとが)都合のよい」の意味。一般的に人を主語にとらない。

14. 今日では、教師になりたがる学生は多くない。おそらく彼らは教師の給与がとても低いと思っているからだろう。
※salary「給与」を修飾するには、high/low「高い／低い」を用いる。expensive/cheap「高い／安い」ではないので注意。

15. メアリーは駅の方向に歩いている。
※〈in the direction of ...〉で「…の方向に」の意味。

16. 私が駅に着くとすぐに、電車が出発した。
※〈no sooner ... than 〜〉で「…するとすぐに〜」の意味。no soonerが文頭に置かれているため、had I arrived ... と倒置が起きる。

長文読解 LEVEL 3　Quick Check!　解答

② injure　③ destroy　④ surround　⑤ recovery　⑩ 爆発, 急増
⑪ reference　⑭ harmful　⑮ industrious　⑰ 愛情, 好意　㉑ sensible

LEVEL 4

センター試験 重要語(2)

LEVEL 4でも引き続き、センター試験で頻出する重要な単語を学習します。fare「運賃」やfee「料金」,charge「料金」など、類似する意味を持ち、文脈に応じて使い分けの必要な単語を整理しながら覚え、さらに実践的な力を身につけましょう。
また、覚えておくと入試で差がつく頻出熟語も学習します。

▶ 利益・富などを表す語

935 □ profit
[práfət]
- 名 (金銭的な)利益, 利潤
  ➡ profit and loss 損益
- 動 利益を得る, 得をする
  ⇨ prófitable 形 利益になる, もうかる

936 □ benefit
ア [bénəfit]
- 名 ①利益 ②恩恵 ③手当
  ➡ for the benefit of ... …のために
- 動 利益を得る
  ⇨ benefícial 形 有益な, ためになる

937 □ wealth
発 [wélθ]
- 名 富；財産
  ⇨ wéalthy 形 裕福な

938 □ value
[vǽlju:]
- 名 価値；価格；お買い得
- 動 を評価する, を重んじる
  ⇨ váluable 形 価値のある, 貴重な

939 □ capital
[kǽpətl]
- 名 注意 ①資本(金) ②首都 ③大文字
- 形 ①主要な ②大文字の
  ⇨ cápitalism 名 資本主義

940 □ share
[ʃéər]
- 名 ①分け前 ②割り当て ③株(式)
- 動 (を)分け合う；(を)共有する

GF 複数形で特別の意味を持つ名詞

941 □ arms
[á:rmz]
- 名 武器, 兵器   注意 árm 名 腕
  ⇨ ármed 形 武装した   ⇨ ármy 名 軍隊；陸軍

942 □ forces
[fɔ́:rsiz]
- 名 《the ～で》軍隊, 部隊 ➡ the armed forces (一国の)軍隊 ⇨ fórce 名 武力 ◯ 155

943 □ goods
[gúdz]
- 名 商品
  注意 góod 名 役立つこと　形 よい ◯ p.292

944 □ means
[mí:nz]
- 名 ①手段, 方法 ②資産, 財産
  ➡ by means of ... …の手段によって
  注意 méan 動 を意味する　形 卑劣な ◯ p.294

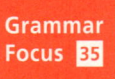

Grammar Focus 35

means 以外のここで取り上げた名詞は複数形になると**単数形と別の意味**が発生するものである (means は単複同形)。ほかに custom「慣習」→ customs「関税」, manner「方法」→ manners「行儀」, day「日」→ days「時代」, ruin「荒廃」→ ruins「廃墟」, spectacle「光景」→ spectacles「めがね」, letter「字」→ letters「文学」など。

Word No. **935 — 944**

B-49

- ☐ He made a lot of **profit** from trading with China. | 彼は中国との貿易で多くの**利益**を得た。
- ☐ The new credit cards will be of great **benefit** to our customers. | 新しいクレジットカードは、お客様にとって大きな**利益**になるだろう。
- ☐ The purpose of industry is to create **wealth**. | 産業の目的は**富**を生み出すことだ。
- ☐ The **value** of the sculpture was estimated at 500,000 dollars. | その彫刻の**価値**は50万ドルと見積もられた。
- ☐ The government is eager to attract foreign **capital**. | 政府は外国**資本**を引き入れることに熱心だ。
- ☐ Each partner gets a **share** of the profits. | 共同経営者はそれぞれ、利益の**分け前**を受け取る。

B-50

- ☐ Nuclear **arms** should be abolished. | 核**兵器**は廃止されるべきだ。
- ☐ I heard both of his sons are in *the armed forces*. | 彼の息子たちは2人とも**軍隊**にいるそうだ。
- ☐ They bought a variety of **goods** at that store. | 彼らはあの店でさまざまな**商品**を買った。
- ☐ For most people, the car is still their main **means** of transportation. | ほとんどの人にとって、車は依然として主要な交通**手段**だ。

Challenge 35 適当な語を選びなさい。

He was one of the famous men of (　　) of his time.
① books　② readings　③ letters　④ papers
〈獨協大〉

答：③
➡ p.390

▶ 大きさ・広さなどを表す語

945 □ **height** 発[háit]	名 ①**高さ**, 身長　②高度, 海抜 ⇨ hígh 形高い ● 765
946 □ **broad** 発[brɔ́:d]	形 **広い**（↔ narrow 狭い）；広々とした ⇨ bróaden 動広くなる；を広げる
947 □ **huge** [hjú:dʒ]	形 **巨大な**, ばく大な ➡ a huge problem たいへん大きな問題
948 □ **tiny** [táini]	形 **とても小さい**（↔ huge）；ごくわずかの
949 □ **single** [síŋgl]	形 ①**たった1つの**　②独身の（↔ married 結婚している）　③1人用の
950 □ **depth** [dépθ]	名 **深さ**, 奥行き ➡ wídth 名広さ, 幅

GF▶ 料金を表す名詞

951 □ **fare** [féər]	名 （鉄道などの）**運賃**, 料金 ➡ train fare 電車賃
952 □ **fee** [fí:]	名 ①（入学や入会などの）**料金** ②（医者・弁護士などへの）報酬, 謝礼
953 □ **charge** [tʃá:rdʒ]	名 ①（サービスに対する）**料金**　②責任, 義務 ➡ *be* in charge of ... …の担当［担任］である ● 1209 動 ①（料金など）を**請求する**　②を非難する ③（を）充電する ● 92
954 □ **bill** [bíl]	名 ①**請求書**, 勘定　②《米》紙幣（＝《英》note） ➡ a one-dollar bill 1ドル札
955 □ **admission** ア[ədmíʃən]	名 ①**入場料**　②入場許可 ➡ admission fee 入場料, 入会金 ⇨ admít 動①を認める　②に入場を認める ● 199

Grammar Focus 36

fare は鉄道の**運賃**など, 乗り物の**料金**を表し, fee は医師・弁護士・演奏家などに支払う**報酬**や**学費・会費**など特定の特権を得るための**料金**, charge は労働・サービスに対する**料金**, admission は**入場料**, bill は食事・電気・ガスなどの料金が記された**請求書**を表す。また, cost は費用, expense は業務上の経費などを表す。

Word No. **945 − 955**

B-51

☐	He is of average **height** and weight.	彼は平均的な身長と体重だ。
☐	We walked along the **broad** streets of central Berlin.	私たちはベルリン中心部の広い大通りに沿って歩いた。
☐	What's the name of that **huge** mountain?	あの巨大な山の名前は何ですか。
☐	The earrings I lost were **tiny**.	私が失くしたイアリングはとても小さかった。
☐	They won the game by a **single** point.	彼らはたった1点差で試合に勝った。
☐	The fish are found at a **depth** of five meters.	その魚は5メートルの深さに生息している。

B-52

☐	Air **fares** have shot up about 20 percent.	航空運賃がおよそ20% 急上昇した。
☐	The **fee** for the course is 2,500 yen.	その講座の(受講)料金は2,500円です。
☐	There is an extra **charge** for this service.	このサービスには追加の料金がかかります。
☐	Could we have the **bill**, please?	お勘定をお願いできますか。
☐	People over sixty-five do not have to pay **admission** to this zoo.	この動物園では65歳を超えている人は入場料を払わなくてもよい。

Challenge 36 適当な語を選びなさい。

There is an extra (　　) for mailing packages by express.
① price　② charge　③ fare　④ bill　〈センター試験〉

答：②
→ p.390

■ 政治・経済に関する動詞

956 □ vote [vóut]
動 投票する；を投票で決める 名 投票
➡ vote for ... …に(賛成票を)投じる

957 □ earn [ə́ːrn]
動 を稼ぐ，を得る
➡ earn a[one's] living 生計を立てる
⇨ éarnings 名 (労働により得た)所得

958 □ employ ⑦ [implɔ́i]
動 を雇う ⇨ emplóyment 名 雇用, 職
⇨ emplóyer 名 雇い主，雇用者
⇨ emplóyee 名 従業員，被雇用者

959 □ hire [háiər]
動 ①(一時的に)を雇う ②を賃借りする
名 《英》借り賃

960 □ export ⑦ [ekspɔ́ːrt]
動 を輸出する
名 [ékspɔːrt] ⑦ 輸出；輸出品

961 □ import ⑦ [impɔ́ːrt]
動 を輸入する
名 [ímpɔːrt] ⑦ 輸入；輸入品

962 □ protect [prətékt]
動 を保護する；をかばう
⇨ protéction 名 保護

963 □ deliver ⑦ [dilívər]
動 注意 ①(演説・演技など)をする ②を配達する
⇨ delívery 名 配達；提供；出産

GF 収入・賃金を表す名詞

964 □ income ⑦ [ínkʌm]
名 (給与・年金などの)収入，所得
➡ annual income 年収

965 □ salary [sǽləri]
名 (知的労働に対する)給与
➡ a monthly salary 月給

966 □ wage 発 [wéidʒ]
名 (肉体労働に対する)賃金，給与
動 (戦争・闘争など)を遂行する，を行う

967 □ pay [péi]
名 (あらゆる種類の)給料，手当
動 ①(を)払う ②割に合う ◎ 221 〈paid - paid〉
⇨ páyment 名 支払い

Grammar Focus 37

income は労働によるもの以外も含んだ収入を表し，salary は事務職・専門職に対する月給・年俸単位の給与を，wage は肉体労働・手作業・非熟練労働に対する時間給・日給・週給単位の賃金・給与を，pay は職業を問わず労働に対する給料・手当を表す。

Who did you **vote** *for* in the last election?	前回の選挙ではだれに**投票した**のですか。
He **earns** *his living* as a carpenter.	彼は大工で**生計を立てている**。
The company will **employ** some engineers next year.	その会社は来年，技師を何人か**雇う**予定だ。
We must **hire** some more carpenters to finish this house within a week.	1週間でこの家を完成させるには，あと何人か大工を**雇う**必要がある。
Canada **exports** wheat to Japan.	カナダは日本に小麦を**輸出している**。
Japan **imports** raw materials and fuel from all over the world.	日本は世界中から原料と燃料を**輸入している**。
You should **protect** your skin from strong sunlight.	強い日差しから肌を**保護する**べきだ。
The President **delivered** his speech on TV.	大統領はテレビで演説を**した**。
My wife's **income** is higher than mine.	妻の**収入**は私の収入より多い。
How can he afford a car like that on his **salary**?	彼の**給与**でどうしてあんな車が買えるのだろうか。
Our **wages** for last month still have not been paid.	私たちの先月の**賃金**がまだ支払われていない。
The **pay** at that company is said to be quite good.	あの会社の**給料**はかなりいいと言われている。

Challenge 37 適当な語を選びなさい。

He doesn't work, but he gets a good ( ) from his investments.
① wage ② pay ③ income ④ salary 〈東海大〉

答：③
→ p.391

■ 好ましくないことを表す動詞

968 □ delay
ア [diléi]
動 ①を遅らせる ②を延期する (= put off)
名 遅れ；延期 ➡ *be* delayed 遅れる

969 □ disturb
ア [distə́:rb]
動 ①のじゃまをする，を妨げる ②を不安にする
⇨ distúrbance 名 妨害；不安

970 □ bother
発 [bάðər]
動 ①のじゃまをする，に面倒をかける ②を困らせる
➡ bother to *do* わざわざ〜する

971 □ ignore
[ignɔ́:r]
動 を無視する ⇨ ígnorance 名 無知
⇨ ígnorant 形 無知の；知らない
➡ *be* ignorant of ... …を知らない

972 □ trick
[trík]
動 をだます 名 ①いたずら ②秘訣 ③手品
➡ play a trick on ... …にいたずらをする

973 □ beg
[bég]
動 (を)請う，(を)頼む
➡ beg 〈人〉for ... 〈人〉に…を求める

GF 客を表す名詞

974 □ client
[kláiənt]
名 (弁護士など専門職への) 依頼人

975 □ audience
ア [ɔ́:diəns]
名 ①《集合的に》観客；聴衆，観衆
②(テレビの) 視聴者

976 □ spectator
[spékteitər]
名 (試合やイベントの) 観客，見物人
➡ spectator(s) in the stadium スタジアムの観客

977 □ passenger
ア [pǽsən(d)ʒər]
名 (乗り物の) 乗客，旅客，同乗者
➡ passenger seat 乗客席；(車の) 助手席

978 □ customer
[kʌ́stəmər]
名 (商店などの) 顧客，客；取引先
➡ a regular customer 常連客，お得意様

979 □ guest
[gést]
名 ①(ホテルなどの) 宿泊客
②(式などの) 招待客，貴賓
③(番組などの) 特別出演者，ゲスト
➡ vísitor 名 訪問客，来訪者

Grammar Focus 38

client は弁護士・会計士・建築士などに専門的なサービスを求める**依頼人**を，audience は映画・コンサートの**観客**やテレビの**視聴者**，spectator はスポーツやイベントの**観客**，passenger は乗り物の**乗客**，customer は一般商店の**顧客**など，guest はホテルの**宿泊客**や家・パーティーなどの**招待客**を表す。

Word No. **968 – 979**

B-55

☐ The train *was* **delayed** for fifty minutes due to an accident.	事故のために電車が50分**遅れた**。
☐ I'm sorry to **disturb** you, but we need your advice.	あなたの**じゃまをして**申し訳ないですが、私たちはあなたの助言が必要です。
☐ Please don't **bother** Ellen when she is reading.	エレンが読書をしているときは、彼女の**じゃまをし**ないでください。
☐ You must not **ignore** the speed limit.	制限速度を**無視**してはいけない。
☐ I finally realized that I had been **tricked**.	私は**だまさ**れていたことにようやく気づいた。
☐ My daughter has been **begging** me *for* a kitten.	娘は私に子ネコを**ねだっている**。

B-56

☐ I have an appointment with an important **client** at 3:00 p.m.	私は午後3時に大切な**依頼人**と会う約束がある。
☐ The **audience** began clapping and cheering.	**観客**は拍手喝采し始めた。
☐ The game attracted over 50,000 **spectators**.	その試合は5万人以上の**観客**を集めた。
☐ Neither the driver nor the **passengers** were hurt.	運転手にも**乗客たち**にもけがはなかった。
☐ He's one of our *regular* **customers**.	彼は当店の常連**客**の1人だ。
☐ This hotel takes good care of its **guests**.	このホテルは**宿泊客**をよく気づかってくれる。

Challenge 38 適当な語を選びなさい。

The department store is always packed with ( ).
① guests ② clients ③ customers ④ passengers
〈近畿大〉

答：③
→ p.391

▶「分離／接続」「比較」などを表す動詞

980 □ **separate**
⑦ [sépərèit]
動 ①を分ける，を引き離す　②分離する；解散する
形 [sépərət] 発 離れた，独立した
⇨ separátion 名 分離

981 □ **connect**
[kənékt]
動 ①をつなぐ，を接続する　②を関係づける
⇨ connéction 名 接続；関係

982 □ **consist**
[kənsíst]
動 ①《consist of ... で》…から成る [構成される]
②《consist in ... で》…にある

983 □ **compare**
[kəmpéər]
動 ①を比較する　②をたとえる
➡ compare ... with[to] 〜 …を〜と比較する
➡ compare ... to 〜 …を〜にたとえる
⇨ compárison 名 比較

984 □ **reserve**
[rizə́ːrv]
動 ①を取っておく　②を予約する
名 蓄え　⇨ reservátion 名 予約；保留

GF 仕事を表す名詞

985 □ **work**
[wə́ːrk]
名 ①《不可算名詞》仕事，労働；勉強
②《無冠詞で》職業；職場　③作品
動 ①働く　②機能する

986 □ **labor**
[léibər]
《英》labour 名 ①《不可算名詞》(苦痛を伴う) 労働
②《集合的に》労働者 [力]　動 労働する，働く

987 □ **job**
[dʒɑ́b]
名 《可算名詞》(具体的な内容の) 仕事，職；作業
➡ a part-time job アルバイト

988 □ **task**
[tǽsk]
名 《可算名詞》(一定期間ですべき) 仕事；任務；課題
➡ the task of -ing 〜する任務 [職務]

989 □ **profession**
⑦ [prəféʃən]
名 《可算名詞》(知的・専門的な) 職業，専門職
⇨ proféssional 形 専門職の；くろうとの

990 □ **occupation**
[ὰkjəpéiʃən]
名 ①職業　②(土地や家などの) 占有，居住
⇨ óccupy 動 ①を占有する　②を従事させる ● 1362

Grammar Focus 39

仕事を表すもっとも一般的な語は work であり，肉体的・知的いずれの仕事にも用いることができる。labor は苦痛を伴う**肉体労働**を表し，job は個々の独立した**仕事**，task は割り当てられた短期的な**仕事**，profession は弁護士・医師・教師など特別な知識や訓練が必要な**専門職**を表す。occupation は**職業**を表すかたい語で，書類の職業記入欄などに用いられる。また，business《不可算名詞》は遊びに対しての**仕事**を表す。

Word No. **980 – 990**

B-57

- [ ] A curtain **separates** the kitchen from the living room. | カーテンが台所と居間を**分けている**。
- [ ] The Seikan Tunnel **connects** Aomori with Hokkaido. | 青函トンネルは青森と北海道を**つないでいる**。
- [ ] The password should **consist** *of* at least five characters. | パスワードは少なくとも5文字**から構成されてい**なければならない。
- [ ] You don't have to **compare** yourself *to* others. | 自分を他人と**比較する**必要はない。
- [ ] I'd like to **reserve** this wine for a special night. | 特別な夜のためにこのワインを**取っておき**たい。

B-58

- [ ] I have a lot of **work** to do today. | 私は今日，するべき**仕事**がたくさんある。
- [ ] The garage charges 50 dollars an hour for **labor**. | その自動車修理工場は1時間の**労働**につき50ドル請求する。
- [ ] He got a **job** as a clerk. | 彼は事務員の**仕事**に就いた。
- [ ] Our first **task** is to gather information. | 私たちの最初の**仕事**は情報を集めることだ。
- [ ] I'm an architect by **profession**. | 私の**職業**は建築家だ。
- [ ] Please state your name, address and **occupation**. | あなたの名前，住所，**職業**を述べてください。

Challenge 39 適当な語を選びなさい。

You did an excellent ( ).
① work ② business ③ occupation ④ job
〈慶應大〉

答：④
➡ p.391

▶ 輸送に関する語

991 □ **carriage** [kǽridʒ]	名 ①**馬車**；車 ②《英》(鉄道の) **客車** ➡ a horse-drawn carriage 馬車	
992 □ **freight** [fréit]	名 ①**貨物** ②貨物運送 ➡ air freight 航空貨物	
993 □ **load** [lóud]	名 ①**積み荷**，荷物 ②重み，重さ；負担 動 に荷を積む，を載せる	
994 □ **wheel** [(h)wíːl]	名 ①**ハンドル** ②車輪 ➡ at[behind] the wheel 運転して，運転中に	

GF ▶ -ly の有無で意味が大きく異なる語

995 □ **hard** [háːrd]	副 ①**激しく** ②熱心に，懸命に 形 ①固い ②難しい ③熱心な	
996 □ **hardly** [háːrdli]	副 **ほとんど〜ない**（= scarcely） ➡ can hardly *do* ほとんど〜できない	○ 657
997 □ **just** [dʒʌ́st]	副 ①**ちょうど** ②単に 形 ①**公正な** ②正確な ⇨ jústice 名公正 ○ 1073	
998 □ **justly** [dʒʌ́stli]	副 ①**正当に**，公正に ②正確に ③《文修飾で》当然のことながら	
999 □ **late** [léit]	副（時刻・時間が）**遅れて**，遅く 形 ①（時刻・時間が）遅れた，遅い ②後半 [後期] に，遅い時間 [時期] に ⇨ láter 副あとで ⇨ látest 形最新の	
1000 □ **lately** [léitli]	副 **最近**，近ごろ 注意 おもに現在完了形とともに用いる。	
1001 □ **near** [níər]	前 **〜の近くに** 副近くに 形 近い（↔ far 遠い） ⇨ néarby 形近くの	
1002 □ **nearly** [níərli]	副 **ほとんど**，もう少しで（= almost） ➡ nearly finished ほとんど終了した	

Grammar Focus 40

ほかにも -ly の有無で意味が変わるものに close「近い」／ closely「**密接に**」，dear「親愛な」／ dearly「**とても**」，high「高い」／ highly「**大いに**」，most「もっとも」／ mostly「**たいてい**」，sharp「鋭い」／ sharply「**急激に**」，short「短い」／ shortly「**まもなく**」がある。

Word No. **991 − 1002**

B-59

☐ The bride and groom arrived in *a horse-drawn* **carriage**.	新郎新婦は**馬車**でやって来た。
☐ We'll send your personal belongings by *air* **freight**.	あなたの私物を航空**貨物**で送ってあげましょう。
☐ The plane was carrying a full **load** of fuel.	その飛行機は燃料を満**載**していた。
☐ The driver must have fallen asleep *at the* **wheel**.	その運転手は**運転中に**眠り込んだにちがいない。

B-60

☐ It rained **hard** last night.	昨夜，雨が**激しく**降った。
☐ I *could* **hardly** hear what you said.	私は君の言うことが**ほとんど**聞こえ**なかった**。
☐ **Just** then I heard a cry behind me.	**ちょうど**そのとき，私の背後から叫び声が聞こえた。
☐ The police treated the man **justly**.	警察はその男を**正当に**扱った。
☐ She came to the meeting an hour **late**.	彼女は1時間**遅れて**会議にやって来た。
☐ What have you been doing **lately**?	あなたは**最近**，何をしていましたか。
☐ He came **near** me and smiled.	彼は私**の近くに**やって来て，ほほえんだ。
☐ She **nearly** dropped the vase.	彼女は**もう少しで**花びんを落とすところだった。

Challenge 40 適当な語を選びなさい。

I ( ) have fruit for breakfast.
① almost　② mostly　③ most　④ more　〈南山大〉

答：②
➡ p.391

▶ 計算に関する語

1003 □ figure 発 [fígjər]
名 ①数字；けた ②図形 ③(人などの)姿
動 ①を計算する；を合計する ②目立つ

1004 □ sum [sʌ́m]
名 《the 〜で》合計, 総額
動 ①を合計する　注意②要約する
　⇨ súmmary 名 要約
　⇨ súmmarize 動 を要約する

1005 □ quantity ア [kwɑ́ntəti]
名 量(↔ quality 質)；分量, 数量
➡ a large quantity of ... 大量の…

1006 □ quarter [kwɔ́:rtər]
名 ①4分の1 ②15分 ③四半期
➡ three quarters 4分の3

1007 □ double [dʌ́bl]
動 2倍になる；を2倍にする
名 2倍　形 2倍の；二重の

▶ 「移動する」「動かす」ことなどを表す語

1008 □ transport ア [trænspɔ́:rt]
動 を輸送する　名 [trǽnspɔ:rt] ア 《英》輸送(機関)
⇨ transportátion 名 輸送；《米》輸送機関 ○361

1009 □ transfer [trænsfə́:r, trǽnsfə:r]
動 ①転勤する；を転勤させる ②移る；を移す
③(列車・バスなどを)乗り換える
名 [trǽnsfə:r] 転勤, 移動；乗り換え

1010 □ wander 発 [wɑ́ndər]
動 歩き回る, さまよう, 放浪する

1011 □ shift [ʃíft]
動 ①少し動く；を少し動かす ②移る；を移す
名 ①転換 ②勤務時間

1012 □ depart [dipɑ́:rt]
動 出発する　➡ depart from ... …を出発する
⇨ depárture 名 出発

1013 □ convey ア [kənvéi]
動 ①(思想・意味など)を伝える ②を輸送する
⇨ convéyor 名 コンベヤー；運搬装置

1014 □ descend ア [disénd]
動 ①(を)降りる, (を)下る(↔ ascend 登る)
②(遺産などが)伝わる
⇨ descént 名 降下　⇨ descéndant 名 子孫

1015 □ immigrate [ímigrèit]
動 (外国から)移住する
⇨ immigrátion 名 移住；(空港などの)入国管理
➡ émigrate (他国へ)移住する

Word No. **1003 – 1015**

B-61

☐ It's about 30,000 yen in round **figures**.	端数のない**数字**で約3万円だ。
☐ The total cost is *the* **sum** of these two amounts.	総費用はこの2つの額の**合計**だ。
☐ Add 50 grams of butter, and the same **quantity** of sugar.	50グラムのバター，そして同じ**量**の砂糖を加えなさい。
☐ A **quarter** of 100 is 25.	100の**4分の1**は25だ。
☐ The company's profits **doubled** last month.	先月その会社の利益は**2倍になった**。

B-62

☐ That fruit was **transported** by air.	その果物は飛行機で**輸送**された。
☐ The Osaka office is closing and the staff will **transfer** to the Tokyo office.	大阪事業所の閉鎖に伴って，職員は東京事業所へ**転勤する**ことになる。
☐ As a boy, he spent a lot of time **wandering** in the mountains.	少年時代に，彼は山々を**歩き回って**多くの時間を過ごした。
☐ The building's foundation has **shifted** slightly.	その建物の土台がほんの**少しずれた**。
☐ The bus was due to **depart** at 10:00 a.m.	バスは午前10時に**出発する**予定だった。
☐ The information can be **conveyed** in a diagram.	その情報は図表で**伝える**ことができる。
☐ The plane started to **descend**.	飛行機が**下降し**始めた。
☐ John **immigrated** to Japan three years ago.	ジョンは3年前，日本に**移住した**。

■》会社・オフィスに関する語（1）

1016 □ **chairperson** [tʃéərpəːrsn]	名①**議長**；司会者　②**委員長** 注意 chair も同じ意味でよく使われる。
1017 □ **conference** ⑦ [kάnfərəns]	名①**会議**，協議会　②相談，協議
1018 □ **financial** ⑦ [fainǽnʃl, fənǽnʃl]	形**財政上の** ⇨ fináncially 副 財政的に ⇨ fínance 名①財政　②《(複)で》財源
1019 □ **firm** [fə́ːrm]	名**会社**，商店　注意 形 堅い；断固とした ⇨ confírm 動 を確認する；を固める ● 1637
1020 □ **item** 発 [áitəm]	名①**(新聞)記事**　②項目；品目 ③(特定の)1品，アイテム
1021 □ **manager** 発 [mǽnidʒər]	名**経営者**；支配人　⇨ mánagement 名 経営；管理 ⇨ mánage 動①《manage to do で》どうにかして〜 する　②を経営する，を管理する ● 171
1022 □ **secretary** [sékrətèri]	名①**秘書**　②《Secretary で》長官 ⇨ secretárial 形 秘書の
1023 □ **signature** ⑦ [sígnətʃər]	名**署名**，サイン ➡ áutograph 名 (著名人の)サイン

■》「行う」「維持する」ことなどを表す語

1024 □ **undertake** ⑦ [ʌ̀ndərtéik]	動①**を引き受ける**　②に着手する；を企てる 〈undertook - undertaken〉 ⇨ undertáking 名 (引き受けた)仕事；企て
1025 □ **fulfill** ⑦ [fu(l)fíl]	動①(義務・約束)**を果たす**　②(要求・条件)を満たす ⇨ fulfíllment 名 遂行；達成
1026 □ **establish** [istǽbliʃ]	動**を設立する**；を確立する ⇨ estáblishment 名 設立；施設
1027 □ **construct** [kənstrʌ́kt]	動①**を建設する**　②を組み立てる ⇨ constrúction 名 建設，建造物
1028 □ **maintain** ⑦ [meintéin]	動①**を維持する**　②と主張する　③を扶養する ⇨ máintenance 名 維持；持続
1029 □ **engage** [engéidʒ]	動①《*be* engaged in ... で》**…に従事している** ②《*be* engaged to ... で》…と婚約している ③を引きつける　⇨ engágement 名 約束；婚約

☐	Jim was appointed **chairperson** of the education committee.	ジムは教育委員会の**委員長**に任命された。
☐	The teachers' union is holding its annual **conference** next week.	教職員組合は来週，年次**協議会**を開催する予定だ。
☐	That company fell into a **financial** crisis.	あの会社は**財政上の**危機に陥った。
☐	Someone told me his **firm** had moved to India.	彼の**会社**がインドに移転したとだれかから聞いた。
☐	This morning I read an **item** about the space shuttle in the paper.	今朝，新聞でスペースシャトルについての**記事**を読んだ。
☐	Mike is a very good **manager**.	マイクは非常に優れた**経営者**だ。
☐	My **secretary** will fax you all the details.	私の**秘書**が詳細をすべて FAX で送ります。
☐	I just need your **signature** on this letter.	私はこの手紙にちょっとあなたの**署名**をいただきたい。
☐	Mr. Baker **undertook** the job of writing the report.	ベイカー氏が報告書を書く仕事を**引き受けた**。
☐	The government has not yet **fulfilled** its promise to improve the economy.	政府はまだ経済状態をよくするという公約を**果たして**いない。
☐	Waseda University was **established** in 1882 by Okuma Shigenobu.	早稲田大学は，1882年に大隈重信によって**設立**された。
☐	There are plans to **construct** a new bridge across the river.	その川を渡る新たな橋を**建設する**計画がある。
☐	It is important to **maintain** a constant temperature inside the greenhouse.	温室の中は一定の温度を**維持する**ことが重要だ。
☐	That musician *is* **engaged** *in* various volunteer activities.	その音楽家はさまざまなボランティア活動に**従事している**。

会社・オフィスに関する語（2）

1030 □ **slip** [slíp]	名①紙片，伝票　②小さなミス　③滑ること ➡ a slip of paper（細長い）紙片 動①滑る；を滑らせる　②滑り落ちる
1031 □ **staff** [stǽf]	名職員；スタッフ 注意 stuff [stʌ́f] 名材料；もの ○ 1145
1032 □ **suit** [súːt]	名①スーツ　注意②訴訟 動①に適する　②に似合う ⇨ súitable 形適した，ふさわしい
1033 □ **manual** [mǽnjuəl]	形手で行う；肉体の ➡ manual labor 手作業，肉体労働 名手引き（書）
1034 □ **deal** [díːl]	動①《deal with ... で》…を扱う，…に対処する 　②を分配する　　　　　　　〈dealt - dealt〉 ➡ deal in ... …を売買する；…にかかわる 名①商取引　注意②量 ➡ a good[great] deal of ... かなり多量の… ⇨ déaler 名販売業者
1035 □ **brand** [brǽnd]	名銘柄，ブランド，商標；品種，等級 ➡ brand-néw 新品の

「話す」「示す」ことなどを表す語

1036 □ **congratulate** ア [kəngrǽtʃəlèit]	動を祝う，に祝辞を述べる ➡ congratulate 〈人〉on ... 〈人〉を…で祝う ⇨ congratulátion 名《常に（複）で》おめでとう
1037 □ **assure** [əʃúər]	動に確信させる，に保証する ⇨ assúrance 名確信；保証
1038 □ **declare** [diklɛ́ər]	動①を宣言する，と断言する　注意②を申告する ⇨ declarátion 名宣言
1039 □ **illustrate** ア [íləstrèit]	動（実例・図により）を説明する；を図解する ⇨ illustrátion 名図解，実例による説明
1040 □ **demonstrate** ア [démənstrèit]	動①を明確に示す　②を実演する ⇨ demonstrátion 名実演；説明；デモ
1041 □ **exhibit** ア [igzíbit]	動（大規模に）を展示する 名展示（品）　⇨ exhibítion 名展示，展覧会

She wrote her address on *a **slip** of paper*.	彼女は紙片に自分の住所を書いた。
Everyone on the **staff** is encouraged to attend training courses.	職員はみな研修コースへの参加を勧められている。
He was dressed in a stylish **suit** and tie.	彼はおしゃれなスーツとネクタイを身につけていた。
This job requires some **manual** *labor*.	この仕事はいくらか手作業を必要とする。
ⓐ Don't worry, I'll **deal** *with* this.	ⓐ心配しないで，私がこれに対処します。
ⓑ We get *a good **deal** of* snow in this area.	ⓑこの地域ではかなり多量の雪が降る。
What **brand** of shampoo do you use?	あなたはどの銘柄のシャンプーを使っていますか。
She **congratulated** me warmly *on* my promotion.	彼女は私の昇進について温かく祝ってくれた。
The dealer had **assured** me of its quality.	業者は私にその品質を保証していた。
Doctors **declared** that he died of natural causes.	医師団は彼が自然死であったと断言した。
Let me give an example to **illustrate** the point.	要点を説明するために，実例を挙げましょう。
Several studies have **demonstrated** the link between smoking and cancer.	いくつかの研究が喫煙とガンの関連性を明確に示している。
Her paintings have been **exhibited** all over the world.	彼女の絵は世界中で展示されている。

▶ 宗教に関する語

1042 □ **holy** 発 [hóuli]	形 ①信心深い ②神聖な ➡ divine 形 神の，神のような
1043 □ **mercy** [má:rsi]	名 ①慈悲，情け ②幸運 ➡ at the mercy of ... …のなすがままに ⇨ mérciful 形 慈悲深い ⇨ mérciless 形 無慈悲な
1044 □ **religious** ア [rilídʒəs]	形 宗教の；信心深い ⇨ relígion 名 宗教 ◯ 528
1045 □ **sin** [sín]	名 （宗教・道徳上の）罪
1046 □ **faith** [féiθ]	名 ①信頼，信用 ②信仰，信念 ⇨ fáithful 形 忠実な；信頼できる
1047 □ **belief** ア [bilí:f]	名 信念；信じること ⇨ belíeve 動 （を）信じる ◯ 104 ⇨ unbelíevable 形 信じがたい
1048 □ **glory** [glɔ́:ri]	名 ①栄光，栄誉，名誉 ②（神の）恵み ③賛美 ➡ glory to God 神への賛美
1049 □ **sacred** 発 [séikrid]	形 神聖な，聖なる；（神などを）祭った ➡ sacred writings 聖書，聖典
1050 □ **eternal** [itá:rnl]	形 永遠の，永久の ⇨ etérnity 名 永遠；永劫

▶ 宗教に関する動詞

1051 □ **worship** [wá:rʃəp]	動 を拝む，を崇拝する 名 崇拝；礼拝
1052 □ **pray** [préi]	動 （を）祈る ➡ pray to God for ... 神に…を祈る ⇨ prayer [préər] 発 名 祈り
1053 □ **bless** [blés]	動 を祝福する ➡ *be* blessed with ... …に恵まれている
1054 □ **confess** ア [kənfés]	動 （罪など）を告白する，（を）白状する；を認める ⇨ conféssion 名 告白；ざんげ
1055 □ **sacrifice** ア [sǽkrəfàis]	動 を犠牲にする 名 犠牲；いけにえ

☐	It was our first visit to that **holy** place.	それはその聖地への私たちの初めての訪問だった。
☐	May God have **mercy** on their souls.	彼らの魂に神の慈悲がありますよう。
☐	I'm not very **religious**, but I often visit my ancestors' graves.	私はあまり信心深くないが、よく先祖の墓参りをする。
☐	She needed to confess her **sins** and ask for forgiveness.	彼女は罪を告白して、許しを請う必要があった。
☐	I still had **faith** in him.	私は依然として彼に信頼をおいていた。
☐	Robert has a firm **belief** that he will succeed in the end.	ロバートは、最後には成功するという固い信念を持っている。
☐	She brought **glory** to her country by winning the gold medal at the Olympics.	彼女はオリンピックで金メダルを取り、自国に栄光をもたらした。
☐	The city is **sacred** to Jews and Muslims.	その都市はユダヤ教徒とイスラム教徒の聖都だ。
☐	Christians believe in **eternal** life after death.	キリスト教徒は死後に永遠の命があると信じている。
☐	The ancient Egyptians **worshipped** many gods.	古代エジプト人は多くの神々を崇拝した。
☐	Let's **pray** *to God for* success.	さあ、神に成功を祈りましょう。
☐	The young artist *is* **blessed** *with* a sense of beauty.	その若い芸術家は美的センスに恵まれている。
☐	He **confessed** to shooting the two young men.	彼は2人の若者を射殺したことを認めた。
☐	I didn't want to **sacrifice** my independence.	私は、自分の自主性を犠牲にしたくなかった。

▶ 法廷に関する語（1）

1056 □ **court** [kɔ́:rt]	名①**法廷**，裁判所（= courtroom） ②宮廷 ③（テニスなどの）**コート**	
1057 □ **lawyer** 発 [lɔ́:jər]	名**弁護士**；法律家 ➡ hire a lawyer 弁護士を雇う	
1058 □ **proof** 発 [prú:f]	名**証拠（品）**；証明 ⇨ próve 動 を証明する ◯ 402	
1059 □ **victim** [víktim]	名（事故などの）**犠牲者**，被害者 ➡ fall victim to ... …の犠牲になる	
1060 □ **witness** ア [wítnəs]	名①**目撃者** ②証拠；証言 動①を目撃する ②を証言する	
1061 □ **trial** [tráiəl]	名①**裁判**，公判 ②試験 ③試練 ➡ on trial 裁判にかけられて，公判中の	

▶ 天候・気候に関する語

1062 □ **fog** [fɔ́(:)g]	名**霧**，もや ➡ thick fog 濃霧 ⇨ fóggy 形 霧の多い	
1063 □ **flood** 発 [flʌ́d]	名《しばしば（複）で；単数扱い》**洪水** 動 を水浸しにする；をあふれさせる ➡ be flooded with ... …であふれている	
1064 □ **typical** 発 ア [típikl]	形①**典型的な** ②特有の ➡ be typical of ... …に特有である ⇨ týpe 名 型，見本	
1065 □ **breeze** [brí:z]	名**そよ風** ⇨ bréezy 形 そよ風の吹く	
1066 □ **frost** [frɔ́(:)st]	名**霜** 動 霜が降りる ⇨ frósty 形 霜のおりた；凍るほど寒い	
1067 □ **moist** [mɔ́ist]	形**湿った**，ぬれた ⇨ móisture 名 湿気；水分	
1068 □ **humid** [hjú:mid]	形**湿気の多い** ⇨ humídity 名 湿気，湿度	
1069 □ **thermometer** ア [θərmámətər]	名**温度計**，寒暖計	
1070 □ **thunder** [θʌ́ndər]	名**雷（鳴）** 動 雷が鳴る；大きな音を立てる ➡ líghtning 名 稲妻	

Word No. **1056 — 1070**

B-69

☐ A group of reporters gathered outside the **court**.	記者団が**裁判所**の外に群がった。
☐ He refuses to answer any questions until his **lawyer** comes.	彼は**弁護士**が来るまで、いかなる質問にも答えることを拒んでいる。
☐ This is further **proof** of her innocence.	これは彼女の無実を示すさらなる**証拠**だ。
☐ Our aim is to help **victims** of crime.	私たちの目的は犯罪の**被害者**たちを支援することだ。
☐ **Witnesses** say the smaller plane flew into the larger one.	**目撃者**の話だと、小さい飛行機が大きいほうに突っ込んだということだ。
☐ The **trial** could last several months.	**裁判**は数か月続く可能性がある。

B-70

☐ **Fog** is made up of lots of drops of water in the air.	**霧**は大気中のたくさんの水滴からできている。
☐ Last year, the town suffered the worst **floods** in 50 years.	昨年、その町はこの50年で最悪の**洪水**に見舞われた。
☐ It was a **typical** clear autumn day.	**典型的な**秋晴れの日だった。
☐ Flowers were waving in the **breeze**.	花々が**そよ風**に揺れていた。
☐ The ground was white with **frost**.	地面は**霜**が降りて真っ白だった。
☐ His hands were **moist** with sweat.	彼の両手は汗で**湿って**いた。
☐ Tokyo is very **humid** in midsummer.	東京は真夏にはとても**湿気が多い**。
☐ The **thermometer** registered over 40 degrees Celsius.	**温度計**は摂氏40度より上を表示していた。
☐ Suddenly there was a great crash of **thunder**.	突然、大きな**雷鳴**がとどろいた。

▶ 法廷に関する語（2）

1071 □ **contract** [kάntrækt]	名 契約（書） 動 ①（の）契約を結ぶ　②（筋肉など）を収縮させる ⇨ contráction 名 収縮；短縮	
1072 □ **innocent** ⑦ [ínəsənt]	形 ①無実の，無罪の　②無邪気な ➡ *be innocent of ...* …について無実である ⇨ ínnocence 名 ①無実　②無邪気さ	
1073 □ **justice** [dʒʌ́stis]	名 ①公正；正義　②司法；裁判（官） ➡ do ... justice / do justice to ... …を正当に扱う，…を正当に評価する ⇨ jústify 動 を正当化する	
1074 □ **legal** [líːgl]	形 ①合法的な（↔ illegal 違法な）　②法律上の ➡ a legal matter 法律問題	
1075 □ **prison** [prízn]	名 ①刑務所　②拘置 ➡ go to prison 入獄する ⇨ prísoner 名 囚人	

▶ 「あばく」「現れる」ことを表す動詞

1076 □ **expose** [ikspóuz]	動 ①を（危険や光などに）さらす　②を暴露する ⇨ expósure 名 （危険などに）さらすこと；暴露	
1077 □ **emerge** [imə́ːrdʒ]	動 ①現れる，出て来る　②明らかになる ⇨ emérgence 名 出現；脱却	
1078 □ **reveal** ⑦ [rivíːl]	動 を明らかにする，を暴露する ⇨ revelátion 名 新事実；暴露	
1079 □ **imply** [implái]	動 を示唆する，をほのめかす ⇨ implicátion 名 示唆；《通常（複）で》影響	
1080 □ **arise** [əráiz]	動 （問題などが）生まれる，発生する；起こる 〈arose - arisen〉	
1081 □ **generate** [dʒénərèit]	動 を生み出す，を発生させる，を起こす ⇨ generátion 名 世代；発電 ● 48	

Word No. **1071 – 1081**

B-71

☐ My lawyers have drawn up a **contract**.	私の弁護団が**契約書**を作成した。
☐ The court found him **innocent** and he was released.	裁判所は彼に**無罪の**判決を下し，彼は釈放された。
☐ We demand **justice** and equal rights for all citizens.	私たちは全市民のために**公正**と平等な権利を要求する。
☐ What the company has done is perfectly **legal**.	その会社のしたことは完全に**合法**である。
☐ He spent eleven years in **prison** for a crime he had not committed.	彼は自分の犯していない罪[えん罪]で11年間**刑務所**に入っていた。

B-72

☐ Potatoes turn green when **exposed** to light.	ジャガイモは光に**さら**されると緑色になる。
☐ Insects **emerge** in the spring.	春になると昆虫が**出て来る**。
☐ The information was first **revealed** in the Sunday newspaper.	その情報はまず日曜紙で**明らかにされ**た。
☐ I didn't mean to **imply** that you were lying.	私はあなたが嘘をついていると**ほのめかす**つもりはなかった。
☐ Several important legal questions **arose** during the negotiations.	交渉の中でいくつかの重要な法律上の問題が**生じた**。
☐ France **generates** a large part of its electricity from nuclear power.	フランスは自国の電気の大部分を原子力から**生み出す**。

■》医療・健康に関する語

1082 □ ache
発 [éik]
名 (心身の鋭い) 痛み　動 (心身が) 痛む
⇨ héadache 名 頭痛　⇨ tóothache 名 歯痛

1083 □ ambulance
[ǽmbjələns]
名 救急車

1084 □ comfort
発 [kʌ́mfərt]
動 を慰める　名 慰め；心地よさ
⇨ cómfortable 形 快適な ● 655
(↔ uncomfortable 不快な)

1085 □ deaf
発 [déf]
形 ①耳が聞こえない
②(忠告・嘆願などを) 聞こうとしない

1086 □ drug
[drʌ́g]
名 ①薬　②麻薬
動 (飲食物) に薬物を入れる
➡ médicine 名 (一般的な) 薬 ● 1624

1087 □ fatigue
発 ア [fətíːg]
名 疲労　➡ mental fatigue 精神的な疲労
動 を疲れさせる

1088 □ muscle
発 [mʌ́sl]
名 ①筋肉　②腕力, 体力
⇨ múscular 形 筋肉の

1089 □ remedy
ア [rémədi]
名 ①治療(法)　②改善策
動 を治療する

1090 □ symptom
[sím(p)təm]
名 ①症状　②兆候
➡ a symptom of the flu インフルエンザの兆候

1091 □ sweat
発 [swét]
名 汗
動 ①汗をかく　②精を出して働く　〈sweat - sweat〉

1092 □ bacteria
[bæktíəriə]
名 《複数扱い》バクテリア, 細菌　注意 bacterium の複数形。
⇨ bactérial 形 細菌(性)の

■》「備える」ことを表す動詞

1093 □ prepare
[pripéər]
動 ①を用意する, を準備する　②備える
➡ prepare for ... …の準備をする, …に備える
⇨ preparátion 名 準備；覚悟

1094 □ equip
発 ア [ikwíp]
動 ①を備えつける　②(人に) を身につけさせる
⇨ equípment 名 設備；備品 ● 1552

1095 □ furnish
[fə́ːrniʃ]
動 ①に家具を備えつける　②を供給する
⇨ fúrnishings 名 (家・部屋の) 備品
⇨ fúrniture 名 家具 ● 846

Word No. 1082 – 1095

B-73

She felt a strange **ache** in her chest.	彼女は胸に変な痛みを感じた。
At last the **ambulance** came.	ようやく救急車が来た。
All my friends tried to **comfort** me after my failure.	私が失敗したあと友だちみんなが私を慰めようとしてくれた。
The student was overconfident and **deaf** to his teacher's advice.	その生徒は自信過剰で，先生の忠告を聞こうとしなかった。
Parents should talk openly to their children about the dangers of **drug** abuse.	親は麻薬乱用の危険性について，子どもに率直に話すべきだ。
Sam's face was pale with **fatigue**.	サムの顔は疲労で青ざめていた。
Muscle weighs more than fat.	筋肉は脂肪より重い。
There doesn't seem to be an effective **remedy** for the disease.	その病気に対する有効な治療法はないようだ。
The **symptoms** include headache and loss of appetite.	症状は頭痛や食欲不振などです。
Sweat was pouring down his face.	彼の顔に汗がどっと流れていた。
Bacteria have been living on the earth for hundreds of millions of years.	バクテリアは地球上で何億年も前から生存している。

B-74

We haven't **prepared** *for* tomorrow's meeting yet.	私たちはまだ明日の会議の準備をしていない。
All rooms are **equipped** with video cameras.	全室にビデオカメラが備えつけられている。
The hotel is **furnished** with antiques.	そのホテルにはアンティークの家具が備えつけられている。

▶ 生物（学）に関する語

1096 □ **beast** [bíːst]	名①（人間に対して）**けだもの**，**野獣** ②（足が４本ある）**動物**
1097 □ **biology** ⑦ [baiálədʒi]	名**生物学** ⇨ biólogist 名生物学者 ⇨ biológical 形生物学の ⇨ biotechnólogy 名生物工学
1098 □ **botany** [bátəni]	名**植物学** ⇨ botánical 形植物（学）の
1099 □ **cell** [sél]	名①**細胞** ②**電池** ③**独房；小部屋** ➡ cell division 細胞分裂
1100 □ **ecology** [ikálədʒi]	名**生態（学）**，**エコロジー** ➡ ecology movement 環境保護運動 ⇨ ecológical 形生態学の
1101 □ **feather** 発 [féðər]	名①**羽毛**，**羽** ②**鳥類** ➡ birds of a feather 似たような人々 動を羽毛で覆う
1102 □ **fur** [fə́ːr]	名**毛皮**；（毛皮獣の）**柔らかい毛** ➡ a fur coat 毛皮のコート
1103 □ **insect** ⑦ [ínsekt]	名**昆虫** ➡ harmful insects 害虫 ➡ wórm 名（ミミズなどの）虫
1104 □ **instinct** ⑦ [ínstiŋ(k)t]	名①**本能** ②**素質** ➡ by instinct 本能的に ⇨ instínctive 形本能的な
1105 □ **evolution** [èvəlúːʃən]	名①（生物の）**進化** ②**発展** ⇨ evolútionary 形進化（論）の ⇨ evólve 動進化する；発展する

▶「学ぶ」「分析する」ことを表す語（１）

1106 □ **educate** ⑦ [édʒəkèit]	動**を教育する** ➡ educate *oneself* 独学する ⇨ educátion 名教育
1107 □ **comprehend** ⑦ [kàmprihénd]	動①**を理解する** ②**を包む** ⇨ comprehénsion 名理解（力）；包括 ⇨ comprehénsive 形広範囲な；包括的な
1108 □ **examine** [igzǽmin]	動**を調査する**；**を試験する** ⇨ examinátion 名（詳しい）調査，検査；試験

B-75

☐ *Beauty and the **Beast*** is a well-known children's story.	『美女と**野獣**』は有名な童話だ。
☐ She has a degree in **biology**.	彼女は**生物学**の学位を持っている。
☐ **Botany** is the scientific study of plants.	**植物学**とは植物の科学的な研究だ。
☐ Embryos grow by **cell** *division*.	胚は**細胞**分裂によって成長する。
☐ **Ecology** looks into living things and their surroundings.	**生態学**は生物とその環境を研究する。
☐ Only birds have **feathers** and they cover most of their body.	鳥だけが**羽毛**を持ち，それは鳥の体のほとんどすべての部分を覆っている。
☐ The **fur** of a mammal keeps it warm in cold weather.	ほ乳動物の**毛皮**は寒い天候のときに体を温かい状態に保つ。
☐ **Insects** flew in every time I opened the window.	私が窓を開けるたびに，**昆虫**が飛び込んできた。
☐ All animals have a strong **instinct** for survival.	あらゆる動物に強い生存**本能**がある。
☐ Darwin explained how **evolution** takes place.	ダーウィンは**進化**がどのように起こるかを説明した。

B-76

☐ He was **educated** at Bristol University.	彼はブリストル大学で**教育を受**けた。
☐ I still can't **comprehend** what happened.	何が起こったのか私はまだ**理解**していない。
☐ The study **examines** the effects of unemployment.	その研究は失業の影響を**調査している**。

▶ 人類学に関する語

1109 □ cultural [kʌ́ltʃərl]
形 文化的な；文化の
→ cultural background 文化的背景
⇨ cúlture 名 文化；文化活動

1110 □ folk 発 [fóuk]
名 ① 民族, 国民, 種族
② 《(複)で》人々；家族　→ péople 名 人々

1111 □ humanity ア [hju:mǽnəti]
名 ① 人類 (= mankind)　② 人間性；人情
⇨ húman 名 人間　形 人間の ◐ 88

1112 □ inhabitant ア [inhǽbətənt]
名 住民　⇨ inhábit 動 に住む
→ hábitat 名 生息地, 生息環境

1113 □ primitive [prímətiv]
形 ① 原始(時代)の　② 原始的な

1114 □ savage 発 [sǽvidʒ]
形 野蛮な；残忍な, どう猛な
名 野蛮な人；不作法な人

1115 □ slave [sléiv]
名 ① 奴隷
② (欲望・習慣・仕事などに)捕われている人

1116 □ tribe [tráib]
名 種族, 部族
⇨ tríbal 形 種族の, 部族の

1117 □ ethnic [éθnik]
形 民族の；異国の
⇨ ethnícity 名 民族性

1118 □ migrant [máigrənt]
形 出稼ぎの, 移住性の
名 移住者；出稼ぎ労働者
⇨ mígrate 動 移住する, 渡る

▶ 「学ぶ」「分析する」ことを表す語 (2)

1119 □ distinguish [distíŋgwiʃ]
動 を区別する, を見分ける
→ distinguish ... from ～ …と～を区別する
⇨ distínction 名 区別；差異
⇨ distínctive 形 はっきりとした

1120 □ review ア [rivjú:]
動 ① 《米》を再検討する；(を)復習する
② (を)批評する
名 ① 批評, 評論　② 復習

1121 □ absorb [əbsɔ́:rb, əbzɔ́:rb]
動 ① (知識など)を吸収する；(液体など)を吸い込む
② (人)を夢中にさせる
→ be absorbed in ... …に夢中になる
⇨ absórption 名 吸収；没頭

Word No. **1109 − 1121**

B-77

☐ If you travel overseas, you'll learn a lot about **cultural** differences.	外国を旅すると，**文化的な**差異を多く学ぶだろう。
☐ I like **folk** dancing and **folk** music.	私は**民族**舞踊や**民族**音楽が好きだ。
☐ We want a clean and healthy environment for all **humanity**.	私たちは全**人類**のために清浄で健全な環境を望む。
☐ The local **inhabitants** are against the plan to build a shopping center.	地元**住民**はショッピング・センターを建設する計画に反対している。
☐ Conditions at the camp were very **primitive**.	仮設宿泊所の状態は極めて**原始的**だった。
☐ Police are looking for the **savage** killer of five men.	警察が，男性5人を殺害した**残忍な**殺人犯を捜索中だ。
☐ They treated her like a **slave**.	彼らは彼女を**奴隷**のように扱った。
☐ The **tribe** members were wearing traditional costumes.	その**部族**の人たちは伝統的な衣装を身につけていた。
☐ That famous golfer has a very interesting **ethnic** background.	あの有名なゴルファーはとても興味深い**民族的**背景を持っている。
☐ A lot of factory work is done by **migrant** workers.	工場の仕事の多くが，**出稼ぎ**労働者によってなされている。

B-78

☐ Children quickly learn to **distinguish** right *from* wrong.	子どもたちはすぐに善と悪を**区別する**ことができるようになる。
☐ The team manager's position will be **reviewed** at the end of the season.	そのチームの監督の座はシーズンの終わりに**再検討**されるだろう。
☐ ⓐ Plants **absorb** nutrients from the soil. ⓑ My brother has *been* **absorbed** *in* playing video games these days.	ⓐ植物は土壌から養分を**吸収する**。 ⓑ私の兄[弟]は最近テレビゲームで遊ぶことに**夢中になっている**。

▶ 農業に関する語

1122 □	**cattle** [kǽtl]	名《集合的に；複数扱い》(飼育している) **ウシ** ➡ców 名雌ウシ ➡búll 名雄ウシ
1123 □	**fertile** 発ア [fə́ːrtl, fə́ːrtail]	形①(土地が) **肥えた** ②(動物が) **多産の** ⇨ fertílity 名①肥よく ②多産
1124 □	**plague** 発 [pléig]	名①《the 〜とも》**ペスト** ②疫病 動 を悩ます，を苦しめる
1125 □	**rural** [rúərl]	形 **いなかの**，田園の (↔ urban 都市の)
1126 □	**weed** [wíːd]	名 **雑草** 動 (の) 雑草を取る ⇨ wéedy 形①雑草の多い ②ひょろひょろした
1127 □	**wheat** [(h)wíːt]	名 **小麦** ➡bárley 名大麦 ➡óat 名カラス麦
1128 □	**flour** 発 [fláuər]	名 **小麦粉** 注意〈同音語〉flower 名花
1129 □	**yield** [jíːld]	名 **産出(高)**，収穫(量) 動①屈する；応ずる ②を産出する，を生む ➡ yield to ... …に屈する，…に道を譲る
1130 □	**organic** [ɔːrgǽnik]	形① **有機の**，有機的な ②臓器の ⇨ órgan 名臓器，器官；機関 ⊃ 1549

▶「手を使ってする」ことを表す語（1）

1131 □	**bind** [báind]	動① **を縛る**，(人)を拘束する ②をくっつける 〈bound - bound〉 ➡ be bound to do きっと〜する ⊃ p.309
1132 □	**grasp** [grǽsp]	動① **をしっかりと握る** ②を把握する 名①しっかりつかむこと ②把握，理解
1133 □	**handle** [hǽndl]	動①(人・もの) **を取り扱う**；を処理する ②に手を触れる 名取っ手；ハンドル
1134 □	**squeeze** [skwíːz]	動① **をしぼる**，をしぼってかける ②を強く握る；を抱き締める

☐ **Cattle** are eating grass in the field.	**ウシ**が草原で草を食べている。
☐ Lots of rain, a hot climate and **fertile** soil can produce good rice.	多量の雨と高温の気候，**肥えた**土地が良質の米を産出する。
☐ *The* **plague** caused 100,000 deaths in London alone in the 1600s.	**ペスト**は1600年代にロンドンだけで10万人の死者をもたらした。
☐ My brother seems bored with **rural** life.	私の兄[弟]は**いなかの**生活にうんざりしているようだ。
☐ I've been pulling **weeds** in the backyard.	私はずっと裏庭で**雑草**を取っていた。
☐ Australia exports **wheat** to many countries.	オーストラリアは多くの国に**小麦**を輸出している。
☐ Bread, cakes, and pasta are made from **flour**.	パンやケーキ，パスタは**小麦粉**から作られる。
☐ ⓐ The quality of the soil partially determines the crop's **yield**. ⓑ Finally he **yielded** *to* temptation.	ⓐ土壌の質で農作物の**産出量**はある程度決まる。 ⓑついに彼は誘惑に**負けた**。
☐ **Organic** farming is better for the environment.	**有機**農業は環境により優しい。
☐ Please **bind** these sticks together with rope.	これらの棒をいっしょに縄で**縛って**ください。
☐ Alan **grasped** the handle of the door and pulled.	アランはドアの取っ手を**しっかり握って**引いた。
☐ He **handled** the situation very well.	彼はとてもうまくその状況を**処理した**。
☐ My mother **squeezed** some lemon juice on the salad.	母はレモンの汁を**しぼって**サラダにかけた。

■》政治・政策に関する語（1）

1135 □ **candidate** ア [kǽndidèit, kǽndidit]	名 ①候補者　②志願者，受験者 ➡ ápplicant 名 出願者；応募者
1136 □ **civil** [sívl]	形 ①市民の，民間の　②礼儀正しい ➡ a civil war 内戦，内乱 ⇨ civílian 名 民間人 ⇨ civílity 名 礼儀正しさ
1137 □ **congress** ア [káŋgrəs]	名 ①《Congress で》（米国の）連邦議会 ②国会，議会　③会議 ➡ the Diet（日本の）国会
1138 □ **constitution** [kànstət(j)úːʃən]	名 ①《Constitution とも》憲法　②構成；体質 ⇨ cónstitute 動 ①を構成する　②を設立する
1139 □ **kingdom** [kíŋdəm]	名 ①王国　②領域，〜界 ➡ the animal kingdom 動物界
1140 □ **liberty** [líbərti]	名 自由，（束縛などからの）解放 ➡ take the liberty of -ing[to *do*] 勝手に〜する ➡ be at liberty to *do* 自由に〜できる ⇨ líberal 名 自由主義者　形 寛大な；自由（主義）の ⇨ líberate 動 を解放する ➡ fréedom 名 （束縛のない）自由
1141 □ **military** [mílətèri]	形 軍隊の，軍の 名 軍隊 ➡ military service 兵役

■》「手を使ってする」ことを表す語（2）

1142 □ **stir** 発 [stə́ːr]	動 ①をかき回す　②（物・感情）を動かす 名 （軽い）動き
1143 □ **tear** 発 [téər]	動 を裂く；裂ける　〈tore - torn〉 名 裂け目 注意 [tíər] 発 名 《通常（複）で》涙
1144 □ **wipe** [wáip]	動 をふきとる；をぬぐう
1145 □ **stuff** [stʌ́f]	動 を詰め込む 名 材料，物質；（ばくぜんと）もの 注意 staff [stǽf] 名 職員，スタッフ ● 1031

Word No. 1135 — 1145

B-81

- [ ] There are five **candidates** in the coming election. — 次の選挙には5人の**候補者**がいる。
- [ ] The country has been torn apart by **civil** war. — その国は**内戦**によって引き裂かれてきた。
- [ ] The U.S. President gave a speech to **Congress**. — 米国大統領は**連邦議会**に対して演説を行った。
- [ ] The Japanese **Constitution** says that we will never start a war. — 日本国**憲法**には，私たちは決して戦争を開始しないと書いてある。
- [ ] The Netherlands is a **kingdom** in the northwestern part of Europe. — オランダはヨーロッパの北西部にある**王国**だ。
- [ ] ⓐ Give me **liberty**, or give me death. — ⓐわれに**自由**を与えよ，しからずんば死を与えよ。《Patrick Henry のことば》
  ⓑ You *are at* **liberty** *to* say anything you like at this meeting. — ⓑこの会議では好きなことを何でも**自由**に言うことが**できる**。
- [ ] The country is prepared to use **military** force. — その国は**軍事**力を行使する準備ができている。

B-82

- [ ] She **stirred** her coffee with a spoon. — 彼女はスプーンでコーヒーを**かき回した**。
- [ ] Brad **tore** the letter to pieces and threw them in a trash can. — ブラッドはずたずたにその手紙を**裂いて**，ごみ箱に捨てた。
- [ ] The waiter was **wiping** the tables. — ウエイターはテーブルを**ふいて**いた。
- [ ] She **stuffed** two more sweaters into her bag. — 彼女はセーターをもう2枚カバンに**詰め込んだ**。

■》政治・政策に関する語（2）

1146 □ parliament
発 [páːrləmənt]
名 ①《Parliament で》(英国の) 国会　②議会
⇨ parliaméntary 形 議会の

1147 □ political
ア [pəlítikl]
形 政治(上)の，政治的な
➡ political party 政党
⇨ pólitics 名 ①政治(学)　②政策　○ 662
⇨ politícian 名 政治家

1148 □ republic
[ripʌ́blik]
名 共和国 (↔ monarchy 君主国)
➡ the Republic of Turkey トルコ共和国

1149 □ minister
[mínəstər]
名 大臣，公使
⇨ mínistry 名 《英》省
➡ ambássador 名 大使

1150 □ revolution
[rèvəl(j)úːʃən]
名 ①大変革，革命　②回転
⇨ revólve 動 回転する；を回転させる
⇨ revolútionary 形 ①画期的な　②革命の

1151 □ treaty
[tríːti]
名 条約，協定
➡ a peace treaty 平和条約

1152 □ governor
[ɡʌ́vərnər]
名 ①(州)知事　②(植民地などの)総督
⇨ góvern 動 を統治する；治める　○ 1167

■》法的行為を表す動詞

1153 □ abolish
ア [əbɑ́liʃ]
動 (法・制度・習慣など)を廃止する
(= do away with ...)
⇨ abolítion 名 廃止

1154 □ accuse
[əkjúːz]
動 ①を告発[告訴]する　②を非難する
➡ accuse 〈人〉of ...　〈人〉を…で告発[告訴]する
⇨ accusátion 名 告発；非難

1155 □ commit
ア [kəmít]
動 ①(罪・過ちなど)を犯す　②を約束させる
⇨ commíssion 名 委員会；手数料；犯行
⇨ commítment 名 約束；献身；義務

1156 □ inherit
ア [inhérət]
動 を相続する，(遺伝として)を受け継ぐ
⇨ inhéritance 名 相続，遺産；遺伝

☐ The bill was passed by **Parliament** in April.	その法案は4月に**国会**で可決された。
☐ Education is now a major **political** issue.	今や教育は重要な**政治**課題だ。
☐ Nine **republics** took part in the referendum.	9つの**共和国**が国民投票に参加した。
☐ The Russian foreign **minister** was also present at the meeting.	ロシアの外務**大臣**も会議に出席していた。
☐ There has been a **revolution** in the education system.	教育制度に**大変革**があった。
☐ They have signed a **treaty** reducing long-range missiles.	長距離ミサイル削減の**条約**が調印された。
☐ To everyone's surprise, the famous actor was elected **governor** of that state.	みんなが驚いたことに，その有名な俳優はあの州の**知事**に選ばれた。
☐ Slavery was **abolished** in the U.S. in the 19th century.	奴隷制度は米国では19世紀に**廃止された**。
☐ He has been **accused** *of* murder.	彼は殺人罪で**告発**されている。
☐ He **committed** the crime of driving under the influence of alcohol.	彼は酒気帯び運転の罪を**犯した**。
☐ He **inherited** a fortune from his grandfather.	彼は祖父から財産を**相続した**。

■》化学に関する語

1157 □ atom [ǽtəm]
图 原子, 微粒子
⇨ atómic 形 原子(力)の；極小の

1158 □ mass 発[mǽs]
图 ①大きなかたまり　②多量
➡ masses[a mass] of ... 多数[多量]の…
⇨ mássive 形 どっしりした；膨大な

1159 □ nuclear [n(j)úːkliər]
形 核の；原子力の
⇨ núcleus 图 核；中心

1160 □ oxygen [ɑ́ksidʒən]
图 酸素　➡ lack of oxygen 酸欠
⇨ óxide 图 酸化物

1161 □ hydrogen [háidrədʒən]
图 水素

1162 □ sphere [sfíər]
图 ①球　②（活動・知識の）範囲
⇨ hémisphere 图 半球

1163 □ microscope ア[máikrəskòup]
图 顕微鏡
➡ télescope 图 望遠鏡

1164 □ chloride [klɔ́ːraid]
图 塩化物, 塩素化合物
⇨ chlorine [klɔ́ːriːn] 图 塩素

1165 □ acid [ǽsid]
形 酸性の；すっぱい　图 酸
➡ acid rain 酸性雨

■》政治的行為を表す動詞

1166 □ appoint [əpɔ́int]
動 ①（役職に）を任命する
　②（日時・場所）を定める, を約束する
⇨ appóintment 图 任命；（面会の）約束 ● 782

1167 □ govern [gʌ́vərn]
動 ①を統治する；治める　②を管理する
⇨ góvernment 图 政治；政府 ● 661

1168 □ impose ア[impóuz]
動 ①《impose ... on 〜で》〜に…を課[科]す
　②（思想・信条など）を押しつける　③つけ込む
➡ impose on[upon] ... …につけ込む

There is incredible energy stored inside an **atom**.	**原子**の内部には信じられないくらいのエネルギーが蓄えられている。
Scientists have collected *a* **mass** *of* data.	科学者たちは**多量**のデータを集めた。
The U.S. Navy has many **nuclear**-powered submarines.	米国の海軍は多くの**原子力**潜水艦を保有している。
Oxygen is essential for life.	**酸素**は生命に不可欠である。
Hydrogen is the lightest of all gases.	**水素**はあらゆる気体の中でもっとも軽い。
We know that the earth is not a true **sphere**.	私たちは地球は完全な**球**ではないことを知っている。
Each sample was examined with a **microscope**.	それぞれのサンプルは**顕微鏡**で検査された。
Sodium **chloride**, our common table salt, is essential to human life.	ありふれた食卓塩である**塩化**ナトリウムは、人間の生命に欠かせない。
Acid *rain* will become an even more controversial issue in the near future.	近い将来、**酸性**雨はさらなる論争を引き起こす問題になるだろう。
I was **appointed** as chairperson.	私は議長に**任命**された。
The same party has **governed** the country for twelve years.	同じ政党が12年間にわたってその国**を統治している**。
The government **imposed** a new tax *on* cigarettes.	政府はたばこ**に**新たな税**を課した**。

▶ 地理に関する語

1169 □ **district** ⑦ [dístrikt]	名 (特色・機能を持った) **地域**, 地方; (行政的な) 地区
1170 □ **geography** ⑦ [dʒiágrəfi]	名 **地理(学)**; 地勢, 地形 ⇨ geográphic 形 地理(学)上の
1171 □ **globe** [glóub]	名 ①《the ~で》**地球**, 世界　②球体　③地球儀 ⇨ glóbal 形 ①全世界的な　②全体的な 注意 glove [glʌ́v] 発 名 手袋
1172 □ **harbor** [háːrbər]	《英》harbour 名 ①**港**　②避難所 動 注意 (悪意など) **を心に抱く**
1173 □ **region** [ríːdʒən]	名 ①**地方**, 地域　②領域　③(体などの) 部分 ⇨ régional 形 地方の
1174 □ **route** 発 [rúːt, ráut]	名 ①**道(筋)** ②(バスや電車の) 路線, (飛行機の) 航路
1175 □ **territory** [térətɔ̀ːri]	名 ①**領土**, 占領地　②(広い) 地域 ③なわばり
1176 □ **urban** [ə́ːrbn]	形 **都市の**, 都会の(↔ rural いなかの) ⇨ urbane [əːrbéin] 形 洗練された ⇨ urbanizátion 名 都市化
1177 □ **range** [réin(d)ʒ]	名 ①**範囲**　②山脈　③列 動 ①**を並べる**　②及ぶ

▶ 「反対する」「じゃまする」ことを表す語

1178 □ **protest** [prətést, próutest]	動 **抗議する**; 反対する ➡ protest against ... …に抗議する 名 [próutest] 抗議
1179 □ **oppose** [əpóuz]	動 ①**に反対する**　②《通常受け身形で》対抗する ⇨ opposítion 名 反対; (競技の) 相手 ⇨ ópposite 形 反対側の, 逆の ◎ 822
1180 □ **interrupt** ⑦ [ìntərʌ́pt]	動 ①**に口をはさむ**　②を中断させる ⇨ interrúption 名 じゃま, 妨害
1181 □ **interfere** ⑦ [ìntərfíər]	動 ①《interfere with ... で》**…に支障を来す** 　…を妨害する, …を害する ②《interfere in ... で》…に干渉する ⇨ interférence 名 干渉; 妨害

She works in the financial **district**.	彼女は金融街で働いている。
What effects has **geography** had on the population?	地形はそこの住民にどんな影響を及ぼしてきたのでしょうか。
We export our goods all over *the* **globe**.	私たちは世界中に私たちの製品を輸出している。
The Statue of Liberty stands on an island in the **harbor** of New York City.	自由の女神像は，ニューヨーク市の港にある島に立っている。
Squalls are common in tropical **regions**.	スコールは熱帯地方でよく見られる。
This is the quickest **route** to the station.	これが駅まで行くもっとも早い道筋だ。
Hong Kong became Chinese **territory** again in 1997.	香港は1997年に再び中国領となった。
The problem of air pollution is especially serious in **urban** areas.	大気汚染の問題は特に都市部で深刻だ。
Students may choose from a wide **range** of subjects.	学生は幅広い範囲の科目の中から選択できる。
A great number of people **protested** *against* the war.	非常に多くの人々がその戦争に抗議した。
Many people **opposed** the new law.	多くの人が新法に反対した。
Please don't **interrupt** me when I'm talking.	私が話しているときは口をはさまないでください。
The rain may **interfere** *with* our plans to go hiking.	雨で，私たちがハイキングに行く計画に支障を来すかもしれない。

基本動詞を含む頻出熟語

make ④

①を作る　②(事態・状態)を生み出す，を引き起こす　③を(ある状態)にする　④に〜させる

1182 □	**make fun of ...**	…をからかう(= pull *one's* leg)
1183 □	**make up ...**	①(話・うそなど)をでっちあげる ②…を構成する
1184 □	**make up for ...**	…の埋め合わせをする， …を補う(= compensate for ...)
1185 □	**make allowance(s) for ...**	①…を考慮に入れる ②…を大目に見る
1186 □	**make it a rule to *do***	〜することにしている， 〜することを決まりにしている

その他の基本動詞 ②

1187 □	**work out (...)**	①(計画など)を考え出す，…を作る ②(問題など)を解く ③うまくいく，よい結果となる
1188 □	**cut in**	①じゃまをする，話に割り込む(= interrupt) ②(車などが)割り込みをする
1189 □	**pull up (...)**	①車を止める；(車が)止まる ②…を引き上げる，…を引き寄せる
1190 □	**pull *one's* leg**	〜をからかう(= make fun of ...)
1191 □	**hit on[upon] ...**	…を思いつく，…に出くわす
1192 □	**fall out**	①口論する(= quarrel) ②(歯や髪などが)抜ける ➡ fall out over ... …のことで口論する
1193 □	**live up to ...**	①(評判・期待など)に応える ②…を実践する
1194 □	**answer for ...**	①…の責任を負う ②…を保証する

B-89　Word No. **1182 − 1194**

make はものごとに働きかけて，新しい別のものや状況を生み出すことを表す。
いろいろな文型で使われるので，注意が必要である。　　　　　　　　　⊃ 135

- Everyone **made fun of** my clothes.
  みんなが私の服**をからかった**。

- She **made up** the whole story.
  彼女は話**をすべててっちあげた**。

- I don't eat breakfast, but I **make up for** it at lunch.
  私は朝食を食べないが，昼食でそれ**を補っている**。

- We must **make allowances for** the criminal's age.
  私たちはその犯人の年齢**を考慮に入れ**なければならない。

- I **make it a rule** not **to** mix business with pleasure.
  私は仕事と遊びを混同しない**ことにしている**。

- Have you **worked out** the schedule for next month?
  あなたは来月の予定**を作りました**か。

- She was about to ask another question when George **cut in**.
  彼女がもう1つ質問をしようとしたとたんに，ジョージが**話に割り込んだ**。

- We **pulled up** in front of the restaurant.
  私たちはそのレストランの正面に**車を止めた**。

- You can't be serious. You're **pulling my leg**.
  本気じゃないでしょ。**私をからかって**いるんでしょ。

- I think we've **hit on** a solution.
  私たちは解決策**を思いついた**と思う。

- We **fell out** over the education of our children.
  私たちは子どもの教育のことで**口論した**。

- The movie didn't really **live up to** our expectations.
  その映画は実際のところ私たちの期待**に応えて**いなかった。

- He should be made to **answer for** his crimes.
  彼は自分が犯した犯罪**の責任を負う**べきだ。

ここで差がつく頻出熟語

▶時を表す慣用表現

1195 □	behind the times	時代遅れの（= out of date）
1196 □	as (of) yet	《否定文で》（そのときは）まだ〜（ない）
1197 □	in advance	①前もって，あらかじめ ②前払いで
1198 □	in no time	すぐに，まもなく
1199 □	before long	まもなく（= soon） ➡ it won't be long before ... まもなく…だろう
1200 □	for good (and all)	永久に， 二度と〜ない　　　　　　　　　　　○p.293

▶助動詞を用いた慣用表現

1201 □	would (often) *do*	（よく）〜したものだった【過去の習慣】 ➡ used to *do*（以前はよく）〜したものだった【過去の習慣・状態】
1202 □	would like to *do*	〜したいと思う ➡ Would you like ...? …はいかがですか。
1203 □	cannot be too ...	いくら…してもしすぎではない
1204 □	cannot ... enough	いくら…してもし足りない
1205 □	may well *do*	①〜するのももっともだ ②たぶん〜するだろう
1206 □	may[might] as well *do*	〜したほうがよい
1207 □	may[might] as well ... as 〜	〜するくらいなら…するほうがましだ
1208 □	How dare ...?	よくもずうずうしく…できるね

☐ Technologically, our equipment is a bit **behind the times**.	技術的には，私たちの設備は少し**時代遅れ**だ。
☐ *No* survivors have been found **as of yet**.	生存者は**まだ**1人も見つかってい**ない**。
☐ You had better get the concert tickets **in advance**.	そのコンサートのチケットは**前もって**手に入れておいたほうがいい。
☐ If I leave now, I'll be back **in no time**.	今出れば，私は**すぐに**帰れる。
☐ Summer vacation will be over **before long**.	**まもなく**夏休みが終わる。
☐ The evil empire was gone **for good**.	悪の帝国は**永久に**滅びた。

☐ We **would often** go for a walk in the park.	私たちは**よく**公園に散歩に行った**ものだった**。
☐ My parents **would like to** meet you.	私の両親があなたに会い**たいと思っている**。
☐ You **cannot be too** careful when you ride a bicycle at night.	夜に自転車に乗るときには**いくら注意してもしすぎではない**。
☐ I **cannot** thank you **enough**.	私は君に**いくら感謝してもし足りない**。
☐ You **may well** get angry with him.	君が彼に腹を立てる**のももっともだ**。
☐ There's nothing happening so we **may as well** go home.	何もありそうにないから，私たちは家に帰った**ほうがよい**。
☐ You **may as well** throw your money away **as** spend it on such nonsense.	君はそんな無意味なことにお金を使う**くらいなら捨てたほうがましだ**。
☐ **How dare** you speak to me like that**?**	君は**よくもずうずうしく**私にそんな口がきける**ね**。

ここで差がつく頻出熟語

▶ be を使った慣用表現

1209 □	*be* in charge of ...	① …の担当[担任]である ② …を世話している
1210 □	*be* up to ...	① …の責任である；…次第である ② …に匹敵する
1211 □	*be* yet to *do*	まだ〜していない（≒ *be* still to *do*） ➡ have yet to *do* まだ〜したことがない
1212 □	*be* well off	裕福である， 暮らし向きがよい
1213 □	*be* through with ...	…を終える， …との関係を断つ
1214 □	*be* under way	①（事が）進行中である，始まっている ②（船が）航行中である ➡ get under way（船が）出航する
1215 □	*be* at home in[with] ...	…に慣れている ➡ *be* at home -ing 〜することに慣れている
1216 □	*be* on good[bad] terms with ...	…と仲がよい[悪い]
1217 □	*be* as good as *one's* word[promise]	約束を果たす，約束どおりに実行する
1218 □	*be* beside the point	的外れである，無関係である

▶ 比較を用いた慣用表現（1）【原級を用いた表現】

1219 □	not so much A as B	AというよりはむしろB (= rather B than A, more (of) B than A)
1220 □	not so much as *do*	〜さえしない ➡ without so much as -ing 〜さえしないで
1221 □	as ... as any 〜	どの〜にも劣らず… 注意 any のあとには単数名詞が続く。
1222 □	as many[much] as ...	…も(の) 注意 数量の多さを強調する表現。2番目のas のあとには数量を表す名詞が続く。

☐ Who **is in charge of** the project?	その企画**の担当をしている**のはだれですか。
☐ Teaching children discipline **is up to** their parents.	子どもをしつけるのは親**の責任だ**。
☐ Smith **is yet to** score a point.	スミスは**まだ得点していない**。
☐ My uncle **is well off**, but he lives quite simply.	おじは**裕福である**が，とても質素に暮らしている。
☐ Let's go shopping after you **are through with** (doing) the dishes.	君が皿洗い**を終え**たら，買い物に行こう。
☐ An investigation **is under way** to discover the cause of the train crash.	その列車衝突事故の原因を究明するための調査が**進行中だ**。
☐ I **am** already **at home in** the new apartment.	私はもう新しいアパート**に慣れた**。
☐ Recently I have **been on good terms with** my neighbors.	最近，私は近所の人たち**と仲がよい**。
☐ The President promised to lower income taxes, and he has **been as good as his word**.	大統領は所得税減税を約束し，その**約束どおりに実行して**いる。
☐ What you are saying **is beside the point**.	君の言っていることは**的外れだ**。
☐ I was **not so much** angry **as** worried.	私は，腹が立つ**というよりむしろ**心配だった。
☐ They did **not so much as** say goodbye when they left.	彼らは出て行くとき，別れのあいさつをすること**さえしなかった**。
☐ I think cherry blossoms are **as** beautiful **as any** flower in Japan.	桜の花は**ど**の日本の花**にも劣らず**美しいと，私は思う。
☐ **As many as** two million visitors come here every year.	200万人**も**の観光客が，毎年ここにやって来る。

ここで差がつく頻出熟語

■》【条件】【譲歩】を表す接続詞

1223 □ provided (that) ...	もし…ならば，…という条件で （= if it is provided that ...）
1224 □ on[under] condition that ...	…という条件で ➡ on no condition どんな条件でも〜ない
1225 □ even if ...	たとえ…だとしても，たとえ…でも　　○p.377
1226 □ although [though] ...	…だけれども
1227 □ unless ...	…しない限り，…でない限り（= if ... not）； …である場合を除いて
1228 □ 形容詞＋as ...	〜ではあるが， 〜だけれども　　○p.371⑤
1229 □ whereas ...	ところが（それに対して），…であるのに
1230 □ whether ... or not	…しようがしまいが， …であろうとなかろうと　　○p.377 ➡ whether ... or 〜 …であろうと〜であろうと

■》比較を用いた慣用表現（2）【比較級を用いた表現①】

1231 □ no more than ...	…しか〜ない，たった…（= only） 注意 「…」と同数だが，それはさほど多い数ではない。
1232 □ not more than ...	せいぜい…しか〜ない，多くとも…（= at most） 注意 「…」と同数かあるいはそれより少ない数。
1233 □ no less than ...	…も（= as many[much] as ...） 注意 「…」と同数だが，それは決して少ない数ではない。
1234 □ not less than ...	少なくとも…（= at least） 注意 「…」と同数かあるいはそれより大きい数。
1235 □ A is no more B than C (is) (D)	C（がDでないの）と同様にAはBでない， AがBでないのはC（がDでないの）と同じである
1236 □ A is no less B than C (is) (D)	C（がDであるの）と同様にAはBである， AがBなのはC（がDなの）と同じである

☐ You can come with us, **provided that** you pay for your own meals.	もし食事代を自腹で払う**ならば**，君もいっしょに来ていいよ。
☐ Two employees agreed to speak to us **on condition that** they not be named.	名前を明かさない**という条件で**，2人の従業員が私たちに話をすることに同意してくれた。
☐ I'll never speak to her again — **even if** she apologizes.	彼女とは二度と口をきかない。**たとえ**彼女が謝ってきた**としても**。
☐ **Although** the car's old, it still runs well.	その車は古い**けれども**，まだよく走る。
☐ You can't get the tickets **unless** you book them in advance.	前もって予約**しない限り**，君はそのチケットを入手できない。
☐ **Small as** it is, this is an object of enormous value.	小さく**はあるが**，これはすごい価値があるものだ。
☐ The old system was complicated, **whereas** the new system is very simple.	旧制度は複雑だった。**ところがそれに対して**新制度はとても単純だ。
☐ **Whether** you agree **or not**, we're going to do it.	あなたが賛成**しようがしまいが**，私たちはそれを実行します。

☐ Opinion polls show that **no more than** 30 percent of the people trust the government.	世論調査によると30％の人**しか**政府を信頼してい**ない**。
☐ I talked with her for **not more than** half an hour.	私は彼女と**せいぜい**３０分**しか**話していない。
☐ He has **no less than** three hundred CDs.	彼はCDを300枚**も**持っている。
☐ It will take **not less than** forty minutes to walk to the station from here.	ここからその駅まで歩くには**少なくとも**40分はかかるだろう。
☐ Flying a plane **is no more** easy **than** driving a car **is**.	車の運転（がやさしく**ないの**）**と同様に**飛行機の操縦**は**やさしく**ない**。
☐ Watt **was no less** a genius **than** Edison **was**.	エジソン（が天才**であったの**）**と同様**に，ワット**は**天才**であった**。

ここで差がつく頻出熟語

▶ 前置詞を含む慣用表現

1237 □	by way of ...	①…経由で（= via），…を通って ②…の手段で；…のつもりで
1238 □	without fail	必ず， 間違いなく
1239 □	apart from ...	①…を除いては，…を別にすれば（= except） ②…と離れて
1240 □	to *one's* taste	～の好みに合った
1241 □	on second thought(s)	考え直して
1242 □	at large	①つかまっていない，自由で ②《名詞の直後で》一般の～，全体としての～
1243 □	behind *one's* back	～のいないところで， ～にないしょで

▶ 比較を用いた慣用表現（3）【比較級を用いた表現②】

1244 □	the ＋比較級 ..., the ＋比較級 ～	…すればするほど，ますます～ 注意 2つの関連したできごとが比例関係を保ちながら，程度を増したり減らしたりしていることを表している。
1245 □	all the ＋比較級 (＋for[because] ...)	(…なので)ますます～， (…なので)よりいっそう～ 注意 for[because]は理由を表し，その理由で比較級で示される内容がより程度を増していることを表す。1245，1246ともに，文脈上，理由がはっきりしている場合，for[because]以下は省略されることもある。
1246 □	none the ＋比較級 (＋for[because] ...)	(…だからといって)～というわけではない 注意 for[because]以下に示される理由があっても，比較級で示される内容に変化がないことを表している。
1247 □	know better than to *do*	～するほど愚かではない (＝～しないくらいの分別がある)

Word No. **1237 — 1247**

B-93

☐ We flew to Europe **by way of** Iceland.	私たちはアイスランド**経由で**ヨーロッパに飛んだ。
☐ Walter promised to return the money **without fail**.	ウォルターはそのお金を**必ず**返すと約束した。
☐ The movie was great, **apart from** the silly ending.	ばかばかしい結末**を除けば**，その映画はすばらしかった。
☐ This type of event isn't **to everyone's taste**.	この種のイベントは**すべての人の好みに合っている**というわけではない。
☐ I'll call her tomorrow — no, **on second thought**, I'll try now.	彼女に明日電話しよう。いや，**考え直して[やっぱり]**，今しよう。
☐ They say that the bicycle thieves are still **at large**.	その自転車窃盗犯たちはまだ**つかまっていない**そうだ。
☐ Don't criticize him **behind his back**.	彼のいないところで彼を批判するな。
☐ **The more** you sleep, **the more** relaxed you'll feel.	たくさん眠れば眠る**ほど，ますます**気分が楽になりますよ。
☐ My mother looks **all the better for** taking three days off from work.	母は3日間休暇を取った**のでますます**元気になったように見える。
☐ My job has become **none the easier because** of the new assistant.	新しい助手がいる**からといって**私の仕事が楽になった**わけではない**。
☐ She **knew better than to** argue with him when he used that particular tone of voice.	彼女は，彼があの特定の声色を使ったときに，彼と口論**するほど愚かではなかった**。

ここで差がつく頻出熟語

■》by 以外の前置詞と結びつく受動態の表現

1248 □ *be* interested in ...	…に興味がある，…に関心がある
1249 □ *be* known to ...	…に知られている ➡ *be* known for ... …で知られている ➡ *be* known by ... …でわかる
1250 □ *be* covered with ...	…で覆われている
1251 □ *be* caught in ...	（雨など）にあう ➡ *be* caught in a shower にわか雨にあう
1252 □ *be* satisfied with ...	…に満足している
1253 □ *be* injured in ...	（事故など）でけがをする 注意 injure は，おもに事故で身体を傷つけることを表し，wound は，刃物・銃などの凶器で人を傷つけることを表す。
1254 □ *be* killed in ...	（事故・戦争など）で死ぬ

■》関係代名詞 what を含む慣用表現

1255 □ what[who] *one* is (today)	現在の〜，今の〜
1256 □ what[who] *one* was [used to be]	以前の〜，昔の〜
1257 □ A is to B what C is to D	AのBに対する関係はCのDに対する関係に等しい
1258 □ what is called ...	いわゆる…
1259 □ what is worse	さらに悪いことに ➡ what is more さらには，その上
1260 □ what *one* has	〜の財産（＝〜の持っているもの）
1261 □ what with ... and (what with) 〜	…やら〜やらで

☐ She **is interested in** starting her own business.	彼女は自分で事業を始めること**に関心がある**。
☐ ⓐ The legend **is known to** everyone in this village.	ⓐその伝説はこの村のすべての人**に知られている**。
ⓑ A man **is known by** the company he keeps.	ⓑ人はその人がつき合っている友人で**わかる**。《諺》
☐ The old desk of mine **was covered with** dust.	私の古い机はほこり**で覆われていた**。
☐ We **were caught in** a heavy snowstorm.	私たちはひどい吹雪**にあった**。
☐ I **am** really **satisfied with** the way he cut my hair.	私は彼が切ってくれた髪形に実に**満足している**。
☐ Three people **were** seriously **injured in** the crash.	3人がその衝突事故でひどい**けがをした**。
☐ My grandfather **was killed in** World War II.	私の祖父は第2次世界大戦**で死んだ**。
☐ My parents made me **what I am today**.	**現在の私**があるのは両親のおかげだ。
☐ I was disappointed to learn she is not **what she used to be**.	彼女が**以前の彼女**ではないと知って，私はがっかりした。
☐ Leaves **are to** a plant **what** lungs **are to** an animal.	葉の植物**に対する関係**は肺の動物**に対する関係に等しい**。
☐ My teacher is **what is called** a walking dictionary.	私の先生は**いわゆる**歩く辞書［生き字引］だ。
☐ We lost our way, and **what was worse**, it began to snow.	私たちは道に迷い，**さらに悪いことに**雪も降り出した。
☐ It's not **what I have** that is important; it's what I do.	重要なことは**私の財産**ではない。つまり私が何をするかだ。
☐ **What with** my work at the office **and** my chores at home, I am too busy.	会社での仕事**やら**家での家事**やらで**，私は忙しすぎる。

長文読解 LEVEL 4

⊙LEVEL4で学習した，赤字の語の意味を確認しながら，長文を読んでみましょう。

① Someday, we will have to look for ①**employment**. What is your ideal ②**occupation**? Which is more important — ③**income** or ④**profession**? Are you good at ⑤**manual** ⑥**labor** or would you prefer to do office ⑦**work**? How we ⑧**earn** *our living* depends on various circumstances.

② Some people freely choose the ⑦**work** they ⑨**engage** *in*, and other people ⑩**undertake** ⑦**work** in a family business or receive an ⑪**education** determined by their parents or ⑫**cultural** background. Some people ⑬**emigrate** to another country and get hired as ⑭**migrant** workers. Another way to get a ⑮**job** is to sign a ⑯**contract** with a company for a certain period of time — usually from one to five years. When the ⑯**contract** ends, the ⑰**employee** can decide to continue ⑦**working** at the company if the ⑱**employer** asks the ⑰**employee** to stay. In Japan, some people are returning to a more ⑲**rural** environment to ⑦**work** instead of ⑦**working** in the ⑳**urban** environment of cities. In some countries, serving in the ㉑**military** is a way to earn a ㉒**salary**.

③ While ⑦**working** is usually necessary for survival, it can also be fun for us if we are able to freely and carefully choose our ②**occupation**. Otherwise, we might spend our lives doing a ⑮**job** that we don't like.

(206 words)

Quick Check! ➡ 解答はp.242

① 「を雇う」を意味する動詞は？　　　⇨ ＿＿＿＿＿＿＿＿＿＿
② 「を占有する」を意味する動詞は？　⇨ ＿＿＿＿＿＿＿＿＿＿
④ 「専門職の」を意味する形容詞は？　⇨ ＿＿＿＿＿＿＿＿＿＿
⑧ 「所得」を意味する名詞は？　　　　⇨ ＿＿＿＿＿＿＿＿＿＿
⑨ 名詞 engagement の意味は？　　　⇨ ＿＿＿＿＿＿＿＿＿＿

また，Quick Check!で，語いに関する知識を再確認してみましょう。

B-95

1 いつの日か，私たちは①職を探さなくてはならなくなるだろう。あなたが理想とする②職業は何だろうか。③収入と④職業では，どちらのほうが重要だろうか。あなたは⑤肉体⑥労働が得意だろうか。それとも事務所での⑦仕事をするほうが好きだろうか。私たちがどうやって⑧生計を立てるかは，さまざまな状況次第である。

2 ある人は，自分が⑨従事する⑦仕事を自由に選ぶ。また別の人は，家業の⑦仕事を⑩引き受けたり，両親や⑫文化的背景によって決められた⑪教育を受けたりする。ほかの国に⑬移住し，⑭出稼ぎ労働者として雇われる人もいる。⑮仕事を得るためのもう1つの方法は，会社ととある期間，たいていは1年間から5年間，⑯契約を結ぶことである。⑯契約が終わって，⑱雇い主が⑰従業員にとどまるように頼む場合，⑰従業員はその会社で⑦働き続けるかどうかを決めることができる。日本では，都市の⑳都会的な環境で⑦働く代わりに，より⑲いなかの環境に戻って⑦働いている人もいる。㉑軍隊に服役することが，㉒給与を得る方法の1つである国もある。

3 ⑦働くことは，ふつうは生存するのに必要であるけれども，自分の②職業を自由に，そして慎重に選ぶことができれば，自分にとって楽しいことにもなりうる。そうでなければ，好きではない⑮仕事をして人生を過ごすことになるかもしれない。

⑩「(引き受けた)仕事」を意味する名詞は？　⇨　_____
⑪「を教育する」を意味する動詞は？　⇨　_____
⑫「文化」を意味する名詞は？　⇨　_____
⑬「(外国から)移住する」を意味する動詞は？　⇨　_____
⑳ 形容詞 urbane の意味は？　⇨　_____

実践問題 LEVEL 4

◉ 英文に合うように，もっとも適当な語(句)を選び，番号で答えなさい。

☐ **1.** E-mail has become a new (　　) of communication recently.
①mass　②matter　③means　④media　〈南山大〉

☐ **2.** A (　　) is the money that you pay for a journey made, for example, by bus, train, or taxi.
①charge　②cost　③fare　④fee　〈杏林大〉

☐ **3.** She is a successful lawyer with hundreds of (　　).
①clients　②customers　③passengers　④patients　〈東京理科大〉

☐ **4.** Someone being served in a shop is called (　　).
①an employee　②a customer　③an assistant　④a guest
〈センター試験〉

☐ **5.** Greater London was formed in 1965. It (　　) of the City and 32 boroughs (areas like "ku" in Tokyo), 13 boroughs in Inner London, and 19 in Outer London.
①consisting　②consists　③is consisted　④is consisting
〈学習院大〉

☐ **6.** She was engaged (　　) protecting the national environment.
①to　②in　③off　④onto　〈亜細亜大〉

☐ **7.** It is often said that rice is to Asians (　　) wheat is to Europeans.
①how　②that　③what　④which　〈センター試験〉

☐ **8.** To (　　) her justice, we must say that she was right to ask her father's advice.
①do　②focus　③make　④have　〈帝京大〉

実践問題 LEVEL 4 ANSWERS (p.241)	9. ④ ➜ 1168	10. ④ ➜ 1093	11. ③ ➜ 1119
	12. ④ ➜ 1203	13. ② ➜ 1154	14. ① ➜ 1197
	15. ③ ➜ 1036	16. ① ➜ 1206	

□ 9. They took it for granted that the government would impose heavy taxes (　　) luxury goods.
　　① to　② in　③ from　④ on 〈福岡大〉

□ 10. If you really want to get good marks next semester, you've got to (　　) the exam.
　　① prepare　② preparing　③ prepare in　④ prepare for 〈関東学院大〉

□ 11. Many people find it difficult to (　　) a Canadian accent from an American one.
　　① absorb　② define　③ distinguish　④ predict 〈立命館大〉

□ 12. You (　　) be too careful when you start a joint venture.
　　① ought　② might not　③ must　④ cannot 〈法政大〉

□ 13. Three men were (　　) of killing 30 wild horses.
　　① blamed　② accused　③ checked　④ permitted 〈徳島文理大〉

□ 14. You can't buy tickets on the same day. You have to buy them in (　　).
　　① advance　② beginning　③ front　④ progress 〈学習院大〉

□ 15. I congratulated Bill (　　) winning the game.
　　① at　② of　③ on　④ with 〈上智大〉

□ 16. There's nothing more to do. We might as (　　) go home now.
　　① well　② quickly　③ often　④ fast 〈実践女子大〉

実践問題 LEVEL 4 ANSWERS (p.240)

1. ③　➡ 944
2. ③　➡ 951
3. ①　➡ 974
4. ②　➡ 978
5. ②　➡ 982
6. ②　➡ 1029
7. ③　➡ 1257
8. ①　➡ 1073

実践問題 LEVEL 4　日本語訳と解説

1. **Eメールは最近，新しい通信手段となった。**
   ※ means は単複同形で「手段，方法」の意味。
2. **運賃とは，たとえばバスや電車，タクシーによる，移動のために支払うお金のことである。**
   ※ fare は「(鉄道などの)運賃」，charge は「(サービスに対する)料金」，cost は「費用；犠牲」，fee は「(入学や入会などの)料金」の意味。
3. **彼女は何百人もの依頼人を抱える成功した弁護士だ。**
   ※ client は「(弁護士などの)依頼人」，customer は「(商店などの)顧客」，passenger は「乗客」，patient は「患者」の意味。
4. **店で応対される人は，顧客と呼ばれる。**
   ※ customer は「(商店などの)顧客」，employee は「従業員」，assistant は「助手」，guest は「(ホテルなどの)宿泊客」の意味。
5. **グレーター・ロンドンは1965年に形成された。それはシティーと32の自治区（東京における「区」のような地域）から成る。32の自治区とは，インナー・ロンドン内の13の区と，アウター・ロンドン内の19の区である。**
   ※ 〈consist of ...〉で「...から成る」の意味。状態動詞なので，進行形にしない。
6. **彼女は国内の環境を保護することに従事していた。**
   ※ 〈be engaged in ...〉で「...に従事している」の意味。
7. **米のアジア人に対する関係は，小麦のヨーロッパ人に対する関係に等しいとよく言われる。**
   ※ 〈A is to B what C is to D〉で「AのBに対する関係はCのDに対する関係に等しい」の意味。
8. **彼女を正当に評価するならば，彼女が父親の助言を求めたのは正しかったと言わなければならない。**
   ※ 〈to do ... justice〉で「...を正当に評価すれば」の意味で，慣用的に使われる。
9. **人々は政府がぜいたく品に重い税金を課すことを当然と思った。**
   ※ 〈impose A on B〉で「BにAを課す」の意味。〈take ... for granted〉は「...を当然のことと思う」の意味。it は形式目的語で that 節が真の目的語。
10. **次の学期で君がよい成績を本当に取りたいのなら，試験に備えておかなければならない。**
    ※ 〈prepare for ...〉で「...に備える」の意味。
11. **カナダ（英語）のなまりとアメリカ（英語）のなまりを区別することは難しいと多くの人々が思っている。**
    ※ 〈distinguish A from B〉で「AをBと区別する」の意味。
12. **共同事業を始めるときは，いくら注意してもしすぎではない。**
    ※ 〈cannot be too ...〉で「いくら...してもしすぎではない」の意味。
13. **3人の男が30頭の野生の馬を殺したことで告発された。**
    ※ 〈accuse A of B〉で「AをBで告発する」の意味。of の代わりに for があれば，〈blame A for B〉「AをBで非難する」と同じような意味になる。
14. **券は当日には買えません。前もって買わなければなりません。**
    ※ 〈in advance〉で「前もって，あらかじめ」の意味。
15. **私はビルを試合に勝ったことで祝った。**
    ※ 〈congratulate A on B〉で「AをBで祝う」の意味。
16. **もうすべきことはない。私たちはもう家に帰ったほうがよい。**
    ※ 〈may[might] as well *do*〉で「〜したほうがよい」の意味。積極的にではないが，そうしたほうがよいというニュアンスで使う。

長文読解 LEVEL 4　Quick Check!　解答

① **employ**　② **occupy**　④ **professional**　⑧ **earnings**　⑨ **約束，婚約**
⑩ **undertaking**　⑪ **educate**　⑫ **culture**　⑬ **immigrate**　⑳ **洗練された**

LEVEL 5

国公立大2次・私立大対策(1)

LEVEL 5では,「言語論」や「教育論」,「自然・環境論」など,入試長文で頻出するテーマに分けて単語を学習します。テーマに準じた英文を掲載しているので,読解にも挑戦してみましょう。また,right「正しい;右の;ちょうど;正義;権利」のように,多くの意味を持つ多義語も学習します。

■「追う」ことなどを表す語

1262 □ **overtake** [òuvərtéik]	動を追い越す，を上回る 〈overtook - overtaken〉
1263 □ **pursue** ア [pərs(j)ú:]	動 ①を追求する　②を続ける　③を追跡する ➡ pursue a career キャリアを積む[重ねる] ⇨ pursúit 名追求；追跡
1264 □ **trace** [tréis]	動 ①を捜し出す　②をたどる　③(線など)をなぞる 名形跡，跡
1265 □ **track** [trǽk]	動を追跡(記録)する；の跡を残す 名通った跡；道；(競技用の)トラック

CR 言語論①

1266 □ **bilingual** [bailíŋgwl]	形 2言語使用の，2か国語を話せる 名 2か国語を自由にあやつる人
1267 □ **interpret** ア [intə́:rprət]	動 ①(を)通訳する　②を解釈する ⇨ interpretátion 名解釈 ⇨ intérpreter 名通訳(者)
1268 □ **fluent** [flú:ənt]	形流暢な，よどみのない ⇨ flúently 副流暢に
1269 □ **acquire** [əkwáiər]	動 (努力して)を獲得する，を習得する ⇨ acquisítion 名獲得；習得
1270 □ **describe** ア [diskráib]	動を詳しく説明する；を描写する ⇨ descríption 名説明；描写
1271 □ **transmit** [trænsmít, trænzmít]	動 ①を送信する，を放送する ②を伝染させる
1272 □ **gesture** [dʒéstʃər]	名 ①身ぶり　②意思表示 ➡ make a gesture 身ぶりをする
1273 □ **verbal** [və́:rbl]	形 ①口頭の　②言葉の　③動詞の ⇨ vérb 名動詞

Challenge Reading 01

Your sex, **ethnic background**, **social** class and **personal** style all **influence** your body language. **Nevertheless**, you **move** and **make gestures** within the American idiom. The person who is **truly bilingual** is also **bilingual** in body language. 〈筑波大〉

Word No. **1262 − 1273**

C-1

☐ Never try to **overtake** another car on a bend.	カーブでほかの車を追い越そうとするな。
☐ She plans to **pursue** *a career* in politics.	彼女は政界でのキャリアを積むつもりだ。
☐ Police are trying to **trace** relatives of the dead man.	警察は死亡した男の身内を捜し出そうとしている。
☐ The progress of each student is **tracked** by computer.	各生徒の進度はコンピュータで追跡記録されている。

C-2

☐ He received a **bilingual** education in English and Spanish.	彼は英語とスペイン語の2言語使用の教育を受けた。
☐ I had to **interpret** for my boss on our trip to China.	中国への出張で、私は上司のために通訳しなければならなかった。
☐ She is **fluent** in German.	彼女はドイツ語が流暢だ。
☐ Young children can **acquire** foreign languages faster than adults.	小さい子どもは大人よりも早く外国語を習得することができる。
☐ It is difficult to **describe** my feelings.	私の気持ちを詳しく説明することは難しい。
☐ The game will be **transmitted** live via satellite.	その試合は、人工衛星を通じて生中継で放送される予定だ。
☐ Jim raised his hands in a despairing **gesture**.	ジムは両手を上げて、絶望している身ぶりをした。
☐ He gave me **verbal** instructions.	彼は私に口頭の指示をした。

Translation Example 01

あなたの性，**民族的背景**，**社会**階級，そして**個人の**流儀は，どれもあなたの身体言語に**影響を与えている**。**それにもかかわらず**，あなたはアメリカ的な表現形式の範疇で**動き**，**身ぶりをする**。真に**2か国語を話す**人は，身体言語においても**2言語を使用する**のである。

➡ p.391

➡ のページに，語句の確認を掲載しています。

▶ 数・量に関する語

1274 □ weigh [wéi]
動 ①の重さ[体重]を量る；の重さ[体重]がある
② 重要である
⇨ wéight 名 重量

1275 □ calculate 発 [kǽlkjəlèit]
動 (を)計算する；を見積もる
⇨ calculátion 名 計算；見積もり

1276 □ multiply [mʌ́ltəplài]
動 ①(数)を掛ける　②を増やす；増える
⇨ multiplicátion 名 掛け算

1277 □ lower [lóuər]
動 ①を下げる；下がる　②を小さくする；小さくなる
形 より低い

CR ▶ 言語論②

1278 □ dialect ア [dáiəlèkt]
名 方言
➡ a local dialect 地元の方言

1279 □ accent [ǽksent]
名 ①なまり，話し方　②《音声学で》アクセント
➡ an American accent アメリカ英語のなまり

1280 □ tongue 発 [tʌ́ŋ]
名 ①言語　②舌
➡ mother tongue 母(国)語

1281 □ command [kəmǽnd]
名 ①(言語などを)自由にあやつる能力　②命令
動 ①(服従を前提に)を命じる　②を支配する
③を見渡す　④を意のままにする

1282 □ character ア [kǽrəktər]
名 ①(文)字　②性格，人格　③特質　④登場人物
➡ Chinese characters 漢字
⇨ characterístic 名 特徴　形 特徴的な ◯ 1672

1283 □ letter [létər]
名 ①(文)字　②手紙　③《(複)で》文学，学問
➡ Roman letters ローマ字

1284 □ term [tə́ːrm]
名 ①(専門)用語　②期間；学期
③《(複)で》間柄　④《(複)で》条件
➡ in terms of ... …の点で　　　　　　◯ p.308

Challenge Reading 02

Some **remain** intensely **proud** of their **original accent** and **dialect**'s words, **phrases** and **gestures, while** others accommodate **rapidly** to a new **environment** by changing, among other things, their **speech habits**, so that they no longer "**stand out** in the **crowd**."

〈京都工芸繊維大〉

Word No. **1274 – 1284**

C-3

- [ ] The young birds **weigh** only a few grams. | ひな鳥はほんの数グラムの重さだ。

- [ ] A computer can **calculate** much faster than a person can. | コンピュータは人間よりもずっと速く計算することができる。

- [ ] Nine **multiplied** by seven equals sixty-three. | 9に7を掛けると63に等しい［9掛ける7は63］。

- [ ] Do you think we should **lower** the price? | 私たちは価格を下げたほうがいいとあなたは思いますか。

C-4

- [ ] There are many **dialects** spoken in this country. | この国では多くの方言が話されている。

- [ ] I love your **accent** — Where are you from? | 君の話し方がとても気に入っているんだ。どこの出身ですか。

- [ ] Japanese is not her *mother* **tongue**. | 日本語は彼女の母語ではない。

- [ ] He has an excellent **command** of the English language. | 彼には英語を自由にあやつる優れた能力がある。

- [ ] John learned to write two thousand *Chinese* **characters** in two years. | ジョンは2年間で2,000の漢字が書けるようになった。

- [ ] Fill out the form in capital **letters**. | 大文字で用紙に記入しなさい。

- [ ] Susan is familiar with many legal **terms** because she is a lawyer. | スーザンは弁護士なので，多くの法律用語に精通している。

Translation Example　02

自分の出身地のなまりや，その方言の単語，言い回しや身ぶりを強烈に誇りに思ったままの人もいる。その一方で，新しい環境に急速に適応する人もいる。とりわけ自分の話し方の習慣を変えることで，もはや「群衆の中で目立つ」ことがなくなるのである。

➡ p.391

■▶「頭を使ってする」ことを表す語

1285 □ sense
[séns]
- 動 を感じる
- 名 ①感覚 ②分別 ③意味 　　⇒ p.300
  - ➡ make sense 意味がわかる；理にかなう
  - ⇨ sénseless 形 無意味な

1286 □ assume
[əs(j)úːm]
- 動 ①《assume that ... で》…と思い込む
  ②（役目・責任）を引き受ける
  - ➡ assuming that ... …だと仮定すれば
  - ⇨ assúmption 名 想定；引き受けること

1287 □ acknowledge
[əknάːlidʒ]
- 動 ①を認める，を承認する
  ②に謝意を表する

1288 □ contrast
ア [kəntrǽst]
- 動 を対比する
- 名 [kάntræst] ア 対比，対照
  - ➡ in contrast (to[with] ...) (…と)対照的に

1289 □ derive
[diráiv]
- 動 を得る，を引き出す
  - ➡ be derived from ... …に由来する
    (＝ derive from ...)

1290 □ recall
[rikɔ́ːl]
- 動 ①を思い出す 注意②（商品）を回収する
- 名 ①記憶（力） ②リコール

1291 □ detect
[ditékt]
- 動 ①を発見する ②を感知する ③に気づく
  - ⇨ detéctive 名 刑事；探偵

■▶ 言語論③

1292 □ vocabulary
ア [vo(u)kǽbjəlèri]
- 名 語い力，語い
  - ➡ a large vocabulary 豊富な語い

1293 □ usage
発 [júːsidʒ]
- 名 ①語法 ②使用法
  - ➡ common usage 一般的な使い方

1294 □ translate
[trǽnzleit, trænsléit]
- 動 (を)翻訳する，(を)通訳する
  - ⇨ translátion 名 翻訳，通訳
  - ⇨ tránslator 名 翻訳家［者］

1295 □ code
[kóud]
- 名 ①法，規範 ②暗号 ③記号
  - ➡ break a code 暗号を解く

1296 □ represent
ア [rèprizént]
- 動 ①を表現する，を表す ②を代表する
  - ⇨ representátion 名 表現；代表
  - ⇨ represéntative 名 代表者 形 代表［典型］的な

☐	She **sensed** that I wanted to leave the party.	彼女は私がパーティーを退出したがっているのを**感じた**。
☐	Your car wasn't there, so I **assumed** *that* you were out.	君の車がなかったから，私は君が外出している**と思い込んだ**。
☐	I **acknowledge** that there is a problem.	問題があることを私は**認める**。
☐	He **contrasted** the actual results with the original estimates.	彼は当初の見積もりと実際の結果を**対比した**。
☐	Many people **derive** pleasure from reading.	多くの人が読書から喜びを**得る**。
☐	I can't **recall** who gave me the information.	私はだれがその情報をくれたのかを**思い出せ**ない。
☐	Many forms of cancer can be cured if **detected** early.	多くのタイプのガンが早期に**発見され**れば治療可能である。
☐	Reading is a good way to expand your **vocabulary**.	読書は**語い**を増やすのに優れた方法だ。
☐	He is studying modern English **usage**.	彼は現代英語の**語法**を研究している。
☐	He **translated** the article from English into Japanese.	彼はその記事を英語から日本語に**翻訳した**。
☐	Each state in the U.S. has a different criminal and civil **code**.	アメリカでは各州で異なる刑**法**と民**法**を有する。
☐	This Chinese character **represents** "moon."	この漢字は「月」を**表す**。

▶ 適応・変異などを表す動詞

1297 □ accustom
[əkʌ́stəm]
動 に慣らす
→ *be* accustomed to ... …に慣れている
→ get accustomed to ... …に慣れる

1298 □ adapt
[ədǽpt]
動 ①《adapt ... to ~で》…を~に適合させる，《adapt ... for ~で》…を~のために改造する
②《adapt to ... で》…に順応する
⇒ adaptátion 名 適合；順応

1299 □ attach
[ətǽtʃ]
動 ①をくっつける ②に伴う
⇒ attáchment 名 愛着；付属品

1300 □ differ
ア [dífər]
動 異なる → differ from ... …と異なる
⇒ dífference 名 相違

1301 □ vary
発 [vέəri]
動 ①異なる ②に変化を与える
⇒ várious 形 さまざまな，多様な ● 1734
⇒ varíety 名 多様性；種類 ● 747

▶ 言語論④

1302 □ linguistic
[liŋgwístik]
形 言語の；言語学の
⇒ linguístics 名 言語学
⇒ línguist 名 言語学者；言語に通じた人

1303 □ context
[kántekst]
名 ①文脈，（文章の）前後関係
②背景

1304 □ bias
発 [báiəs]
名 先入観，偏見，傾向
→ bias against ... …に対する偏見

1305 □ communication
[kəmjùːnikéiʃən]
名 ①伝達，意思の疎通 ②通信（手段）
⇒ commúnicate 動 を伝える ● 416

1306 □ define
[difáin]
動 を定義する
⇒ definítion 名 定義；語義

1307 □ express
ア [iksprés]
動 （意見・感情など）を表現する，を述べる
→ express *oneself* 自己表現［自己主張］する
形 ①急行の ②明確な 名 急行
⇒ expréssion 名 表現；表情

1308 □ native
[néitiv]
形 自国の，その土地生まれの
→ native speaker 母（国）語話者
名 その土地生まれの人

Word No. **1297 – 1308**

C-7

☐ I'm not **accustomed** *to* such hot weather.	私はこんな暑い天気に**慣れて**いない。
☐ The house has been **adapted** *for* wheelchair users.	その家は車いすの利用者用に**改造**されている。
☐ **Attach** a recent photo to your application.	願書に最近の自分の写真を**添付しなさい**。
☐ The two systems **differ** slightly.	2つのシステムはわずかに**異なる**。
☐ The content of each course **varies** greatly.	各講義の内容は大きく**異なる**。

C-8

☐ Scholars studied the **linguistic** patterns of several tribes.	学者たちはいくつかの部族の**言語の**型を研究した。
☐ English words can have several meanings depending on the **context**.	英語の単語は**文脈**に応じていくつもの意味にとれることがある。
☐ Students should be evaluated without **bias**.	学生たちは**先入観**なしに評価されるべきだ。
☐ **Communication** is the key to any successful relationship.	**意思の疎通**はあらゆる人間関係を良好に保つためのかぎである。
☐ The powers of the president are clearly **defined** in the Constitution.	大統領の権限は憲法に明確に**定義**されている。
☐ He found it hard to **express** his ideas in English.	彼は英語で自分の考えを**表現する**ことは困難だとわかった。
☐ They never saw their **native** land again.	彼らは**生まれた**土地を再び見ることはなかった。

■ 競争・勝負に関する語

1309 □ compete
[kəmpíːt]
動 競争する
→ compete with[against] ... …と競争する
⇨ competítion 名 競争
⇨ compétitive 形 競争の激しい；競争力のある
⇨ cómpetent 形 有能な
⇨ cómpetence 名 能力

1310 □ confront
[kənfrʌ́nt]
動 ①に立ちはだかる
②に立ち向かう

1311 □ defeat
[difíːt]
動（敵・相手）を破る
→ be defeated 負ける
名 敗北

1312 □ defend
[difénd]
動 ①を防御する，を守る ②を弁護する
⇨ defénse 名 防御 ⇨ defénsive 形 防御の

■ 教育論①

1313 □ intellect
[íntəlèkt]
名 ①知性；知力 ②知識人
⇨ intelléctual 形 知的な；知力の 名 知識人 ◎ 1367

1314 □ intelligent
[intélidʒənt]
形 頭のよい，知能の高い；知的な
⇨ intélligence 名 ①知能 ②情報（機関）

1315 □ skill
[skíl]
名 技術，熟練；腕前
⇨ skílled 形 熟練した；熟練を要する
⇨ skíllful 形 熟練した，腕のよい；巧みな

1316 □ qualify
[kwɑ́ləfài]
動 資格がある；に（〜の）資格を与える
→ be qualified to do 〜する資格がある
⇨ qualificátion 名 資格；能力

1317 □ ability
[əbíləti]
名 能力，才能
⇨ disabílity 名 障害

1318 □ potential
[pəténʃəl]
名 ①可能性，見込み ②潜在能力
形（将来の）可能性がある，潜在的な

1319 □ award
[əwɔ́ːrd]
名 賞
動（賞など）を贈る

1320 □ honor
[ɑ́nər]
《英》honour 名 ①名誉 ②賞 ③敬意
動 の栄誉をたたえる；を尊敬する

☐	The company has to **compete** in the international marketplace.	その会社は国際市場で**競争し**なければならない。
☐	The problems **confronting** the new government were enormous.	新政府に**立ちはだかる**問題は膨大だった。
☐	Our school's basketball team *was* **defeated** in the championship game.	私たちの学校のバスケットボールチームは決勝戦で**負けた**。
☐	We must **defend** children from abuse from adults.	私たちは大人による虐待から子どもたちを**守ら**なければならない。
☐	This book seems to appeal to the **intellect** rather than the emotions.	この本は感情よりも**知性**に訴えかけるように思われる。
☐	The students took part in an **intelligent** discussion on politics.	学生たちは政治に関する**知的な**議論に参加した。
☐	Many jobs today require computer **skills**.	現在では多くの仕事がコンピュータ操作の**技術**を必要とする。
☐	You do not **qualify** for unemployment benefits.	あなたには失業手当を受ける**資格があ****り**ません。
☐	I admire his **ability** to stay calm.	私は,冷静でいられる彼の**能力**に感心する。
☐	He is young but he shows a lot of **potential**.	彼は若いが,大いなる**潜在能力**を示している。
☐	Diana won the "Best Actress" **award**.	ダイアナは「最優秀女優」**賞**を獲得した。
☐	I had the **honor** of meeting the President.	私は大統領にお目にかかる**名誉**にあずかりました。

■》「伸びる」「広がる」ことなどを表す語

1321 □ extend [iksténd]
- 動 ①伸びる；を伸ばす，を延長する ②広がる；を広げる
- ⇨ exténsion 名 拡張；内線電話

1322 □ strain [stréin]
- 動 ①（無理をして）を痛める ②を引っ張る
- 名 ①重圧，負担 ②緊張

1323 □ stretch [strétʃ]
- 動 ①を伸ばす ②伸びをする ③及ぶ
- 名 伸張，区域；期間

1324 □ proceed ア [prəsíːd]
- 動 ①《proceed with ... で》…を続ける ②進行する
- ⇨ prócess 名 過程；処理 ◎ 1580
- ⇨ procédure 名 手続き；手順

1325 □ promote [prəmóut]
- 動 ①を促進する ②を昇進させる
- ⇨ promótion 名 昇進；販売促進

1326 □ prevail ア [privéil]
- 動 《prevail in[among] ... で》…に広まる
- ⇨ prévalent 形 広まった，普及した

CR》教育論②

1327 □ discipline ア [dísəplin]
- 名 ①訓練；修練 ②しつけ，規律
- 動 ①を訓練する ②をしつける

1328 □ concentrate ア [kánsəntrèit]
- 動 《concentrate (...) on ～で》(…を)～に集中する
- ⇨ concentrátion 名 集中

1329 □ stimulate [stímjəlèit]
- 動 ①を刺激する ②を励ます，をかきたてる
- ⇨ stimulátion 名 刺激 ⇨ stímulus 名 刺激(物)

1330 □ evaluate [ivǽljuèit]
- 動 （価値・能力など）を評価する，を見きわめる
- ⇨ evaluátion 名 評価，査定

1331 □ neglect [niglékt]
- 動 ①の管理［世話］をおろそかにする ②（義務など）を怠る ③を無視する
- 名 怠慢，放置；無視 ⇨ négligence 名 怠慢；過失

1332 □ voluntary ア [váləntèri]
- 形 自発的な；意図的な（↔ involuntary 不本意の；無意識の） ⇨ voluntéer 名 志願者；ボランティア

Challenge Reading 03

Fortunately, the **act** of **composition**, or **creation**, **disciplines** the mind; **writing** is one **way** to go about thinking, and the **practice** and **habit** of **writing** not only **uses** much of the mind but **stimulates** it, too.
〈愛知県立大〉

Word No. 1321 — 1332

C-11

☐ The Ryukyu Islands **extend** southwest from Kyushu.	琉球列島は九州から南西に**伸びている**。
☐ I've **strained** a muscle in my leg.	脚の筋肉を**痛めて**しまった。
☐ When he got tired of reading, Eddie **stretched** lazily.	エディは読書に飽きると，だるそうに**伸びをした**。
☐ The government was determined to **proceed** *with* the election.	政府は選挙を**続行する**ことを決断していた。
☐ The visit is aimed at **promoting** good relations between the two countries.	その訪問は両国間の良好な関係を**促進すること**がねらいだ。
☐ Various kinds of old beliefs still **prevail** *among* senior citizens.	さまざまな種類の古い信仰がいまだに年輩の人々の間**に広まっている**。

C-12

☐ She got good grades through hard work and **discipline**.	彼女は勤勉と**修練**でよい成績をおさめた。
☐ Be quiet — I can't **concentrate** *on* my homework.	静かにして。私は宿題**に集中する**ことができない。
☐ The mayor hopes the amusement park will **stimulate** tourism.	市長はその娯楽施設が観光業を**刺激する**ことを期待している。
☐ It is difficult to **evaluate** the effectiveness of different treatments.	いろいろな治療法の有効性を**評価する**ことは困難だ。
☐ The building has been badly **neglected**.	その建物はひどく**管理がおろそかにされている**。
☐ In their family the children do **voluntary** tasks in the house.	彼らの家庭では子どもたちが**自発的に**家の仕事をする。

Translation Example 03

幸いにも，**作文**という**行為**，つまり**創作**は精神を**訓練する**。**書くこと**は考えることにとりかかる1つの**方法**である。そして**書くこと**の**実践**や**習慣**は，精神をたくさん**使う**だけでなく，精神を**刺激する**ことにもなる。　　　　　　　　　　　　　➡ p.391

▶ 「見下す」「あざむく」ことなどを表す語

1333 □ insult
⑦ [insʌ́lt]
動 を侮辱する
名 [ínsʌlt] ⑦ 侮辱

1334 □ despise
⑦ [dispáiz]
動 を軽蔑する，を見くびる

1335 □ dispute
⑦ [dispjúːt]
動 ①に反論する ②(感情的に)を議論する
名 議論，口論，紛争

1336 □ dominate
[dάmənèit]
動 ①(で)優勢である ②を支配する
⇨ dóminant 形 優勢な；支配的な
⇨ dominátion 名 支配，統治，優勢

1337 □ offend
⑦ [əfénd]
動 ①の感情を害する，を怒らせる
②罪を犯す
⇨ offénse 名 立腹；違反；攻撃
⇨ offénsive 形 不快な；攻撃用の

1338 □ bully
[búli]
動 をいじめる
名 いじめっ子，弱い者いじめをする人

1339 □ betray
⑦ [bitréi]
動 ①を裏切る
②(秘密など)をもらす；を暴露する

1340 □ deceive
[disíːv]
動 をだます；をあざむく
⇨ decéption 名 だますこと，詐欺

▶ 教育論③

1341 □ research
[ríːsəːrtʃ]
名 (学術)調査，研究
動 を研究する
⇨ reséarcher 名 調査員，研究員

1342 □ theory
発 [θíːəri]
名 ①理論(↔ practice 実践) ②学説
⇨ theorétical 形 理論的な，理論上の

1343 □ perspective
[pərspéktiv]
名 考え方，見方，観点

1344 □ practical
[prǽktikl]
形 実践的な，実地の(↔ theoretical 理論的な)
⇨ práctically 副 事実上；実際的に

1345 □ academic
⑦ [æ̀kədémik]
形 学問的な；学業の
⇨ acádemy 名 学士院；学園；専門学校

☐ They **insulted** us by ignoring our complaints.	彼らは訴えを無視して私たちを**侮辱した**。
☐ She **despised** her husband for lying to her.	彼女は自分に対してうそをついた夫を**軽蔑した**。
☐ They **disputed** the rumor about their company.	彼らは自分たちの会社についてのうわさに**反論した**。
☐ Education issues **dominated** the election campaign.	教育問題が選挙運動で**優勢だった**[**中心となった**]。
☐ His comments have **offended** many religious groups.	彼の発言は多くの宗教団体の**感情を害している**。
☐ Ricky used to **bully** the younger kids in the neighborhood.	リッキーは，近所の自分より幼い子どもたちをよく**いじめていた**ものだ。
☐ He felt **betrayed** by her.	彼女に**裏切られた**と彼は感じた。
☐ He **deceived** her into signing the contract.	彼は彼女を**だまして**契約書に署名させた。
☐ I've been doing **research** into the causes of cancer.	私はガンの原因についての**研究**を続けている。
☐ There are different **theories** about how cancer spreads.	ガンの転移のしかたに関してはさまざまな**学説**がある。
☐ We have to look at everything from an international **perspective**.	何事も国際的な**観点**から見てみるべきだ。
☐ Candidates should have **practical** experience in basic electronics.	応募者には基礎電子工学の**実地**経験が必須です。
☐ He has published many **academic** papers on black holes.	彼はブラックホールに関して**学問的な**論文を多く発表している。

■〉強い感情などを表す動詞

1346 □ astonish
ア [əstániʃ]
動 を驚かせる，をびっくりさせる
→ be astonished at ... …に驚く
⇨ astónishment 名 驚き

1347 □ embarrass
ア [embǽrəs]
動 に恥ずかしい思いをさせる，を当惑させる
⇨ embárrassment 名 気恥ずかしさ，当惑

1348 □ fascinate
ア [fǽsənèit]
動 を魅了する，を夢中にする
→ be fascinated with ... …に魅了されている
⇨ fascinátion 名 魅惑

1349 □ frighten
[fráitn]
動 を怖がらせる，をおどかす
→ be frightened of ... …を怖がる

1350 □ scare
発 [skéər]
動 を怖がらせる，をおびえさせる
→ be scared of ... …を怖がる

1351 □ impress
ア [imprés]
動 に感銘を与える，に印象づける
⇨ impréssion 名 印象；感銘 ◯ 371
⇨ impréssive 形 印象的な

1352 □ boast
発 [bóust]
動 (を)自慢する，(を)鼻にかける
→ boast about[of] ... …を自慢する
名 自慢

1353 □ resolve
[rizálv]
動 ①を解決する ②を決心する
→ be resolved to do ～する決心をしている
⇨ resolútion 名 決心；決議

■〉教育論④

1354 □ accomplish
ア [əkámpliʃ]
動 を成し遂げる，(目標など)を達成する
⇨ accómplished 形 熟練した；既成の
⇨ accómplishment 名 成果；達成

1355 □ achievement
[ətʃíːvmənt]
名 ①業績，偉業 ②達成
⇨ achíeve 動 を獲得する；を成し遂げる

1356 □ emphasize
ア [émfəsàiz]
動 を強調する ⇨ émphasis 名 強調
⇨ emphátic 形 強調された

1357 □ institution
[ìnstət(j)úːʃən]
名 ①施設；機関，学会，協会 ②慣習；制度
⇨ ínstitute 動 を設ける 名 学会，研究所

1358 □ statistics
ア [stətístiks]
名 ①《複数扱い》統計 ②《単数扱い》統計学
⇨ statístical 形 統計(上)の

Word No. 1346 – 1358

C-15

- It **astonished** him that she had changed so little.
  彼女がほとんど変わっていなかったのが彼を**驚かせた**。

- Don't **embarrass** him in front of his friends.
  友人の前で彼に**恥をかかせる**のはやめなさい。

- Cats always **fascinate** me — I don't know why.
  ネコはいつも私を**魅了する**。なぜだかわからないが。

- When I was young, I *was* **frightened** *of* dark places and ghosts.
  小さいころ，私は暗い場所やお化けを**怖が**った。

- I'm sorry — I didn't mean to **scare** you!
  ごめん．**怖がらせる**つもりはなかったんだ！

- The candidate **impressed** us with her extensive knowledge.
  候補者はその幅広い知識で私たちに**感銘を与えた**。

- He is always **boasting** *about* how much money he makes.
  彼はいつも稼ぎの多いことを**自慢している**。

- What's the simplest way to **resolve** the problem?
  その問題を**解決する**いちばん簡単な方法は何だろうか。

C-16

- Amy is very proud of what she has **accomplished**.
  エイミーは自分が**成し遂げた**ことをとても誇りに思っている。

- Winning three gold medals is a remarkable **achievement**.
  金メダル3つの獲得は驚くべき**業績**だ。

- Experts **emphasize** that more research needs to be done.
  専門家たちはもっと調査する必要があることを**強調する**。

- A university is an **institution** of research as well as higher education.
  大学は高等教育**機関**であるだけでなく，研究**機関**でもある。

- **Statistics** show that the dropout rate decreased last year.
  統計は昨年，中途退学者の割合が減少したことを示している。

戦争・紛争に関する語

1359 □ capture
発 [kǽptʃər]
動 ①を捕まえる，を捕虜にする　②を略奪する
名 捕獲
⇨ cáptive 形 捕われの　名 捕虜

1360 □ conquer
ア [káŋkər]
動 ①を征服する　②に打ち勝つ
⇨ cónquest 名 征服　⇨ cónqueror 名 征服者

1361 □ invade
ア [invéid]
動 ①(攻撃して)を侵略する，に侵入する
②にどっと押し寄せる
⇨ invásion 名 侵略，侵入；殺到

1362 □ occupy
ア [ákjəpài]
動 ①を占める，を占有する　②を従事させる
➡ be occupied with[in] ... …に従事する
⇨ occupátion 名 占有，占領；職業 ⇨ 990

1363 □ release
ア [rilíːs]
動 ①を解放する，を釈放する
注意 ②を公表する，を公開する
名 ①解放　②公表

1364 □ colony
[káləni]
名 植民地
⇨ colónial 形 植民地の

教育論 ⑤

1365 □ faculty
ア [fǽkəlti]
名 ①(特殊な)能力(= ability)
②(大学の)学部，教授陣　③(器官などの)機能

1366 □ genius
発 [dʒíːnjəs]
名 ①天才性　②天才　③(特別な)才能

1367 □ intellectual
ア [ìntəléktʃuəl]
形 知的な，知力の
名 知識人，インテリ
⇨ íntellect 名 知性，知力；知識人 ⇨ 1313

1368 □ lecture
[léktʃər]
名 講義，講演
動 講義する

1369 □ scholar
[skálər]
名 学者　⇨ schólarly 形 学究的な
⇨ schólarship 名 奨学金；学問，学識

1370 □ laboratory
[lǽbərətɔ̀ːri]
名 研究所[室]，実験室

1371 □ specialize
[spéʃəlàiz]
《英》specialise 動《specialize in ... で》
…を専門にする
⇨ specializátion 名 専門化
⇨ spécialist 名 専門家

The escaped tiger has not yet been **captured**.	逃げ出したトラがまだ捕獲されていない。
The Normans **conquered** England in 1066.	ノルマン人は1066年イングランドを征服した。
The Romans **invaded** Britain 2,000 years ago.	古代ローマ人は2,000年前にグレートブリテン島を侵略した。
Forests **occupy** over two-thirds of Japan's land area.	森林が日本の陸地の3分の2以上を占める。
He was arrested, but was later **released**.	彼は逮捕されたが、のちに釈放された。
Algeria was formerly a French **colony**.	アルジェリアは以前はフランスの植民地だった。
Studying mathematics can develop the higher **faculties** of the brain.	数学を勉強することが、脳のより高い能力を発達させる可能性がある。
The movie reveals Fellini's **genius**.	その映画はフェリーニの天才性を示している。
He didn't want to take part in an **intellectual** conversation.	彼は知的な会話に加わりたくなかった。
Professor Blair is giving a series of **lectures** on medieval art.	ブレア教授は中世美術についての一連の講義をしている。
Napoleon took a lot of **scholars** and scientists with him to Egypt.	ナポレオンは多数の学者や科学者をエジプトへ連れて行った。
The blood sample will be sent to a **laboratory** for analysis.	血液サンプルは分析のために研究所へ送られます。
She **specializes** *in* contract law.	彼女は契約法を専門にしている。

▶ 忍耐・固執などを表す語

1372 □ resist
ア [rizíst]
動 に抵抗する；をがまんする
➡ cannot resist -ing 〜せずにいられない
⇨ resístance 名 抵抗

1373 □ persist
ア [pərsíst]
動 ①《persist in ... で》…に固執する，…をあくまで主張する ②持続する
⇨ persístence 名 固執
⇨ persístent 形 粘り強い；しつこい

1374 □ endure
[end(j)úər]
動 を耐える：(ものなどが)持ちこたえる
⇨ endúrance 名 がまん；耐久性
⇨ endúrable 形 耐えられる

CR 教育論⑥

1375 □ invest
[invést]
動 (金・資本など)を投資する，(時間・労力など)をつぎ込む
⇨ invéstment 名 投資

1376 □ maternal
[mətə́ːrnl]
形 母親の (↔ paternal 父親の)
➡ maternal[maternity] leave 産休，育児休暇

1377 □ spoil
[spɔ́il]
動 を台なしにする；(人)を甘やかす
〈spoiled[spoilt] - spoiled[spoilt]〉

1378 □ authority
ア [əθɔ́ːrəti]
名 ①権威(者)；権限 ②《(複)で》当局
➡ an authority on ... …の権威(者)
⇨ áuthorize 動 に権限を与える

1379 □ unique
ア [juːníːk]
形 ①独特な，大変珍しい ②唯一の

1380 □ capacity
[kəpǽsəti]
名 能力；収容力
➡ filled to capacity 満員で，いっぱいで

Challenge Reading 04

The **way** you see your life **shapes** your life. How you **define** life **determines** your destiny. Your **perspective** will **influence** how you **invest** your time, **spend** your money, **use** your **talents**, and **value** your relationships.
〈県立広島大〉

C-19

☐ I *couldn't* **resist** tak*ing* a look in the box.	私はその箱の中をのぞか**ずにはいられなかった**。
☐ Thankfully she did not **persist** *in* pursuing her foolish idea.	ありがたいことに,彼女はばかげた考えを追求すること**に固執し**なかった。
☐ Many cancer patients have to **endure** a great deal of pain.	多くのガン患者たちは,多大な苦痛に**耐え**なければならない。

C-20

☐ She **invested** all her savings in the company.	彼女は貯蓄のすべてをその会社に**投資した**。
☐ She seems to have a strong **maternal** instinct.	彼女には強い**母性**本能があるようだ。
☐ She's an only child, but her parents didn't really **spoil** her.	彼女はひとりっ子だが,両親はあまり彼女を**甘やかさ**なかった。
☐ Several countries claim **authority** over the islands.	いくつかの国がその島々に対する**権限**を主張している。
☐ She has a **unique** view of English education in Japan.	彼女は日本の英語教育について**独特な**意見を持っている。
☐ I'm afraid that the job is beyond his **capacity**.	残念ながらその仕事は彼の**能力**を超えていると思う。

Translation Example 04

自分の人生を認識する**方法**が自分の人生を**形づくる**。どのように人生を**定義する**かが自分の運命を**決定する**。あなたの**考え方**が,どのように自分の時間を**つぎ込み**,自分のお金を**費やし**,自分の**才能**を**使い**,自分の人間関係を**重んじる**かに**影響を与える**だろう。

➔ p.391

▶ 拒絶・断りなどを表す語

1381 □ reject [ridʒékt]
動 (計画・提案など)を拒絶する; を否定する
⇨ rejéction 名拒否; 排除

1382 □ decline [dikláin]
動 ①(申し出・誘いなど)を断る ②低下する
名 低下, 衰え, 減少
➡ on the decline 減少して
⇨ declinátion 名ていねいな断り

1383 □ dismiss ア[dismís]
動 ①(考えなど)を退ける; を払いのける
②(過失などで)を解雇する; を解散する
⇨ dismíssal 名解雇; 解散

CR 自然・環境論①

1384 □ garbage 発[gáːrbidʒ]
名 《米》ごみ, くず (= 《英》rubbish)

1385 □ destruction [distrʌ́kʃən]
名 破壊, 破滅(のもと) (↔ construction 建設)
⇨ destróy 動を破壊する ⊙ 630

1386 □ exploit ア[ikspl´ɔit]
動 ①を開発する
②(私的な目的で)を利用する; を搾取する
⇨ exploitátion 名開発; 搾取

1387 □ chemical [kémikl]
名 《通常(複)で》化学物質, 化学薬品
形 化学の
⇨ chémistry 名化学 ⊙ 1423

1388 □ damage ア[dǽmidʒ]
名 損害, 被害
➡ cause damage to ... …に損害をもたらす
動 に損害[被害]を与える

1389 □ energy 発[énərdʒi]
名 エネルギー; 精力, 活力
⇨ energétic 形精力的な

1390 □ fossil [fásl]
名 化石
➡ fossil fuel 化石燃料

Challenge Reading 05

Industrial societies need huge amounts of energy to run their homes, vehicles and factories. More than eighty percent of this energy comes from burning coal, oil and natural gas. These are called "fossil fuels," because they were formed from the remains of plants and tiny sea creatures that lived on Earth many millions of years ago. Most large power stations burn fossil fuels. 〈関西大〉

Word No. **1381 − 1390**

C-21

☐ Nurses have **rejected** the latest pay offer.	看護師は新しい給与の提示額を拒絶した。
☐ I have to **decline** your invitation because I have to work that day.	その日は働かなくてはならないので，私は君の招待を断らなければならない。
☐ She **dismissed** the idea as ridiculous.	彼女はその考えはばかげているとして退けた。

C-22

☐ **Garbage** is collected once a week.	ごみは週に1回収集される。
☐ The **destruction** of forests for timber increased during the 18th century.	木材を得るための森林破壊は18世紀の間に増大した。
☐ We can't continue to **exploit** our natural resources like this.	私たちはこのように天然資源を開発し続けることはできない。
☐ Farmers are moving away from the use of **chemicals**.	農業従事者たちは化学物質の使用をやめつつある。
☐ The flood *caused* serious **damage** *to* crops.	その洪水は農作物に深刻な被害をもたらした。
☐ The space station is powered by solar **energy**.	宇宙ステーションは太陽エネルギーで動いている。
☐ Several dinosaur **fossils** were found in Montana.	いくつかの恐竜の化石がモンタナ州で発見された。

Translation Example 05

工業社会は，家や乗り物，工場を動かすのに膨大な量のエネルギーを必要とする。このエネルギーの80％以上は，石炭や石油，天然ガスを燃やして得ている。これらは「化石燃料」と呼ばれる。それらは何百万年も前に地球で生きていた植物や微細な海洋生物の死骸から形成されたからだ。ほとんどの大規模な発電所は，化石燃料を燃やしている。

➡ p.391

■「助ける」「与える」ことなどを表す語

1391 □ rescue
ア [réskju:]
動 (危険から人)を救助する　名 救助
➡ come to one's rescue 〜を救助しに来る

1392 □ assist
[əsíst]
動 (を)補助する，(を)援助する
⇨ assístance 名 助力；援助
⇨ assístant 名 助手；補佐　形 副の，補佐の

1393 □ ensure
[inʃúər]
動 を保証する，を確保する

1394 □ consult
ア [kənsʌ́lt]
動 ①(専門家)に意見を求める，に相談する
②(辞書・地図など)を調べる
⇨ consúltant 名 相談役，コンサルタント

1395 □ contribute
ア [kəntríbju:t]
動 (に)貢献する；を寄付する
➡ contribute to ... …に貢献する；…の一因となる
➡ contribute ... to 〜 …を〜に寄付する
⇨ contribútion 名 貢献；寄付

1396 □ devote
[divóut]
動 《devote ... to 〜で》(時間・努力など)を〜に捧げる
➡ devote oneself to ... …に身を捧げる
(= be devoted to ...)
⇨ devótion 名 献身

1397 □ issue
ア [íʃu:]
動 (刊行物など)を発行する；
(公的書類など)を発給する
名 ①発行，第〜号　②問題点
➡ at issue 問題となって，論争中で

1398 □ distribute
ア [distríbju:t]
動 ①を配る，を割り当てる　②を供給する
⇨ distribútion 名 配布；分布

■ 自然・環境論②

1399 □ expand
ア [ikspǽnd]
動 拡大[膨張]する；を拡大[膨張]させる
⇨ expánsion 名 拡大；膨張

1400 □ limit
[límit]
動 を制限する；を限定する
名 限界；制限，限度
⇨ limitátion 名 制限；《(複)で》限界

1401 □ poison
[pɔ́izn]
名 毒(素)，毒物　動 に毒を入れる；を毒する
⇨ póisonous 形 有毒な

1402 □ emission
[imíʃən]
名 排出，放出
⇨ emít 動 を排出[放出]する

☐	Survivors were **rescued** by helicopter.	生存者たちはヘリコプターで**救助**された。
☐	A secretary **assists** me in my work.	秘書が私の仕事を**補助する**。
☐	All the necessary steps have been taken to **ensure** their safety.	彼らの安全を**確保する**ために，必要な措置がすべて講じられている。
☐	If your symptoms persist, **consult** your doctor.	症状が続く場合は医師に**相談しなさい**。
☐	He **contributed** 100 dollars *to* the candidate's campaign.	彼はその候補者の選挙運動に100ドルを**寄付した**。
☐	Mother Teresa **devoted** her whole life *to* helping poor people.	マザー・テレサは全生涯を貧しい人々の救済に**捧げた**。
☐	The government **issued** new stamps during the expo.	政府は万博期間中に，新しい切手を**発行した**。
☐	Clothes and blankets have been **distributed** to the refugees.	衣服と毛布が難民に**配ら**れた。
☐	Water **expands** as it freezes.	水は凍ると**膨張する**。
☐	We must **limit** the number of cars on the road.	道路を走る車の台数を**制限**しなければならない。
☐	Dioxin is one of the most dangerous **poisons** in our environment.	ダイオキシンは私たちの環境の中で，もっとも危険な**毒物**の1つだ。
☐	**Emissions** of carbon dioxide are still increasing in that country.	その国では二酸化炭素の**排出**はまだ増え続けている。

■「集まる」「伴う」ことなどを表す語

1403 □ **assemble** [əsémbl]	動 ①集まる；を集める ②を組み立てる ⇨ assémbly 名集会；組立
1404 □ **combine** [kəmbáin]	動 を結合させる；結合する ⇨ combinátion 名結合, 組み合わせ
1405 □ **encounter** [enkáuntər]	動 (思いがけず)と出会う, と遭遇する 名 出会い；遭遇
1406 □ **accompany** [əkʌ́mpəni]	動 ①に同行する ②に伴う ③の伴奏をする ⇨ accómpaniment 名付属物；伴奏
1407 □ **compose** [kəmpóuz]	動 ①を構成する ②(を)作曲する ➡ be composed of ... …で構成されている ⇨ composítion 名構成；作品；作文

CR 自然・環境論③

1408 □ **atmosphere** ア [ǽtməsfìər]	名 ①大気, 空気 ②雰囲気 ⇨ atmosphéric 形大気の
1409 □ **drought** 発 [dráut]	名 干ばつ, 日照り ➡ a severe drought 深刻な干ばつ
1410 □ **cultivate** [kʌ́ltəvèit]	動 を耕す；を栽培する；を育む ⇨ cultivátion 名耕作；栽培
1411 □ **species** 発 [spíːʃi(ː)z]	名 (生物の)種；種類 (複) species ➡ an endangered species 絶滅危惧種
1412 □ **starve** [stáːrv]	動 飢え死にする；ひどく空腹である ⇨ starvátion 名飢餓, 餓死
1413 □ **preserve** [prizə́ːrv]	動 を保存する；を保護する ⇨ preservátion 名保存；維持 ⇨ presérvative 形保存力のある 名防腐剤
1414 □ **ecosystem** [ékousìstəm]	名 生態系

Challenge Reading 06

Two **billion** years ago, for most life, **oxygen** was **poisonous**. As **oxygen increased** from 0% of our **atmosphere** at that time, to **the present** 21%, **species** were **forced** to **evolve**. Naturally, many **species** must have **died** in the **poisonous atmosphere**; however, some **managed to adapt**, and these were our **ancestors**.

〈青山学院大〉

Word No. **1403 – 1414**

C-25

☐ The students were told to **assemble** in the hall.	学生たちは講堂に**集まる**ように指示された。
☐ Steel is produced by **combining** iron with carbon.	鉄鋼は鉄を炭素と**結合させて**生産される。
☐ The doctor had **encountered** several similar cases in the past.	その医師は過去に何度か似たような症例に**遭遇して**いた。
☐ Children under ten must be **accompanied** by an adult.	10歳未満の子どもは大人の**同伴**が必要です。
☐ The jury *was* **composed** *of* six men and six women.	陪審団は6人の男性と6人の女性で**構成されていた**。

C-26

☐ The space shuttle entered the earth's **atmosphere**.	スペースシャトルは地球の**大気**に突入した。
☐ Central Africa is suffering one of the worst **droughts** of the century.	中央アフリカは今世紀中で最悪レベルの**干ばつ**に見舞われている。
☐ The land was too rocky to be **cultivated**.	その土地は岩が多すぎて**耕す**ことができなかった。
☐ There are over forty **species** of birds living on the island.	その島には40**種**以上の鳥が生息している。
☐ Unless these people get food within a week they will **starve** to death.	1週間以内に食料を得られなければ、この人たちは**飢え死にする**だろう。
☐ We must **preserve** our natural environment for future generations.	私たちは次の世代のために、自然環境を**保護し**なければならない。
☐ The bay has a very complex and delicate **ecosystem**.	その湾は、非常に複雑で微妙な**生態系**を有している。

Translation Example　06

20億年前、ほとんどの生物にとって、**酸素**は**有毒**だった。**酸素**が、当時の**大気**中の0％から**現在の**21％まで**増加する**につれて、**種**は**進化する**ことを**強いられた**。当然、多くの**種**は**有毒な大気**の中で**死んだ**にちがいない。しかし、いくつかの種は**どうにかして順応した**。それらが私たちの**祖先**となった。
➡ p.391

▶「目を使ってする」ことを表す語

1415 □ gaze [géiz]
- 動《gaze at[into, on, upon] ... で》…を見つめる, …を凝視する
- 名 注視, 凝視

1416 □ glance [glǽns]
- 動 ちらりと見る
- 名 ちらりと見ること
  - ➡ at a glance ひと目で；(表示などが)一覧で
  - ➡ at first glance 一見したところ

1417 □ glimpse [glím(p)s]
- 動 をちらりと見る, が一瞬目に入る
- 名 ちらりと見えること
  - ➡ catch a glimpse of ... …がちらりと見える

▶ 自然・環境論 ④

1418 □ environment ⑦ [enváiərənmənt]
- 名 ①《the 〜で》(自然の) 環境
  - ②(社会的な) 環境 (= surroundings)
  - ⇨ environméntal 形 環境の

1419 □ conservation [kà:nsərvéiʃən]
- 名 保護, 保全
  - ⇨ consérvative 形 保守的な

1420 □ electricity ⑦ [ilèktrísəti]
- 名 電気, 電流 ⇨ eléctric 形 電気の；電動の
  - ⇨ eléctrical 形 電気に関する, 電気の
  - ➡ electrónic 形 電子の

1421 □ pollution [pəlú:ʃən]
- 名 ①汚染；公害 ②汚染物質
  - ➡ environmental pollution 環境汚染
  - ⇨ pollúte 動 を汚染する

1422 □ vehicle 発 [ví:əkl]
- 名 ①乗り物, 車 ②手段, 媒体

1423 □ chemistry [kémistri]
- 名 ①化学 ②化学的性質；化学的作用
  - ⇨ chémist 名 化学者
  - ⇨ chémical 形 化学の ◎ 1387

1424 □ disaster 発 ⑦ [dizǽstər]
- 名 ①災害；惨事 ②失敗作；ひどいもの
  - ⇨ disástrous 形 災害の；悲惨な

1425 □ crisis [kráisis]
- 名 危機, 重大局面 (複) crises
  - ⇨ crítical 形 危機的な；批評の

1426 □ alternative ⑦ [ɔ:ltə́:rnətiv]
- 形 代わりの；代替の
- 名 選択肢, 代案
  - ⇨ álternate 形 交互の 動 交互に起こる

☐ Patrick sat **gazing** *into* space.	パトリックはじっと宙**を見つめて**座っていた。
☐ My father **glanced** up from his newspaper.	私の父は新聞から目を離して上を**ちらりと見た**。
☐ I *caught a* **glimpse** *of* the handsome Spanish actor.	ハンサムなスペインの俳優が**ちらりと見えた**。
☐ The governor promised to protect the **environment**.	知事は**環境**を保護すると約束した。
☐ The flower now exists only in a small **conservation** area.	その花は今や小さな**保護**地区のみに現存する。
☐ The farm was very isolated, but it had **electricity**.	その農場はかなり人里離れた所にあったが**電気**は通っていた。
☐ **Pollution** from cars is the main cause of global warming.	車から出る**汚染物質**は地球温暖化の主要な原因となっている。
☐ Give me a description of the stolen **vehicle**, please.	盗まれた**車**の説明をしてください。
☐ My friend wants to be a professor of **chemistry**.	友だちは**化学**の教授になりたがっている。
☐ More than 200 people died in the **disaster**.	その**災害**で200人以上が亡くなった。
☐ The country now faces an economic **crisis**.	その国は目下経済**危機**に直面している。
☐ We need to develop **alternative** sources of energy.	私たちは**代替**エネルギー源を開発する必要がある。

▶「終わる」「消える」ことなどを表す語

1427 □ **cease** 発 [síːs]	動 ①《cease -ing[to *do*] で》〜するのをやめる ②終わる
1428 □ **conclude** [kənklúːd]	動 ①と結論づける　②を終える；終わる ⇨ conclúsion 名 結論；結末 ○ 819
1429 □ **vanish** [vǽniʃ]	動 ①(突然)姿を消す　②消滅する
1430 □ **bury** 発 [béri]	動 を埋葬する，を埋める；を隠す ⇨ búrial 名 埋葬
1431 □ **collapse** [kəlǽps]	動 ①壊れる　②倒れる　③崩壊する 名 崩壊，破綻
1432 □ **abandon** [əbǽndən]	動 ①を捨てる；を見捨てる ②をあきらめる

▶ 経済に関する語①

1433 □ **advertise** ア [ǽdvərtàiz]	動 (を)広告する，(を)宣伝する ⇨ advertísement 名 広告，宣伝
1434 □ **commercial** [kəmə́ːrʃl]	名 広告(放送)，コマーシャル，CM 形 商業の，貿易の ⇨ cómmerce 名 商業，商取引 ○ 1445
1435 □ **product** ア [prάdəkt]	名 製品；産物 ➡ product development 製品開発 ⇨ prodúce 動 を生産する
1436 □ **purchase** 発 ア [pə́ːrtʃəs]	動 ①を購入する　②を獲得する 名 購入
1437 □ **depression** [dipréʃən]	名 ①不況，不景気 ②ゆううつ，意気消沈 ⇨ depréss 動 を落胆させる；を不景気にする
1438 □ **rate** [réit]	名 ①率，割合　②速度　③料金 ➡ at any rate とにかく ➡ interest rate 利率 動 を評価する，を見積る ⇨ rátio [réiʃou] 発 名 比率

Word No. **1427 − 1438**

C-29

☐ Some companies have **ceased** produc*ing* word processors.	ワープロを生産する**のをやめて**しまった会社もある。
☐ The jury **concluded** that the man was guilty.	陪審はその男が有罪であると**結論づけた**。
☐ The boy **vanished** into the crowd.	少年は人ごみの中に**姿を消した**。
☐ He was **buried** in Highgate Cemetery.	彼はハイゲート墓地に**埋葬**された。
☐ The roof had **collapsed** long ago.	その屋根はずっと前に**壊れ**ていた。
☐ We had to **abandon** the car and walk the rest of the way.	私たちは車を**捨てて**，残りの道のりを歩かなければならなかった。

C-30

☐ The concert was **advertised** in all the national newspapers.	その演奏会はすべての全国紙で**宣伝**された。
☐ That TV **commercial** was shown during the Olympics.	そのテレビ **CM** はオリンピックの期間中放送された。
☐ I recommend this **product** for college students and busy people.	私はこの**製品**を大学生や忙しい人々に勧めます。
☐ I **purchased** the suit with my credit card.	私はそのスーツをクレジットカードで**購入した**。
☐ He blamed his financial difficulties on the worldwide **depression**.	彼は自分が金銭的に困っているのを世界的**不況**のせいにした。
☐ The unemployment **rate** rose to six percent in February.	失業**率**が2月に6％に上昇した。

■「隠す」「除外する」ことなどを表す語

1439 □ conceal
[kənsíːl]
動 を隠す；を秘密にする

1440 □ exclude
[iksklúːd]
動 を除外する；を締め出す （↔ include を含む）
⇨ exclúding 前 ～を除いて
⇨ exclúsive 形 排他的な；独占的な

1441 □ omit
ア [oumít]
動 ①を省く ②《omit -ing[to do] で》～し忘れる
⇨ omíssion 名 省略

1442 □ overlook
[òuvərlúk]
動 ①を見落とす；を大目にみる
②を見おろす

■ 経済に関する語②

1443 □ budget
[bʌ́dʒət]
名 予算；経費
➡ on a budget 予算どおりに
動 予算を立てる

1444 □ proportion
[prəpɔ́ːrʃən]
名 ①割合，部分 ②比率；つり合い

1445 □ commerce
ア [kámərs]
名 商業，商取引
⇨ commércial 形 商業の 名 広告（放送）● 1434

1446 □ credit
[krédit]
名 ①信用販売，クレジット ②称賛，功績
➡ give credit to ... …を信用する
➡ give ... credit for ～ ～で…を称賛する
動 ①（口座）に入金する ②を信用する

1447 □ commodity
ア [kəmádəti]
名 商品；《しばしば（複）で》日用品，必需品
➡ valuable commodity 価値ある商品

1448 □ disadvantage
[dìsədvǽntidʒ]
名 不利，不都合，デメリット
（↔ advantage 有利，メリット）

1449 □ debt
発 [dét]
名 ①借金，負債 注意②恩義
➡ be in debt 借金がある
➡ be in debt to ... …に借金[恩義]がある

1450 □ domestic
[dəméstik]
形 ①国内の （↔ foreign 外国の）
注意②家庭の ③（動物が）人に慣れた
⇨ domésticate 動 （動物）を飼い慣らす

Word No. **1439 – 1450**

C-31

- [ ] The bomb was **concealed** in a portable radio.　　爆弾は携帯ラジオの中に**隠され**ていた。
- [ ] Some important information was **excluded** from the report.　　その報告書からある重要な情報が**除外**されていた。
- [ ] He **omitted** many details.　　彼は多くの詳細を**省いた**。
- [ ] It is easy to **overlook** a small detail like that.　　そうした細かい点は**見落とし**やすい。

C-32

- [ ] The organization has a **budget** of 35 million dollars.　　その組織の**予算**は3,500万ドルである。
- [ ] A high **proportion** of older people live alone.　　かなりの**割合**の高齢者が1人暮らしをしている。
- [ ] He had a genuine talent for **commerce**.　　彼は**商取引**に関する真の才能があった。
- [ ] 56 percent of all new cars are bought on **credit**.　　全新車の56％が**信用販売**で購入されている。
- [ ] TV commercials try to persuade us to buy certain **commodities**.　　テレビCMは，私たちを説得してある**商品**を買わせようとする。
- [ ] The biggest **disadvantage** of my job is the long hours.　　私の仕事の最大の**デメリット**は労働時間が長いことだ。
- [ ] The company has **debts** of around one million dollars.　　その会社はおよそ100万ドルの**負債**を抱えている。
- [ ] The Prime Minister asked us to buy more **domestic** products.　　首相は私たちにもっと**国内の**製品を買うように求めた。

▶ 一致・関係を表す語

1451 □ compromise
[kámprəmàiz]
動 妥協する
名 妥協

1452 □ correspond
[kɔ̀(ː)rəspánd]
動 ① 一致する, 対応する ② 文通する
→ correspond to[with] ... …と一致する
→ correspond with ... …と文通する
⇨ correspóndence 名 一致；通信
⇨ correspóndent 名 通信員

1453 □ relate
[riléit]
動 関係[関連]がある；を関連づける
→ be related to ... …と関係がある
⇨ relátion 名 関係   ⇨ rélative 名 親戚 ◎ 799

CR ▶ 経済に関する語 ③

1454 □ enterprise
[éntərpràiz]
名 ① 事業 ② 企業 注意 ③ 冒険心

1455 □ expense
[ikspéns]
名 ① 費用, 出費 ②《複》で》(業務上の)経費
→ at the expense of ... …を犠牲にして
⇨ expénditure 名 支出

1456 □ fund
[fʌ́nd]
名 ① 基金, 資金 ②(知識などの)蓄え
③《複》で》財源

1457 □ growth
[gróuθ]
名 ① 成長, 発育 ② 増加, 増大
→ economic growth 経済成長
⇨ grów 動 成長する ◎ 19

1458 □ stock
[stɑ́k]
名 ① 在庫(品)；貯蔵品；蓄え ② 株(式)
→ out of stock 在庫が切れて
→ stock market 株式市場
動 (店に品物)を置く, を仕入れる

Challenge Reading 07

Farming used to be primarily a family **enterprise** and to a large **extent** still is in most countries. In the more **developed areas**, however, more **efficient** large-**scale operations** are **overtaking** the smaller family farms. These large farms usually **specialize in** one **crop** or one type of **crop** and often are **run** by giant parent **corporations**. Such farms are **part** of the **current** trend toward more controlled and cost-**effective** agriculture, called agribusiness.

〈法政大〉

Word No. 1451 – 1458

C-33

☐ The new law is the result of a **compromise** between Democrats and Republicans.	その新法は民主党員と共和党員の**妥協**の成果だ。
☐ ⓐ The numbers **correspond** *to* points on the map. ⓑ I **correspond** *with* my friend in China in Chinese.	ⓐその数字は地図上の地点と**一致している**。 ⓑ私は中国にいる友だちと中国語で**文通している**。
☐ I don't know how the two ideas **relate**.	その2つの考えがどう**関連がある**のか私はわからない。

C-34

☐ The new **enterprise** will require a lot of capital to get started.	その新しい**事業**は，始めるのに多大な資本金を必要とするだろう。
☐ They went to great **expense** to rebuild the palace.	彼らは宮殿の再建に巨額の**費用**をかけた。
☐ Carol wants to set up an investment **fund**.	キャロルは，投資**基金**を設立したいと思っている。
☐ Vitamins are essential for healthy **growth**.	ビタミンは健全な**発育**のために不可欠だ。
☐ I'm sorry, that shirt is *out of* **stock** in your size.	あいにく，あちらのシャツはお客様のサイズの**在庫**が切れております。

Translation Example 07

農業はかつて，おもに家族経営の**事業**であり，またほとんどの国では，今でもかなりの**程度**そうである。しかしより**発展した地域**では，より**効率的で**，大**規模の経営**が，小規模の家族経営の農場を**上回りつつある**。こういった大農場は，たいていは1種類の，またはある特定の品種の**作物**を**専門にし**，巨大な親**企業**によって**経営される**ことがしばしばある。そのような農場は，アグリビジネスと呼ばれる，より管理され，よりコスト的に**効果的な**農業に向かう**最近の**傾向の**一部**である。　→ p.391

▶ 人生・生死に関する語（1）

1459	**childhood** [tʃáildhùd]	名 幼年[子ども]時代 ➡ a childhood friend 幼なじみ
1460	**infant** [ínfənt]	名 乳児，幼児
1461	**prime** [práim]	名 《the ～で》絶頂期，全盛期 形 もっとも重要な，第一の；おもな
1462	**popularity** [pɑ̀pjəlǽrəti]	名 人気，評判 ⇨ pópular 形 人気のある
1463	**philosophy** ⑦ [fəlásəfi]	名 哲学，人生観；悟り ⇨ philosóphical 形 哲学の ⇨ philósopher 名 哲学者
1464	**thought** [θɔ́ːt]	名 ①考え ②検討 ③《(複)で》意見 ⇨ thínk 動 考える；と思う
1465	**aim** [éim]	名 目的，目標 動 ①めざす，ねらう ②を向ける
1466	**destination** [dèstənéiʃən]	名 目的地，行き先

▶ 社会・社会福祉論①

1467	**welfare** ⑦ [wélfèər]	名 幸福；福祉
1468	**pension** [pénʃən]	名 年金；恩給 ⇨ pénsioner 名 年金受給者
1469	**insurance** [inʃúərəns]	名 保険；保険金[料] ➡ life insurance 生命保険
1470	**isolation** [àisəléiʃən]	名 孤立 ➡ in isolation 孤立して ⇨ ísolate 動 を孤立させる
1471	**shortage** [ʃɔ́ːrtidʒ]	名 不足 ⇨ shórt 形 不足した；短い ⊙ 97

Word No. **1459 — 1471**

C-35

- We've been friends since **childhood**. 　　私たちは**子ども時代**からの友だちだ。

- An **infant**'s skin is very sensitive. 　　**乳幼児**の肌はとても敏感だ。

- She wrote that great novel in *the* **prime** of her career. 　　彼女はそのすばらしい小説を彼女の経歴の**絶頂期**に書いた。

- The President's **popularity** has declined considerably. 　　大統領の**人気**はかなり低下した。

- I was deeply impressed by the **philosophy** of Kant. 　　私はカントの**哲学**に深い感銘を受けた。

- Even the **thought** of flying scares me. 　　私は飛行機に乗ることを**考え**ただけでも怖い。

- Our main **aim** is to educate the public about the issue. 　　私たちの最大の**目的**はその問題を一般の人々に知ってもらうことだ。

- Allow plenty of time to get to your **destination**. 　　**目的地**に到着するのに，十分な時間を取っておきなさい。

C-36

- The government decided to cut several **welfare** programs. 　　政府はいくつかの**福祉**計画をやめることに決めた。

- He has an annual **pension** of 35,000 dollars. 　　彼には毎年3万5千ドルの**年金**がある。

- Do you have **insurance** on your house? 　　あなたは家に**保険**を掛けていますか。

- It is said many older people live *in* **isolation**. 　　多くの高齢者たちは**孤立**して暮らしていると言われる。

- There is a **shortage** of nurses and doctors in this area. 　　この地域は看護師と医師**不足**だ。

人生・生死に関する語（2）

1472 □ ambitious
[æmbíʃəs]
形 野心のある，大望を抱いた
⇨ ambítion 名 大望，野心

1473 □ significant
[signífikənt]
形 意義深い；重要な
⇨ significance 名 重要性；意味
⇨ sígnify 動 を意味する

1474 □ splendid
[spléndid]
形 すばらしい；輝かしい；豪華な
⇨ spléndor 名 輝き；豪華さ

1475 □ vivid
[vívid]
形 鮮明な，生き生きとした

1476 □ vital
[váitl]
形 ①不可欠な　②生命の　③活気のある
➡ be vital to[for] ... …のために不可欠である
⇨ vitálity 名 生命力

1477 □ ancestor
[ǽnsestər]
名 (個人の) 先祖，祖先 (↔ descendant 子孫)

1478 □ heritage
[hérətidʒ]
名 遺産；継承物
➡ World Heritage 世界遺産

CR 社会・社会福祉論②

1479 □ poverty
[pávərti]
名 ①貧困；欠乏　②貧弱
⇨ póor 形 貧しい；あわれな

1480 □ abuse
[əbjúːs]
名 注意 ①虐待　②乱用；悪用
動 [əbjúːz] 発 ①を虐待する
②を乱用する；を悪用する

1481 □ improve
[imprúːv]
動 ①を向上させる；向上する
②を改善する；よくなる
⇨ impróvement 名 改善；向上

1482 □ circumstance
[sə́ːrkəmstæns]
名 《通常(複)で》(周囲の) 状況，環境；生活状態

Challenge Reading 08

Whatever their **political view** may be, most people **agree** that to fight terrorism in an **effective way** we must **deal with** its **root causes**. And most people **assume that** the **fundamental causes** of terrorism must be third-world **poverty** and **lack** of education.　　　〈甲南大〉

Word No. **1472 − 1482**

C-37

☐ The student is **ambitious** and wants to succeed in the world of business.	その学生は**野心があり**，実業界で成功したいと思っている。
☐ July 4th is a **significant** date for Americans.	7月4日はアメリカ人にとって**意義深い**日だ。
☐ What a **splendid** idea!	なんと**すばらしい**アイデアだ。
☐ I still have **vivid** memories of that summer.	私はいまだにあの夏の**鮮明な**記憶がある。
☐ Cars have become a **vital** part of many people's lives.	自動車は多くの人の生活に**不可欠な**ものになった。
☐ My **ancestors** originally came from Ireland.	私の**先祖**はもともとアイルランドの出身です。
☐ Our cultural **heritage** must be preserved for future generations.	私たちの文化**遺産**は将来の世代のために保存していかねばならない。

C-38

☐ We need an effective strategy to fight **poverty**.	**貧困**と戦うための効果的な戦略が必要だ。
☐ They talked about ways to stop child **abuse**.	彼らは児童**虐待**を止めるための方法について話し合った。
☐ I want to **improve** my French.	私は自分のフランス語の力を**向上させ**たいと思っている。
☐ Under normal **circumstances** goods are delivered within five days.	通常の**状況**では，商品は5日以内に届きます。

Translation Example 08

政治的な見解がどんなものであろうとも，テロリズムと**効果的な方法**で戦うためには，**根源的な原因に対処**しなければならないということに，ほとんどの人が**同意する**。そしてほとんどの人は，テロリズムの**根本的な原因**は，第三世界の**貧困**や，**教育の欠如**であるにちがいない**と思い込んでいる**。　　　　　　　　　　　　　　　　→ p.391

人生・生死に関する語（3）

1483 □ funeral
ア [fjú:nərl]
名 葬式
→ attend a funeral 葬式に参列する

1484 □ grave
[gréiv]
名 墓、墓穴
形 ①重大な、ゆゆしい　②重々しい、厳粛な

1485 □ cancer
[kǽnsər]
名 ガン；（社会の）ガン、害悪
→ have cancer ガンにかかっている

1486 □ suicide
ア [sú:əsàid]
名 ①自殺　②自殺行為　③自殺者
→ commit suicide 自殺する

社会・社会福祉論③

1487 □ rumor
[rú:mər]
《英》rumour 名 うわさ、世間の評判

1488 □ reputation
[règpjətéiʃən]
名 評判；名声、好評

1489 □ fame
[féim]
名 名声；評判
⇒ fámous 形 有名な

1490 □ emergency
[imə́:rdʒənsi]
名 ①緊急時、非常事態　②急患
⇒ emérge 動 現われる ● 1077

1491 □ relief
[rilí:f]
名 ①安堵　②除去　③救済
→ with relief 安堵して、ほっとして
⇒ relíeve 動 を和らげる

1492 □ formal
[fɔ́:rml]
形 ①正式の、公式の　②堅苦しい；改まった
（↔ informal 非公式の；形式ばらない）
⇒ fórm 名 形　動 (を)形成する

1493 □ involve
ア [inválv]
動 ①を巻き込む　②を含む、を必要とする
→ be involved in ... …に巻き込まれる、…にかかわっている
⇒ invólvement 名 関与

☐	Most Japanese **funerals** are conducted in the Buddhist style.	たいていの日本の**葬式**は仏式で行われる。
☐	ⓐ He laid flowers on his mother's **grave**. ⓑ They had **grave** difficulty in reaching an agreement.	ⓐ彼は母親の**墓**に花を手向けた。 ⓑ彼らが合意に至るまでには，**重大な**困難があった。
☐	He died of lung **cancer**.	彼は肺**ガン**で亡くなった。
☐	We don't know why he *committed* **suicide**.	彼が**自殺**した理由を私たちは知らない。

☐	I heard a **rumor** that he was getting married.	私は彼が結婚するという**うわさ**を聞いた。
☐	This part of town has a bad **reputation**.	この界隈は**評判**が悪い。
☐	He achieved international **fame** for his reporting of the war.	彼は戦争報道で世界的な**名声**を得た。
☐	Please don't call me unless it's an **emergency**.	**緊急時**でない限り，私に電話しないでください。
☐	She sighed *with* **relief** when she saw the children were safe.	彼女は，子どもたちが無事であるのを見て，**安堵**してため息をついた。
☐	A **formal** agreement between the two countries was signed in 1999.	2国間の**正式な**協定が1999年に調印された。
☐	I don't know if he *was* really **involved** *in* the accident.	彼が本当に事故に**巻き込ま**れたのかどうか私にはわからない。

■ 好ましくないイメージを持つ語

1494 □ endangered [indéin(d)ʒərd]
形 絶滅の危機に瀕した
⇨ endánger 動 を危険にさらす

1495 □ extinction [ikstíŋ(k)ʃən]
名 絶滅, 消滅
⇨ extínct 形 絶滅した

1496 □ discrimination [diskrìmənéiʃən]
名 差別
➡ racial discrimination 人種差別

1497 □ disorder [disɔ́:rdər]
名 ①不調, 障害, 疾患
②混乱; 暴動

1498 □ virus 発 [váirəs]
名 ①ウイルス ②(コンピュータ)ウイルス

1499 □ ban [bǽn]
動 を禁止する
➡ ban ... from -ing …が～することを禁止する
名 禁止令

1500 □ restrict ア [ristríkt]
動 を制限する, を規制する
⇨ restríction 名 制限, 規制

■ 外れた・離れた様子を表す語

1501 □ remote [rimóut]
形 ①人里離れた ②遠く離れた

1502 □ apart [əpá:rt]
副 ①(距離的に)離れて
②(時間的に)～違いで

1503 □ aside [əsáid]
副 ①わきへ ②《名詞のあとで》～はさておき
➡ aside from ... …は別として, …を除いて

1504 □ forth [fɔ́:rθ]
副 ①外へ ②前方へ
➡ back and forth 前後に, 行ったり来たり

1505 □ divorce [divɔ́:rs]
名 離婚
動 と離婚する

The lizards are classified as an **endangered** species.	トカゲは絶滅危惧種に分類される。
The breed is now on the verge of **extinction**.	その品種は今や絶滅寸前だ。
Federal law forbids **discrimination** on the basis of race, sex, or age.	連邦法は，人種，性別，また年齢に基づく差別を禁じている。
She suffers from a severe eating **disorder**.	彼女は深刻な摂食障害に苦しんでいる。
A warning has gone out about a new **virus**.	新型ウイルスに関する警告が出されている。
Charlie has been **banned** *from* driv*ing* for a year.	チャーリーは1年間，車の運転を禁止されている。
The new law **restricts** the sale of handguns.	新しい法律は拳銃の販売を規制している。

My uncle lives in a **remote** mountain village.	おじは人里離れた山村に暮らしている。
ⓐ The two farms are about 20 miles **apart**. ⓑ Our birthdays are only two days **apart**.	ⓐその2つの農場は20マイルほど離れている。 ⓑ私たちの誕生日はたったの2日違いだ。
He pushed his plate **aside** and got up from the table.	彼は皿をわきへ押しやって，食卓から立ち上がった。
The chair squeaks when you rock *back and* **forth**.	君が前後に揺するたびに，いすがキーキー鳴る。
One in three marriages ends in **divorce**.	3組の結婚のうち1組が離婚に終わる。

■》好ましいイメージを持つ語

1506 □ **chief** [tʃíːf]	形 もっとも重要な 名 長, 責任者
1507 □ **fair** [féər]	形 適正な；公平な 注意 名 お祭り, フェア ⇨ fáirly 副 かなり, 公平に
1508 □ **reliable** [riláiəbl]	形 信頼できる, 当てにできる
1509 □ **secure** [sikjúər]	形 ①安定した ②安全な ③安心した 動 を確保する, を確実にする
1510 □ **consistent** ア [kənsístənt]	形 ①首尾一貫した ②着実な
1511 □ **sophisticated** ア [səfístikèitid]	形 ①精巧な ②洗練された, 教養のある ③しゃれた
1512 □ **willing** [wíliŋ]	形 ①いとわない, 構わない ②自発的な ➡ be willing to do 〜する気がある, 進んで〜する

■》歴史・人類学に関する語

1513 □ **historic** [histɔ́(ː)rik]	形 歴史のある；歴史上重要な
1514 □ **historical** [histɔ́(ː)rikl]	形 歴史に関する；歴史学的な；歴史上の ➡ historical research 歴史に関する調査
1515 □ **historian** [histɔ́ːriən]	名 歴史家
1516 □ **anthropologist** ア [æ̀nθrəpάlədʒist]	名 人類学者
1517 □ **root** [rúːt]	名 ①根；根源, ②ルーツ 動 根づく；を根づかせる

Word No. **1506 − 1517**

C-43

☐ Safety is our **chief** concern.	安全が私たちの**もっとも重要な**関心事だ。
☐ Life isn't always **fair**.	人生はいつも**公平だ**とは限らない。
☐ Do you have a **reliable** map of the area?	あなたはその地域の**信頼できる**地図を持っていますか。
☐ ⓐ There are no **secure** jobs these days. ⓑ Negotiators are still working to **secure** the hostages' release.	ⓐこのごろは**安定した**仕事がない。 ⓑ交渉団は依然として、人質の解放を**確実にする**ことに取り組んでいる。
☐ We need to be **consistent** in our approach.	私たちは取り組み方が**首尾一貫している**必要がある。
☐ We'll introduce a highly **sophisticated** computer system.	私たちは極めて**精巧な**コンピュータシステムを導入するつもりだ。
☐ I told them I *was* **willing** *to* help.	私は、手助け**する気がある**と彼らに伝えた。

C-44

☐ Kyoto has many **historic** buildings and monuments.	京都には**歴史上重要な**建造物や遺跡がたくさんある。
☐ The novel is based on **historical** records.	その小説は**歴史上の**記録に基づいている。
☐ He often reads novels written by that famous **historian**.	彼はその有名な**歴史家**が書いた小説をしばしば読んでいる。
☐ He is an **anthropologist** who studied at Berkeley.	彼はバークレーで学んだ**人類学者**だ。
☐ We have to find the **root** of the problem.	私たちはその問題の**根源**を突きとめなければならない。

ここで差がつく頻出熟語

■〉仮定法を含む慣用表現

1518 □	**I wish + 仮定法**	**〜ならいいと思う，〜だったらいいと思う** 注意 wishに続く節は，現在の事実と異なる内容を表すときには**仮定法過去**が，過去の事実と異なる内容を表すときには**仮定法過去完了**が使われる。
1519 □	**if S were to** *do*	**万一Sが〜するようなことがあれば**
1520 □	**if S should** *do*	**もしSが〜すれば** 注意 〈if S were to *do*〉と〈if S should *do*〉は未来の事柄についての仮定を表すが，shouldには「実現の可能性が低い」というニュアンスがあり，「まったくありえない」ことを表すときにはshouldは使えない。また，例文ⓐのように主節が命令文になることや，例文ⓑのように主節の助動詞が過去形[仮定法]にならないこともある。
1521 □	**but for ...**	**…がなければ，** **…がなかったら**（＝ without ...）
1522 □	**with ...**	**…があれば，** **…があったら**（↔ without ... …がなかったら） 注意 〈but for ...〉や〈with ...〉を使った文では，その部分が仮定を表すためif節は現れないので，主節の**動詞の形**から仮定法であるかそうでないかを判断する。
1523 □	**if it were not for ...**	**もし…がなければ**（現在の事実に反する） （＝ were it not for ...）
1524 □	**if it had not been for ...**	**もし…がなかったら**（過去の事実に反する） （＝ had it not been for ...）
1525 □	**it's time + 仮定法過去**	**もう〜してもよいころだ** ➡ it's high time ... とっくに…する時間[ころ]だ
1526 □	**if only + 仮定法（!）**	**（せめて）〜ならいいと思う，** **〜でありさえすればいいと思う** （＝ I wish + 仮定法）
1527 □	**as if + 仮定法**	**まるで〜である[あった]かのように** ➡ as if to *do* まるで〜するかのように

ⓐ **I wish** I *were* taller.	ⓐ私はもっと背が高い**ならいいと思う**。
ⓑ **I wish** I *had* not *said* such a rude thing to her.	ⓑ私は彼女にあんな失礼なことを言っていな**かったらいいと思う**。
If the sun **were to** rise in the west, then I *would change* my mind.	万一太陽が西から昇る**ようなことがあれば**，私は考えを変えるのだが。
ⓐ **If** Mr. Smith **should** call, *tell* him I'm in a meeting.	ⓐ**もし**スミス氏が電話をかけてき**たら**，私は会議中だと伝えなさい。
ⓑ **If** Mary **should** come late again, he *will get* angry.	ⓑ**もし**メアリーがまた遅れてき**たら**，彼は怒るだろう。
But for the support of my family, I *would be* in real trouble.	家族の支援**がなければ**，私は本当に困るだろう。
With help from him, we *could have finished* this work yesterday.	彼の助け**があったら**，私たちは昨日この仕事を終えることができたのに。
If it were not for my injured arm, I *would carry* the box myself.	もし腕のけが**がなければ**，私は自分で箱を運ぶのだが。
We *would* probably *have won* **if** it **had not been for** you.	もしあなた**がいなかったら**，おそらく私たちが勝っていただろう。
We have lost five games in a row. **It's time** our team *won*.	私たちは5試合連続して負けている。もう私たちのチームが勝って**もよいころ**だ。
If only someone *would help* us!	せめてだれかが私たちを手伝ってくれる**ならいいのに**。
He acted **as if** nobody else *were* in the elevator.	彼は**まるで**エレベーターの中にほかにだれもいない**かのように**ふるまった。

ここで差がつく頻出熟語

■》そのほかの動詞を含む慣用熟語

1528 □ apply to ...	①（規則・法律などが）に適用される［あてはまる］ ②…に問い合わせる
1529 □ apply for ...	①（職など）に応募する， ②…を申請する
1530 □ ask〈人〉for ...	〈人〉に…を求める
1531 □ care for ...	①…を望む ②…の世話をする（＝ look after ...） ➡ Would you care for ...? …はいかがですか。
1532 □ attend to ...	①…に注意を払う，…を注意して聞く ②…を処理する；…の世話をする
1533 □ cope with ...	①…にうまく対処する，…をうまく処理する ②…と争う，…に対抗する
1534 □ attribute ... to 〜	…を〜に起因すると考える， …は〜のおかげだと考える， …を〜のせいにする
1535 □ think better of ...	…を考え直してやめる，…を思い直す ➡ think (all) the better of〈人〉for ... 　…のために〈人〉をよりいっそう尊敬する
1536 □ refrain from -ing	〜するのを差し控える， 〜するのを慎む
1537 □ prohibit〈人〉from -ing	①〈人〉が〜するのを禁止する ②〈人〉が〜するのを妨げる
1538 □ see to it that ...	…するよう気をつける， …するように取り計らう ➡ see to ... …の世話をする（＝ look after ... ）
1539 □ persuade〈人〉into -ing	〈人〉を説得して〜させる ➡ persuade〈人〉to do〈人〉を説得して〜させる
1540 □ lay off ...	①…を解雇する ②…をやめる，…を控える

☐ The 20 percent discount only **applies to** club members.	20%の割引はクラブ会員のみに適用される。
☐ My nephew **applied for** a job at a publishing company.	私のおいは出版社の職に応募した。
☐ I'm going to **ask** the manager **for** a raise.	私は経営者に賃上げを求めるつもりだ。
☐ *Would you* **care for** *a glass of wine?*	ワインを1杯いかがですか。
☐ Our manager tells us to **attend to** our customers' needs.	私たちの経営者は私たちに顧客のニーズに注意を払うようにと教えている。
☐ My computer can **cope with** huge amounts of data.	私のコンピュータは膨大な量のデータをうまく処理することができる。
☐ We **attributed** most of our success **to** his generous support.	私たちの成功の大半は彼の惜しみない支援のおかげだと考えた。
☐ I **thought better of** buying the expensive bag.	私はその高いかばんを買うのを考え直してやめた。
☐ Please **refrain from** smok*ing* here.	こちらで喫煙するのを差し控えてください。
☐ They were **prohibited from** leav*ing* the country.	彼らは出国を禁じられた。
☐ The hotel's owners **see to it that** their guests are given every comfort.	ホテルのオーナーたちはお客様がいつも快適に過ごせるように気をつけている。
☐ Don't let yourself be **persuaded into** buy*ing* things you don't want.	欲しくないものを説得して買わされないようにしなさい。
☐ The company **laid off** 250 workers in December.	その企業は12月に，250人の労働者を解雇した。

注意すべき多義語

good　　目的にかなった・望ましい（もの）

- ① His grades are always **good**. 　　彼の学業成績はいつも**よい**。
- ② He is a **good** man for this job. 　　彼はこの仕事に**適した**人物である。
- ③ You *are* **good** *at* paint*ing*. 　　君は絵が**上手だ**。
- ④ You should have a **good** rest. 　　君は**十分な**休養を取るべきだ。
- ⑤ We had a **good** time at dinner. 　　私たちは夕食で**楽しい**時を過ごした。
- ⑥ The two are **good** friends. 　　その2人は**とても親しい**友だちだ。
- ⑦ Her parents were very **good** to me. 　　彼女の両親は私にとても**親切**だった。
- ⑧ We must work together for the **good** of the community. 　　私たちは地域社会の**利益**のためにいっしょに取り組まなければならない。
- ⑨ Do you sell cotton **goods**? 　　綿**製品**を売っていますか。
- ⑩ The injury may keep him out of soccer *for* **good**. 　　そのけがで彼は**二度と**サッカーに関われ**ない**かもしれない。

right　　まっすぐ・正しい・右の・すぐに

- ① All of his answers were **right**. 　　彼の答えはすべて**正し**かった。
- ② She is the **right** person for that job. 　　彼女はあの仕事に**ふさわしい**人だ。
- ③ He held the pencil in his **right** hand. 　　彼は鉛筆を**右の**手に持っていた。
- ④ If I remember **right**, her mother was born in 1967. 　　もし私が**正確**に記憶しているとすれば，彼女の母親は1967年生まれだ。
- ⑤ I don't have to go **right** home today. 　　私は今日，**まっすぐに**家へ帰る必要がない。
- ⑥ I'll be **right** back. 　　私は**すぐに**戻ります。
- ⑦ Your bag is **right** *there* where you left it. 　　あなたのかばんは**ちょうど**あなたが置いたところにあります。
- ⑧ Go **right** to the end of the road. 　　その道を突きあたり**までずっと**行きなさい。
- ⑨ They are old enough to know **right** from wrong. 　　彼らは**善**と悪の区別ができる年齢だ。
- ⑩ The **rights** of the people are protected by law. 　　国民の**権利**は法律で守られている。

形容詞	①よい，優れた（＝excellent）	
	②適した，合った（＝suitable）	
	③上手な，得意な（＝skillful）　➡ *be* good at -ing ～が上手である	
	④十分な，たっぷりの（＝enough）	
	⑤（快適で）楽しい（＝pleasant, enjoyable）	
	⑥とても親しい，仲のよい（＝close）	
	⑦親切な（＝kind）	
名詞	⑧役に立つこと，利益（＝use, benefit）	
	⑨《（複）で》商品，製品（＝product）	
	⑩《for good (and all) で》永久に（＝permanently），二度と～ない	○ 1200

形容詞	①正しい（↔wrong 間違った）
	②適切な，ふさわしい（＝suitable）
	③右の（↔left 左の） 注意 名詞の前，もしくはthe rightで「右」を意味する。
副詞	④正確に，正しく（＝accurately, precisely）
	⑤《前置詞・副詞の前で》まっすぐに，まともに（＝straight） 注意 「右へ」を意味するときはTurn right.のように，あとに前置詞や副詞がつかない。
	⑥すぐに，ただちに　➡right away すぐに
	⑦（位置・時間が）ちょうど ➡right there ちょうどあそこに，ちゃんとそこに
	⑧～までずっと（＝all the way）
名詞	⑨正義，善（↔wrong 悪）
	⑩権利（↔duty 義務）　➡basic human rights 基本的人権 ➡women's rights 女性の権利　➡water rights 水利権

注意すべき多義語

use 使用・目的・効果・能力・習慣

- ① The **use** of computers in education has been increasing.
  教育におけるコンピュータの<u>使用</u>が増え続けている。
- ② Robots have many different **uses** nowadays.
  今日では，ロボットには多くの異なる<u>用途</u>がある。
- ③ What's the **use** of getting angry?
  怒って何か<u>役立つこと</u>がありますか。
- ④ I have the **use** of my father's camera during this trip.
  この旅行の間は，私は父のカメラが<u>自由に使える</u>。
- ⑤ I'm **used** *to* spea*king* in front of many people.
  私は多くの人の前で話を<u>するのに慣れている</u>。
- ⑥ My dad **used** *to* grow vegetables.
  私の父は<u>以前はよく野菜を育てていたものだった</u>。

mean 何かを心に抱いている／中間の／卑しい

- ① The green light **means** "go."
  青信号は「進め」を<u>意味する</u>。
- ② It's cool! I **mean** *that* it's great.
  それクールだね。私は，それがすごい<u>ということが言いたい</u>の。
- ③ He always **means** *to* be kind to others.
  彼はいつでも人に親切に<u>するつもりでいる</u>。
- ④ We should seek a **mean** between the two extremes.
  私たちはその両極端な考えの<u>中間的なもの</u>を求めていくべきだ。
- ⑤ What would be the most effective **means** of advertising our product?
  私たちの製品を宣伝するもっとも効果的な<u>方法</u>は何だろうか。
- ⑥ They live beyond their **means**.
  彼らは自分たちの<u>収入</u>を超えた暮らしをしている。
- ⑦ I don't think he is a **mean** person.
  私は彼が<u>卑劣な</u>人だとは思わない。
- ⑧ *In the meanwhile*, let's take a break.
  <u>その間に</u>，休憩しましょう。

○ 479

名詞 ①**使用，利用** [júːs]　➡ make use of ... …を利用する　○ 543
➡ put ... to use …を使う　➡ be out of use 使用されていない
⇨ use [júːz] 動を使用する

②**用途，使用目的** [júːs]

③**役立つこと，効用，利益** [júːs]（= benefit）　➡ it is no use -ing 〜してもむだである　➡ of use 役立って　➡ of no use 役に立たない

④**自由に使えること；使える能力があること** [júːs]

形容詞 ⑤《be used to -ing で》**〜するのに慣れている**　※ used to で [júːs(t)tə]
（= be accustomed to -ing）

助動詞 ⑥《used to do で》**（以前はよく）〜したものだった**　※ used to で [júːs(t)tə]

○ 209

動詞 ①**を意味する**；を意図する
⇨ méaning 名意味
⇨ méaningful 形意味のある

②《mean that ... で》**…ということが言いたい**，
…のつもりで言う（= intend to say）

③《mean to do で》**〜するつもりでいる**（= try to do）

名詞 ④《常に単数形で》**中間的なもの，平均（値）**（= average）

⑤《（複）で》**手段，方法**（= way, method）
➡ by means of ... …の手段によって　➡ by all means ぜひとも

⑥《（複）で》**収入，資産**（= income, money）

形容詞 ⑦**卑劣な，意地の悪い**（= cruel）；けちな

副詞 ⑧《in the meanwhile[meantime] で》**その間に；一方で**
⇨ méanwhile 副その間に（= méantime）

注意すべき多義語

order　　　秩序正しい状態(を生み出すもの)

- ① The soldiers received **orders** to attack.　　兵士たちは攻撃の**命令**を受けた。
- ② Your paragraphs are not arranged in a logical **order**.　　君の(文章の)段落は論理的な**順序**に並んでいない。
- ③ The army was called in to restore **order**.　　**治安**を回復するために軍隊が召集された。
- ④ Have you *put* your room *in* **order**?　　あなたは自分の部屋を**整理**しましたか。
- ⑤ The waiter *took our* **orders**.　　ウエイターが私たちの**注文**を取った。
- ⑥ The machine was *out of* **order**.　　その機械は**故障**していた。
- ⑦ The general **ordered** his men *to* advance.　　その将軍は部下に前進するよう**命令**した。
- ⑧ My wife has **ordered** a new suit for me.　　妻は私のために新しいスーツを**注文**していた。

case　　　具体的な事例や事件／箱

- ① In that **case**, I'll call you.　　その**場合**には、私はあなたに電話をします。
- ② The murder **case** was reported in the newspaper three days ago.　　その殺人**事件**は3日前に新聞で報道された。
- ③ That is a **case** of love at first sight.　　あれはひと目ぼれの**事例**の1つだ。
- ④ He said that he was hit by a car, but that is not the **case**.　　彼は車にはねられたと言ったが、それは**事実**ではない。
- ⑤ We bought a **case** of soda.　　私たちは炭酸飲料を1**ケース**買った。

○ 429

名詞 ①**命令**（= command）
➡ give an order 命令を出す

②**順序，順番**
➡ in the correct order 正しい順番に

③**秩序，治安**
➡ keep[maintain] order 秩序を保つ，治安を維持する

④**整理，整とん**
➡ put ... in order …を整理[整とん]する；…を順番に並べる

⑤**注文**；注文品
➡ take one's order 〜の注文を取る

⑥《out of orderで》**故障して，調子が悪い**

動詞 ⑦**を命令する**（= tell, command）
➡ order ... to do …に〜するよう命令する

⑧**を注文する**

○ 151

名詞 ①（個々の）**場合**（= occasion），**状況**
➡ in case of ... …の場合は
➡ in any case いずれの場合にも
➡ just in case 万一の場合に備えて

②**事件**（= incident）；**訴訟，裁判**
➡ win a case 勝訴する

③**事例，実例**，（= example）；**症例**

④**事実**（= fact），**真相**（= truth）

⑤**箱，ケース**；1箱（分）

注意すべき多義語

way — 目的地にたどり着く道や方法

- ① Which **way** should we go? — 私たちはどちらの**方向**に行くべきだろうか。
- ② That is the wrong **way** to tie a necktie. — それは間違ったネクタイの締め**方**です。
- ③ It is not her **way** to speak before she thinks. — 考えずにものを言うのは彼女の**流儀**ではない。
- ④ This work is excellent in many **ways**. — この作品は多くの**点**で優れている。

sound — 耳に聞こえてくる(もの)／健全な

- ① She heard a loud **sound** behind her. — 彼女は背後で大きな**物音**を聞いた。
- ② These CDs **sound** better than my old records. — これらのCDは私の古いレコードよりもよい**音がする**。
- ③ Her explanation **sounds** reasonable. — 彼女の説明は理にかなっている**ように聞こえる**。
- ④ A **sound** mind in a **sound** body. — **健全な**肉体には**健全な**精神が宿る。《諺》
- ⑤ He put his money in a **sound** business. — 彼は**確かな**事業にお金をつぎ込んだ。
- ⑥ He had a **sound** sleep last night. — 彼は昨夜, **熟**睡した。
- ⑦ Mike was **sound** *asleep* after swimming a lot in the afternoon. — 午後にたくさん泳いだあとなので, マイクは**ぐっすり眠って**いた。

名詞	①**道**，道順；方向（＝ direction）	

　　➡ by way of ... …経由で ◯1237
　　➡ by the way ところで
　　➡ in the way (of ...)（…の）じゃまになって
　　➡ make way for ... …に道を譲る（＝ give way to ...）◯865

　②**方法**，やり方（＝ manner）
　　➡ in the same way 同じ方法で

　③**流儀**，様式；習慣，くせ（＝ custom, habit）

　④**点**，観点；面，方面（＝ aspect）
　　➡ in a way ある点［意味］で（は）

◯47

名詞	①**音**，音響；音波	
動詞	②**〜の音がする**；音を出す	
	③**〜のように聞こえる**，〜のように思われる	

　　➡ it sounds as if[though] ... …かのように思われる

形容詞	④**健全な**（＝ healthy），正常な	
	⑤**適切な**，確かな；安全な	
	⑥（眠りが）**深い**，十分な	
副詞	⑦《sound asleepで》**ぐっすり眠って**	

注意すべき多義語

sense — 感覚的にとらえるもの

- ① A dog has an excellent **sense** of smell. — イヌには優れた嗅**覚**がある。
- ② He has a poor **sense** of direction. — 彼は方向**感覚**に乏しい。
- ③ She is a woman of **sense**. — 彼女は**良識**のある女性だ。
- ④ Why don't you *come to your* **senses**? — 君は**正気**に返ったらどうだい。
- ⑤ This word has various **senses** depending on the situation. — この単語は状況次第でさまざまな**意味**を持つ。
- ⑥ After a while, he **sensed** that something was wrong. — しばらくして，彼は何かがおかしいと**気づいた**。

matter — 物質・重要な問題となる（こと）

- ① It's a **matter** of life and death. — それは生死にかかわる**問題**だ。
- ② Perhaps some of these suggestions will help to improve **matters**. — おそらくこれらの提案のいくつかが**事態**を改善するのに役立つだろう。
- ③ What's *the* **matter** with them? — 彼らの**困難**は何ですか[彼らはどうかしましたか]。
- ④ The *subject* **matter** of the book is very interesting. — この本の**主題**はとても興味深い。
- ⑤ Minerals are inorganic **matter**. — 鉱物は無機**物**である。
- ⑥ *It doesn't* **matter** how long we live; it's how we live that **matters**. — どれだけ長く生きるかは**重要**ではない。**重要である**のは，どのように生きるかだ。

○ 1285

名詞 ①（五感と呼ばれる視覚・聴覚・嗅覚・味覚・触覚の）**感覚**
➡ the sixth sense 第六感

②（ものごとを認識する）**感覚**，**センス**；**自覚**
➡ a sense of humor ユーモアのセンス
⇨ sénsitive 形 敏感な，（人が）傷つきやすい ○ 731

③**良識**，思慮，分別
⇨ sénsible 形 分別のある，賢明な ○ 732

④《(複)で》**正気**，正常な意識
➡ come to *one's* senses 正気に返る，目を覚ます

⑤**意味**（＝ meaning），**語義**
➡ in a sense ある意味では
➡ make sense 意味がわかる；理にかなう；意味をなす

動詞 ⑥**を感じる**，**に気づく**

○ 129

名詞 ①（検討・対処を要する）**問題**，**事柄**
➡ a serious matter 重大な問題
➡ as a matter of fact 実を言うと，実は

②《(複)で》**事態**，**状況**
➡ to make matters worse さらに悪いことに

③**困難（なこと）**，**支障**
注意 通常は the matter の形で用いる。

④（演説・本などの）**内容**，**題材**
➡ subject matter（演説・本などの）主題

⑤**物質**，**物体**，**もの**（＝ material, substance）

動詞 ⑥**重要である**，**問題である**
➡ it doesn't matter 重要ではない，たいしたことではない

注意すべき多義語

respect 何度も繰り返し見る・敬意を払う

- ① We **respect** him as a great artist. 私たちは彼を偉大な芸術家として**尊敬する**。
- ② I would like you to **respect** my privacy. 私はあなたに私のプライバシーを**尊重して**ほしいのです。
- ③ She earned the **respect** of her fellow athletes. 彼女は仲間の選手から**尊敬**を集めた。
- ④ We have great **respect** for your opinion. 私たちは君の意見に大いに**配慮**をする。
- ⑤ The president went to the funeral to *pay* his **respects** *to* the employee's family. 社長は葬式へ行き，従業員の家族に**ていねいなあいさつをした**。
- ⑥ I can't agree with you in this **respect**. 私はこの**点**で君に賛成できない。
- ⑦ A decision should be made as soon as possible *with* **respect** *to* the issue. その問題**に関して**，できるだけ早く決定がなされるべきだ。

still 静かに動かず，変化が起きない状態

- ① **Still** waters run deep. **静かな**流れの川は底が深い。《諺》（＝考えの深い人は口数が少ない）
- ② They were standing **still**. 彼らは**じっとして**立っていた。
- ③ She is **still** hoping for a letter from Bill. 彼女は**いまだに**ビルからの手紙を期待している。
- ④ She knew the work was hard, but she **still** wanted to do it. 彼女はその仕事がつらいことをわかっていたが，**それでもなお**それをやりたがった。
- ⑤ Kevin is tall, but Jane is **still** taller. ケビンも背が高いが，ジェーンは**さらに**背が高い。

○ 824

動詞 ①を尊敬する（＝admire）

②を尊重する

名詞 ③尊敬，敬意
　　　　⇨respéctable 形 きちんとした（＝尊敬に値する）
　　　　⇨respéctful 形 礼儀正しい（＝敬意に満ちた）

④尊重，配慮

⑤《pay one's respects to ...で》…にていねいなあいさつをする
　　➡ pay one's last[final] respects to ...（故人）に最後のお別れをする

⑥(注目)点（＝point），事項

⑦《with respect to ...で》…に関して
　　⇨respéctive 形 個々の，それぞれの

形容詞 ①（音も出さず）静かな（＝quiet and calm）

②（音も出さず，動きもせず）静止して，じっとして

副詞 ③（変化なく）まだ，いまだに，依然として
　　　注意 still nowとは言わない。

④（変化なく）それでもなお，やはり（＝nevertheless）

⑤《比較級とともに用いて》さらに，（それでも）なおいっそう
　　➡ still less ... まして…ない
　　➡ have still to do まだ～していない

注意すべき多義語

due —— 予定や義務などに従った・当然そうなるべき状態

- ① The train is **due** any minute now. — 電車はまもなく**到着する予定**だ。
- ② The theme park *is* **due** *to* open next month. — そのテーマパークは来月，開園**する予定だ**。
- ③ These library books are **due** next Friday. — これらの図書館の本は，来週の金曜日に**返却期日が来る**。
- ④ This money is **due** to me for the work I did. — このお金は，私がした仕事に対して私に**当然支払われるべき**だ。
- ⑤ Good planning must have **due** regard for economic conditions. — 優れた計画は，経済状況に対して**しかるべき**配慮がなければならない。
- ⑥ The school was closed **due** *to* the typhoon. — 台風**のために**学校は閉鎖された。

account —— 計算や考えに入れる(こと)

- ① The **account** showed a profit of 5,000 dollars. — **明細書**は5,000ドルの収益があったことを示していた。
- ② The money will be taken out of your **account**. — あなたの**銀行口座**からその金額が引き落とされる。
- ③ He was too shocked to give an **account** of what had happened. — 彼はあまりにもショックを受けて，何があったか**説明**できなかった。
- ④ We will *take* **account** *of* your tastes. — 私たちはあなたの好み**を考慮に入れます**。
- ⑤ The plane was delayed *on* **account** *of* the heavy snow. — その飛行機は大雪**のために**遅れた。
- ⑥ African Americans **account** *for* 12 percent of the U.S. population. — アフリカ系アメリカ人はアメリカの人口の12%**を占めている**。
- ⑦ Recent pressures at work may **account** *for* his odd behavior. — 最近の仕事でのプレッシャーが，彼の奇妙な行動**の原因である**かもしれない。

◯ 388

形容詞 ①（人・乗り物などが）**到着する予定で**

②《*be* due to *do* で》**〜する予定である**
（＝ *be* expected to *do*）

③**支払い[返却]期日の来た**

④（報酬などが）**当然支払われるべき**，**正当な**

⑤**当然の**，しかるべき（＝ proper）

⑥《due to ... で》**…の理由で**，…のために
（＝ because of ..., on account of ...）

名詞 ①**勘定（書）**，計算書，明細書

②**銀行口座**，**預金残高**
注意 acct. と省略される。

③**報告**，話，説明

④《take account of ... で》**…を考慮[計算]に入れる**
（＝ take ... into account） ◯ 559

⑤《on account of ... で》**…の理由で**，…のために
（＝ because of ..., due to ...）

動詞 ⑥《account for ... で》（ある割合・部分）**を占める**

⑦《account for ... で》**…を説明する**，…の原因である

注意すべき多義語

present — 目の前に差し出されて存在する

- ① Tobacco companies are trying to **present** a more favorable image. — タバコ業界はより好感の持てるイメージを示そうと努力している。
- ② We **presented** a trophy to her. — 私たちは彼女にトロフィーを贈った。
- ③ Here is a **present** for you. — ここに君への贈り物がある。
- ④ There is no time like *the* **present**. — 現在のような時はない[今が絶好の機会だ]。《諺》
- ⑤ I am quite at a loss as to how to get over *the* **present** situation. — 現在の状況をどう克服すればよいのかわからず，私は途方に暮れている。
- ⑥ The people **present** broke into loud applause. — 出席していた人たちから突然大きな拍手が沸き起こった。

bear — 重いものを身に着けている・運ぶ

- ① Each company must **bear** half of the costs of development. — それぞれの会社が開発費用の半分を負担しなければならない。
- ② The walls **bear** the weight of the roof. — 壁が屋根の重量を支える。
- ③ I cannot **bear** his shouting. — 私は彼の大声には耐えられない。
- ④ She **bore** five children. — 彼女は5人の子どもを産んだ。
- ⑤ The miners used horses to **bear** their equipment. — 鉱山労働者は自分たちの装備を運ぶためにウマを使った。
- ⑥ People don't have the right to **bear** arms in this country. — この国では人々は武器を身につける権利がない。
- ⑦ He seemed to **bear** no bad feelings toward his boss. — 彼は上司に対して何も悪い感情を心に持っていないようだった。

◎ 347

動詞 ①(目の前に差し出して)**を示す**(= show)
　　⇨ presentátion 名 発表
②(目の前へ差し出して)**を贈る**(= give)

名詞 ③(目の前に差し出された)**贈り物**(= gift)

④《通常 the ~で》(目の前に存在している)**現在，今**
　　➡ at present 現在は，今のところ　**注意** the がつかない。

形容詞 ⑤《名詞の前で，通常 the ~で》**現在の**(= current)

⑥《名詞のあとで，あるいは補語として》**出席している，存在している**
(= in attendance)（↔ absent 欠席[不在]で）

◎ 329

動詞 ①(責任・費用など)**を負う，を負担する**(= accept)

②**を支える**(= support)

③**に耐える**(= stand, endure)

④(子ども)**を産む**(= give birth to ...)
　　➡ bear fruit 実を結ぶ，成果を上げる

⑤**を運ぶ**(= carry)

⑥**を身につける，を帯びる**(= have, carry)

⑦**を心に持つ，を心に抱く**
　　➡ bear ... in mind …を念頭に置いておく

注意すべき多義語

bound — しっかり結びつけられて身動きのとれない状態

- ① I took the **bound** pile of newspapers downstairs. — 私は**縛った**新聞の束を下の階へ運んだ。
- ② You *are* **bound** by law *to* pay this tax. — あなたは法律によりこの税を払う**義務がある**。
- ③ If we leave after dark, we *are* **bound** *to* be late for dinner. — 暗くなってから出発すると、私たちは**きっと夕食に遅れることになる**。
- ④ This airplane *is* **bound** *for* Sydney. — この飛行機はシドニー**行きである**。
- ⑤ Her joy knew no **bounds**. — 彼女の喜びは**限界**[とどまるところ]を知らなかった。
- ⑥ The dog **bounded** over the gate. — そのイヌは門を越えて**跳び上がった**。

term — 限界・終わりのある範囲（期間などの条件）

- ① He served a four-year **term** as President. — 彼は大統領として4年の**任期**を務めた。
- ② The new **term** starts in April. — 新**学期**は4月から始まる。
- ③ We're *on* good **terms** *with* the neighbors. — 私たちは近所の人たちとよい**間柄**だ。
- ④ The **terms** of the contract are fair. — その契約の**条件**は適切なものである。
- ⑤ This author uses many medical **terms**. — この作家はたくさんの医学**用語**を用いる。
- ⑥ This schedule isn't realistic *in* **terms** *of* time and costs. — この計画は時間と費用**の点で**現実的でない。

形容詞 ① 縛られた，結ばれた
⇨ bínd 動 を縛る，を結びつける 〈bound - bound〉 ○ 1131

② (法的に) 義務づけられた，義務がある
➡ *be* bound to *do* 〜する義務がある，〜しなければならない

③ 《*be* bound to *do* で》きっと〜する (はずだ) (＝ *be* sure to *do*)，確実に〜することになる (はずだ)

④ 《*be* bound for ... で》(ほかの場所と結ばれて) ...行きである
(＝ *be* headed for ...)

名詞 ⑤ 《(複) で》(法律や社会習慣などの) (許容)範囲，限界
➡ beyond the bounds 範囲を超えて

動詞 ⑥ (①〜⑤と別語源)
《副詞(句) や現在分詞とともに》跳び上がる；弾む

○ 1284

名詞 ① 期限，任期，会期

② 期間 (＝ period)，(3学期制の) 学期
➡ in the long term 長期的に見ると

③ 《(複) で》(交際の) 間柄 (＝ relations)
➡ *be* on ... terms with 〜 〜と...の間柄である

④ 《(複) で》(契約の限界としての) 条件 (＝ condition)
➡ come to terms with ... ...と合意する，あきらめて...に従う

⑤ (特定の分野に限定された) (専門) 用語，言葉
(＝ word, vocabulary)
➡ in simple terms 簡単な言葉で

⑥ 《in terms of ... で》...の点で，...に関して

注意すべき多義語

fast 〉 しっかり力が込められた状態

- ① He held **fast** to the handrail. 　 彼は手すりを**しっかりと**握った。
- ② She is **fast** *asleep* on the sofa. 　 彼女はソファーで**ぐっすり眠っている**。
- ③ Don't drive so **fast** — there's ice on the road. 　 そんなに**速く**運転しないで。道路に氷が張っているよ。
- ④ His watch is five minutes **fast**. 　 彼の腕時計は5分**進んでいる**。
- ⑤ She is the **fastest** runner in the world. 　 彼女は世界最**速**のランナーだ。

wear 〉 ものを身に着けている・ものをすり減らす

- ① He's **wearing** his socks inside out. 　 彼はくつ下を裏返しに**身に着けている**[はいている]。
- ② He **wears** a long beard. 　 彼は長いあごひげを**はやしている**。
- ③ She **wore** an expression of embarrassment. 　 彼女は困惑した表情を**浮かべていた**。
- ④ Constant use **wears** *down* your necktie quickly. 　 いつも使っていると、早くネクタイが**すり切れる**よ。
- ⑤ All this arguing is **wearing** me *out*. 　 このすべての議論が私**を疲れ果てさせている**。
- ⑥ This carpet **wears** very well. 　 このカーペットはとても**長持ちする**。

appreciate 〉 対象となるものの価値を実感する

- ① I **appreciate** the difficulty of your situation. 　 私は君が置かれた状況の困難さを**正しく理解している**。
- ② He is not an expert, but he **appreciates** works of modern art. 　 彼は専門家ではないが、現代美術作品の**よさがわかる**。
- ③ Our house has **appreciated** over 20 percent in the last two years. 　 私たちの家はここ2年間で20%以上**価値が上がった**。
- ④ They **appreciated** our help. 　 彼らは私たちの助力に**感謝した**。

| 副詞 | ①(力をこめて)**堅く**，しっかりと(＝tightly)
⇨ fásten 動 を固定する，を締める |
	②《fast asleepで》**ぐっすり眠って**
	③**速く**，すばやく
形容詞	④(時計などが)**進んでいる**
	⑤**速い**

○ 220

| 動詞 | ①**を着ている**，を身に着けている
➡ wear glasses 眼鏡をかけている |
| | ②(ひげ・髪)**をはやしている** |
| | ③(ある表情)**を浮かべている**
➡ wear a ... look …の表情を浮かべている |
| | ④《wear (...) downで》**…をすり減らす**；すり切れる；…を弱らせる |
| | ⑤《wear (...) outで》**…を疲れ果てさせる**；すり切れる，だめになる
➡ *be* worn out 疲れ果てている |
| | ⑥**使用に耐える**，長持ちする |

○ 826

動詞	①(実感を持って)**を正しく理解する**(＝understand)，を認識する
	②**のよさがわかる**，を鑑賞する，を楽しむ
	③**価値が上がる**
	④**に感謝する**，をありがたく思う(＝ *be* grateful for ...)

長文読解 LEVEL 5

⊙LEVEL5で学習した，赤字の語の意味を確認しながら，長文を読んでみましょう。

1　Many people in Japan are ①**bilingual**.　By this I don't mean they can speak Japanese and another language.　People who are raised in local areas can usually speak the local ②**dialect** as well as "standard Japanese."　So in a ③**sense** they already have a ④**command** of two languages before they start studying English.　They just ⑤**assume** this is normal.　Because ②**dialects** ⑥**vary** from region to region, there are many ⑦**linguistic** differences in Japan.

2　On another ⑧**matter**, I think everybody has the ⑨**potential** to master a foreign language.　Although it's true that some people have a special ⑩**faculty** for learning foreign languages, anyone can ⑪**pursue** a language and master it, if they have ⑫**discipline** and patience.　You don't have to speak English like a ⑬**native** speaker.　The main point is to ⑭**express** your feelings and ideas.

3　Don't be ⑮**embarrassed** if you make mistakes.　Everyone does.　Also, don't try to ⑯**impress** others with your language ⑰**ability**.　Although mastering a foreign language is a great ⑱**achievement**, it doesn't necessarily ⑲**mean** you are more ⑳**intelligent** than someone who hasn't.　The important thing is to ㉑**persist** *in* your efforts.　You should always try to ㉒**expand** your ㉓**vocabulary**.　To do this, ㉔**consult** a good dictionary whenever possible.

(201 words)

Quick Check!　➡ 解答は p.316

⑤ 名詞 assumption の意味は？　　　⇨ _____
⑥ 「多様性」を意味する名詞は？　　⇨ _____
⑦ 名詞 linguistics の意味は？　　　 ⇨ _____
⑪ 「追求」を意味する名詞は？　　　⇨ _____
⑭ 「表現」を意味する名詞は？　　　⇨ _____

また，Quick Check!で，語いに関する知識を再確認してみましょう。

C-47

① 日本では多くの人々が①**2言語を使用する**。といっても，彼らが日本語とほかの言語を話せるというのではない。地方で育った人々は，たいてい「標準語」だけでなく，その地方の②**方言**も話せる。だからある③**意味**では，彼らは英語を勉強し始める前に，2つの言語を④**自由にあやつる能力**をすでに持っているのである。彼らはこのことをふつうのことだと⑤**思い込んでいる**だけである。②**方言**は地域によって⑥**異なる**ので，日本にはたくさんの⑦**言語の**違いがある。

② もう1つの⑧**事柄**として，だれもが外国語を身につける⑨**潜在能力**を持っていると，私は考える。外国語を学ぶのに特別な⑩**能力**を持っている人々がいるというのは確かだが，⑫**訓練**を受け，忍耐力があれば，だれでも言語を⑪**追求し**，身につけることができる。⑬**母国語**話者のように英語を話す必要はない。大事な点は，自分の気持ちや考えを⑭**表現する**ことだ。

③ 間違いをしても，⑮**恥ずかしく思う**ことはない。だれもが間違いをする。また，自分の言語⑰**能力**を他人に⑯**印象づけ**ようとしてはいけない。外国語を身につけるのは大きな⑱**達成**であるけれども，身につけていない人よりも⑳**知能が高い**ということを，必ずしも⑲**意味し**ない。大事なことは，努力を㉑**し続ける**ことだ。いつも㉓**語いを**㉒**広げ**ようとするべきである。これをするためには，可能なときはいつでも，優れた辞書で㉔**調べなさい**。

⑮ 名詞 embarrassment の意味は？　⇨　＿＿＿＿＿＿＿＿＿
⑯ 「印象的な」を意味する形容詞は？　⇨　＿＿＿＿＿＿＿＿＿
⑱ 「を成し遂げる」を意味する動詞は？　⇨　＿＿＿＿＿＿＿＿＿
⑳ 「知能」を意味する名詞は？　⇨　＿＿＿＿＿＿＿＿＿
㉒ 「拡大」を意味する名詞は？　⇨　＿＿＿＿＿＿＿＿＿

実践問題 LEVEL 5

⊙ 英文に合うように，もっとも適当な語(句)を選び，番号で答えなさい。

□ **1.** ( ) the greenhouse effect, the climate on the earth would be much colder.
① Without ② Against ③ At ④ To 〈京都学園大〉

□ **2.** Many students are ( ) in voluntary work in the local community.
① excluded ② involved ③ joined ④ participated 〈学習院大〉

□ **3.** ( ) a glance, I'd say these are the ten most recommended books.
① At ② Before ③ Off ④ On 〈立命館大〉

□ **4.** Those who are unable to ( ) money to the school building fund can help in many other ways.
① collect ② contribute ③ finance ④ prepare 〈南山大〉

□ **5.** In studying the brain, scientists have tried to learn what part of it ( ) to what kind of activity in our bodies.
① catches ② touches ③ corresponds ④ opens 〈亜細亜大〉

□ **6.** Because of the long recession, the company will have to ( ) about five hundred employees.
① turn off ② call off ③ lay off ④ keep off 〈清泉女子大〉

□ **7.** "Are you ( ) to cold weather?"
"Of course. I grew up in Alaska."
① accustomed ② alright ③ fond ④ liked 〈金沢工業大〉

□ **8.** Mental health refers to the successful performance of mental functions in ( ) of thought, mood, and behavior.
① case ② favor ③ place ④ terms 〈上智大〉

実践問題 LEVEL 5 ANSWERS (p.315)	9. ② → 1428	10. ① → 1512	11. ③ → 1533
	12. ③ → 1362	13. ① → 1521	14. ② → 1415
	15. ④ → 1350	16. ③ → 1328	

➡ 日本語訳と解説は p.316

☐ **9.** We shouldn't ( ) that there is any connection between nationality and personality.
① concentrate ② conclude ③ exclude ④ explore 〈中央大〉

☐ **10.** If a student ( ) to travel a long distance, he or she may find a job at a summer camp.
① is willing ② is beginning ③ is looking ④ is avoiding 〈近畿大〉

☐ **11.** The President does not know how to ( ) the problem.
① manage to ② deal to ③ cope with ④ handle with 〈亜細亜大〉

☐ **12.** Writing a novel ( ) all his time, so he only ate once a day.
① designed ② mentioned ③ occupied ④ realized 〈立命館大〉

☐ **13.** ( ) your help, I couldn't have finished this work. Thank you very much.
① But for ② In addition to ③ In spite of ④ Owing to 〈青山学院大〉

☐ **14.** What a beautiful painting! I could ( ) at it for hours.
① watch ② gaze ③ see ④ glow 〈北里大〉

☐ **15.** The child ( ) because she thought her mother would be angry at her.
① scares her ② was scary ③ did scare ④ was scared 〈杏林大〉

☐ **16.** Don't make noise. I cannot ( ) on my work.
① emphasize ② absorb ③ concentrate ④ depend 〈芝浦工業大〉

実践問題 LEVEL 5 ANSWERS (p.314)

1. ① ➡ 1521		**2.** ② ➡ 1493		**3.** ① ➡ 1416	
4. ② ➡ 1395		**5.** ③ ➡ 1452		**6.** ③ ➡ 1540	
7. ① ➡ 1297		**8.** ④ ➡ 1284			

実践問題 LEVEL 5　日本語訳と解説

1. 温室効果がなかったら，地球の気候はもっとずっと寒いだろう。
   ※〈without ...〉(= but for ...) で「…がなければ，…がなかったら」の意味。主節に仮定法を用いる。現在に対する仮定か，過去に対する仮定かは主節の動詞の時制で判断できる。
2. 多くの学生が地域社会のボランティア活動にかかわっている。
   ※〈be involved in ...〉で「…にかかわっている」の意味。
3. ざっと見たところ，私はこれらがもっともお勧めな10冊の本だろうと思う。
   ※〈at a glance〉で「ひと目で」の意味。
4. 校舎建設基金に寄付できない人は，ほかの多くの方法で援助できる。
   ※〈contribute A to B〉で「AをBに寄付する」の意味。
5. 脳の研究において，科学者たちは脳のどの部分が体のどんな種類の活動と対応するのか知ろうとしてきた。
   ※〈correspond to ...〉で「…と一致［対応］する」の意味。
6. 長引く不況のために，その会社はおよそ500人の従業員を解雇しなければならなくなるだろう。
   ※〈lay off ...〉で「…を解雇する」の意味。
7. 「あなたは寒い天候に慣れていますか？」「もちろんです。私はアラスカで育ちました」
   ※〈be accustomed to ...〉で「…に慣れている」の意味。
8. 精神的健康とは，思考，感情，行為の点で，精神の働きがうまくいっていることを表す。
   ※〈in terms of ...〉で「…の点で」，〈in case of ...〉で「…の場合は」，〈in favor of ...〉で「…に賛成で」，〈in place of ...〉で「…の代わりに」の意味。
9. 私たちは国籍と性格に何らかの関連性があると結論づけるべきではない。
   ※concludeは「と結論づける」の意味。concentrateは「を集中させる」，excludeは「を除外する」，exploreは「を探検する」の意味。
10. 長距離旅行をする気がある学生なら，サマーキャンプで仕事［役目］を見つけるかもしれない。
    ※〈be willing to do〉で「～する気がある」の意味。
11. 大統領は，その問題にうまく対処する方法がわかっていない。
    ※〈cope with ...〉で「…にうまく対処する」の意味。manageは〈manage to do〉の形で，dealは〈deal with ...〉の形で用いる。handleは他動詞なので前置詞は不要。
12. 小説を書くことが，彼のすべての時間を占めたので，彼は1日1食しか食べなかった。
    ※occupyは「を占める」の意味。
13. 君の助けがなかったら，この仕事を終えることができていなかっただろう。どうもありがとう。
    ※〈but for ...〉(= without ...) で「…がなければ，…がなかったら」の意味。
14. なんて美しい絵なのだろう。　私は何時間でも見つめていられる。
    ※〈gaze at ...〉で「…を見つめる」の意味。watchやseeは他動詞なので前置詞は不要。glowは「輝く」の意味。
15. 母親が怒っていると思ったので，その子どもは怖がっていた。
    ※scareは「を怖がらせる」という意味の他動詞で，「怖がる」は〈be scared〉と受動態を用いる。
16. うるさくするな。私は仕事に集中できない。
    ※〈concentrate on ...〉で「…に集中する」の意味。

長文読解 LEVEL 5　Quick Check!　解答

⑤ 想定，引き受けること　⑥ variety　⑦ 言語学　⑪ pursuit　⑭ expression
⑮ 気恥ずかしさ，当惑　⑯ impressive　⑱ achieve　⑳ intelligence
㉒ expansion

LEVEL 6

国公立大2次・私立大対策(2)

LEVEL 6では,「科学論」に関する単語や,抽象的な概念を表す単語など,難易度の高い単語を学習します。
また, as〈接続詞〉〈関係代名詞〉〈前置詞〉〈副詞〉のように,さまざまな品詞で使われる多機能語も学習します。
最後に,「接頭辞・接尾辞」を学習し,未知の単語の意味を類推する力を磨き,語い力の完成を目指しましょう。

■》短い時間を表す語

1541 □ immediate
発 ア [imíːdiət]
形 ①迅速な，即座の　②直接の
⇨ immédiately 副 ただちに

1542 □ sudden
[sʌ́dn]
形 突然の
名 《all of a sudden で》突然(に)，急に，不意に
⇨ súddenly 副 突然(に)

1543 □ temporary
ア [témprèri]
形 一時的な；間に合わせの
(↔ permanent 永続的な；永久の)

1544 □ burst
[báːrst]
動 破裂する；を破裂させる　〈burst - burst〉
➡ burst out[into] -ing 突然～しだす
名 ①破裂　②急に起こること

■》科学論①

1545 □ artificial
[ɑːrtifíʃl]
形 人工の，人工的な
➡ artificial intelligence 人工知能

1546 □ mammal
[mǽml]
名 ほ乳動物，ほ乳類

1547 □ brain
[bréin]
名 脳；《通常(複)で》頭脳
➡ brain death 脳死

1548 □ lung
[lʌ́ŋ]
名 肺

1549 □ organ
[ɔ́ːrgn]
名 ①臓器，器官　②(政治・情報の)機関
⇨ órganize 動 を組織する；を準備する ◯ 861

1550 □ transplant
ア [trǽnsplænt]
名 移植
動 [trænsplǽnt] ア を移植する

1551 □ technology
ア [teknɑ́lədʒi]
名 科学技術，工業技術
⇨ technológical 形 科学[工業]技術の

1552 □ equipment
[ikwípmənt]
名 ①設備；装備　②能力
⇨ equíp 動 を備えつける；を身につけさせる ◯ 1694

1553 □ innovation
[ìnəvéiʃn]
名 ①(技術)革新，刷新　②新機軸，新考案
⇨ ínnovate 動 (を)革新する

1554 □ operation
[àpəréiʃn]
名 ①手術　②操作　③活動　④営業
⇨ óperate 動 を操作する；(に)手術をする ◯ 691

☐ The government promised **immediate** action to help the unemployed.	政府は失業者を支援する**迅速な**措置を約束した。
☐ *All of a* **sudden** the lights went out.	**突然**，明かりが消えた。
☐ She was employed on a **temporary** basis.	彼女は**一時的**に雇われた。
☐ At that point everyone **burst** *out* laugh*ing*.	そのときみんなが**突然**笑い**だした**。

☐ I usually use an **artificial** sweetener in my coffee.	私はふつうはコーヒーに**人工**甘味料を入れる。
☐ Humans may have the longest lifespan of all **mammals**.	人間はすべての**ほ乳類**の中でもっとも長い寿命があるかもしれない。
☐ Emotional responses are a function of the right hemisphere of the **brain**.	感情反応は右**脳**の機能だ。
☐ Smoking can cause **lung** cancer.	喫煙は**肺**ガンを引き起こす可能性がある。
☐ There is a shortage of **organ** donors all over the world.	世界中で**臓器**提供者が不足している。
☐ Kelly's only hope of survival was a heart **transplant**.	ケリーが生き延びる唯一の望みは心臓**移植**だった。
☐ Americans landed on the moon using the **technology** of the 1960s.	アメリカ人は1960年代の**科学技術**を使って月に着陸した。
☐ I didn't have the right **equipment** to change the tire.	私はタイヤ交換のために必要な**装備**を持っていなかった。
☐ That car maker has made many **innovations** in engine design.	あの自動車メーカーはエンジンの設計において多くの**技術革新**をなした。
☐ She had an **operation** on her leg.	彼女は脚の**手術**を受けた。

■ ある時点を表す語

1555 □ **contemporary** [kəntémpərèri]	形 ①現代の ②同時代の 名 同時代の人	
1556 □ **nowadays** [náuədèiz]	副 今日では	
1557 □ **recent** [ríːsnt]	形 最近の,近ごろの ⇨ récently 副 最近　注意 現在時制では使用しない。	
1558 □ **annual** ア [ǽnjuəl]	形 ①毎年の,年1回の ②1年間の 名 年刊誌 ⇨ annivérsary 名 記念日,〜周年記念	
1559 □ **previous** 発 [príːviəs]	形 ①先の,以前の ②直前の ➡ previous to ... …以前に	
1560 □ **decade** ア [dékeid]	名 10年（間） ➡ céntury 名 100年（間）	
1561 □ **era** [éərə, íərə]	名 （ある特定の）時代 ➡ a prehistoric era 先史時代	

■ 科学論②

1562 □ **principle** [prínsəpl]	名 ①原理,法則；原則 ②主義,信条 ➡ in principle 原則として	
1563 □ **phenomenon** ア [finámənàn]	名 ①現象 （複）phenomena ②珍しい人［もの］ （複）phenomenons	
1564 □ **material** [mətíəriəl]	名 ①物質 ②材料,原料 ③資料；題材 形 物質の,物質的な	
1565 □ **substance** ア [sʌ́bstəns]	名 ①物質；実質 ②（ばくぜんと）もの ⇨ substántial 形 実質的な；かなりの	
1566 □ **solid** [sáləd]	名 ①固体 ②《通常（複）で》固形食,固形物 形 ①固体の,固形の ②純粋の ➡ solid state 固体の状態	
1567 □ **liquid** [líkwid]	名 液体,流動体 形 ①液体の,液状の ②（音・声が）澄んだ ➡ a liquid diet 流動食	
1568 □ **accurate** ア [ǽkjərət]	形 ①正確な,事実に基づいた ②精密な ⇨ áccuracy 名 正確さ ⇨ áccurately 副 正確に	

□	I'm not impressed by the work of many **contemporary** artists.	私は多くの現代美術家の作品には感銘を受けない。
□	People live longer **nowadays**.	今日では人は以前より長生きだ。
□	The phenomenon is a relatively **recent** one.	その現象は比較的最近のものである。
□	The school trip has become an **annual** event.	遠足は毎年の行事になった。
□	I had a **previous** engagement.	私には先の約束があった。
□	Cases of skin cancer have soared in the last **decade**.	皮膚ガン患者がこの10年間で急増した。
□	We live in an **era** of instant communication.	私たちは即時コミュニケーションの時代に生きている。

□	The scientific **principles** of flight are known to all pilots.	飛行の科学的原理はすべての操縦士に知られている。
□	The **phenomenon** known as aurora can be seen at the poles.	オーロラとして知られている現象は両極で見られる。
□	Diamond is the hardest natural **material** on earth.	ダイアモンドは地球上でもっともかたい天然の物質だ。
□	Plutonium 238 is one of the most toxic **substances**.	プルトニウム238はもっとも有害な物質のひとつだ。
□	Is your baby eating **solid** food yet?	あなたの赤ちゃんはもう固形食を食べているのですか。
□	Water can take three forms: solid, vapor or **liquid**.	水は3つの形態をとる。固体と蒸気、液体である。
□	Lasers are used to provide extremely **accurate** measurements.	レーザーは極めて正確な測定値を提供するために使われる。

人の性格・性質などを表す語

1569 □ bold
発 [bóuld]
形 ①大胆な, はっきりとした ②ずうずうしい
注意 bald [bɔ́:ld] 発 形 はげた, 毛のない

1570 □ modest
[mάdəst]
形 ①控えめな, 謙虚な ②ほどほどの
⇨ módesty 名 謙虚
➡ móderate 形 適度の；穏健な ◯ 1746

1571 □ positive
[pάzətiv]
形 ①積極的な ②確実な
③肯定的な, 好意的な (↔ negative 否定的な)

1572 □ passive
[pǽsiv]
形 ①受け身の, 消極的な (↔ active 積極的な)
②無抵抗の, 活気のない

1573 □ diligent
ア [dílidʒənt]
形 勤勉な (↔ lazy 怠惰な)
⇨ díligence 名 勤勉

1574 □ earnest
[ɔ́:rnist]
形 ①真剣な, まじめな ②熱心な
⇨ éarnestness 名 ①真剣さ ②熱心さ

1575 □ sincere
発 ア [sinsíər]
形 誠実な, 心からの, 偽りのない
⇨ sincérity 名 誠実
⇨ sincérely 副 心から

科学論③

1576 □ effect
[ifékt]
名 ①影響；効果 ②結果
➡ in effect (法律などが) 有効な；実際には
⇨ efféctive 形 効果的な

1577 □ appearance
[əpíərəns]
名 ①《常に単数で》出現 ②外見, 見かけ
⇨ appéar 動 現れる；～のように見える ◯ 46

1578 □ exception
[iksépʃən]
名 例外 ➡ without exception 例外なく
➡ with the exception of ... …を例外として
⇨ excépt 前 ～を除いて
⇨ excéptional 形 例外的な

1579 □ condition
[kəndíʃən]
名 ①《(複)で》状況, 環境
②状態 ③条件

1580 □ process
ア [práses]
名 ①過程 ②作用 ③製法
動 を加工する；を処理する

1581 □ attribute
ア [ətríbju:t]
動 《attribute ... to ～で》…を～に起因すると考える
名 特性
◯ 1534

He made a **bold** decision.	彼は**大胆な**決断をした。
You're too **modest**! You've been a huge help to us.	君は**控えめ**すぎるよ。私たちに大いに役立ってくれたのに。
You should take a more **positive** attitude in your life.	君は人生においてもっと**積極的な**態度をとるべきだ。
Japanese students are said to be **passive** in class.	日本人の学生は授業中**受け身だ**と言われる。
Tony is a very **diligent** student.	トニーはとても**勤勉な**学生だ。
She made an **earnest** attempt to climb Mt. Everest.	彼女はエベレスト登頂のために**真剣な**挑戦をした。
She's so **sincere** that she would never tell a lie.	彼女はとても**誠実な**ので，決してうそをつくことがない。
Any increase in fuel costs could have a bad **effect** on business.	どの程度の燃料費の上昇でも，事業に悪**影響**を及ぼすことがある。
The industry has changed greatly with the **appearance** of new technologies.	新しい科学技術の**出現**で産業界は大いに変化した。
It's been very cold lately, but today's an **exception**.	このところ非常に寒かったが，今日は**例外**だ。
Only under certain **conditions** can we see a rainbow.	ある一定の**条件**のもとでのみ虹を見ることができる。
The **process** of designing a car takes many years.	車を設計する**過程**は，多くの年数がかかる。
Most of these deaths can be **attributed** *to* smoking.	これらの死亡事例の大半は喫煙**に起因すると**考えられる。

基礎・起源を表す語

1582 fundamental [fʌ́ndəméntl]
形 ①基本的な,根本的な ②不可欠な
名《(複)で》基礎,原理

1583 primary [práiməri]
形 ①第1の,主要な ②初等の
➡ sécondary 第2の；中等の
名《米》予備選挙(= primary election)

1584 foundation [faundéiʃən]
名 ①《通常(複)で》土台,基礎 ②財団 ③設立
⇨ fóund 動 を設立する

1585 background [bǽkgràund]
名 ①(人の)生い立ち,背景
②(事件・行動などの)背景,背後事情

CR 科学論④

1586 perceive [pərsíːv]
動 ①(特に目で)を知覚する ②とわかる,に気づく
⇨ percéption 名知覚；認識
⇨ percéptive 形知覚力のある；鋭敏な

1587 experience [ikspíəriəns]
名 経験,体験
動 を経験する
⇨ well-expérienced 形経験豊富な

1588 experiment ⑦ [ikspérəmənt]
名 ①実験 ②新しい試み
動 ①実験をする ②(考え・方法を)試す
⇨ experimentátion 名実験(をすること)；試行

1589 evidence ⑦ [évidns]
名 証拠,証言 ⇨ évident 形明白な ● 1697
⇨ évidently 副明らかに

1590 analysis 発 [ənǽləsis]
名 分析 (↔ synthesis 統合) (複) analyses [ənǽləsiːz]
⇨ ánalyze 動 を分析する

1591 hypothesis 発 [haipɑ́θəsis]
名 仮説 (複) hypotheses [haipɑ́θəsiːz]
➡ make a hypothesis 仮説を立てる

1592 logic [lɑ́dʒik]
名 ①論理,推論 ②論理学
⇨ lógical 形論理的な

1593 investigate ⑦ [invéstəgèit]
動 (を)調査する；(を)捜査する
⇨ investigátion 名調査；捜査

Challenge Reading 09

Pioneers such as Galileo Galilei and Isaac Newton **demonstrated** that the **natural** world could be best **understood** by **experimentation** and **analysis**.
〈滋賀医科大〉

The Japanese Constitution respects **fundamental** human rights.	日本国憲法は基本的人権を尊重する。
Our **primary** concern is to provide the refugees with food and healthcare.	私たちの第1の関心事は難民に食料と医療を提供することだ。
The earthquake shook the **foundations** of the building.	地震が建物の土台を揺らした。
You have to know Susan's **background** to understand her.	スーザンのことを理解するには彼女の生い立ちを知る必要がある。

C-55

Cats are not able to **perceive** color.	ネコは色を知覚することができない。
He has many years of **experience** in the field.	彼にはその分野において長年の経験がある。
All scientific theories are tested by **experiment**.	すべての科学的な理論は実験で検証される。
Have we already found **evidence** of life from another planet?	ほかの惑星からの生命体の証拠がもう見つかっているのだろうか。
Astronauts returned to the earth with moon rocks for **analysis**.	宇宙飛行士らは分析のために月の岩を地球に持ち帰った。
Scientists make *a* **hypothesis** before proposing a theory.	科学者は理論を提起する前に仮説を立てる。
I'm not sure that I follow the **logic** of your argument.	私は，あなたの主張の論理を理解しているという確信がありません。
Police are still **investigating** the murder.	警察は今もその殺人事件を捜査している。

Translation Example 09

ガリレオ・ガリレイやアイザック・ニュートンのような先駆者たちは，**自然**界は**実験**と**分析**によってもっともよく**理解**できるということを**実証した**。　　➡ p.391

▶ 食べ物・食事に関する語

1594	**appetite** [ǽpitàit]	名 ①食欲 ②欲望，欲求 ⇨ áppetizer 名 食前酒，前菜
1595	**diet** [dáiət]	名 ①(減量などのための)規定食；食事制限 ②日常の食事 ③《the Diet で》(日本の)国会 ➡ be on a diet 食事制限をしている ➡ go on a diet 食事制限をする
1596	**hunger** [hʌ́ŋɡər]	名 ①飢え，空腹 ②切望 ⇨ húngry 形 空腹で，飢えて
1597	**ripe** [ráip]	形 ①熟した ②円熟した ➡ be ripe for ... …の準備ができている
1598	**thirst** [θə́ːrst]	名 ①のどの渇き ②切望 動 切望する ⇨ thírsty 形 のどが渇いて

CR 科学論⑤

1599	**apply** [əplái]	動 ①を応用する ②《apply to ... で》…に適用される ● 1528 ③《apply for ... で》(職など)に応募する ● 1529 ⇨ ápplicant 名 応募者；出願者
1600	**application** [æ̀plikéiʃən]	名 ①応用，適用 ②申し込み，出願 ③(コンピュータの)アプリケーション
1601	**invent** [invént]	動 ①を発明する ②をでっちあげる ⇨ invéntion 名 発明
1602	**develop** [divéləp]	動 ①を発達[発展]させる；発達[発展]する ②を開発する ⇨ devélopment 名 発達
1603	**advance** [ədvǽns]	名 進歩，前進 動 ①進歩する，前進する ②を進める，を深める ⇨ advámcement 名 発展 ⇨ advánced 形 進歩した；上級の

Challenge Reading 10

Many scientific **advances** were **made** as a **result** of **research conducted** for the U.S. **military**. Electronic mail was originally **developed** in the **late** 1960s when **military officials** were looking for a **way** of making sure that **communications** could **continue** effectively **even** in **case** of a **nuclear** war. 〈甲南大〉

I don't have much of an **appetite** these days.	このごろあまり**食欲**がない。
ⓐ Prisoners were given a **diet** of hard bread and vegetables.	ⓐ囚人は堅いパンと野菜の**規定食**を与えられた。
ⓑ The Prime Minister presented his proposal before *the* **Diet**.	ⓑ総理大臣は提案を**国会**に提示した。
We mustn't forget that a lot of people are dying of **hunger** every day.	毎日たくさんの人々が**飢え**で死んでいることを忘れてはいけない。
Those peaches don't look **ripe** yet.	あちらの桃はまだ**熟して**いないようだ。
She was weak from hunger and **thirst**.	彼女は飢えと**のどの渇き**で弱っていた。

C-57

Engineers **apply** physical laws in their designs.	技術者は設計に物理学的原理を**応用する**。
Space research has many practical **applications** in everyday life.	宇宙の研究は，日常生活において多くの実用的な**応用**ができる。
Do you know who **invented** the first washing machine?	だれが最初の洗濯機を**発明した**か知っていますか。
Knowledge in the field of genetics has been **developing** very rapidly.	遺伝学の分野における学問は非常に急速に**発展してきている**。
Recent **advances** in genetics have raised moral questions.	最近の遺伝学における**進歩**が倫理的な問題を提起した。

Translation Example 10

科学の**進歩**の多くは，アメリカの**軍隊**のために**行われた研究**の**結果**として**生み出さ**れた。**電子**メールは，もともと1960年代**後半**に，**軍の高官**たちが**核戦争**の**場合**でさえも**通信**が有効に**続く**ことを確実にする**方法**を探していたときに**開発**された。　→ p.391

▶ 自然・自然現象に関する語

1604 □ dawn
発 [dɔ́ːn]
名 ①夜明け（↔ dusk たそがれ，夕やみ）
　②（ものごとの）始まり　➡ at dawn 明け方に
動 ①夜が明ける　注意②現れ始める
　➡ dawn on〈人〉（ことが）〈人〉にわかり始める

1605 □ landscape
ア [lǽn(d)skèip]
名 ①景色，景観　②風景画

1606 □ steep
[stíːp]
形 （坂などが）険しい；急な

1607 □ stream
[stríːm]
名 ①小川　②流れ
動 流れる

1608 □ blow
[blóu]
動 ①（風が）を吹き飛ばす　②（風が）吹く　③を吹く
　〈blew - blown〉
名 注意①打撃，強打　②（精神的）打撃

▶ 科学論⑥

1609 □ satellite
[sǽtəlàit]
名 （天体の）衛星；人工衛星

1610 □ explore
[iksplɔ́ːr]
動 を探検する；を探求する
　⇨ explorátion 名 探検；探求

1611 □ orbit
[ɔ́ːrbət]
名 （衛星などの）軌道
　➡ orbit of the earth 地球の軌道

1612 □ instrument
ア [ínstrəmənt]
名 ①（精密作業用の）器具，道具
　②楽器（＝ musical instrument）

1613 □ universe
[júːnəvə̀ːrs]
名 《the ～で》宇宙；全世界
　⇨ univérsal 形 世界共通の，普遍的な

1614 □ planet
[plǽnit]
名 惑星；遊星
　⇨ plánetary 形 惑星の

1615 □ object
ア [ábdʒikt]
名 ①物体　②目標；対象
動 [əbdʒékt] ア 《object to ... で》…に反対する
　⇨ objéctive 形 客観的な　名 目標

C-58

- ⓐ The boats set off *at* **dawn**. ｜ ⓐ船団は明け方に出航した。
- ⓑ The way to solve the problem **dawned** *on* me. ｜ ⓑその問題の解決方法が私はわかり始めた。
- The island's **landscape** is similar to Hawaii's. ｜ その島の景色はハワイのものと似ている。
- I walked up the **steep** slope. ｜ 私はその険しい坂道を歩いてのぼった。
- A clear **stream** flows through the forest. ｜ 澄んだ小川が森の中を通って流れている。
- His hat was **blown** off by the wind. ｜ 彼の帽子が風で吹き飛ばされた。

C-59

- This broadcast comes live by **satellite** from New York. ｜ この放送はニューヨークから人工衛星を通じて生中継でお伝えします。
- We **explored** the old part of the city on foot. ｜ 私たちはその街の古い街区を歩いて探索した。
- The Space Shuttle is now in **orbit**. ｜ スペースシャトルは今，軌道に乗っている。
- Do you know how to operate the **instruments** on the space shuttle? ｜ スペースシャトルにある器具をどのように操作するかわかりますか。
- The **universe** is larger than we can possibly imagine. ｜ 宇宙は私たちが想像しうるものよりさらに大きい。
- Jupiter is the biggest **planet** in the solar system. ｜ 木星は太陽系の中でもっとも大きな惑星だ。
- UFO stands for unidentified flying **object**. ｜ UFOは未確認飛行物体の略だ。

▶ 豊かさを表す語

1616 □ abundant [əbʌ́ndənt]
形 (あり余るほど) **豊富な**
➡ *be* abundant in ... …が豊富である
⇨ abóund 動《abound in[with] ... で》…に富む

1617 □ luxury [lʌ́kʃəri, lʌ́gʒəri]
名 **ぜいたく(品)**
⇨ luxúrious 形 ぜいたくな

1618 □ plenty [plénti]
名 **豊富さ；十分；多数，多量**
➡ plenty of ... 多数 [多量] の…
⇨ pléntiful 形 豊富な

1619 □ privilege [prívəlidʒ]
名 **特権**，特典；恩典

1620 □ prosperity [prɑspérəti]
名 **繁栄**
⇨ prósper 動 繁栄する
⇨ prósperous 形 繁栄している

▶ 科学論⑦

1621 □ gene [dʒíːn]
名 **遺伝子**
⇨ genétic 形 遺伝(子)の；起源上の
⇨ genétics 名 遺伝学

1622 □ breed [bríːd]
動 ①**を繁殖させる**，を飼育する；を品種改良する
②繁殖する，子を生む　〈bred - bred〉
名 品種　⇨ bréeding 名 繁殖 (行為)

1623 □ device [diváis]
名 ①(特殊な目的で考案された) **装置**，道具
②手段，工夫

1624 □ medicine [médəsn]
名 ①**医学；内科**　②(内服用の) 薬
⇨ médical 形 医学の

1625 □ observe [əbzə́ːrv]
動 ①**を観察する**　②に気づく
注意 ③(規則など)**を守る**
⇨ observátion 名 観察
⇨ obsérvance 名 (規則などを)守ること，遵守

1626 □ patient [péiʃənt]
名 **患者**，病人
形 注意 **忍耐強い**(↔ impatient がまんできない)
⇨ pátience 名 忍耐

1627 □ exhaustion [igzɔ́ːstʃən]
名 ①**極度の疲労**　②消耗；枯渇
⇨ exháust 動 を疲れ果てさせる

C-60

That country *is* **abundant** *in* natural resources.	その国は天然資源が**豊富で**ある。
A few enjoy **luxury** while others endure poverty.	少数の人が**ぜいたく**を楽しむ一方で、ほかの人たちは貧困に耐えている。
No need to hurry — you have **plenty** *of* time.	急ぐ必要はない。時間は**たっぷり**ある。
Decent healthcare should not be the **privilege** of the rich.	手厚い医療が金持ちの**特権**であってはならない。
The discovery of oil has brought **prosperity** to that country.	石油の発見がその国に**繁栄**をもたらした。

C-61

Genes control the development of all living things.	**遺伝子**はすべての生物の発達を支配している。
These dogs were originally **bred** to round up sheep.	これらのイヌは、元来はヒツジを駆り集めるために**飼育**された。
The **device** is used to scan the human body.	その**装置**は人間の身体をスキャン[走査]するために使われる。
She studied **medicine** at Johns Hopkins University.	彼女はジョンズ・ホプキンズ大学で**医学**を勉強した。
They **observed** how the people in the group interacted.	彼らはその集団の人たちがいかに互いに影響し合うか**観察した**。
He entered the hospital yesterday as a cancer **patient**.	彼はガンの**患者**として昨日その病院に入院した。
Some of the runners collapsed from **exhaustion**.	ランナーのうち数人が**極度の疲労**で倒れた。

▶ 類似・多様性を表す語

1628 □	**equivalent** [ikwívələnt]	形 同等の，相当する 名 同等のもの，相当するもの
1629 □	**identical** [aidéntikl]	形 まったく同一の，そっくりの
1630 □	**complicated** ア [kámpləkèitid]	形 ①複雑な，込み入った ②難しい ⇨ cómplicate 動 を複雑にする
1631 □	**diversity** [dəvə́ːrsəti, daivə́ːrsəti]	名 多様性 ➡ a diversity of ... 多種多様な…

▶ 科学論 ⑧

1632 □	**component** [kəmpóunənt]	名 構成要素，部品，成分 形 (全体を)構成している
1633 □	**layer** [léiər]	名 層，重なり
1634 □	**molecule** [máləkjùːl]	名 分子
1635 □	**motion** [móuʃən]	名 ①運動，動き ②動作 動 (に)身ぶりで合図する
1636 □	**intense** [inténs]	形 激しい，熱烈な ⇨ inténsity 名 激しさ；強さ ⇨ inténsify 動 を強める ⇨ inténsive 形 集中的な
1637 □	**confirm** [kənfə́ːrm]	動 ①を裏づける ②を認める ③を確認する，を固める
1638 □	**predict** [pridíkt]	動 を予測する，を予言する ⇨ predíction 名 予測，予言

Word No. **1628 − 1638**

C-62

☐ The U.S. Congress is roughly **equivalent** to the British Parliament.	アメリカ連邦議会はイギリス国会におおよそ**相当する**。
☐ Your shoes are **identical** to mine.	あなたの靴は私のに**そっくりだ**。
☐ For young children, getting dressed is a **complicated** business.	幼い子どもにとって，服を着ることは**煩雑な**ことだ。
☐ ⓐ The seminar is about ethnic **diversity**.	ⓐ そのセミナーは民族の**多様性**についてのものだ。
ⓑ The nature reserve is home to *a* **diversity** *of* wildlife.	ⓑ その自然保護区は**多種多様**な野生生物の生息地だ。

C-63

☐ All the **components** should be tested before they are assembled.	すべての**部品**は組み立てられる前に，検査を受けなければならない。
☐ There was a thin **layer** of ice on the road.	道路に薄い氷の**層**が張っていた。
☐ The oxygen **molecule** contains just two atoms.	酸素の**分子**はたった2個の原子を含んでいるだけだ。
☐ The rocking **motion** of the boat made her sick.	船の揺れる**動き**が彼女の気分を悪くした。
☐ Competition in the travel business is **intense** these days.	このごろは旅行業界の競争が**激しい**。
☐ New evidence has **confirmed** the first witness's story.	新たな証拠が最初の証人の話を**裏づけた**。
☐ Sales were five percent lower than **predicted**.	売上は**予測した**ものよりも5％低かった。

▶ 文学・出版に関する語（1）

1639 □ article
[áːrtikl]
名 ①記事　注意②（法律などの）条項　③品物
➡ a news article ニュースの記事

1640 □ biography
ア [baiágrəfi]
名 伝記
⇨ biógrapher 名 伝記作者
⇨ autobiógraphy 名 自伝

1641 □ comment
ア [káment]
名 論評, 批評；コメント
➡ make comments on ... …についてコメントする
動 （と）批評する
⇨ cómmentary 名 論評, 注釈；（実況）解説

1642 □ fiction
[fíkʃən]
名 ①フィクション, 作り話　②小説
（↔ nonfiction ノンフィクション）

1643 □ legend
ア [lédʒənd]
名 伝説, 言い伝え
⇨ légendary 形 伝説上の

1644 □ manuscript
ア [mǽnjəskrìpt]
名 原稿

▶ 行動・道徳などに関する語

1645 □ strength
発 [stréŋ(k)θ]
名 ①力, 強さ　②訴える力
⇨ stréngthen 動 を強くする；強くなる

1646 □ active
[ǽktiv]
形 活動的な, 積極的な（↔ passive 消極的な）
⇨ áct 動 行動する；（を）演じる　名 行い ● 328
⇨ áction 名 行為；行動
⇨ actívity 名 活動

1647 □ decent
発 [díːsnt]
形 ①きちんとした, まともな　②礼儀正しい
⇨ décently 副 きちんと
⇨ décency 名 礼儀正しいこと

1648 □ noble
[nóubl]
形 ①気高い, 立派な　②高貴な, 貴族の
⇨ nobílity 名 気高さ, 高潔

1649 □ dignity
発 [dígnəti]
名 ①威厳, 威信　②尊厳
⇨ dígnify 動 に威厳をつける

1650 □ wisdom
[wízdəm]
名 英知, 知恵, 分別
➡ a wisdom tooth 親知らず

1651 □ virtue
[vɔ́ːrtʃuː]
名 ①徳, 美徳（↔ vice 悪徳）　②長所
➡ by virtue of ... …のおかげで
⇨ vírtuous 形 徳の高い

The magazine won't print an **article** about his scandal.	その雑誌は彼のスキャンダルについての記事を載せないだろう。
She is currently working on a **biography** of Nelson Mandela.	彼女は現在、ネルソン・マンデラの伝記を執筆している。
I've heard some very positive **comments** about the company.	私はその会社についての非常に好意的な論評をいくつか耳にした。
Although it is a work of **fiction**, it is based on fact.	それはフィクション作品だが、事実に基づいている。
According to an English **legend**, Robin Hood was very good at archery.	英国の伝説によると、ロビン・フッドは洋弓の名手だった。
I have read the **manuscript** of his novel.	私は彼の小説の原稿を読んだところだ。
She didn't even have the **strength** to stand up.	彼女には立ち上がる力さえなかった。
The animals are **active** at night.	その動物は夜になると活動的[夜行性]だ。
I've got a **decent** job now.	私は今ではきちんとした仕事に就いている。
The Siberian tiger is regarded as a **noble** creature.	シベリアンタイガーは気高い生き物とみなされている。
The queen faced her death with **dignity**.	女王は威厳を持って、自分の死と向き合った。
He is a man of great **wisdom**.	彼はすばらしい英知を備えた男だ。
Remember, patience is a **virtue**.	覚えておきなさい。忍耐は美徳だ。

■ 文学・出版に関する語（2）

1652 □	**phrase** [fréiz]	名 ①言い回し，表現　②成句，慣用句 動 を言葉で表す，を表現する
1653 □	**proverb** ⑦[právərb]	名 諺（ことわざ）（= saying） ➡ as the proverb goes[says] 諺にあるとおり
1654 □	**quote** [kwóut]	動 (を)引用する　名 引用文 ➡ be quoted as saying ... …と伝えられる ⇨ quotátion 名 引用(文)
1655 □	**remark** [rimá:rk]	名 発言，意見 動 (意見などを)と述べる ⇨ remárkable 形 注目すべき，非凡な ◎ 1826
1656 □	**tale** [téil]	名 ①物語，話　②作り話 ➡ a fairy tale おとぎ話，作り話
1657 □	**theme** 発[θí:m]	名 主題，テーマ，題目 ➡ súbject 名 話題，題目 ◎ 128
1658 □	**volume** ⑦[válju(:)m]	名 ①(2冊以上から成る本の)1巻，1冊 ②(大きな)本，書物　③量；容積　④音量

■ 気晴らし・娯楽に関する語

1659 □	**pastime** [pǽstàim]	名 気晴らし，娯楽，趣味
1660 □	**recreation** [rèkriéiʃən]	名 娯楽，気晴らし，レクリエーション
1661 □	**comedy** [kámədi]	名 喜劇（↔ tragedy 悲劇）
1662 □	**stage** [stéidʒ]	名 ①舞台，ステージ 注意 ②(発達の)段階，時期
1663 □	**delight** ⑦[diláit]	名 大喜び ➡ with[in] delight 大喜びして ➡ take delight in ... …を楽しむ 動 (大いに)を喜ばせる；大喜びする ⇨ delíghtful 形 愉快な
1664 □	**mischief** ⑦[místʃif]	名 いたずら ⇨ míschievous 形 いたずら好きな

She used the **phrase** "survival of the fittest."	彼女は「適者生存」という**表現**を使った。
There's an old Japanese **proverb** that says "The nail that sticks out will be hammered down."	日本の古い**諺**に「出る釘[杭]は打たれる」というものがある。
He was always **quoting** Wordsworth.	彼はいつもワーズワースを**引用してい**た。
He is always making critical **remarks**.	彼はいつも批判的な**発言**ばかりしている。
The **Tale** *of Genji* is one of the best Japanese literary classics.	『源氏**物語**』は日本の最高の古典文学作品の1つだ。
The book's main **theme** is the conflict between dreams and duty.	その本の中心**テーマ**は，夢と義務の間での葛藤だ。
A thick **volume** of an encyclopedia can now be compiled into one CD-ROM.	百科事典の分厚い**1巻**も，今ではCD-ROM1枚の中にまとめられる。
Reading is her favorite **pastime**.	読書は彼女のお気に入りの**気晴らし**だ。
Our college has a lot of **recreation** facilities.	私たちの大学には**レクリエーション**施設がたくさんある。
A **comedy** usually has a happy ending.	**喜劇**はたいていハッピーエンドだ。
I get nervous every time I go on **stage**.	私は**舞台**に上がるといつも緊張する。
The children were screaming *with* **delight**.	子どもたちは**大喜び**して叫んでいた。
Now run along, and don't get into **mischief**.	さあ，あっちへ行って，**いたずら**をしないこと。

■ 悲しみ・苦しみを表す語

1665 despair ア [dispéər]
图 絶望, あきらめ (↔ hope 希望)
動 絶望する ➡ in despair 絶望して

1666 grief [gríːf]
图 深い悲しみ
⇨ gríeve 動 悲しむ；を悲しませる

1667 misery ア [mízəri]
图 みじめさ, 悲惨さ, 苦しみ, 惨状
⇨ míserable 形 みじめな ○77

1668 shame [ʃéim]
图 ①恥ずかしさ ②《通常 a ～で》残念なこと
➡ Shame on you! 恥を知れ！

1669 sorrow [sárou]
图 悲しみ；不幸
⇨ sórrowful 形 悲しんでいる

1670 tragedy ア [trǽdʒədi]
图 悲劇 (↔ comedy 喜劇)；惨事
⇨ trágic 形 悲惨な

1671 sympathy [símpəθi]
图 同情；悔やみ；共鳴
➡ in sympathy with ... …に同情して
⇨ sýmpathize 動 同情する；共鳴する

■ 人の性格・状態を表す語

1672 characteristic ア [kærəktərístik]
形 独特な, 特徴的な 图 特徴
➡ characteristic of ... …に特有な

1673 enthusiasm ア [enθ(j)úːziæzm]
图 熱狂, 熱中 ➡ with enthusiasm 熱中して
⇨ enthusiástic 形 熱狂的な

1674 generous [dʒénərəs]
形 気前がよい；寛大な
⇨ generósity 图 気前よさ；寛大さ

1675 keen [kíːn]
形 ①鋭い；鋭敏な ②熱心な
➡ be keen on -ing ～するのに熱中している

1676 mature 発 ア [mətʃúər, mətúər]
形 成熟した, 大人びた (↔ immature 未熟の)
⇨ matúrity 图 成熟；円熟

1677 nerve [nɔ́ːrv]
图 注意 ①度胸, 勇気 ②神経 ③《(複)で》神経過敏
⇨ nérvous 形 神経質な；神経の

1678 eager [íːgər]
形 熱望して；熱心な
➡ be eager to do しきりに～したがっている
⇨ éagerness 图 熱望

1679 reluctant [rilʌ́ktənt]
形 気の進まない, しぶしぶの
➡ be reluctant to do ～することに気が進まない

☐ She shook her head *in* **despair**.	彼女は**絶望**して首を左右に振った。
☐ My friend experienced the **grief** of losing his beloved wife.	友人は最愛の妻を失うという**深い悲しみ**を経験した。
☐ In that country many people are living in great **misery**.	その国では多くの人々がひどい**惨状**の中で生活している。
☐ I felt great **shame** at having told a lie to my close friend.	私は親友にうそをついてしまったことをたいへん**恥ずかしく**感じた。
☐ I'd like to express my deep **sorrow** for the loss of your mother.	お母さんを亡くされたことに対し，深い**悲しみ**の意を表します。
☐ Could we have prevented this **tragedy**?	私たちはこの**惨事**を防ぐことはできただろうか。
☐ I think he just wants a little **sympathy**.	彼はちょっと**同情**してもらいたいだけだと思う。

☐ It is **characteristic** *of* you not to complain in such a difficult situation.	こんな苦しい状況下でも不平を言わないのは君に**特有だ**[君**らしい**]。
☐ The boys showed great **enthusiasm** to see the horror movie.	少年たちはそのホラー映画を見るのに大いに**熱中**していた。
☐ He's always **generous** to the kids.	彼はいつも子どもたちに**寛大だ**。
☐ The artist has a **keen** eye for beautiful locations.	その芸術家は美しい場所を捜しあてる**鋭い**目がある。
☐ Laura is very **mature** for her age.	ローラは年の割りにはとても**大人びて**いる。
☐ I didn't have the **nerve** to ask her on a date.	私は彼女をデートに誘う**度胸**がなかった。
☐ He's a bright child, and **eager** *to* learn.	彼は賢い子どもで，**しきりに**勉強した**がっている**。
☐ My children *are* very **reluctant** *to* do their homework.	うちの子どもたちは宿題をすることにまるで**気が進まない**。

■▶ あいまいさを表す語

1680 □ **abstract** [ǽbstrækt, əbstrǽkt]	形 ①抽象的な（↔ concrete 具体的な）　②観念的な 動 ①を抽出する　②を要約する 　⇨ abstráction 名 抽象的な観念；抽象（化）	
1681 □ **illusion** [ilúːʒən]	名 幻想，錯覚，思い違い 　➡ *be* under an[the] illusion 幻想を抱いている	
1682 □ **obscure** ⑦ [əbskjúər]	形 ①（人が）無名の，世に知られていない 　②不明瞭な，わかりにくい（↔ clear はっきりした）	
1683 □ **subtle** 発 [sʌ́tl]	形 ①微妙な，とらえにくい，かすかな 　②手の込んだ	
1684 □ **vague** 発 [véig]	形 （考え・表現などが）あいまいな，漠然とした 　⇨ váguely 副 ぼんやりと，あいまいに	
1685 □ **ambiguous** [æmbígjuəs]	形 あいまいな，両義的な，多義的な 　⇨ ambigúity 名 あいまいさ；両義性	

■▶ 住居・生活に関する語

1686 □ **pattern** 発⑦ [pǽtərn]	名 ①模様，様子　②模範，手本　③傾向
1687 □ **architecture** ⑦ [áːrkətèktʃər]	名 建築（様式）；構造，構成 　⇨ árchitect 名 建築家
1688 □ **facility** [fəsíləti]	名 ①《(複)で》施設，設備 　②才能，器用さ　③容易であること
1689 □ **property** [prɑ́pərti]	名 ①財産，所有物　②不動産　③《通常(複)で》特性 　➡ private property 私有財産［地］
1690 □ **shelter** [ʃéltər]	名 ①避難，保護　②（雨露をしのぐ）住居　③避難所 　➡ take shelter （雨などから）避難する
1691 □ **structure** [strʌ́k(t)ʃər]	名 ①構造；建造物　②構成 　⇨ strúctural 形 構造上の
1692 □ **vacant** 発 [véikənt]	形 （席・家などが）空いている；からの 　⇨ vácancy 名 空席，欠員；空室；空虚
1693 □ **tidy** 発 [táidi]	形 きちんと片づいた；きれい好きな 　➡ neat and tidy 整然とした
1694 □ **routine** ⑦ [ruːtíːn]	名 （日常の）決まりきった仕事；習慣的手順 　➡ a daily routine 日課

C-70

- Human beings are the only creatures capable of **abstract** thought.
  人間は**抽象的な**思考ができる唯一の生き物だ。

- I think you *are under the* **illusion** that every woman loves you.
  君はすべての女性が君を愛しているという**幻想**を抱いているんだと思う。

- This novel was written by an **obscure** writer.
  この小説は**無名の**作家によって書かれた。

- She speaks in a **subtle** way, so you must listen to her very carefully.
  彼女は**微妙な**話し方をするので、とても注意深く聞かなくてはいけない。

- His answer was very **vague**.
  彼の答えは非常に**漠然として**いた。

- The language in the Minister's statement is highly **ambiguous**.
  その大臣の声明の言葉は非常に**あいまいだ**。

C-71

- I don't think this wallpaper **pattern** fits your house.
  この壁紙の**模様**は君の家に合っていないと思う。

- She wants to study **architecture**.
  彼女は**建築**を学びたいと思っている。

- The hotel has its own pool and leisure **facilities**.
  そのホテルは専用のプールと娯楽**施設**を備えている。

- He lost all his **property** because of the fire.
  彼はその火事ですべての**財産**を失った。

- When it began to rain, he *took* **shelter** in an empty farmhouse.
  雨が降り出したとき、彼は空家になった農家の家屋に**避難**した。

- The old red brick **structure** was replaced by a modern building.
  古い赤レンガづくりの**建造物**は近代的な建物に取ってかわられた。

- Is this seat **vacant**?
  この席は**空いて**いますか。

- His room is always *neat and* **tidy**.
  彼の部屋はいつも**整然として**いる。

- Bathing is a task which we do every day as a matter of **routine**.
  入浴することは**決まりきったこと**として、私たちが毎日やっていることだ。

▶ 現実・明確さを表す語

1695 □ **actual** [ǽktʃuəl]	形 **実際の**，実物の；現実の ⇨ actuálity 名 現実	
1696 □ **reality** [ri(:)ǽləti]	名 **現実**；真実性 ⇨ réal 形 現実の；真の ⇨ réalize 動 に気づく；を実現する ● 404	
1697 □ **evident** ⑦ [évidənt]	形 （証拠があって）**明白な**，明らかな ⇨ évidence 名 証拠 ● 1589	
1698 □ **apparent** ⑦ [əpǽrənt]	形 ①**明白な**，明らかな　②外見上の ⇨ appárently 副 どうやら〜らしい，見たところ	
1699 □ **obvious** ⑦ [ɑ́bviəs]	形 （間違える余地のないほど）**明白な**，明らかな	

▶ 性質・状態などを表す語

1700 □ **stubborn** 発 [stʌ́bərn]	形 **頑固な**，強情な	
1701 □ **coward** 発 [káuərd]	名 **臆病者**，ひきょう者	
1702 □ **vain** [véin]	形 ①**むだな**　②虚栄心の強い ➡ in vain むだに，むなしく ⇨ vánity 名 うぬぼれ；虚栄心	
1703 □ **selfish** [sélfiʃ]	形 **わがままな**；自己本位の ⇨ sélf 名 自己 ⇨ sélfishness 名 身勝手	
1704 □ **notorious** ⑦ [noutɔ́:riəs]	形 **悪名高い**，（悪い意味で）有名な ➡ be notorious for ... …で悪名高い ➡ fámous 形 （よい意味で）有名な	
1705 □ **negative** [négətiv]	形 ①**否定的な**　②消極的な　③マイナスの 名 ①否定　②（写真の）ネガ　③陰極	
1706 □ **prejudice** [prédʒədəs]	名 **偏見**　動 に偏見を抱かせる ➡ racial prejudice 人種的偏見	
1707 □ **idle** [áidl]	形 ①**仕事をしていない**　②怠惰な 動 ①**を一時的に休止させる**　②をアイドリングさせる	
1708 □ **indifferent** ⑦ [indífərənt]	形 **無関心な**；どうでもよい ➡ be indifferent to ... …に無関心である ⇨ indífference 名 無関心，冷淡	

Those were his **actual** words.	それが彼の**実際の**言葉だった。
Crime is one of the **realities** of living in the city.	犯罪は都会で生活することの**現実**のひとつである。
It was **evident** that she was unhappy.	彼女が悲しんでいるのは**明らかだ**った。
Her embarrassment was **apparent** to everyone.	彼女が当惑しているのはだれの目にも**明らかだ**った。
It was **obvious** that my parents disliked Anne.	私の両親がアンのことを嫌っているのは**明らかだ**った。
Your father is so **stubborn** — he won't listen.	君のお父さんはとても**頑固だ**から、聞こうとしないだろう。
Bullies are often **cowards**.	弱い者いじめをする人は往々にして**臆病者だ**。
Police searched *in* **vain** for the missing girl.	警察は行方不明の少女を捜索したが**むだだ**った［発見できなかった］。
How can you be so **selfish**?	君はどうしてそんなに**わがままに**なれるのですか。
The city *is* **notorious** *for* its rainy weather.	その都市は雨が多いことで**悪名高い**。
Don't be so **negative** about life.	人生にそんなに**否定的**になるな。
It takes a long time to overcome these kinds of **prejudices**.	この種の**偏見**を克服するには長い時間がかかる。
The factory has been **idle** since May.	その工場は5月から**稼動していない**。
Some students *are* **indifferent** *to* their school festival.	学園祭に**無関心な**学生もいる。

▶ 効率・正確さを表す語

1709 □ efficient
[ifíʃənt]
形 効率的な (↔ inefficient 非効率的な)；有能な
⇨ efficiency 名 効率

1710 □ punctual
[pʌ́ŋ(k)tʃuəl]
形 時間を厳守する
⇨ punctuálity 名 時間厳守

1711 □ prompt
[prám(p)t]
形 即座の，速やかな
動 ①を促す ②を引き起こす
⇨ prómptly 副 速やかに；ちょうど

1712 □ precise
[prisáis]
形 ①正確な，精密な ②まさにその
⇨ precísion 名 精密；精度

1713 □ exact
[igzǽkt]
形 正確な；厳密な
➡ to be exact 正確に言えば
⇨ exáctly 副 正確に；ちょうど

▶ ふつうでない状況を表す語

1714 □ odd
[ád]
形 ①奇妙な ②奇数の (↔ even 偶数の)
⇨ ódds 名 見込み
⇨ óddly 副 奇妙に

1715 □ unusual
[ʌnjúːʒuəl]
形 ①ふつうではない，異常な (↔ usual ふつうの)
②(美しさ・才能などが)並外れた

1716 □ peculiar
[pikjúːljər]
形 妙な，変わった
➡ be peculiar to ... …に特有である

1717 □ alien
[éiliən]
形 ①異質な，なじみがない ②外国の
➡ be alien to ... …にとって異質である，
　…には受け入れがたい
名 ①(居留)外国人 ②地球外生命体

1718 □ irregular
[irégjələr]
形 ①不規則な，ふぞろいの (↔ regular 規則的な)
②不法な

1719 □ absurd
[əbsə́ːrd, əbzə́ːrd]
形 不合理な，ばかげた
⇨ absúrdity 名 不合理

1720 □ silly
[síli]
形 愚かな，くだらない

1721 □ crucial
[krúːʃl]
形 決定的な；非常に重要な

Word No. **1709 − 1721**

C-74

☐ The personal computer is, so to speak, my **efficient** secretary.	パソコンは，いわば私の**有能な**秘書のようなものだ。
☐ Be **punctual** for your classes.	授業には**時間を厳守し**なさい。
☐ **Prompt** action must be taken.	**速やかな**措置が取られなければならない。
☐ We don't have the **precise** details of the agreement yet.	私たちはその協定の**正確な**詳細はまだわかりません。
☐ I don't remember his **exact** words.	彼が言った**正確な**言葉は覚えていない。

C-75

☐ There was something rather **odd** about him.	彼には少し**奇妙な**ところがあった。
☐ Did you notice anything **unusual**?	何か**異常な**ことに気づきましたか。
☐ He has an accent that *is* **peculiar** *to* the north of the country.	彼にはその国の北部に**特有の**なまりがある。
☐ His way of life *is* totally **alien** *to* us.	彼の生き方は私たちにはまったく**受け入れがたい**。
☐ The writer is very busy and leads an **irregular** lifestyle.	その作家は多忙で，**不規則な**ライフスタイルである。
☐ It's **absurd** to think that a monster lives in the lake.	怪物がその湖にすんでいると考えるのは**ばかげている**。
☐ I made a lot of **silly** mistakes.	私は**くだらない**間違いをたくさんした。
☐ International trade is **crucial** to the development of this country.	国際貿易はこの国の発展に**非常に重要**だ。

▶ 視点・視覚に関する語

1722 □ focus [fóukəs]
- 動 《focus (...) on ～で》…を～に集中させる；～に集中する，～に焦点を合わせる
- 名 中心，焦点，集中 （複）focuses, foci [fóusai]

1723 □ visible [vízəbl]
- 形 ①目に見える（↔ invisible 目に見えない）②明らかな ③人目につく

1724 □ vision [víʒən]
- 名 ①視力 ②洞察力，展望 ③幻覚
- ⇨ vísionary 形 洞察力のある；夢のような

1725 □ insight ⑦[ínsàit]
- 名 洞察(力)；見抜くこと
- ⇨ síght 名 視力；見ること；光景

▶ 部分・要素を表す語

1726 □ element [éləmənt]
- 名 ①要素；元素 ②初歩 ③《the elements で》自然の力
- ⇨ eleméntary 形 基本の；初歩の

1727 □ factor [fǽktər]
- 名 要因；要素
- ➡ a main factor おもな要因

1728 □ aspect [ǽspekt]
- 名 ①面，側面 ②様相，外観
- ➡ in all aspects あらゆる面から

1729 □ detail [díːteil, ditéil]
- 名 ①細部 ②詳細
- ➡ in detail 詳しく
- 動 を列挙する，を詳しく述べる

1730 □ portion [pɔ́ːrʃən]
- 名 ①部分 ②分，分け前（= share）

1731 □ section [sékʃən]
- 名 ①部分 ②（新聞の）欄，（文章の）節 ③（会社などの）部門，課
- ⇨ séct 名 派閥；宗派

1732 □ feature [fíːtʃər]
- 名 ①特徴 ②《(複)で》顔だち ③特集（記事）
- 動 ①を特徴にする ②を特集する

1733 □ substitute [sʌ́bstət(j)ùːt]
- 名 代わり（のもの）；代理人
- ➡ as a substitute for ... …の代わりとして
- 動 ①《substitute ... for ～で》～の代わりに…を使う ②《substitute ... with ～で》～で…を代用する

1734 □ various [vɛ́əriəs]
- 形 さまざまな，多様な
- ⇨ varíety 名 多様性；種類 ● 747

We need to **focus** public attention *on* this issue.	私たちはこの問題に世間の注目を集める必要がある。
The comet is clearly **visible** to the naked eye.	その彗星は肉眼ではっきり目に見える。
After the crash, she suffered a temporary loss of **vision**.	事故のあと，彼女は一時的な視力喪失に見舞われた。
The article gave me an **insight** into the causes of the problem.	その記事がその問題の原因に対する洞察力を私に与えてくれた。
Religion was an **element** in the dispute.	宗教がその紛争の1つの要素だった。
The rise in crime was mainly due to economic **factors**.	犯罪の増加はおもに経済的要因によるものだった。
One **aspect** of his research is about the behavior of insects.	彼の研究の一面は昆虫の生態についてである。
I can't remember the exact **details**.	私は正確な細部が思い出せない。
A major **portion** of the budget is spent on defense.	予算の大部分は防衛に費やされる。
My brother only reads the sports **section** of the newspaper.	兄[弟]は新聞のスポーツ欄しか読まない。
Some **features** of this famous town are its many temples and colorful shrines.	この有名な町のいくつかの特徴は，多くの寺院と色鮮やかな神社である。
ⓐ The coach has to find a **substitute** for Tim. ⓑ You can **substitute** margarine *for* butter if you want.	ⓐコーチはティムの代わりの選手を見つけなければならない。 ⓑお好みでしたら，バターの代わりにマーガリンを使えます。
The jacket is available in **various** colors.	そのジャケットはさまざまな色を取りそろえております。

▶ 仲間・共同を表す語

1735 □ acquaintance
ア [əkwéintəns]
名 ①知り合い；面識　②詳しい知識
⇨ acquainted 形 知り合いで

1736 □ companion
[kəmpǽnjən]
名 ①仲間，友だち；連れ　②つきそい

1737 □ crew
[krúː]
名《集合的に》乗組員，乗務員

1738 □ consent
ア [kənsént]
名 承諾，同意
➡ give *one's* consent to ... …を承諾する
動 承諾する，同意する
➡ consent to ... …を承諾する

1739 □ affection
[əfékʃən]
名 愛情，好意
⇨ afféct 動 に影響を与える；を感動させる ⊙ 726

1740 □ community
ア [kəmjúːnəti]
名 ①地域社会；生活共同体
②《the ～で》一般社会

1741 □ mutual
[mjúːtʃuəl]
形 相互の；共同の
➡ mutual understanding 相互理解
⇨ mútually 副 お互いに

▶ 中間・中庸・安定を表す語

1742 □ adequate
ア [ǽdəkwət]
形 十分な；適切な (↔ inadequate 不十分な)
➡ *be* adequate for ... …に適している

1743 □ sufficient
ア [səfíʃənt]
形 十分な　➡ sufficient to *do* ～するのに十分な
⇨ sufficiency 名 十分足りること

1744 □ appropriate
ア [əpróupriət]
形 適切な，ふさわしい (↔ inappropriate 不適切な)
動 [əpróuprièit] (資金など)を充当する

1745 □ medium
[míːdiəm]
形 中間の，中くらいの
名 ①媒体　②表現方法，手段　(複) media, mediums

1746 □ moderate
ア [mádərət]
形 ①適度の，ほどほどの　②穏健な
動 [mádərèit] を和らげる　⇨ moderátion 名 節度；穏健

1747 □ steady
[stédi]
形 安定した，確実な
⇨ stéadily 副 じょじょに，着実に

1748 □ stable
[stéibl]
形 安定した；しっかりした
⇨ stábilize 動 を安定させる
⇨ stabílity 名 安定

He is an **acquaintance** of mine.	彼は私の知り合いです。
His dog was his closest **companion**.	飼いイヌが彼のいちばんの仲間だった。
He was a member of the **crew** of the space shuttle.	彼はスペースシャトルの乗組員の一員だった。
They *gave their* **consent** *to* the marriage.	彼らはその結婚を承諾した。
He is still remembered with great **affection**.	彼は今もなお深い愛情を持って記憶されている。
In many immigrant **communities** two languages are spoken at home.	移民の地域社会の多くでは，家庭で2つの言語が話されている。
Mutual respect is necessary for any partnership.	どんな協力関係においても相互の尊重が欠かせない。
This type of computer *is* **adequate** *for* most people's needs.	この型のコンピュータはたいていの人のニーズに適している。
We need **sufficient** time *to* deal with the problem.	私たちにはその問題に対処するのに十分な時間が必要だ。
It's not **appropriate** for you to be dressed casually at the ceremony.	あなたがふだん着で式にのぞむのは適切でない。
Fry the onions over **medium** heat until they are golden brown.	タマネギがキツネ色になるまで中くらいの火で炒めなさい。
Even **moderate** amounts of alcohol can be dangerous.	ほどほどの量のアルコールでさえ危険なことがある。
Her breathing was slow and **steady**.	彼女の呼吸はゆっくりで安定していた。
That chair doesn't look very **stable**.	あのいすはあまり安定していないように見える。

▶ 程度・軽さを表す語

1749 □ mere [míər]
形《限定用法のみで》**ほんの**，ただの
⇨ mérely 副 単に

1750 □ slight [sláit]
形 ① **軽い**，わずかな ② 細身の，やせた
⇨ slíghtly 副 わずかに

1751 □ scale [skéil]
名 ① **体重計**，はかり ② 規模，程度
➡ on a large scale 大規模に

1752 □ degree [digríː]
名 ①（温度・角度の）**度** ② 程度 ③ 学位
➡ to a degree ① いくらか ② かなり

▶ 強い感情を表す語

1753 □ fierce [fíərs]
形 **獰猛な**；激しい

1754 □ hostile ⑦ [hástl, hástail]
形 **敵意のある**
➡ be hostile to ... …に敵対する
⇨ hostílity 名 敵意

1755 □ passion [pǽʃən]
名 **激情**，情熱
⇨ pássionate 形 情熱的な

1756 □ violence [váiələns]
名 ① **暴力** ② 激しさ
➡ domestic violence 家庭内暴力
⇨ víolent 形 暴力的な，激しい

1757 □ temper [témpər]
名 ① **短気** ② 怒り，かんしゃく ③ 機嫌，気性
➡ lose one's temper かっとなる
➡ keep one's temper 平静を保つ
⇨ témperament 名 気質

1758 □ upset ⑦ [ʌpsét]
動 ① **を動揺させる**
注意 ② をひっくり返す 〈upset - upset〉
形 気が動転した
名 動転；転覆

1759 □ urge 発 [ə́ːrdʒ]
動《urge〈人〉to do で》**〈人〉に～するよう強く促す**
名 強い衝動

1760 □ impulse ⑦ [ímpʌls]
名（心の）**衝動**，でき心
➡ on impulse 衝動的に

1761 □ harsh [háːrʃ]
形 **厳しい**，手厳しい

Word No. **1749 – 1761**

C-80

- She lost the election by a **mere** 20 votes. — 彼女はほんの20票差で選挙に敗れた。
- I seem to have caught a **slight** cold. — 私は軽いかぜをひいてしまったようだ。
- I weigh myself on the bathroom **scale** every day. — 私は毎日，浴室の体重計で体重を計る。
- A change of a few **degrees** in temperature can change the environment. — 2, 3度の気温の変化が環境を変えてしまうこともある。

C-81

- The mansion was strongly guarded by **fierce** dogs. — その豪邸は獰猛なイヌたちによって厳重に守られていた。
- Several of the neighbors *are* openly **hostile** *to* one another. — 近所の何人かは公然とお互いに敵対している。
- His **passion** for her grew stronger. — 彼女に対する彼の情熱はより強くなった。
- We condemn any act of **violence**. — 私たちはいかなる暴力行為も糾弾する。
- ⓐ As a child I had a real **temper**. — ⓐ私は子どものころ，本当に短気だった。
  ⓑ John *lost his* **temper** and shouted at the clerk. — ⓑジョンはかっとなって，店員に怒鳴りつけた。
- Don't do anything that would **upset** him. — 彼を動揺させるようなことを何もするな。
- The police **urged** drivers *to* avoid the area. — 警察はドライバーにその地域に近寄らないよう強く勧告した。
- She felt a sudden **impulse** to scream. — 彼女は叫びたい突然の衝動に駆られた。
- Don't be so **harsh** on him for such a little thing. — そんなささいなことで，彼にそんなに厳しくするな。

■》長所・短所を表す語

1762 □ **worthy** 発 [wə́:rði]	形 **値する**，ふさわしい ➡ be worthy of ... …に値する，…にふさわしい ⇨ wórth 前 〜の価値がある 名 価値 ● 451
1763 □ **merit** [mérət]	名 《通常(複)で》**長所**，利点 (↔ demerit 短所，欠点)
1764 □ **talent** ア [tǽlənt]	名 **才能** ⇨ tálented 形 才能のある
1765 □ **fault** 発 [fɔ́:lt]	名 ① **欠点**，短所 ② 責任，過失 ➡ find fault with ... …の欠点を探す

■》心身に関する語

1766 □ **mental** [méntl]	形 **精神の**；知的な (↔ physical 肉体の) ⇨ mentálity 名 精神性；知力
1767 □ **psychology** 発 [saikɑ́lədʒi]	名 **心理学**；心理(状態) ⇨ psychólogist 名 心理学者 ⇨ psychológical 形 心理学の
1768 □ **emotion** [imóuʃən]	名 **(強い)感情**，情緒；感動 ⇨ emótional 形 感情的な，情緒的な
1769 □ **conscious** [kɑ́nʃəs]	形 ① **自覚して**，意識して ② 意識のある (↔ unconscious 無意識の) ➡ be conscious of ... …に気づいている ⇨ cónsciousness 名 意識
1770 □ **fancy** [fǽnsi]	動 ① 《fancy -ing で》**〜したいと思う** ② を心に描く 形 ① 高級な ② 奇抜な 名 ① 好み ② 空想 ③ 思いつき
1771 □ **physical** [fízikl]	形 ① **身体の** ② 物質の ③ 物理学の ⇨ phýsics 名 物理学 ⇨ phýsicist 名 物理学者 ⇨ physícian 名 内科医；医者
1772 □ **naked** 発 [néikid]	形 ① **裸の** ② 赤裸々な
1773 □ **therapy** [θérəpi]	名 **治療(法)**；心理療法；いやし

A couple of other books *are* **worthy** *of* mention.	ほかに2，3冊の本が言及に**値する**。
Each of these approaches has its **merits**.	これらのどのやり方にもそれぞれ**長所**がある。
She showed a **talent** for acting at an early age.	彼女は若くして演技の**才能**を表した。
She is always *finding* **fault** *with* my work!	彼女はいつも私の仕事の**欠点**を探しているんだ。
Physical health has something to do with **mental** health.	肉体の健康は**精神の**健康と関係がある。
I became interested in **psychology** before I entered college.	私は大学に入る前に，**心理学**に興味を持った。
When he said, "Don't leave," his voice was filled with **emotion**.	「行くな」と言ったとき，彼の声には**強い感情**がこもっていた。
I *was* **conscious** *of* someone watching me.	私はだれかに見られていることに**気づいて**いた。
ⓐ Sorry, but I don't **fancy** going out tonight. ⓑ Harry took me to a **fancy** restaurant for our anniversary.	ⓐ悪いけど，今夜は出かけ**たいと思わ**ないんです。 ⓑハリーは記念日に私を**高級**レストランへ連れて行ってくれた。
Regular exercise is important for the **physical** development of children.	定期的な運動は子どもたちの**身体の**発達にとって重要だ。
The children ran **naked** through the yard.	子どもたちは**裸で**庭を走り抜けた。
A full recovery will require years of drug **therapy**.	完治するには何年間かの薬物**治療**が必要である。

■》頻度・傾向を表す語

1774 □ frequent
ア [fríːkwənt]
形 頻繁な，しばしばの
⇨ fréquently 副 頻繁に ● 686
⇨ fréquency 名 頻繁；頻度；周波数

1775 □ apt
[ǽpt]
形 ①《be apt to do で》〜しがちである
②《be apt for ... で》…に適している ③頭のよい
⇨ áptitude 名 適性，才能

1776 □ lean
[líːn]
動 ①傾く ②寄りかかる ③傾向がある
➡ lean on[against] ... …に寄りかかる

1777 □ tend
[ténd]
動《tend to do で》〜しがちである，〜する傾向がある
⇨ téndency 名 傾向

■》運命・結果に関する語

1778 □ fate
[féit]
名 運命；宿命
⇨ fátal 形 命とりの，致命的な

1779 □ fortune
[fɔ́ːrtʃən]
名 ①幸運 ②財産 ③大金 ④富
➡ a fortune-teller 占い師
⇨ misfórtune 名 不運，災難

1780 □ fortunate
[fɔ́ːrtʃənət]
形 幸運な；幸せな（↔ unfortunate 不運な）
⇨ fórtunately 副 幸運にも ● 476

1781 □ incident
ア [ínsidənt]
名 （付随的な）できごと；（暴動などの）事件
⇨ incidéntal 形 付随的な
⇨ incidéntally 副 付随的に；ついでながら

1782 □ inevitable
ア [inévətəbl]
形 避けられない，必然の
⇨ inévitably 副 必然的に

1783 □ probable
[prábəbl]
形《it is probable that ... で》たぶん…だろう
⇨ próbably 副 たぶん
⇨ probabílity 名 起こりそうなこと；確率

1784 □ prospect
ア [práspekt]
名 ①（成功の）見込み，予想 ②眺め，景色
⇨ prospéctive 形 見込みのある

1785 □ consequence
ア [kánsəkwèns]
名 結果；重要さ
➡ as a consequence of ... …の結果として
⇨ cónsequent 形 結果として起こる；当然の
⇨ cónsequently 副 したがって（= therefore）

His absences became more **frequent**.	彼の欠席はより**頻繁に**なった。
George *is* **apt** *to* make some big mistakes on math tests.	ジョージは数学のテストで大きな間違いをし**がちである**。
He was **leaning** *on* the bridge, watching the boats.	彼は船を眺めながら橋に**寄りかかっていた**。
My car **tends** *to* overheat.	私の車はオーバーヒート**しがちである**。
No one knows what the **fate** of the hostages will be.	人質の**運命**がどうなるのかだれにもわからない。
Fortune knocks at everyone's door once in a while.	**幸運**はときおりすべての人の扉をたたく。
I've been **fortunate** to find a career that I love.	私は大好きな仕事に巡り会えて**幸運だ**。
The novel is based on a true **incident**.	その小説は実際の**できごと**に基づいている。
It was **inevitable** that he would find out her secret.	彼が彼女の秘密を知ってしまうのは**避けられな**かった。
It is **probable** *that* the jury will find the defendant guilty.	**たぶん**陪審団は被告を有罪にする**だろう**。
There's a good **prospect** that she'll recover from her illness.	彼女の病気がよくなる**見込み**は十分にある。
Is she aware of the **consequences** of her actions?	彼女は自分の行動がもたらす**結果**に気づいていますか。

■ 問題点と解決に関する語(1)

1786 □ burden
[bə́:rdn]
图 重荷, 負担；荷物
動 に重荷を負わせる
⇨ búrdensome 形 負担になる；やっかいな

1787 □ conflict
[kánflikt]
图 ①対立, 衝突 ②紛争 ③葛藤
➡ in conflict with ... …と対立して
動 衝突する；矛盾する

1788 □ contrary
[kántrèri]
图 (正)反対；矛盾 形 反対の；矛盾した
➡ contrary to ... …に反して
➡ on the contrary《文頭で》それどころか, 逆に
➡ ... to the contrary それとは逆の…

1789 □ pressure
[préʃər]
图 ①圧力, 強要 ②(精神的な)重圧 ③苦境
➡ be (put) under pressure to do ～するように圧力をかけられている

1790 □ hazard
[hǽzərd]
图 ①危険要素 ②危険
⇨ házardous 形 危険な, 有害な

1791 □ recession
[riséʃən]
图 不況, 景気後退；後退

■ 考え・概念に関する語

1792 □ notion
[nóuʃən]
图 ①考え, 概念 ②意見, 意向
➡ have no notion of ... …がわからない

1793 □ myth
[míθ]
图 ①間違った通念, 俗説 ②神話

1794 □ clue
[klú:]
图 手がかり, 糸口
➡ find a clue 手がかりを見つける

1795 □ conscience
発 [kánʃəns]
图 良心
➡ on one's conscience 気に病んで, 気がとがめて
⇨ consciéntious 形 良心的な

1796 □ explanation
[èksplənéiʃən]
图 説明；弁解
⇨ expláin 動 を説明する ● 406

1797 □ rational
[rǽʃənl]
形 理性的な；合理的な (↔ irrational 不合理な)

C-86

I don't want to be a **burden** on other people.	私はほかの人の重荷にはなりたくない。
He always tries to avoid **conflict** with others.	彼はいつも他人との対立を避けようとする。
Interfering didn't help. *On the* **contrary**, it made things worse.	介入は役に立たなかった。それどころか、事態を悪化させてしまった。
The minister *was under* **pressure** *to* resign.	その大臣は辞職するように圧力をかけられていた。
Plastic garbage is a serious **hazard** to wildlife.	プラスチックのごみは野生生物にとって重大な危険要素だ。
That country is in a deep **recession**.	その国は深刻な不況である。

C-87

She believes in the **notion** that human beings are basically good.	彼女は人間が基本的には善良だという考えを信じている。
It's just a **myth** that divorced dads don't care about their kids.	離婚した父親が自分の子どもに関心がないというのは間違った通念にすぎない。
Police have *found a* vital **clue**.	警察は極めて重要な手がかりを見つけた。
Could you live with that *on your* **conscience**?	あなたはそのことを気に病んだままでいられるのですか。
There was no apparent **explanation** for the attack.	その攻撃に対する明白な説明はなかった。
Parents need to be fully informed so they can make a **rational** decision.	合理的な決断を下せるように、親は十分に知識を得ておく必要がある。

■ 問題点と解決に関する語（2）

1798 □ defect [díːfekt, difékt]
名 欠陥，欠点
⇒ deféctive 形 欠陥のある

1799 □ doubtful [dáutfl]
形 疑わしい；疑いを抱いている
⇒ dóubt 動 を疑う 名 疑い ● 670

1800 □ obstacle [ábstəkl]
名 障害（物）

1801 □ threat [θrét]
名 ①脅威；おどし ②（悪いことの）きざし
⇒ thréaten 動 をおどす；をおびやかす

1802 □ risk [rísk]
名 （自ら冒す）危険
➡ at any risk どんな危険を冒しても
➡ at *one's* own risk 自分の責任で
⇒ rísky 形 危険な

1803 □ solution [səlúːʃən]
名 ①解決（策） ②溶解；溶液
⇒ sólve 動 を解決する，を解く ● 401

1804 □ overcome [òuvərkám]
動 ①に打ち勝つ ②を克服する
⟨overcame - overcome⟩

1805 □ succeed [səksíːd]
動 ①《succeed in ... で》…に成功する
②を継承する；《succeed to ... で》…を継承する
③（の）あとに来る
⇒ succéss 名 成功 ⇒ succéssion 名 連続；継承

■ 幾何学に関する語

1806 □ extent [ikstént]
名 ①範囲；程度 ②広さ，大きさ
➡ to the extent that ... …の程度まで
➡ to some extent ある程度まで
⇒ exténsive 形 広大な
⇒ exténsively 副 広範囲にわたって

1807 □ parallel [pǽrəlèl]
形 平行の 副 平行して
名 類似点；平行線
動 ①と並行する ②に匹敵する

1808 □ angle [ǽŋgl]
名 ①角度，角 ②観点
動 を斜めに向ける
⇒ ángular 形 角ばった

1809 □ billion [bíljən]
名 10億
➡ tríllion 名 1兆

C-88

He discovered and corrected the **defects** in the computer program.	彼はコンピュータ・プログラムの欠陥を見つけて修正した。
The company's future now looks **doubtful**.	今やその会社の前途は疑わしく思える。
Fear of change is an **obstacle** to progress.	変化を恐れる気持ちが進歩の障害となる。
The government will never give in to terrorist **threats**.	政府はテロリストの脅威には決して屈しないだろう。
You can swim in this lake *at your own* **risk**.	あなたは自分の責任で，この湖で泳いでもよい。
There seems to be no perfect **solution** to the energy problem.	エネルギー問題の完全な解決策はないようだ。
He struggled to **overcome** his shyness.	彼は自分の内気を克服しようと奮闘した。
The climbers finally **succeeded** *in* reaching the summit.	登山家たちはついに登頂に成功した。

C-89

ⓐ We were shocked by the **extent** of the damage. ⓑ I do agree with him *to some* **extent**.	ⓐ私たちは被害の大きさに衝撃を受けた。 ⓑ私はある程度までは彼に同意します。
Lines AB and CD are **parallel**.	直線 AB と直線 CD は平行だ。
The **angles** of a triangle add up to 180 degrees.	三角形の内角の和は180度である。
The final cost could be as much as one **billion** dollars.	最終的に経費は10億ドルにのぼるかもしれない。

■》その他の重要な名詞・形容詞（1）

1810 □ **tough** 発 [tʌ́f]	形 ①困難な，厳しい ②たくましい，頑丈な
1811 □ **delicate** ア [délikət]	形 ①微妙な；繊細な ②かよわい ⇨ délicacy 名 繊細さ；かよわさ；ごちそう
1812 □ **presence** [prézns]	名 存在（すること）；出席 ➡ in the presence of ... …のいるところで ⇨ présent 形 出席して；存在して
1813 □ **instance** [ínstəns]	名 例；場合（= example） ➡ for instance たとえば
1814 □ **porcelain** [pɔ́ːrsəlin]	名 磁器；磁器製品

■》人・社会に関する語

1815 □ **elderly** [éldərli]	形 ①年配の ②《the elderly で名詞として》高齢者 注意 senior citizens のほうが好まれる。
1816 □ **fellow** [félou]	名 ①男，やつ ②《米》特別研究員 形 同僚の，同輩の
1817 □ **household** [háushòuld]	名 家族，世帯
1818 □ **immigrant** [ímigrənt]	名（外国からの）移民 ⇨ immigrátion 名 移住；入国管理 ➡ émigrant 名（外国への）移民
1819 □ **resident** [rézədənt]	名 住民，居住者 ⇨ résidence 名 住宅
1820 □ **gender** [dʒéndər]	名（社会的・文化的役割としての）性（別），ジェンダー
1821 □ **sustain** [səstéin]	動 ①を持続させる，を維持する（= maintain） ②（損害・損失など）を被る，（傷など）を負う ⇨ sustáinable 形 持続可能な ➡ sustainable development 持続可能な開発

The reporters were asking a lot of **tough** questions.	記者たちは多くの**厳しい**質問をしていた。
Our negotiations are at a very **delicate** stage.	私たちの交渉はとても**微妙な**段階にある。
He didn't seem to be aware of my **presence**.	彼は，私の**存在**に気づいていないようだった。
There are some poetic forms unique to Japan — the *tanka*, *for* **instance**.	日本独自の詩の形式がある。**たとえば**，短歌だ。
The French dinner was served on fine **porcelain**.	そのフランス料理は立派な**磁器**に盛られて出された。
A group of **elderly** ladies sat drinking coffee in the cafeteria.	**年配**女性のグループが，食堂に座ってコーヒーを飲んでいた。
Paul is an easygoing sort of **fellow**.	ポールはのんきなタイプの**男**だ。
A large number of **households** have at least one computer.	多くの**世帯**がコンピュータを少なくとも1台は持っている。
The new **immigrants** come mainly from Asia and Latin America.	新たな**移民**は，おもにアジアとラテンアメリカ出身だ。
Local **residents** have objected to the plan.	地元の**住民**はその計画に反対している。
Discrimination on grounds of race or **gender** is against the law.	人種や**性別**を理由にした差別は法律に反する。
She found it difficult to **sustain** the children's interest.	彼女は子どもたちの興味を**持続させる**のは困難だとわかった。

▶ その他の重要な名詞・形容詞（2）

1822 □ stick
[stík]
- 名 棒切れ；つえ
- 動 ①をくっつける；くっつく
  ②を突き刺す；突き出る　〈stuck - stuck〉
  ➡ stick to ...　…に固執する，…をやり通す
  ⇨ stúck 形 動きがとれない；窮する

1823 □ function
[fʌ́ŋ(k)ʃən]
- 名 ①機能，働き　②職務
- 動 機能する
  ⇨ fúnctional 形 機能的な

1824 □ superficial
⑦ [sùːpərfíʃl]
- 形 表面的な；浅薄な
  ➡ superficial understanding 表面的な理解

1825 □ reward
[riwɔ́ːrd]
- 名 ほうび，報酬；礼金
- 動 に報いる

1826 □ remarkable
⑦ [rimάːrkəbl]
- 形 注目すべき，非凡な
  ⇨ remárk 動 と述べる ○ 1655

1827 □ resource
[ríːsɔ̀ːrs, risɔ́ːrs]
- 名 《通常（複）で》資源；（臨機応変の）資質；手段
  ➡ natural resources 天然資源

1828 □ specific
[spəsífik]
- 形 明確な；特定の　⇨ spécify 動 を明記する
  ⇨ specifically 副 特に，明確に

1829 □ aware
[əwéər]
- 形 気づいている，認識している
  ➡ be aware of ...　…に気づいて[を認識して]いる

▶ その他の重要な動詞

1830 □ deserve
[dizə́ːrv]
- 動 （賞・罰など）を受けるに値する，にふさわしい

1831 □ possess
発 [pəzés]
- 動 ①を所有する　②（悪霊などが）にとりつく
  ➡ be possessed of ...　…を所有している
  ➡ be possessed by[with] ...　…にとりつかれている
  ⇨ posséssion 名 所有（物）

1832 □ exceed
⑦ [iksíːd]
- 動 （限度）を超える；に勝る　⇨ excéss 名 超過
  ⇨ excéssive 形 過度の

1833 □ freeze
[fríːz]
- 動 凍る；を凍らせる；こごえる　〈froze - frozen〉
  ➡ frozen food 冷凍食品

1834 □ bathe
発 [béið]
- 動 ①を入浴させる；入浴する　②を水にひたす
  ⇨ báth [bǽθ] 名 入浴；ふろ（の湯）

C-92

ⓐ We had to collect **sticks** to start the fire. ⓑ Reporters should **stick** *to* investigating the facts.	ⓐたき火をするのに私たちは**棒切れ**を集めなければならなかった。 ⓑ記者は真相の調査を**やり通す**べきだ。
The press fulfills a valuable social **function**.	報道機関は有益な社会的**機能**を果たしている。
I have only a **superficial** knowledge of Russian history.	私はロシアの歴史について**表面的な**知識しかない。
I want to give him some kind of **reward** for all he has done for us.	彼が私たちにしてくれたことに対して何らかの**お礼**がしたい。
His drawings are **remarkable** for their accuracy.	彼のデッサンはその正確さが**非凡**である。
Japan lacks mineral **resources**.	日本は鉱物**資源**に乏しい。
He gave us **specific** instructions.	彼は私たちに**明確な**指示を出した。
Most people *are* **aware** *of* the dangers of drinking and driving.	ほとんどの人が飲酒運転の危険性を**認識して**いる。

C-93

It was the sort of game both teams **deserved** to win.	両チームともに,勝つのに**ふさわしい**という試合だった。
Neither of them **possessed** a credit card.	彼らのどちらもクレジットカードを**所有して**いなかった。
Construction costs could **exceed** 200 million dollars.	建設費が2億ドルを**超える**こともありうる。
Water **freezes** at zero degrees Celsius.	水は摂氏0度で**凍る**。
Brenda **bathed** and changed the baby.	ブレンダは赤ん坊を**入浴させて**着替えさせた。

▶ 組織・交流に関する語

1835 □ **corporation** [kɔ̀ːrpəréiʃən]	名①企業 ②法人
1836 □ **colleague** ア[káliːg]	名同僚, 仲間 (= coworker)
1837 □ **interaction** [ìn(t)ərǽkʃən]	名①交流 ②相互作用, 相互影響 ⇨ interáct 動交流する；相互に作用する
1838 □ **agent** [éidʒənt]	名①代理人, 代理店 ②捜査官 ⇨ ágency 名①機関 ②代理店
1839 □ **executive** 発[igzékjətiv]	名管理職, 重役 形重役の, 行政上の
1840 □ **cooperation** [kouàpəréiʃən]	名①協力 ②援助 ⇨ coóperate 動協力する
1841 □ **cope** [kóup]	動《cope with ... で》…にうまく対処する； …をうまく処理する　　　○ 1533

▶ その他の重要な副詞

1842 □ **somehow** [sʌ́mhàu]	副①何とかして, どうにかして ②どことなく ➡ sómewhere 副どこかに[で, へ]
1843 □ **altogether** [ɔ̀ːltəgéðər]	副①まったく, 完全に (= completely) ②全部で
1844 □ **moreover** [mɔːróuvər]	副そのうえ, さらに (= furthermore)
1845 □ **nevertheless** ア[nèvərðəlés]	副それにもかかわらず (= nonetheless)
1846 □ **regardless** [rigáːrdləs]	副それでも ➡ regardless of ... …に関係なく

Word No. **1835 – 1846**

C-94

- [ ] He works for a large multinational **corporation**. | 彼は巨大な多国籍**企業**で働いている。
- [ ] She discussed the idea with some of her **colleagues**. | 彼女は何人かの**同僚**たちとその考えについて話し合った。
- [ ] The school needs to promote **interaction** between teachers and students. | その学校は教員と学生の**交流**を促進させる必要がある。
- [ ] I'm acting as an **agent** for Mr. Watson. | 私がワトソン氏の**代理人**の役目を務めております。
- [ ] Mr. Clifford is an **executive** for a large charity. | クリフォード氏は大きな慈善団体の**管理職**です。
- [ ] Thank you for your patience and **cooperation**. | 皆さんの辛抱強さと**ご協力**に感謝申し上げます。
- [ ] Local authorities have to **cope** *with* the problems of homelessness. | 地方自治体はホームレス問題**にうまく対処し**なければならない。

C-95

- [ ] Don't worry. We'll get the money back **somehow**. | 心配しないで。**何とかして**そのお金を取り返すよ。
- [ ] They live an **altogether** different life from their parents. | 彼らは両親とは**まったく**異なる生活をしている。
- [ ] The rent is reasonable and, **moreover**, the location is perfect. | 家賃は手ごろで，**そのうえ**立地は申し分ない。
- [ ] He wasn't invited, but he went **nevertheless**. | 彼は招待されていなかった。だが，**それにもかかわらず**彼は行った。
- [ ] The law requires equal treatment for all, **regardless** *of* race, religion, or sex. | 法律は，人種，宗教，性別**に関係なく**，すべての人を平等に扱うことを義務づけている。

▶ 医療・健康に関する語

1847 □ **immune** [imjú:n]	形 免疫のある ⇨ immúnity 名 免疫；免除
1848 □ **infection** [infékʃən]	名 ①感染症，伝染病　②感染，伝染 ⇨ inféct 動 に感染させる ⇨ inféctious 形 伝染性の
1849 □ **nutrition** [n(j)u:tríʃən]	名 ①栄養摂取　②栄養学
1850 □ **calorie** [kǽləri]	名 カロリー ➡ count calories カロリーを計算する，ダイエットする
1851 □ **obesity** 発 [oubí:səti]	名 肥満
1852 □ **surgery** [sə́:rdʒəri]	名 ①(外科)手術　②外科 ⇨ súrgeon 名 外科医

▶ 「変化させる」ことなどを表す語

1853 □ **alter** ア [ɔ́:ltər]	動 ①を変える；変わる　②を作り直す ⇨ altérnative 形 代わりの　名 選択肢 ⊃ 1426
1854 □ **transform** [trænsfɔ́:rm]	動 を変形させる，を一変させる ⇨ transformátion 名 変貌(ぼう)
1855 □ **inspire** [inspáiər]	動 ①を奮起させる，を刺激する　②を抱かせる ➡ inspire 〈人〉with ... 〈人〉に…を抱かせる ➡ inspire ... in 〈人〉 …を〈人〉に抱かせる ⇨ inspirátion 名 ひらめき，インスピレーション
1856 □ **modify** [mádəfài]	動 を修正する，を変更する ➡ genetically modified (食品・植物などが)遺伝子組み換えの ⇨ modificátion 名 修正(点)，変更(点)
1857 □ **tie** [tái]	動 ①を結びつける　②を結ぶ　③同点になる 名 ネクタイ

Some people are **immune** to the virus.	そのウイルスに**免疫のある**人もいる。
If you don't clean the wound properly, you could get an **infection**.	傷をきちんと清潔にしないと，**感染症**にかかってしまうかもしれないよ。
Nutrition and exercise are essential to your health.	**栄養摂取**と運動は健康に不可欠だ。
I need to burn off a few **calories**.	私は少し**カロリー**を燃焼させる必要がある。
Obesity can lead to heart disorders and other health problems.	**肥満**は心臓疾患やその他の健康上の問題につながることがある。
She required **surgery** on her right knee.	彼女は，右ひざの**手術**を受ける必要があった。
They had to **alter** their travel plans.	彼らは旅行計画を**変更し**なければならなかった。
The movie **transformed** her from an unknown schoolgirl into a superstar.	その映画が彼女を無名の生徒から大スターへと**一変させた**。
We need someone who can **inspire** the team.	私たちはそのチームを**奮起させる**ことができるような人が必要だ。
The feedback will be used to **modify** the course for next year.	その意見は来年の講座を**変更する**ために使われることになっている。
Tie a baggage label to your suitcase.	スーツケースに荷札を**結びつけなさい**。

▶ 数・量に関する語

1858 □ **vast** [vǽst]	形 膨大な，広大な ➡ a vast number of ... 膨大な量[数]の… ➡ the vast majority of ... …の大多数
1859 □ **enormous** [inɔ́ːrməs]	形 巨大な，ばく大な ➡ an enormous amount of ... 膨大な量[数]の…
1860 □ **numerous** [n(j)úːmərəs]	形 多数の，たくさんの
1861 □ **approximately** [əpráksəmətli]	副 およそ，約
1862 □ **somewhat** [sʌ́mwʌ̀t]	副 いくらか，若干

▶ 完全・究極・最高の状態を表す語

1863 □ **absolute** [ǽbsəlùːt, æ̀bsəlúːt]	形 ①絶対的な (↔ relative 相対的な)　②完全な ⇨ ábsolutely 副 完全に，まったく ⇨ ábsolutism 名 絶対主義；専制政治
1864 □ **entire** [entáiər]	形 ①全体の　②完全な ⇨ entírely 副 完全に，まったく
1865 □ **extreme** ア [ikstríːm]	形 ①極度の　②過酷な　③過激な 名 極端 (な状態)
1866 □ **ultimate** 発 [ʌ́ltəmət]	形 最終的な；究極の ⇨ últimately 副 結局 (は)；最終的には
1867 □ **maximum** ア [mǽksəməm]	形 最大限の ➡ maximum speed 最高速度 名 最大限，最高点 (↔ minimum 形 最小限の　名 最小限)
1868 □ **supreme** [suprίːm]	形 最高の；至高の ⇨ suprémacy 名 優位，至高，主(導)権

ⓐ We received *a* **vast** *number of* complaints.	ⓐ私たちは**膨大な**数の苦情を受けた。
ⓑ *The* **vast** *majority of* students work very hard.	ⓑ学生の**大多数**は非常によく勉強する。
He has *an* **enormous** *amount of* work to finish by Friday.	彼は，金曜日までに終えなければならない**膨大な**量の仕事を抱えている。
Numerous attempts have been made to hide the truth.	真相を隠すために**多くの**試みがなされてきた。
The plane will be landing in **approximately** 20 minutes.	飛行機は**およそ**20分で着陸する予定です。
The price is **somewhat** higher than I expected.	値段は私が予想したものより**いくらか**高い。

The party could not win an **absolute** majority in this election.	その政党は今回の選挙で**絶対的な**多数を獲得できなかった。
It was the happiest day of my **entire** life.	私の**全**人生でいちばん幸せな日だった。
Extreme poverty still exists in many rural areas.	多くの地方社会ではいまだに**極度の**貧困が存在する。
My **ultimate** goal is to become a children's nurse.	私の**最終的な**目標は小児科の看護師になることだ。
To get the **maximum** benefit, do the exercises slowly.	**最大限の**効果を得るには，その運動をゆっくりとやりなさい。

She is one of the **supreme** opera singers of our times.	彼女は私たちの時代の**最高の**オペラ歌手の1人だ。

注意すべき多機能語

as　　　2つのことが同時に存在する

□	① **As** I got off the bus, I saw him entering the movie theater.	バスを降りた**ときに**，私は彼が映画館に入っていくところを見た。
□	② **As** time passed, things seemed to get worse.	時がたつ**につれて**，事態はさらに悪くなるように思えた。
□	③ Behave **as** a gentleman does.	紳士がする**ように**ふるまいなさい。
□	④ **As** her dress was old, Anne bought a new one.	ドレスが古かった**ので**，アンは新しいものを買った。
□	⑤ Great **as** Leonardo da Vinci was *as* a painter, he was greater still *as* a scientist.	レオナルド・ダ・ヴィンチは画家として偉大**ではあったが**，科学者としてさらに偉大であった。
□	⑥ Don't trust *such* people **as** praise you to your face.	面と向かってほめる**ような**人を信用するな。
□	⑦ **As** we expected, she married Tom.	私たちが予想した**とおり**，彼女はトムと結婚した。
□	⑧ **As** parents, we are concerned about our children's future.	親**として**，私たちは子どもたちの将来を心配している。
□	⑨ All the children were dressed up **as** animals.	子どもたちはみんな動物**のように**仮装していた。
□	⑩ **As** a child, he lived in London.	子ども**のころ**，彼はロンドンに住んでいた。
□	⑪ He is **as** busy *as* a bee from morning till night.	彼は朝から晩までハチと**同じように**忙しい。
□	⑫ He has hundreds of friends and **as** many enemies.	彼には何百人という味方がいて，それと**同じくらい**多くの敵もいる。

接続詞	①…**するときに~**【時間】	
	（2つの事柄が同時に起こる）	
	②…**するにつれて~**【比例】	
	（2つの事柄が比例して進行する）	
	③…**するように~**【様態】	
	（2つの程度・様子が類似している）	
	④…**なので~**【理由】	
	（2つの事柄に原因と結果の関係がある）	
	⑤…**ではあるが~**【譲歩】	
	（2つの事柄が譲歩関係で共存している）	
	注意 〈形容詞[副詞]＋as＋主語＋動詞〉の語順となる。	
	注意 2番目と3番目のasは前置詞。⑧を参照。	
関係代名詞	⑥《先行詞にsuch, the sameがついて》…**するような~**	
	⑦《前の文またはあとにくる主節の内容を先行詞として》	
	…**するとおり~，それは…だが~**	
	➡ as is often the case (with ...) （…には）よくあることだが	
前置詞	⑧**~として**	
	⑨**~のように**	
	⑩**~のころ**	
副詞	⑪《as＋形容詞[副詞]＋as ...で》…**と同じように~**	
	注意 2番目のasは接続詞。③を参照。	
	⑫**同じくらい~**	

注意すべき多機能語

that 距離／時間的に離れたもの・前出の内容

①	She said I was not a good friend. Wasn't **that** a horrible thing to say?	彼女は私のことをよい友だちではないと言った。**それ**はひどい言い方ではないだろうか。
②	The climate of England is milder than **that** of Scotland.	イングランドの気候はスコットランドの**それ**［気候］より温暖である。
③	Work and play are both necessary to life; *this* gives us rest, and **that** gives us energy.	仕事と遊びはどちらも人生には必要だ。後者［遊び］は私たちに休息を，**前者**［仕事］は私たちに活力を与える。
④	*This* book is more interesting than **that** one.	この本は**あの**本よりおもしろい。
⑤	He said **that** he had been married for three weeks.	彼は，結婚して3週間になった**ということ**を言った。
⑥	I had a feeling **that** someone was looking at me.	だれかが私を見ている**という**感じがした。
⑦	Are you angry **that** you have to drive in such bad weather?	あなたはこんな悪天候の中で運転しなければならない**から**，怒っているのですか。
⑧	She is *so* tall **that** she can reach the ceiling.	彼女は**とても**背が高い**ので**天井に手が届く。
⑨	This is the key **that** opens the box.	これはその箱を開ける（**ところの**）鍵だ。
⑩	1969 is the year **that** he was born.	1969年は彼が生まれた（**ところの**）年だ。
⑪	*It is* the cooks **that** must work all night.	徹夜で働かなければならない**のは**料理人たち**だ**。
⑫	"Can you come to school around seven?" "No, I can't get up **that** early."	「7時ごろに学校に来ることはできますか？」「いいえ，私は**そんなに**早く起きることはできません」

指示代名詞	①《前出の内容を指して》**それ，あれ**
	②《前出の名詞を指し，名詞の反復を避けて》**それ** 注意 前出の〈the＋名詞〉と同じ内容，複数のときはthoseとなる。
	③《this「後者」と対比して》**前者** 注意 this「後者」は前出の2つの事柄のうち，あとに述べた事柄を指す。「前者」はthe former，「後者」はthe latterとも言う。
指示形容詞	④《thisより遠いものを指して》**その，あの** 注意 距離的・時間的に離れたものを指す。
接続詞	⑤《目的語・主語・補語となる名詞節を導いて》 **…ということ**
	⑥《直前の名詞と同格の名詞節を導いて》**…という** 注意 thatの前にはbelief「信念」, idea「考え」, feeling「感じ」, suggestion「提案」, fact「事実」などの名詞が置かれる。
	⑦《原因・理由を表す副詞節を導いて》 **…して，…だから，…するなんて**
	⑧《程度・結果を表す副詞節を導いて》 **とても～なので…，…するほど～** 注意 〈so＋形容詞[副詞]＋that ...〉, 〈such＋名詞＋that ...〉の形で用いる。
関係代名詞	⑨《who, which, whomの代用で》 **…する，…である（ところの）** 注意 〈前置詞＋関係代名詞〉, 非制限用法のコンマのあとではこのthatは用いられない。
関係副詞	⑩《when, where, why, howの代用で》 **…する，…である（ところの）** 注意 入試であまり問われない。
強調構文	⑪《it is ... that～で》 **～するのは…である，～なのは…である**
副詞	⑫《形容詞・副詞を修飾して》 **それほど～，そんなに～（＝so）**

注意すべき多機能語

but　　…しかし，次の〜という事実は別の話である

- ① They had run **but** a few yards when the teacher called to them.　　先生が呼んだとき彼らは**ほんの**数ヤードしか走っていなかった。
- ② Nobody appreciated her work **but** me.　　私**を除いて**だれも彼女の作品のよさがわからなかった。
- ③ⓐ She can be very rude, **but** she is kind at heart.　　ⓐ彼女にはとても失礼なところがある。**しかし**, 彼女は気立ては優しい。
  ⓑ He is *not* my friend **but** (he is) my brother's (friend).　　ⓑ彼は私の友だち**ではなく**私の兄[弟]の友だちだ。
- ④ I would buy the car **but** I am poor.　　私は貧乏**でなければ**その車を買うのだが。
- ⑤ It *never* rains **but** it pours.　　どしゃ降り**にならずに**雨が降ることは**ない**[降れば必ずどしゃ降り]。《諺》
  (= Whenever it rains, it pours.)
- ⑥ I can't believe **but** he agrees with you.　　私は, 彼が君に賛成し**ないということ**は信じられない。
- ⑦ There is *no*body **but** has his own habits.　　くせを持っていない人はいない。

while　　２つの事柄が同時進行している

- ① He will be back *in a little* **while**.　　彼は**少ししたら**戻って来ます。
- ② The child fell **while** she was running.　　その子どもは走っている**間に**倒れた。
- ③ **While** the work was difficult, it was interesting.　　その仕事は難しく**はあったが**, おもしろかった。
- ④ Nick was short, **while** his brother was very tall.　　ニックは背が低い**のに**, 彼の兄[弟]はとても背が高かった。

副詞 ① ほんの，たった（= only）

前置詞 ② 〜を除いて（ほかはすべて…）（= except）

接続詞 ③ …しかし〜【逆接を表す等位接続詞】
➡ not A but B AではなくB ●891

④《条件を表す副詞節を導いて》
…でなければ〜【除外を表す従属接続詞】

⑤《否定文で，結果を表す副詞節を導いて》
…しないでは〜ない

⑥《名詞節を導いて》…ではないということ（= that ... not）
注意 believe, expect, know, think, sayなどの否定文・疑問文のあとで用いられる。古い用法であり，現在はあまり使われない。

関係代名詞 ⑦《否定文で》…しない〜はない
注意 古い用法であり，現在はあまり使われない。

名詞 ① しばらく（の間）【ある一定の時間】
➡ in a little while 少ししたら，すぐに
➡ It's been a while. お久しぶりです。

接続詞 ②《期間を表して》…している間に〜【同時進行】

③《譲歩を表して》…ではあるが〜【並列関係】

④《対照を表して》…のに，（その一方で）〜【並列関係】

注意すべき多機能語

if — 事実かどうか疑問である／この場で問題にしていない

① Let me know **if** the report is true (or not).	その報告が事実**かどうか**知らせてくれ。
② Just ask your father **if** you need any money.	**もし**お金が必要だというの**なら**，君のお父さんに頼みなさい。
③ ⓐ **If** he is noisy, at least he is polite.	ⓐ **たとえ**騒がし**くても**，少なくとも彼は礼儀正しい。
ⓑ I can still remember, *even though* it was so long ago.	ⓑ それはずいぶん昔のこと**だけれども**，私はいまだに忘れられない。
④ **If** I *were* you, I *would jump* at the chance for a job like that.	**もし**私が君**なら**，そのような仕事の機会に飛びつくのにね。
⑤ *Even* **if** you *were to* fail the first time, you *could try* again.	**たとえ**最初に失敗した**としても**，もう1度やれますよ。
⑥ He is walking *as* **if** he *were* drunk.	彼は**まるで**酔っている**かのように**歩いている。

whether — 2つのうち正しいのはどちらか一方

① I doubt **whether** she is telling the truth (or not).	彼女が真実を言っているの**かどうか**私には疑問である。
② You must obey the rules **whether** you like them (or not).	君がその規則が好き**かどうかはともかく**，君はその規則に従わなければならない。
③ Please advise me **whether** *to* accept his offer (or not).	彼の申し出を受ける**べきかどうか**，私に助言してください。

接続詞 ①《名詞節を導いて》
　　　…かどうか（＝ whether）
　　　（ask, doubt, know, see, wonderなどの目的語の位置に置かれる）
　　　注意 whether ... は主語としても用いられるが，if ... は主語には用いられない。

②《直説法の動詞とともに用い，副詞節を導いて》
　　もし…すれば，もし…なら【条件】
　　注意 if節内の動詞は，未来のことも現在形で表す。

③《直説法の動詞とともに用い，副詞節を導いて》
　　たとえ…だとしても【譲歩】（＝ even if）◐ 1225
　　注意 ifやeven ifは事実かどうか不明だが，even thoughは事実に対して「…だけれども，…なのに」という意味で用いられる。

④《if + 仮定法で，副詞節を導いて》
　　もし…すれば，もし…なら【条件】

⑤《even if + 仮定法で，副詞節を導いて》
　　たとえ…だとしても【譲歩】

⑥《as if + 仮定法で，副詞節を導いて》
　　まるで…であるかのように【様態】 ◐ 1527

接続詞 ①《名詞節を導いて》**…かどうか**（＝ if）

②《副詞節を導いて》**…かどうかはともかく**

③《whether to *do* で》**〜するべきかどうか**

注意すべき多機能語

otherwise — 今あるものと別の（方法・点・条件で）

- ① I had no choice and could not do **otherwise**.
  私には選択の余地がなく，**別の方法で**することはできなかった。
- ② He is quiet, but **otherwise** he is a good manager.
  彼は無口だが，**そのほかの点では**優れた経営者だ。
- ③ You must obey the order; **otherwise** you will be punished.
  君はその命令に従わなければならない。**そうでないと**処罰されることになる。
- ④ We lost our way; **otherwise** we *would have been* here sooner.
  私たちは道に迷った。**そうでなければ**もっと早くここに来ていただろうに。
- ⑤ I was there, so I know that the facts are **otherwise**.
  私はその場にいたので，事実が**そうではない**ということを知っています。

once — 現在・過去・未来を問わず，1度

- ① My uncle visits us **once** a year.
  私のおじは1年に**1度**私たちを訪ねてくる。
- ② I was a kid **once**, too.
  私も**かつて**は子どもだった。
- ③ **Once** you hear the song, you will never forget it.
  1度その歌を聞く**と**，絶対に忘れられなくなるよ。

since — 判断の基準となるものから，そのあとずっと

- ① **Since** the factory shut down, he *has been* out of work.
  工場が閉鎖されて**以来**，彼はずっと失業中だ。
- ② **Since** you're very tired, you should take a taxi.
  あなたはとても疲れているの**だから**，タクシーに乗りなさい。
- ③ I *have* not *heard* from her **since** last summer.
  去年の夏**以来**，彼女から私に何の便りもない。
- ④ There was a depression which lasted for many years, but the economy has improved **since**.
  長年続いた不景気があったが，**それ以来**経済が好転してきている。

副詞	①別の方法で
	②そのほかの点では
	③そうでないと，さもないと
	④そうでなければ（〜だっただろうに） 注意 otherwiseに仮定の意味を持たせ，仮定法とともに用いることもある。
形容詞	⑤異なって，そうではない

○764

副詞	①1度，1回 ➡ twice 2度，2回
	②かつて，昔
接続詞	③1度[いったん]…すると

接続詞	①…して以来，…したときからあとは 注意 主節の動詞は完了形を用いる。
	②…なので，…だから，…である以上 注意 becauseよりもわかりきった理由を表す。
前置詞	③〜以来 注意 主節の動詞は完了形を用いる。 ➡ Since when? いつからですか。
副詞	④それ以来

覚えておきたい接頭辞

1 否定を表す接頭辞

□ dis-	*dis*agrée「一致しない」, *dis*appéar「消える」, *dis*hónest「正直でない」, *dis*advántage「不利」
□ in-, im- il-, ir-	*in*fórmal「非公式の」, *im*póssible「不可能な」 *il*légal「違法の」, *ir*régular「不規則な」
□ non-	*nón*sense「無意味（なこと）」, *non*víolence「非暴力」, *non*fléxible「柔軟性のない」, *non*fíction「ノンフィクション」
□ un-	*un*kínd「不親切な」, *un*belíevable「信じがたい」, *un*cónscious「無意識の」, *un*úsual「ふつうではない」

2 反対・対応を表す接頭辞

□ anti-	*anti*wár「戦争反対の」, *antí*pathy「反感」
□ contra-	*contra*díction「矛盾」, *cóntra*ry「反対（の）」
□ counter-	*cóunter*attack「反撃」, *cóunter*part「対応するもの」

3 前・後・再を表す接頭辞

□ ante- anti-	*ante*cédent「先の」 *antí*cipate「予想する」
□ fore-	*fore*sée「予見する」, *fore*téll「予言する」
□ pre-	*pre*díct「予言する」, *pre*wár「戦前の」, *pré*face「序文」
□ pro-	*pro*céed「前進する」, *pro*móte「促進する」, *pro*dúce「生産する」
□ post-	*post*wár「戦後の」, *post*póne「延期する」, *póst*script「追伸」
□ re-	*re*constrúction「再建」, *re*cóvery「回復」, *re*pláce「取りかえる」, *re*víve「生き返る」

4 超・上・下・従を表す接頭辞

□ super-	*supé*rior「優れた」, *super*nátural「超自然の」
□ sur-	*súr*face「表面」, *sur*páss「越える」
□ over-	*over*éstimate「過大評価する」, *over*cóme「乗り越える」
□ de-	*de*créase「減少する」, *de*clíne「低下する」, *de*scénd「下りる」
□ under-	*under*éstimate「過小評価する」, *únder*ground「地下の」, *under*táke「引き受ける」
□ sub-	*súb*way「地下鉄」, *súb*marine「潜水艦」, *súb*stitute「代用品」, *sub*mít「服従する」

5 善・悪・誤を表す接頭辞

☐ **bene-**	*béne*fit「利益」, *béne*factor「恩人」, *bené*ficent「情け深い」, *bene*díction「祝福」
☐ **mal-**	*mál*ice「悪意」, *mál*ady「弊害」, *mal*fúnction「故障」
☐ **mis-**	*mis*fórtune「不幸」, *mis*understánd「誤解する」, *mís*chief「いたずら」, *mis*júdge「誤った判断をする」

6 内・間・外を表す接頭辞

☐ **in-** **im-**	*in*clúde「含む」, *ín*come「収入」, *in*vólve「巻き込む」 *im*pórt「輸入する」, *ím*migrant「移民」
☐ **intro-**	*intro*dúction「紹介」, *intro*vért「内向的な人」
☐ **inter-**	*inter*chánge「交換する」, *inter*rúpt「中断する」
☐ **out-**	*óut*break「ぼっ発」, *óut*come「結果」, *óut*let「出口」
☐ **ex-**	*ex*ténd「延長する」, *ex*pórt「輸出する」, *ex*póse「さらす」, *ex*pánd「拡大する」

7 共同・貫通を表す接頭辞

☐ **co-** **con-** **com-**	*co*exístence「共存」, *co*óperate「協力する」 *con*clúde「結論づける」, *con*sént「同意する」 *com*bíne「結合する」, *com*páre「比較する」
☐ **syn[sym]-**	*sýn*chronize「同時に動く」, *sým*pathy「同情」
☐ **trans-**	*trans*pórt「輸送する」, *trans*párent「透明な」

8 分離を表す接頭辞

☐ **ab-**	*áb*sent「欠席の」, *ab*stráct「抽出する」
☐ **de-**	*de*tách「離す」, *de*párt「出発する」
☐ **di-**	*di*víde「分ける」, *di*vórce「離婚する」

9 数を表す接頭辞

☐ **mono-**	*mon*ópoly「独占」, *móno*tone「単調」
☐ **uni-**	*un*íque「唯一の」, *úni*form「制服」
☐ **bi-, tri-**	*bi*língual「2か国語を話せる」, *trí*angle「三角形」
☐ **quadr-**	*quádr*angle「四角形」
☐ **penta-**	*pénta*gon「五角形」
☐ **hexa-**	*héxa*gon「六角形」

覚えておきたい接尾辞

1 人を表す名詞を作る接尾辞

□ -ar 　-or 　-er	líar「うそつき」, schólar「学者」 áctor「俳優」, colléctor「収集家」, éditor「編集者」 láwyer「弁護士」, bróadcaster「アナウンサー」, wríter「作家」
□ -ian	histórian「歴史家」, pedéstrian「歩行者」, magícian「奇術師」, librárian「司書」
□ -ant 　-ent	ápplicant「志願者」, assístant「助手」 pátient「患者」, clíent「依頼人」
□ -ist	álchemist「錬金術師」, psychólogist「心理学者」, déntist「歯科医」, sóloist「独奏者」
□ -ee	emplóyee「従業員」, interviewée「面接を受ける人」
□ -eer	pionéer「開拓者」, voluntéer「志願者」
□ -ess	wáitress「ウエイトレス [女性の給仕]」, áctress「女優」

2 抽象名詞を作る接尾辞

□ -age	advántage「有利」, dámage「損害」, shórtage「不足」
□ -ance	appéarance「出現」, allówance「許容量」
□ -cy	téndency「傾向」, flúency「流暢さ」
□ -dom	wísdom「賢明さ」, fréedom「自由」
□ -hood	chíldhood「子ども時代」, néighborhood「近所」
□ -ment	appóintment「約束」, envíronment「環境」, púnishment「処罰」, apártment「アパート」
□ -ness	háppiness「幸福」, kíndness「親切」, ténderness「柔らかさ」, íllness「病気」
□ -ship	fríendship「友情」, hárdship「困難」
□ -tion	áction「行動」, perféction「完全」, appreciátion「正しい理解」, suggéstion「提案」
□ -ty	beáuty「美」, póverty「貧困」, anxíety「不安」

3 副詞を作る接尾辞

□ -ly	cómfortably「心地よく」, sincérely「心から」, quíetly「静かに」, sécretly「ひそかに」

4 形容詞を作る接尾辞

□ -able 　 -ible	【可能】〜できる，〜に値する desír*able*「望ましい」，séns*ible*「分別のある」
□ -ful	【十分】〜に満ちた chéer*ful*「機嫌のいい」，dréad*ful*「恐ろしい」，plénti*ful*「豊富な」
□ -less	【欠乏】〜のない cáre*less*「不注意な」，úse*less*「役に立たない」， hárm*less*「害のない」，bórder*less*「境界のない」
□ -ly	【性質】〜ごとの，〜のような dái*ly*「日々の」，fáther*ly*「父親のような」
□ -ous	【性質】〜の多い，〜に富んだ dánger*ous*「危険な」，óbvi*ous*「明らかな」， courágeo*us*「勇気ある」，fábul*ous*「とてもすばらしい」
□ -ic	【傾向・性質】〜に関係する，〜的な artíst*ic*「芸術的な」，económ*ic*「経済(上)の」
□ -ical	【傾向・性質】〜に関係する，〜的な polít*ical*「政治(上)の」，histór*ical*「歴史に関する」
□ -ive	【傾向・性質】〜の性質[傾向]を持つ creát*ive*「創造的な」，affírmat*ive*「肯定的な」
□ -ate	【状態】〜された状態の prív*ate*「私用の」，sépar*ate*「個別の」，elábor*ate*「手の込んだ」

5 動詞を作る接尾辞

□ -ize	〜化する，〜のようにする órgan*ize*「組織化する」，réal*ize*「実現する」
□ -fy	〜化する，〜させる idénti*fy*「同一視する」，símpli*fy*「簡素化する」， mágni*fy*「拡大する」，spéci*fy*「明確にする」
□ -en	〜にする，〜になる héight*en*「高める」，enlíght*en*「啓発する」
□ -ate	〜にする fáscin*ate*「とりこにする」，términ*ate*「終わりにする」， ímit*ate*「手本にする」，íllustr*ate*「例証する」

長文読解 LEVEL 6

⊙LEVEL6で学習した，赤字の語の意味を確認しながら，長文を読んでみましょう。

[1] Shakespeare had a lot of ①**wisdom**. He knew a lot about the world and the ②**universe**. In one of his ③**stage** plays, "Hamlet," he said the ②**universe** was filled with more strange things than we human beings could imagine.

[2] He was right. For the ④**oddest** ⑤**object** in the heavens that is known to human beings must surely be the black hole.

[3] Although a black hole was once considered as something ⑥**absurd** found only in science ⑦**fiction** novels, recent ⑧**evidence** from modern ⑨**technology** has proven that black holes are in fact a ⑩**reality**. They have become ⑪**apparent** to us thanks to the Hubble Space Telescope, in ⑫**orbit** around our ⑬**planet** Earth.

[4] We cannot actually ⑭**perceive** a black hole directly, but we can ⑮**observe** the ⑯**effects** of these ⑰**obscure** ⑤**objects** on other ⑤**objects** in space. Black holes have so much ⑱**strength** that even light cannot escape from them, when a star comes by. Hubble has taken ⑲**plenty** *of* photographs of bright ⑳**structures** made of hot gases in space that are caused by black holes.

[5] Although many people *are* ㉑**reluctant** *to* believe that something as strange as a black hole could possibly exist, many scientists think that an ㉒**ultimate** gigantic black hole exists at the center of our own galaxy.

(207 words)

Quick Check! ➡ 解答は p.388

② 「世界共通の」を意味する形容詞は？　⇨ _____

⑤ 形容詞 objective の意味は？　⇨ _____

⑧ 形容詞 evident の意味は？　⇨ _____

⑨ 「科学技術の」を意味する形容詞は？　⇨ _____

⑪ 副詞 apparently の意味は？　⇨ _____

また，Quick Check!で，語いに関する知識を再確認してみましょう。

C-99

① シェークスピアはたくさんの①**知恵**を持っていた。彼は世界と②**宇宙**についてたくさんのことを知っていた。彼の③**舞台**劇の1つ，「ハムレット」で，彼は言っている。②**宇宙**は私たち人間が想像できる以上に，奇妙なものごとであふれているのだと。

② 彼は正しかった。というのは，人間に知られている，天空で④**もっとも奇妙な**⑤**物体**は，きっとブラックホールであるに違いないからだ。

③ ブラックホールはかつて，⑦**作り話の**科学［**空想**科学・S**F**］小説の中だけに出てくる，何か⑥**ばかげた**ものだと考えられていた。しかし現代の⑨**科学技術**による最近の⑧**証拠**が，ブラックホールは実際に⑩**実在するもの**だということを証明した。私たちの⑬**惑星**である地球を回る⑫**軌道**上にあるハッブル宇宙望遠鏡のおかげで，ブラックホールが私たちに⑪**明らか**になった。

④ 実際には，私たちはブラックホールを直接⑭**目で見る**ことはできないが，この⑰**はっきりしない**⑤**物体**が，宇宙にあるほかの⑤**物体**に及ぼす⑯**影響**を⑮**観察する**ことはできる。ブラックホールはとても強い⑱**力**を持っているので，星が通り過ぎるとき，光でさえも逃れることができない。ハッブルは，ブラックホールがもたらした宇宙の熱い気体でできた輝く⑳**構造物**の⑲**多数の**写真を撮っている。

⑤ ブラックホールのような奇妙なものがひょっとしたら存在するかもしれないということを信じるのは㉑**気が進まない**人が多いけれども，多くの科学者たちが㉒**究極の**巨大なブラックホールが私たちの銀河の中心に存在すると考えている。

⑭ 「知覚」を意味する名詞は？	⇨	_____
⑮ 名詞 observation の意味は？	⇨	_____
⑯ 「効果的な」を意味する形容詞は？	⇨	_____
⑱ 「を強くする」を意味する動詞は？	⇨	_____
⑳ 形容詞 structural の意味は？	⇨	_____

実践問題 LEVEL 6

◎ 英文に合うように，もっとも適当な語（句）を選び，番号で答えなさい。

☐ **1.** A good ( ) helps the body to build up a resistance to disease.
① diet ② shame ③ patient ④ consciousness 〈獨協大〉

☐ **2.** The politician tried to convince the audience, but most of them were ( ) to his arguments.
① dead ② indifferent ③ insignificant ④ pointless 〈関西学院大〉

☐ **3.** Jealousy is alien ( ) my nature.
① for ② in ③ to ④ with 〈創価大〉

☐ **4.** The boss said to the workers, "Please pay attention! Focus ( ) your work!"
① in ② on ③ to ④ with 〈南山大〉

☐ **5.** He has never been seen to ( ) his temper.
① have ② lose ③ save ④ take 〈大阪電通大〉

☐ **6.** All ( ) a sudden, she remembered.
① at ② of ③ on ④ during 〈千葉工業大〉

☐ **7.** I didn't say I liked her; ( ), I said I didn't like her.
① at any rate ② in contrast ③ of course ④ on the contrary 〈東京理科大〉

☐ **8.** We've been working under so much ( ) lately in our office that we all need a holiday.
① care ② concern ③ pressure ④ worry 〈センター試験〉

実践問題 LEVEL 6 ANSWERS (p.387)

9. ② → 1806	**10.** ③ → 1828	**11.** ① → 1638
12. ① → 1855	**13.** ③ → 1581	**14.** ③ → 1651
15. ④ → 1679	**16.** ③ → 1599	

□ 9. Everybody suffers from colds ( ) some extent.
① on ② to ③ at ④ with 〈上智大〉

□ 10. I'm afraid I don't understand exactly what you mean. Could you be more ( )?
① peculiar ② public ③ specific ④ vague 〈学習院大〉

□ 11. The government has ( ) that economic growth will exceed three percent next year.
① predicted ② prepaid ③ prepared ④ prevented 〈中央大〉

□ 12. The teacher's encouraging words ( ) all the students with new confidence.
① inspired ② inherited ③ inhibited ④ implied 〈関西学院大〉

□ 13. Some people ( ) this to violent comics and video games.
① accuse ② assume ③ attribute ④ blame 〈東邦大〉

□ 14. She won her position by ( ) of hard work.
① effort ② agency ③ virtue ④ lack 〈西南学院大〉

□ 15. Mary was ( ) to go to the party at first, but she found that it was fun.
① pleasant ② likely ③ willing ④ reluctant 〈中央大〉

□ 16. I'm going to apply ( ) that job they advertised.
① in ② on ③ for ④ at 〈亜細亜大〉

実践問題 LEVEL 6 ANSWERS (p.386)

1. ①	→ 1595	2. ②	→ 1708	3. ③	→ 1717
4. ②	→ 1722	5. ②	→ 1757	6. ②	→ 1542
7. ④	→ 1788	8. ③	→ 1789		

実践問題 LEVEL 6　日本語訳と解説

1. 適切な日常の食事は，体が病気に対する抵抗力を作り上げるのに役立つ。
   ※dietで「規定食」の意味のほか，「日常の食事」という意味もある。
2. その政治家は聴衆を納得させようとしたが，彼らのほとんどが彼の議論に無関心だった。
   ※〈be indifferent to ...〉で「…に無関心である」の意味。
3. 嫉妬は私の性質には受け入れがたい[嫉妬は私の性に合わない]。
   ※〈be alien to ...〉で「…にとって異質である，…には受け入れがたい」の意味。
4. 上司は従業員たちに，「よく聞いてください！　仕事に集中しなさい！」と言った。
   ※〈focus on ...〉で「…に集中する」の意味。
5. 彼は，かっとなるところを見られたことがない。
   ※〈lose *one's* temper〉で「かっとなる」の意味。
6. 突然，彼女は思い出した。
   ※〈all of a sudden〉で「突然（に）」の意味。
7. 私は彼女のことが好きだとは言わなかった。それどころか，私は彼女が好きではないと言ったのだ。
   ※〈on the contrary〉で「それどころか」の意味。contraryは「反対（の），矛盾（した）」の意味。
8. 最近，事務所内で私たちはとても大きな重圧の中で働いているので，私たち全員が休日を必要としている。
   ※〈(*be*) under pressure〉で「重圧の中に（いる）」の意味。前置詞underを使うことに注意。
9. みんなある程度は風邪に苦しんでいる。
   ※〈to some extent〉で「ある程度まで」の意味。
10. 申し上げにくいのですが，あなたの言いたいことが正確にはわかりません。もう少し明確にしてくれませんか。
    ※specificは「明確な」，peculiarは「妙な」，publicは「公共の」，vagueは「あいまいな」の意味。
11. 政府は，経済成長が来年は3％を超えると予測している。
    ※predictは「を予測する」，prepayは「を前払いする」，prepareは「を準備する」，preventは「を妨げる」の意味。
12. 先生の励ましの言葉が，学生すべてに新たな自信を抱かせた。
    ※〈inspire A with B〉で「AにBを抱かせる」の意味。inheritは「を相続する」，inhibitは「を抑制する」，implyは「を示唆する」の意味。
13. このことを，暴力的な漫画やテレビゲームに起因すると考える人もいる。
    ※〈attribute A to B〉で「AをBに起因すると考える」の意味。
14. 彼女は，その地位を勤勉のおかげで勝ち取った。
    ※〈by virtue of ...〉で「…のおかげで」の意味。
15. メアリーは最初，パーティーに行くことに気が進まなかったが，それが楽しいということがわかった。
    ※〈*be* reluctant to *do*〉で「～することに気が進まない」の意味。
16. 私は，広告があったその仕事に応募するつもりだ。
    ※〈apply for ...〉で「(職など)に応募する」の意味。

長文読解 LEVEL 6　Quick Check!　解答

② universal　　⑤ 客観的な　　⑧ 明白な　　⑨ technological
⑪ どうやら～らしい，見たところ　　⑭ perception　　⑮ 観察　　⑯ effective
⑱ strengthen　　⑳ 構造上の

Challenge 01-17　日本語訳と解説

01 クラスはその問題について議論した。
　※discussは他動詞なので，前置詞は不要。

02 あなたは彼に，自分がしたことを謝りますか。
　※〈apologize to A for B〉で「Aに対してBのことで謝る」の意味。

03 これらの花は，本当にいいにおいがする。
　※smellはSVCの文型をとる動詞で，あとに補語が続く。補語になるのは名詞や代名詞，形容詞，現在分詞，過去分詞など。

04 渋谷駅までの道を教えていただけませんか。
　※〈show[tell] A the way to ...〉で「Aに…までの道を教える」の意味。

05 ハリーは亡くなったとき，家族に2億円残した。
　※leaveはSVOOの文型をとる動詞。〈leave A B = leave B for A〉で「AにBを残す」の意味。causeは「を引き起こす」の意味。

06 私はメアリーにお金をいくらか借りていて，次の月曜日までには彼女に返さなければならない。
　※oweはSVOOの文型をとる動詞。〈owe A B〉で「AにBを借りている」の意味。

07 あなたは空想科学[SF]小説が好きだから，きっとこの本がおもしろいとわかると思う。
　※findはSVOCの文型をとる動詞。〈find A B〉で「AがBだとわかる」の意味。④はofがなければ可。

08 その辞書は本棚にあった。
　※自動詞lieの現在分詞lyingが答えとなる。

09 実は，彼はかなり保守的だ。そういうわけで彼はその政党に所属している。
　※belongは状態動詞なので，進行形にしない。

10 彼の成績が悪いので，彼の両親は彼に勉強させるべきだ。
　※使役動詞はmake【強制】，let【許可】，have【依頼】で，〈使役動詞 + A + 原形不定詞〉の形をとる。①のforceも【強制】のニュアンスがあるが，〈force A to do〉の形をとる。

11 ジェット機が，私たちに10時間でオーストラリアへ行くことを可能にする。
　※〈enable A to do〉で「Aに～することを可能にする」の意味。②，③，④は使役動詞なので，〈使役動詞 + A + 原形不定詞〉の形をとる。

12 もしあなたが何かをすることを強いられるなら，それをせざるをえないということだ。
　※〈be forced to do = be compelled to do〉で「～することを強いられる，～せざるをえない」の意味。

13 ビルは，彼の母親に誕生日プレゼントを必ず送る。
　※〈never fail to do〉で「～しそこなうことは絶対ない」，つまり「必ず～する」の意味になる。

14 寒い中，ここで待つことを私は断る。
　※refuseは目的語に不定詞をとる。

15 彼女は聞いていないふりをして質問に答えるのを避けた。
　※avoidは目的語に動名詞をとり，「～するのを避ける」の意味になる。〈pretend to do〉は「～するふりをする」の意味。

16 私は，この前の日曜日に，小型トラックに乗って家に帰ったことを覚えている。
　※rememberは目的語に不定詞をとるか，動名詞をとるかで意味の異なる動詞。〈remember -ing〉で「～したことを覚えている」，〈remember to do〉で「忘れずに～する」の意味。

17 この書店は，本当に本が大好きな若い3人姉妹によって経営されている。
　※runは「走る」の意味だけでなく，「を経営する」「を動かす」「立候補する」などの意味も押さえておく。

Challenge 18-36 日本語訳と解説

18 彼は,先生に試験での優秀な成績を知らせた。
※⟨inform A of B⟩で「AにBを知らせる」の意味。

19 テレビは,夕食時の会話の楽しみを,私たちから奪ってしまった。
※⟨rob A of B⟩で「AからBを奪う」の意味。

20 私の自尊心は,私が彼からお金を借りるのを妨げた。
※⟨prevent A from -ing⟩で「Aが〜するのを妨げる」の意味。無生物が主語になることが多い。

21 ブラウン夫妻は娘に十分な教育を与えた。
※⟨provide A with B (= provide B for A)⟩で「AにBを供給する」の意味。

22 リチャードとトムは誤りをすぐに認めた。彼らは間違っていたことで自分たちを責めた。
※⟨blame A for B⟩で「AをBで非難する」の意味。

23 私はその問題について,何かなされるべきだと主張した。
※⟨insist that S (+ should) + 動詞の原形⟩で「Sが〜するように主張する」の意味。アメリカ英語では一般的に,shouldが省略され,単に動詞の原形が用いられることに注意。

24 彼らはその問題についてお互いに話をした。
※⟨talk to ...⟩で「…と話をする」の意味。tellやdiscussは話す内容を直接目的語にとる他動詞。speakは,⟨speak to ...⟩のように前置詞を必要とする。

25 ケンジは図書館から借りたその本をまだ持っていますか。
※borrowは「(無料で)借りる」,lendは「(もの・金)を貸す」,rentは「を賃貸しする」の意味。

26 興奮した子どもたちが電車に乗ってきたとき,とても騒がしくなった。
※「(何かによって)興奮させられた子どもたち」と考え,他動詞exciteの過去分詞から派生した形容詞excitedを選ぶ。

27 私は,きっと彼はこれを親切心からしたのだと思う。というのは,彼はいつも他人に思いやりがあるからだ。
※⟨don't doubt that ...⟩で「きっと…だと思う」と強い肯定の意味になることに注意。

28 そんな間違いをするとは彼は不注意だった。
※⟨It is[was] + 形容詞 + of A to do⟩の構文では,形容詞はAの性格・性質を表す。

29 このワインはあのワインより風味が劣っている。
※比較の対象を表す前置詞がtoになることに注意。①,②,④はtoではなくthanをとる。

30 彼は競走に負けることにとても敏感だ。だからそのことに触れてはいけない。
※それぞれsense「感覚,分別,意味」から派生した形容詞。sensitiveは「敏感な」,sensibleは「分別のある」,sensualは「官能的な」,sensationalは「驚くべき」の意味。

31 女性店員[事務員]の給与が一般的に低い国もある。
※salary「給与」は,high/low「高い/低い」で表す。

32 明日,ふだんよりも1時間早く事務所に来ることが,あなたには可能ですか。
※possibleは一般的に人を主語にとらない。⟨It is possible for A to do⟩の形で用いる。

33 あなたに都合のよいときにいつでも,私に電話してください。
※convenientは人を主語にするときには注意が必要。⟨It is convenient for A⟩の形で用いる。副詞節内の動詞は,未来のことでも現在形を使うので,②は不可。

34 私たちは先生から多くの情報を得た。
※homeworkやinformationは不可算名詞なので,①や④のように複数形の-sはつかない。

35 彼は,その時代の有名な文学者の1人だった。
※⟨man of letters⟩で「文学者」の意味。

36 速達による郵便小包には,割増料金がかかります。
※chargeは「(サービスに対する)料金」,priceは「価格」,fareは「(鉄道などの)運賃」,billは「請求書」の意味。

Challenge 37-40 日本語訳と解説

37 彼は働いていないが, 投資からかなりの収入を得ている。
※incomeは「(労働によるもの以外も含む)収入」, wageは「(肉体労働に対する)賃金」, payは「(あらゆる種類の)給料」, salaryは「(知的労働に対する)給与」の意味。

38 その百貨店はいつもお客でいっぱいだ。
※customerは「(商店などの)顧客」, guestは「(ホテルなどの)宿泊客」, clientは「(弁護士などの)依頼人」, passengerは「乗客」の意味。

39 あなたはすばらしい仕事をした[あなたはよくやった]。
※anがあるので可算名詞のjob「仕事」を選ぶ。work「仕事」, business「仕事」はともに不可算名詞。occupationは「職業」の意味。

40 私は朝食にたいてい果物を食べる。
※mostlyは「たいてい」, almostは「ほとんど」, mostは「ほとんどの」, moreは「もっと」の意味。

Challenge Reading 01-10 語句の確認

01 ethnic 民族の background 背景 social 社会的な personal 個人的な influence に影響を与える nevertheless それにもかかわらず move 動く make a gesture 身ぶりをする truly 本当に bilingual 2か国語を話せる

02 remain 〜のままである proud 誇りに思って original 最初の accent なまり dialect 方言 phrase 言い回し gesture 身ぶり while その一方で rapidly 速く environment 環境 speech 話し方 habit 習慣 stand out 目立つ crowd 群衆

03 fortunately 幸運にも act 行為 composition 作文 creation 創作 discipline を訓練する write 書く way 方法 practice 実践 habit 習慣 use を使う stimulate を刺激する

04 way 方法 shape を形づくる define を定義する determine を決定する perspective 考え方 influence に影響を与える invest を投資する spend を費やす use を使う talent 才能 value を重んじる

05 industrial 工業の society 社会 huge ばく大な amount 量 energy エネルギー run を動かす vehicle 乗り物 factory 工場 burn を燃やす natural 自然の fossil fuel 化石燃料 form を形成する remain 遺体 plant 植物 tiny とても小さい creature 生き物

06 billion 10億 oxygen 酸素 poisonous 有毒な increase 増える atmosphere 大気 the present 現在の species 種 force を強いる evolve 進化する manage to do どうにかして〜する die 死ぬ adapt 順応する ancestor 祖先

07 enterprise 事業 extent 程度 develop を発展させる area 地域 efficient 効率的な scale 規模 operation 営業 overtake を上回る specialize in ... …を専門にする crop 農作物 run を経営する corporation 企業 part 部分 current 現在の effective 効果的な

08 political 政治的な view 見解 agree (に)同意する effective 効果的な way 方法 deal with ... …に対処する root 根源 cause 原因 assume that ... …と思い込む fundamental 基本的[根本的]な poverty 貧困 lack 欠如 education 教育

09 demonstrate を明確に示す natural 自然の understand を理解する experimentation 実験 analysis 分析

10 advance 進歩 make を生み出す result 結果 research 研究 conduct を行う military 軍隊の electronic 電子の develop を開発する official 高官 late 後半に way 方法 communication 通信 continue 続く even 〜でさえ case 場合 nuclear 核の

単語さくいん

●本文に収録されている単語を ABC 順に掲載しています。数字は Word No. です。p. は単語の掲載されているページ数です。なお、見出し語は太字で示しています。

A

□ abandon	1432
□ ability	776,**1317**,1365
□ able	**776**
□ abnormal	793
□ abolish	593,**1153**
□ abolition	1153
□ abound	1616
□ above	758
□ abroad	**111**
□ absence	98
□ absent	**98**,347,p.307
□ absolute	799,**1863**
□ absolutely	1863
□ absolutism	1863
□ absorb	**1121**
□ absorption	1121
□ abstract	**1680**
□ abstraction	1680
□ absurd	**1719**
□ absurdity	1719
□ abundant	**1616**
□ abuse	**1480**
□ academic	**1345**
□ academy	1345
□ accent	**1279**
□ accept	**755**,p.307
□ acceptable	755
□ accident	**307**
□ accidental	307
□ accompaniment	1406
□ accompany	**1406**
□ accomplish	**1354**
□ accomplished	1354
□ accomplishment	1354
□ account	p.304
□ accuracy	1568
□ accurate	**1568**
□ accurately	p.293,1568
□ accusation	1154
□ accuse	**1154**
□ accustom	**1297**
□ ache	**1082**
□ achieve	1355
□ achievement	**1355**
□ acid	1165

□ acknowledge	**1287**
□ acquaintance	**1735**
□ acquainted	1735
□ acquire	**1269**
□ acquisition	1269
□ act	**328**,1646
□ action	328,1646
□ active	1572,**1646**
□ activity	1646
□ actual	**1695**
□ actuality	1695
□ actually	131
□ adapt	838,**1298**
□ adaptation	1298
□ add	**774**
□ addition	774
□ additional	774
□ address	**65**
□ adequate	**1742**
□ adjust	**408**
□ admirable	825
□ admiration	825
□ admire	**825**,p.303
□ admission	199,**955**
□ admit	**199**,200,955
□ adopt	**838**
□ adoption	838
□ advance	**1603**
□ advanced	1603
□ advancement	1603
□ advantage	1448
□ adventure	**438**
□ advertise	**1433**
□ advertisement	1433
□ advice	425,**844**
□ advise	425,844
□ affair	**784**
□ affect	**726**,1739
□ affection	726,**1739**
□ afford	**166**
□ affordable	166
□ afraid	**73**
□ afterward(s)	**465**
□ age	**83**
□ agency	1838
□ agent	**1838**
□ aggression	704

□ aggressive	**704**
□ agree	**35**
□ agreement	35
□ aid	**653**
□ aim	**1465**
□ airport	**110**
□ alarm	**715**
□ alien	**1717**
□ alike	**744**
□ alive	**38**
□ allow	**90**,159
□ almost	**212**,1002
□ alter	**1853**
□ alternate	1426
□ alternative	**1426**,1853
□ altogether	**1842**
□ amaze	**519**
□ amazed	**521**
□ amazement	519
□ amazing	**520**
□ ambassador	**1149**
□ ambiguity	1685
□ ambiguous	**1685**
□ ambition	1472
□ ambitious	**1472**
□ ambulance	**1083**
□ amount	**775**
□ amuse	**522**
□ amused	**524**
□ amusement	522
□ amusing	**523**
□ analysis	**1590**
□ analyze	1590
□ ancestor	**1477**
□ ancient	**464**
□ anger	76
□ angle	**1808**
□ angry	**76**
□ angular	1808
□ anniversary	1558
□ announce	**786**
□ announcement	786
□ annoy	**532**
□ annoyance	532
□ annoyed	**534**
□ annoying	**533**
□ annual	**1558**

392

answer	8	aspect	p.299,**1728**	balance	857
anthropologist	**1516**	**assemble**	**1403**	bald	1569
anxiety	74	assembly	1403	**ban**	**1499**
anxious	**74**	**assist**	**1392**	**bare**	**424**
anyhow	763	assistance	1392	barely	424
anyway	**763**	assistant	1392	barley	1127
apart	**1502**	**associate**	**487**	bath	1833
apologize	**31**	association	487	**bathe**	**1834**
apology	31	**assume**	**1286**	**battle**	**712**
apparent	**1698**	assumption	1286	**bear**	253,**329**,p.306
apparently	1698	assurance	1037	**beast**	**1096**
appeal	**415**	**assure**	**1037**	**become**	19,**213**
appear	45,**46**,57,288,1577	**astonish**	**1346**	**beg**	**973**
appearance	46,**1577**	astonishment	1346	begin	242
appetite	**1594**	**atmosphere**	**1408**	**behave**	**737**
appetizer	1594	atmospheric	1408	behavior	737
applicant	1135,1599	**atom**	**1157**	**belief**	104,**1047**
application	**1600**	atomic	1157	**believe**	104,1047
apply	**1599**	**attach**	**1299**	**belong**	**123**
appoint	782,**1166**	attachment	1299	belongings	123
appointment	**782**,1166	**attempt**	**167**	**bend**	**444**
appreciate	**826**,p.310	**attend**	**10**	**beneath**	**759**
appreciation	826	attendance	10	beneficial	936
approach	**9**	**attention**	**119**	**benefit**	**936**,p.293,p.295
appropriate	**1744**	**attitude**	**779**	**besides**	**760**
approval	751	**attract**	**738**	**betray**	**1339**
approve	**751**	attractive	738	**beyond**	**758**
approximately	**1860**	**attribute**	**1581**	**bias**	**1304**
apt	**1775**	**audience**	**975**	**bilingual**	**1266**
aptitude	1775	**author**	**399**	**bill**	**954**
architect	1687	**authority**	**1378**	**billion**	**1809**
architecture	**1687**	authorize	1378	**bind**	**1131**,p.309
area	**26**	autobiography	1640	biographer	1640
argue	**32**	autograph	1023	**biography**	**1640**
argument	32	avail	475	biological	1097
arise	**1080**	**available**	**475**	biologist	1097
arm	941	**avenue**	**483**	**biology**	**1097**
armed	941	**average**	**795**,p.295	biotechnology	1097
arms	**941**	**avoid**	**189**	**birth**	**649**
army	941	awake	335,656	birthday	649
arrange	**734**	**award**	**1319**	**bite**	**39**
arrangement	734	**aware**	**1829**	**bitter**	**95**
arrest	**807**	awe	453	**blame**	**355**
arrow	692	**awful**	**453**	bleed	647
article	**1639**			**bless**	**1053**
artificial	**1545**	**B**		blessed	1053
as	p.370			**blood**	**647**
ascend	1014	**background**	**1585**	**bloom**	**15**
ashamed	**75**	**bacteria**	**1092**	**blossom**	**14**
aside	**1503**	bacterial	1092	**blow**	**1608**
ask	**78**	**baggage**	**845**	**board**	**827**
asleep	**656**	**bake**	**643**	**boast**	**1352**
		bakery	643		

393

☐ boil	644	☐ capable	777	☐ civilized	434
☐ bold	1569	☐ capacity	1380	☐ claim	750
☐ border	29	☐ capital	939	☐ clear	325,1682
☐ bore	525	☐ capitalism	939	☐ clerk	319
☐ bored	527	☐ captive	1359	☐ clever	679,680
☐ boredom	525	☐ capture	1359	☐ client	974
☐ boring	526	☐ care	505	☐ climate	1
☐ borrow	477	☐ career	318	☐ close	192,p.293
☐ botanical	1098	☐ careful	505,676	☐ closely	192
☐ botany	1098	☐ carefully	505	☐ cloth	149
☐ bother	970	☐ careless	676	☐ clothes	149
☐ bottom	141	☐ carelessly	676	☐ clothing	149
☐ bound	p.308	☐ carriage	991	☐ clue	1794
☐ bow	692	☐ carry	p.307	☐ code	1295
☐ brain	1547	☐ case	151,p.296	☐ coexistence	125
☐ brand	1035	☐ cattle	1122	☐ collapse	1431
☐ brand-new	1035	☐ cause	91	☐ colleague	1836
☐ brave	341	☐ cease	1427	☐ collect	445
☐ bravely	341	☐ celebrate	376	☐ collection	445
☐ breath	648,791	☐ celebration	376	☐ colonial	1364
☐ breathe	791,648	☐ cell	1099	☐ colony	1364
☐ breed	1622	☐ century	1560	☐ comb	150
☐ breeding	1622	☐ ceremony	66	☐ combination	1404
☐ breeze	1065	☐ certain	210	☐ combine	1404
☐ breezy	1065	☐ certainly	210	☐ come	p.52,p.110
☐ brief	387	☐ chair	1016	☐ comedy	1661,1670
☐ bring	p.120	☐ chairperson	1016	☐ comfort	655,1084
☐ broad	946	☐ challenge	673	☐ comfortable	655,1084
☐ broadcast	802	☐ chance	183	☐ command	1281,p.297
☐ broaden	946	☐ character	1282	☐ comment	1641
☐ budget	1443	☐ characteristic	1282,1672	☐ commentary	1641
☐ bull	1122	☐ charge	92,953	☐ commerce	1434,1445
☐ bully	1338	☐ chase	675	☐ commercial	1434,1445
☐ burden	1786	☐ cheap	768	☐ commission	1155
☐ burdensome	1786	☐ cheat	327	☐ commit	1155
☐ burial	1430	☐ check	405,598	☐ commitment	1155
☐ burn	330	☐ chemical	1387,1423	☐ committee	828
☐ burst	1544	☐ chemist	1423	☐ commodity	1447
☐ bury	1430	☐ chemistry	1423,1387	☐ common	53
☐ but	p.374	☐ chief	1506	☐ communicate	416,1305
☐ buy	67	☐ childhood	1459	☐ communication	416,1305
		☐ chloride	1164	☐ community	1740
C		☐ chlorine	1164	☐ companion	1736
☐ calculate	1275	☐ choice	69	☐ company	316
☐ calculation	1275	☐ choose	69	☐ compare	983
☐ call	252,p.62,300	☐ circumstance	1482	☐ comparison	983
☐ calm	7	☐ citizen	667	☐ compel	156
☐ calorie	1850	☐ civil	1136	☐ compete	1309
☐ cancel	305	☐ civilian	1136	☐ competence	1309
☐ cancer	1485	☐ civility	1136	☐ competent	1309
☐ candidate	1135	☐ civilization	434	☐ competition	1309
☐ capability	777	☐ civilize	434	☐ competitive	1309

☐ complain	33	☐ consequence	1785	☐ cost	79
☐ complaint	33	☐ consequent	1785	☐ cough	652
☐ **complete**	**470**	☐ consequently	1785	☐ **count**	**214**
☐ completely	470,1843	☐ **conservation**	**1419**	☐ **courage**	146,**184**
☐ **complex**	**472**	☐ conservative	1419	☐ courageous	184
☐ complexity	472	☐ **consider**	**197**,682	☐ **court**	**1056**
☐ complicate	1630	☐ considerable	197	☐ courtroom	1056
☐ **complicated**	**1630**	☐ **considerate**	**682**	☐ **cover**	**154**
☐ **component**	**1632**	☐ consideration	197	☐ cow	1122
☐ **compose**	**1407**	☐ **consist**	**982**	☐ **coward**	**1701**
☐ composition	1407	☐ **consistent**	**1510**	☐ coworker	1836
☐ **comprehend**	**1107**	☐ constitute	1138	☐ **crash**	**629**
☐ comprehension	1107	☐ **constitution**	**1138**	☐ **create**	36,**803**
☐ comprehensive	1107	☐ **construct**	**1027**	☐ creation	803
☐ **compromise**	**1451**	☐ construction	1027,1585	☐ creative	803
☐ **conceal**	**1439**	☐ **consult**	**1394**	☐ **creature**	**36**
☐ **concentrate**	**1328**	☐ consultant	1394	☐ **credit**	**1446**
☐ concentration	1328	☐ consume	855	☐ **crew**	**1737**
☐ **concern**	**783**	☐ **consumer**	**855**	☐ **crime**	**711**
☐ **conclude**	819,**1428**	☐ **contact**	**120**	☐ criminal	711
☐ **conclusion**	**819**,1428	☐ **contain**	**124**	☐ **crisis**	**1425**
☐ concrete	1680	☐ **contemporary**	**1555**	☐ critical	1425
☐ **condition**	p.309,**1579**	☐ **content**	124,**398**	☐ **criticism**	357
☐ **conduct**	**723**	☐ **context**	**1303**	☐ **criticize**	357
☐ conductor	723	☐ **continent**	**25**	☐ **crop**	**440**
☐ **conference**	**1017**	☐ continental	25	☐ **cross**	**365**
☐ **confess**	**1054**	☐ **continue**	**331**	☐ **crowd**	**482**
☐ confession	1054	☐ continuous	331	☐ **crucial**	**1721**
☐ **confidence**	**698**	☐ **contract**	**1071**	☐ **cruel**	**685**,p.295
☐ confident	698	☐ contraction	1071	☐ cruelty	685
☐ confidential	698	☐ **contrary**	**1788**	☐ **cultivate**	**1410**
☐ **confirm**	1019,**1637**	☐ **contrast**	**1288**	☐ cultivation	1410
☐ **conflict**	**1787**	☐ **contribute**	**1395**	☐ **cultural**	60,**1109**
☐ **confront**	**1310**	☐ contribution	1395	☐ **culture**	**60**,1109
☐ **confuse**	**535**	☐ control	581	☐ cultured	60
☐ **confused**	**537**	☐ convenience	814	☐ **cure**	**324**
☐ **confusing**	**536**	☐ **convenient**	**814**	☐ curiosity	703
☐ confusion	535	☐ **conversation**	**117**	☐ **curious**	**703**
☐ **congratulate**	**1036**	☐ converse	117	☐ currency	389
☐ congratulation	1036	☐ **convey**	**1013**	☐ **current**	**389**,p.307
☐ **congress**	**1137**	☐ conveyor	1013	☐ **custom**	**61**,p.299
☐ **connect**	**981**	☐ conviction	313	☐ **customer**	**978**
☐ connection	981	☐ **convince**	**313**		
☐ **conquer**	**1360**	☐ **cook**	**68**		**D**
☐ conqueror	1360	☐ cooperate	1840		
☐ conquest	1360	☐ **cooperation**	**1840**	☐ **damage**	**1388**
☐ **conscience**	**1795**	☐ **cope**	**1841**	☐ danger	811
☐ conscientious	1795	☐ **corporation**	**1835**	☐ **dangerous**	**811**
☐ **conscious**	**1769**	☐ **correct**	**754**	☐ **dawn**	**1604**
☐ consciousness	1769	☐ **correspond**	**1452**	☐ dead	38,310
☐ **consensus**	**785**	☐ correspondence	1452	☐ **deaf**	**1085**
☐ **consent**	**1738**	☐ correspondent	1452	☐ **deal**	**1034**
				☐ dealer	1034

395

☐ death	310	☐ descend	1014	☐ discover	840
☐ **debate**	**756**	☐ descendant	1014,1477	☐ discovery	840
☐ **debt**	**1449**	☐ descent	1014	☐ **discrimination**	**1496**
☐ **decade**	**1560**	☐ **describe**	**1270**	☐ **discuss**	**11**
☐ **deceive**	558,**1340**	☐ description	1270	☐ discussion	11
☐ decency	1647	☐ **desert**	**174**,640	☐ **disease**	**650**
☐ **decent**	**1647**	☐ **deserve**	**1830**	☐ **dislike**	**719**
☐ decently	1647	☐ **design**	**804**	☐ **dismiss**	**1383**
☐ deception	1340	☐ **desire**	**181**	☐ dismissal	1383
☐ **decide**	**426**	☐ **despair**	**1665**	☐ **disorder**	**1497**
☐ decision	180,426	☐ **despise**	**1334**	☐ **display**	**733**
☐ declaration	1038	☐ **despite**	**757**	☐ **dispute**	**1335**
☐ **declare**	**1038**	☐ **dessert**	**174**,640	☐ distance	194
☐ declination	1382	☐ **destination**	**1466**	☐ **distant**	**194**
☐ **decline**	**1382**	☐ **destroy**	**630**,1385	☐ distinction	1119
☐ **decrease**	456,**835**	☐ **destruction**	630,**1385**	☐ distinctive	1119
☐ **defeat**	**1311**	☐ destructive	630	☐ **distinguish**	**1119**
☐ **defect**	**1798**	☐ **detail**	**1729**	☐ **distribute**	258,**1398**
☐ defective	1798	☐ **detect**	**1291**	☐ distribution	1398
☐ **defend**	**1312**	☐ detective	1291	☐ **district**	**1169**
☐ defense	1312	☐ determination	490	☐ **disturb**	**969**
☐ defensive	1312	☐ **determine**	**490**	☐ disturbance	969
☐ **define**	**1306**	☐ **develop**	**1602**	☐ **diversity**	**1631**
☐ definition	1306	☐ development	1602	☐ **divide**	**773**
☐ **degree**	**1752**	☐ **device**	**1623**	☐ divine	1042
☐ **delay**	**968**	☐ **devote**	**1396**	☐ division	773
☐ delicacy	1811	☐ devotion	1396	☐ **divorce**	**1505**
☐ **delicate**	**1811**	☐ **dialect**	**1278**	☐ do	p.116
☐ **delight**	**1663**	☐ **die**	**310**	☐ **document**	**320**
☐ delightful	1663	☐ **diet**	**1595**	☐ documentary	320
☐ delinquency	717	☐ **differ**	**1300**	☐ **domestic**	**1450**
☐ **delinquent**	**717**	☐ difference	1300	☐ domesticate	1450
☐ **deliver**	**963**	☐ **dig**	**40**	☐ dominant	1336
☐ delivery	963	☐ dignify	1649	☐ **dominate**	**1336**
☐ **demand**	346,**427**	☐ **dignity**	**1649**	☐ domination	1336
☐ demerit	1763	☐ diligence	1573	☐ **double**	**1007**
☐ **democracy**	**664**	☐ **diligent**	**1573**	☐ **doubt**	670,**1799**
☐ democratic	664	☐ **direct**	**724**	☐ **doubtful**	670,**1799**
☐ **demonstrate**	**1040**	☐ **direction**	724,**817**,p.299	☐ downstairs	195
☐ demonstration	1040	☐ directly	889	☐ **draw**	**672**
☐ denial	200	☐ disability	1317	☐ **drought**	**1409**
☐ **deny**	199,**200**	☐ **disadvantage**	**1448**	☐ **drug**	**1086**
☐ **depart**	**1012**	☐ disagree	35	☐ **due**	**388**,p.304
☐ departure	1012	☐ disappear	46	☐ **dull**	**354**
☐ **depend**	**382**	☐ **disappoint**	**538**	☐ dusk	1604
☐ dependence	382	☐ **disappointed**	**540**	☐ **dust**	**636**
☐ dependent	344,382	☐ **disappointing**	**539**	☐ dusty	636
☐ depress	1437	☐ disappointment	538	☐ **duty**	**856**,p.293
☐ **depression**	**1437**	☐ **disaster**	**1424**		
☐ **deprive**	**323**	☐ disastrous	1424	**E**	
☐ **depth**	**950**	☐ **discipline**	**1327**	☐ **eager**	**1678**
☐ **derive**	**1289**	☐ discourage	146	☐ eagerness	1678

☐ earn	957	☐ endangered	1494	☐ evolution	1105
☐ earnest	**1574**	☐ endurable	1374	☐ evolutionary	1105
☐ earnestness	1574	☐ endurance	1374	☐ evolve	1105
☐ earnings	957	☐ endure	605,**1374**,p.307	☐ exact	**1713**
☐ ecological	1100	☐ enemy	**714**	☐ exactly	1713
☐ **ecology**	**1100**	☐ energetic	1389	☐ examination	1108
☐ economic	850	☐ **energy**	**1389**	☐ **examine**	**1108**
☐ economical	850	☐ **engage**	**1029**	☐ **example**	**132**,p.297,1813
☐ economics	850	☐ engagement	1029	☐ **exceed**	**1832**
☐ **economy**	**850**	☐ **enjoy**	**188**	☐ excel	448
☐ **ecosystem**	**1414**	☐ enjoyable	p.293	☐ excellence	448
☐ **educate**	**1106**	☐ **enormous**	**1859**	☐ **excellent**	**448**,p.293
☐ education	1106	☐ enough	p.293	☐ except	1239,1578,p375
☐ **effect**	**1576**	☐ **ensure**	**1393**	☐ **exception**	**1578**
☐ effective	1576	☐ **enter**	**12**	☐ exceptional	1578
☐ efficiency	1709	☐ **enterprise**	**1454**	☐ excess	1832
☐ **efficient**	**1709**	☐ **enthusiasm**	**1673**	☐ excessive	1832
☐ **effort**	**699**	☐ enthusiastic	1673	☐ **excite**	**498**
☐ **elderly**	**1815**	☐ **entire**	**1864**	☐ **excited**	**500**
☐ **elect**	**103**	☐ entirely	1864	☐ excitement	498
☐ election	103	☐ entrance	12	☐ **exciting**	**499**
☐ electric	1420	☐ envelop	321	☐ **exclude**	333,**1440**
☐ electrical	1420	☐ **envelope**	**321**	☐ excluding	1440
☐ **electricity**	**1420**	☐ **environment**	**1418**	☐ exclusive	1440
☐ electronic	1420	☐ environmental	1418	☐ **excuse**	**394**
☐ **element**	**1726**	☐ **envy**	**81**	☐ **executive**	**1839**
☐ elementary	1726	☐ **equal**	**746**	☐ **exercise**	**690**
☐ elevator	693	☐ equality	746	☐ exhaust	1627
☐ **eliminate**	**697**	☐ **equip**	**1094**,1552	☐ **exhaustion**	**1627**
☐ **embarrass**	**1347**	☐ **equipment**	1094,**1552**	☐ **exhibit**	**1041**
☐ embarrassment	1347	☐ **equivalent**	**1628**	☐ exhibition	1041
☐ **emerge**	**1077**,1490	☐ **era**	**1561**	☐ **exist**	**125**
☐ emergence	1077	☐ **escape**	**198**	☐ existence	125
☐ **emergency**	**1490**	☐ essence	449	☐ **expand**	**1399**
☐ emigrant	1818	☐ **essential**	**449**	☐ expansion	1399
☐ emigrate	1015	☐ **establish**	**1026**	☐ **expect**	**147**
☐ **emission**	**1402**	☐ establishment	1026	☐ expectancy	147
☐ emit	1402	☐ **estimate**	**771**	☐ expectation	147
☐ **emotion**	**1768**	☐ estimation	771	☐ expenditure	1455
☐ emotional	1768	☐ **eternal**	**1050**	☐ **expense**	**1455**
☐ emphasis	1356	☐ eternity	1050	☐ **expensive**	**767**
☐ **emphasize**	**1356**	☐ **ethnic**	**1117**	☐ **experience**	239,**1587**
☐ emphatic	1356	☐ ethnicity	1117	☐ **experiment**	**1588**
☐ **employ**	**958**	☐ **evaluate**	**1330**	☐ experimentation	1588
☐ employee	958	☐ evaluation	1330	☐ **expert**	**409**
☐ employer	958	☐ **even**	**176**,1714	☐ **explain**	406,**1796**
☐ employment	958	☐ **event**	**437**	☐ explanation	406,**1796**
☐ **empty**	**96**	☐ eventually	437	☐ **explode**	**632**
☐ **enable**	**144**	☐ **evidence**	**1589**,1697	☐ **exploit**	**1386**
☐ **encounter**	**1405**	☐ **evident**	1589,**1697**	☐ exploitation	1386
☐ **encourage**	**146**,184	☐ evidently	1589	☐ exploration	1610
☐ endanger	1494	☐ **evil**	**454**	☐ **explore**	**1610**

☐ explosion	632
☐ export	**960**
☐ **expose**	**1076**
☐ exposure	1076
☐ **express**	**1307**
☐ expression	1307
☐ **extend**	**1321**
☐ extension	1321
☐ extensive	1806
☐ extensively	1806
☐ **extent**	**1806**
☐ extinct	1495
☐ **extinction**	**1495**
☐ extraordinary	794
☐ **extreme**	**1865**

F

☐ **face**	**215**
☐ **facility**	**1688**
☐ **fact**	**131**,p.297
☐ **factor**	**1727**
☐ **factory**	**160**
☐ **faculty**	**1365**
☐ **fail**	**168**
☐ failure	168
☐ **fair**	**1507**
☐ fairly	1507
☐ **faith**	**1046**
☐ faithful	1046
☐ **false**	**94**,**187**
☐ **fame**	**1489**
☐ **familiar**	**185**
☐ famous	1489,1704
☐ **fancy**	**1770**
☐ **far**	**193**,1001
☐ **fare**	**951**
☐ **fascinate**	**1348**
☐ fascination	1348
☐ **fashion**	**481**
☐ fashionable	481
☐ **fast**	p.310
☐ **fasten**	**501**,p.311
☐ fastener	501
☐ **fat**	**423**
☐ fatal	1778
☐ **fate**	**1778**
☐ **fatigue**	**1087**
☐ **fault**	**1765**
☐ **favor**	**700**,**727**
☐ **favorable**	**728**
☐ **favorite**	700,**727**
☐ **feather**	**1101**

☐ **feature**	**1732**
☐ **fee**	**952**
☐ **feed**	**646**
☐ **feel**	**41**
☐ feeling	41
☐ **fellow**	**1816**
☐ **female**	**86**
☐ feminine	86
☐ **fertile**	**1123**
☐ fertility	1123
☐ **fever**	**651**
☐ **fiction**	**1642**
☐ **fierce**	**1753**
☐ **figure**	**1003**
☐ final	689
☐ **finally**	**689**
☐ finance	1018
☐ **financial**	**1018**
☐ financially	1018
☐ **find**	**102**
☐ **fine**	**6**
☐ **finish**	**190**
☐ **firm**	**1019**
☐ **fit**	**504**
☐ **fix**	**446**
☐ **float**	**696**
☐ **flood**	**1063**
☐ floor	164
☐ **flour**	**1128**
☐ flower	1128
☐ **fluent**	**1268**
☐ fluently	1268
☐ **focus**	**1722**
☐ **fog**	**1062**
☐ foggy	1062
☐ **fold**	**502**
☐ **folk**	**1110**
☐ **follow**	**216**
☐ fool	678
☐ **foolish**	677,**678**
☐ **force**	**155**,**942**
☐ forces	942
☐ **foreign**	**30**,**1450**
☐ foreigner	30
☐ **forget**	**207**
☐ form	1492
☐ **formal**	**1492**
☐ **former**	**461**
☐ **forth**	**1504**
☐ **fortunate**	476,**1780**
☐ **fortunately**	476,1780
☐ **fortune**	476,**1779**

☐ fortune-teller	1779
☐ **fossil**	**1390**
☐ found	1584
☐ **foundation**	**1584**
☐ **frame**	**165**
☐ freedom	1140
☐ **freeze**	**1833**
☐ **freight**	**992**
☐ frequency	686,1774
☐ **frequent**	686,**1774**
☐ **frequently**	686,1774
☐ friend	714
☐ **frighten**	**1349**
☐ **front**	**140**
☐ **frost**	**1066**
☐ frosty	1066
☐ **fruit**	**17**
☐ **fuel**	**363**
☐ **fulfill**	**1025**
☐ fulfillment	1025
☐ **function**	**1823**
☐ functional	1823
☐ **fund**	**1456**
☐ **fundamental**	**1582**
☐ **funeral**	**1483**
☐ **fur**	**1102**
☐ **furnish**	846,**1095**
☐ furnishings	1095
☐ **furniture**	846,**1095**
☐ furthermore	1843

G

☐ **gain**	458,**831**
☐ **garbage**	**1384**
☐ **gather**	**332**
☐ **gaze**	**1415**
☐ **gender**	**1820**
☐ **gene**	**1621**
☐ **general**	**473**
☐ generally	473
☐ **generate**	49,**1081**
☐ **generation**	49,1081
☐ generosity	1674
☐ **generous**	**1674**
☐ genetic	1621
☐ genetics	1621
☐ **genius**	**1366**
☐ genuine	94
☐ geographic	1170
☐ **geography**	**1170**
☐ **gesture**	**1272**
☐ **get**	**70**,p.62,p.114,832

☐ ghost	531
☐ **gift**	**152**,p.307
☐ gifted	152
☐ **give**	**55**,p.56,p.307
☐ **glance**	**1416**
☐ **glimpse**	**1417**
☐ global	1171
☐ **globe**	**1171**
☐ **glory**	**1048**
☐ glove	1171
☐ go	p.54,246
☐ good	943,p.292
☐ **goods**	**943**
☐ **govern**	661,1152,**1167**
☐ **government**	**661**,1167
☐ **governor**	**1152**
☐ **grab**	**447**
☐ **grade**	**413**
☐ gradual	688
☐ **gradually**	**688**
☐ **graduate**	**34**
☐ graduation	34
☐ **grain**	**639**
☐ **grasp**	**1132**
☐ **grateful**	**72**
☐ **grave**	**1484**
☐ **greet**	**787**
☐ greeting	787
☐ **grief**	**1666**
☐ grieve	1666
☐ **grow**	**19**,1457
☐ **growth**	19,**1457**
☐ **guarantee**	**858**
☐ **guest**	**979**
☐ guilt	716
☐ **guilty**	**716**

H

☐ **habit**	**781**,p.299
☐ habitat	1112
☐ habitual	781
☐ **handle**	**1133**
☐ **hang**	**497**
☐ hanger	497
☐ happen	515,550
☐ **harbor**	**1172**
☐ **hard**	**995**
☐ **hardly**	**657**,658,**996**
☐ hardworking	730
☐ **harm**	**625**
☐ harmful	625
☐ **harsh**	**1761**

☐ **harvest**	**441**
☐ **hate**	**126**
☐ hatred	126
☐ **have**	**137**,p.60,p.307
☐ **hazard**	**1790**
☐ hazardous	1790
☐ headache	1082
☐ healthy	p.299
☐ **height**	**945**
☐ help	p.120
☐ hemisphere	1162
☐ **heritage**	**1478**
☐ **hero**	**50**
☐ heroine	50
☐ **hesitate**	**720**
☐ hesitation	720
☐ **high**	**765**,945
☐ **hire**	**959**
☐ **historian**	**1515**
☐ **historic**	**1513**
☐ **historical**	**1514**
☐ hold	p.114
☐ **holy**	**1042**
☐ **honor**	**1320**
☐ **hope**	**169**,1665
☐ **horizon**	**28**
☐ horizontal	28
☐ **host**	**85**
☐ hostess	85
☐ **hostile**	**1754**
☐ hostility	1754
☐ **household**	**1817**
☐ **huge**	**947**,948
☐ **human**	**88**,1111
☐ **humanity**	88,**1111**
☐ **humid**	**1068**
☐ humidity	1068
☐ **hunger**	**1596**
☐ hungry	1596
☐ **hurry**	**369**
☐ **hurt**	**627**
☐ **hydrogen**	**1161**
☐ **hypothesis**	**1591**

I

☐ **ideal**	**471**
☐ **identical**	**1629**
☐ **identify**	**491**
☐ **idle**	**1707**
☐ if	p.376,p.377
☐ ignorance	971
☐ ignorant	971

☐ **ignore**	**971**
☐ **ill**	**309**
☐ illegal	1074
☐ illiterate	741
☐ illness	309
☐ **illusion**	**1681**
☐ **illustrate**	**1039**
☐ illustration	1039
☐ **image**	**372**
☐ imaginary	407
☐ imagination	407
☐ imaginative	407
☐ **imagine**	372,**407**
☐ **imitate**	**735**
☐ imitation	735
☐ immature	1676
☐ **immediate**	**1541**
☐ immediately	1541
☐ **immigrant**	**1818**
☐ **immigrate**	**1015**
☐ immigration	1015,1818
☐ **immune**	**1847**
☐ immunity	1846
☐ impatient	1626
☐ implication	1079
☐ **imply**	**1079**
☐ **import**	**961**
☐ importance	202
☐ **important**	**202**
☐ **impose**	**1168**
☐ **impossible**	778,**813**,915
☐ **impress**	371,**1351**
☐ **impression**	**371**,1351
☐ impressive	371,1351
☐ **improve**	**1481**
☐ improvement	1481
☐ **impulse**	**1760**
☐ inadequate	1742
☐ inappropriate	1744
☐ incapable	777
☐ **incident**	p.297,**1781**
☐ incidental	1781
☐ incidentally	1781
☐ **include**	**333**,1440
☐ including	333
☐ **income**	**964**,p.295
☐ inconvenient	814
☐ **increase**	**456**,835
☐ independence	344
☐ **independent**	**344**
☐ **indicate**	**736**
☐ indication	736

indifference	1708
indifferent	**1708**
individual	**375**
individualism	375
industrial	**729**,853
industrialized	729
industrious	**730**,853
industry	729,**853**
inefficient	1709
inevitable	**1782**
inevitably	1782
inexpensive	767
infant	**1460**
infect	1847
infection	**1847**
infectious	1847
inferior	**706**
inferiority	706
influence	**725**
influential	725
inform	**312**,847
informal	1492
information	312,**847**
inhabit	1112
inhabitant	**1112**
inherit	**1156**
inheritance	1156
injure	**628**,1253
injury	628
innocence	716,1072
innocent	716,**1072**
innovate	1553
innovation	**1553**
insect	**1103**
insight	**1725**
insist	**428**
inspiration	1855
inspire	**1855**
instance	**1813**
instant	390
instantly	**390**,889
instinct	**1104**
instinctive	1104
institute	1357
institution	**1357**
instruct	411
instruction	**411**
instrument	**1612**
insult	**1333**
insurance	**1469**
intellect	**1313**,1367
intellectual	1313,**1367**
intelligence	1314
intelligent	**1314**
intend	**170**
intense	**1636**
intensify	1636
intensity	1636
intensive	1636
intention	170
interact	1837
interaction	**1837**
interest	**506**
interested	**508**
interesting	**507**
interfere	**1181**
interference	1181
interpret	**1267**
interpretation	1267
interpreter	1267
interrupt	**1180**,**1188**
interruption	1180
introduce	**417**
introduction	417
invade	**1361**
invasion	1361
invent	**1601**
invention	1601
invest	**1375**
investigate	597,**1593**
investigation	1593
investment	1375
invisible	1723
invitation	148
invite	**148**
involuntary	1332
involve	**1493**
involvement	1493
irrational	1797
irregular	796,**1718**
isolate	1470
isolation	**1470**
issue	**1397**
item	**1020**

J

jealousy	81
jewel	**638**
jewelry	638
job	**987**
join	**859**
journey	107
judge	**400**
judgment	400

junior	**708**
just	**997**
justice	997,**1073**
justify	1073
justly	**998**

K

keen	**1675**
keep	p.58,**337**,p.112
kid	**84**
kind	**681**,747,p.293
kindness	681
kingdom	**1139**
knowledge	**134**
knowledgeable	134

L

labor	**986**
laboratory	**1370**
lack	**834**
landscape	**1605**
large	**769**
largely	769
last	**217**
late	**999**
lately	**1000**
later	465,999
latest	999
latter	**462**
lawyer	**1057**
lay	**116**
layer	**1633**
laziness	343
lazy	**343**,1573
lead	**722**
leaf	**16**
lean	**1776**
leave	**101**,p.54,262
lecture	**1368**
left	p.293
legal	**1074**
legend	**1643**
legendary	1643
leisure	**109**
lend	**56**,**480**
let	**136**,p.116
letter	**1283**
liberal	1140
liberate	1140
liberty	**1140**
lie	**115**
lift	**693**

☐ lightning	1070	☐ manuscript	1644	☐ misfortune	1779	
☐ like	719	☐ mark	413	☐ **miss**	**201**	
☐ **likely**	**211**	☐ marriage	20	☐ misunderstanding	127	
☐ **limit**	**1400**	☐ married	949	☐ **moderate**	1570,**1746**	
☐ limitation	1400	☐ **marry**	**20**	☐ moderation	1746	
☐ linguist	1302	☐ masculine	87	☐ **modern**	**463**	
☐ **linguistic**	**1302**	☐ **mass**	**1158**	☐ modernize	463	
☐ linguistics	1302	☐ massive	1158	☐ **modest**	**1570**	
☐ **liquid**	**1567**	☐ **material**	p.301,**1564**	☐ modesty	1570	
☐ literacy	741	☐ **maternal**	**1376**	☐ modification	1855	
☐ **literal**	**742**	☐ **matter**	**129**,p.300	☐ **modify**	**1856**	
☐ literally	742	☐ **mature**	**1676**	☐ **moist**	**1067**	
☐ **literary**	395,**743**	☐ maturity	1676	☐ moisture	1067	
☐ **literate**	**741**	☐ **maximum**	**1867**	☐ **molecule**	**1634**	
☐ **literature**	**395**,743	☐ **mean**	**209**,944,p.294	☐ **moment**	**385**	
☐ **load**	**993**	☐ meaning	209,p.295,p.301	☐ monarchy	1148	
☐ **loan**	**93**	☐ meaningful	p.295	☐ money	p.295	
☐ **local**	**485**	☐ **means**	**944**	☐ **moreover**	**1844**	
☐ locally	485	☐ meantime	p.295	☐ **motion**	**1635**	
☐ **logic**	**1592**	☐ meanwhile	p.295	☐ **move**	**364**	
☐ logical	1592	☐ **measure**	**772**	☐ movement	364	
☐ **look**	45,46,p.118	☐ **media**	**805**,1745	☐ multiplication	1276	
☐ loose	352	☐ medical	1624	☐ **multiply**	773,**1276**	
☐ **lose**	**458**,854	☐ **medicine**	1086,**1624**	☐ **murder**	**806**	
☐ **loss**	458,831,**854**	☐ **medium**	805,**1745**	☐ murderer	806	
☐ **low**	**766**	☐ **melt**	**645**	☐ **muscle**	**1088**	
☐ **lower**	**1277**	☐ **mend**	**496**	☐ muscular	1088	
☐ luggage	845	☐ **mental**	**1766**	☐ **museum**	**161**	
☐ **lung**	**1548**	☐ mentality	1766	☐ **mutual**	**1741**	
☐ luxurious	1617	☐ merciful	1043	☐ mutually	1741	
☐ **luxury**	**1617**	☐ merciless	1043	☐ **myth**	**1793**	

M

		☐ **mercy**	**1043**			
		☐ **mere**	**1749**	## N		
☐ machine	848	☐ merely	1749			
☐ **machinery**	**848**	☐ **merit**	**1763**	☐ **naked**	**1772**	
☐ **main**	**204**	☐ **method**	**623**,p.295	☐ narrow	946	
☐ mainly	204	☐ methodology	623	☐ **native**	**1308**	
☐ **maintain**	**1028**,1821	☐ **microscope**	**1163**	☐ natural	172	
☐ maintenance	1028	☐ **migrant**	**1118**	☐ **nature**	**172**	
☐ **major**	**414**	☐ migrate	1118	☐ **near**	193,**1001**	
☐ majority	414	☐ **military**	**1141**	☐ nearby	1001	
☐ **make**	**135**,p.52,p.110,p.168,p.226	☐ minimum	1866	☐ **nearly**	212,**1002**	
☐ **male**	**87**	☐ **minister**	**1149**	☐ necessarily	815	
☐ **mammal**	**1546**	☐ ministry	1149	☐ **necessary**	**815**	
☐ **manage**	**171**,1021	☐ minor	414	☐ necessity	815	
☐ management	171,1021	☐ minority	414	☐ **negative**	1571,**1705**	
☐ **manager**	**1021**	☐ **minute**	**384**	☐ **neglect**	**1331**	
☐ mankind	1111	☐ **miracle**	**530**	☐ negligence	1331	
☐ **manner**	**780**,p.299	☐ **mischief**	**1664**	☐ neighbor	142	
☐ **manual**	**1033**	☐ mischievous	1664	☐ **neighborhood**	**142**	
☐ **manufacture**	160,**624**	☐ **miserable**	**77**,1667	☐ **nerve**	**1677**	
☐ manufacturer	624	☐ **misery**	77,**1667**	☐ nervous	1677	
				☐ never	913	

401

□ nevertheless	p,303,**1845**
□ news	**849**
□ nobility	1648
□ **noble**	**1648**
□ **nod**	**377**
□ nonetheless	1844
□ nonfiction	1642
□ **normal**	**793**
□ note	954
□ **notice**	**403**
□ **notion**	**1792**
□ **notorious**	**1704**
□ **novel**	**396**
□ novelty	396
□ **nowadays**	**1556**
□ **nuclear**	**1159**
□ nucleus	1159
□ **numerous**	**1860**
□ **nutrition**	**1849**

O

□ oat	1127
□ obedience	21
□ **obesity**	**1851**
□ **obey**	**21**,567
□ **object**	**1615**
□ objective	128,1615
□ obligation	157
□ **oblige**	**157**
□ **obscure**	**1682**
□ observance	1625
□ observation	1625
□ **observe**	**1625**
□ **obstacle**	**1800**
□ **obtain**	**832**
□ **obvious**	**1699**
□ occasion	687,p.297
□ occasional	687
□ **occasionally**	**687**,882
□ **occupation**	**990**,1362
□ **occupy**	990,**1362**
□ **occur**	**515**
□ **odd**	**1714**
□ oddly	1714
□ odds	1714
□ **offend**	**1337**
□ offense	1337
□ offensive	1337
□ **offer**	**180**
□ **office**	**163**
□ officer	163,668
□ **official**	**668**

□ omission	1441
□ **omit**	**1441**
□ **once**	**764**,p.378
□ **only**	901,1231,p.375
□ **operate**	**691**,1554
□ **operation**	691,**1554**
□ **opinion**	**130**
□ **opportunity**	**820**
□ **oppose**	**1179**
□ **opposite**	**822**,1179
□ opposition	822,1179
□ **oppress**	**810**
□ oppressive	810
□ **orbit**	**1611**
□ **order**	**429**,p.296
□ **ordinary**	**794**
□ **organ**	1130,**1549**
□ **organic**	**1130**
□ organization	861
□ **organize**	**861**,1549
□ **origin**	**433**
□ original	433
□ otherwise	p.378
□ **overcome**	571,**1804**
□ **overlook**	**1442**
□ overseas	111
□ **overtake**	**1262**
□ **owe**	**89**
□ **own**	**122**
□ oxide	1160
□ **oxygen**	**1160**

P

□ **pack**	**495**
□ package	495
□ **pain**	**308**
□ painful	308
□ **pale**	**654**
□ **parallel**	**1807**
□ **pardon**	**378**
□ **parliament**	**1146**
□ parliamentary	1146
□ **part**	**27**
□ participant	860
□ **participate**	**860**
□ participation	860
□ **particular**	**798**
□ particularly	798
□ **pass**	**58**
□ **passenger**	**977**
□ **passion**	**1755**
□ passionate	1755

□ **passive**	1572,1646
□ **pastime**	**1659**
□ paternal	1376
□ **path**	**362**
□ patience	1626
□ **patient**	**1626**
□ **pattern**	**1686**
□ **pay**	**221**,**967**
□ payment	967
□ **peculiar**	**1716**
□ **pension**	**1468**
□ pensioner	1468
□ people	1110
□ **perceive**	**1586**
□ perception	1586
□ perceptive	1586
□ **perfect**	**205**
□ perfection	205
□ perfectly	205
□ **period**	**460**,p.309
□ permanent	1543
□ permanently	p.293
□ permission	159
□ **permit**	**159**
□ **persist**	**1373**
□ persistence	1373
□ persistent	1373
□ **personal**	53,339,**373**
□ **personality**	**339**
□ **perspective**	**1343**
□ **persuade**	**145**
□ persuasion	145
□ phenomena	1563
□ **phenomenon**	**1563**
□ philosopher	1463
□ philosophical	1463
□ **philosophy**	**1463**
□ **phrase**	**1652**
□ **physical**	1766,**1771**
□ physician	1771
□ physicist	1771
□ physics	1771
□ **pick**	**18**
□ **pity**	**718**
□ **plague**	**1124**
□ **plain**	**474**
□ **plan**	**182**
□ **planet**	**1614**
□ planetary	1614
□ **plant**	**13**
□ plantation	13
□ pleasant	p.293

402

☐ please	**379**	☐ preparation	1093	☐ promotion	1325
☐ pleased	379	☐ **prepare**	**1093**	☐ **prompt**	**1711**
☐ pleasure	379	☐ **presence**	**1812**	☐ promptly	1711
☐ plentiful	1618	☐ **present**	98,**347**,p.306,1812	☐ **pronounce**	**393**
☐ **plenty**	**1618**	☐ presentation	p.307	☐ pronunciation	393
☐ **point**	**143**	☐ preservation	1413	☐ **proof**	402,**1058**
☐ **poison**	**1401**	☐ preservative	1413	☐ **proper**	**450**,p.305
☐ poisonous	1401	☐ **preserve**	**1413**	☐ properly	450
☐ **policy**	**663**	☐ **president**	**666**	☐ **property**	**1689**
☐ **polish**	**494**	☐ **press**	**493**	☐ **proportion**	**1444**
☐ **polite**	**683**	☐ **pressure**	493,**1789**	☐ proposal	430
☐ politeness	683	☐ **pretend**	**177**	☐ **propose**	**430**
☐ **political**	662,**1147**	☐ pretender	177	☐ **prospect**	**1784**
☐ politician	662,1147	☐ **prevail**	**1326**	☐ prospective	1784
☐ **politics**	**662**,1147	☐ prevalent	1326	☐ prosper	1620
☐ **poll**	**823**	☐ **prevent**	**336**	☐ **prosperity**	**1620**
☐ pollute	1421	☐ **previous**	**1559**	☐ prosperous	1620
☐ **pollution**	**1421**	☐ **price**	**851**	☐ **protect**	**962**
☐ poor	1479	☐ pride	71	☐ protection	962
☐ popular	1462	☐ **primary**	**1583**	☐ **protest**	**1178**
☐ **popularity**	**1462**	☐ **prime**	**1461**	☐ **proud**	**71**
☐ **population**	**48**	☐ **primitive**	**1113**	☐ **prove**	402,1058
☐ **porcelain**	**1814**	☐ **principal**	**821**	☐ **proverb**	**1653**
☐ port	110	☐ **principle**	**1562**	☐ **provide**	**345**
☐ **portion**	**1730**	☐ **print**	**801**	☐ psychological	1767
☐ **position**	**139**	☐ **prison**	**1075**	☐ psychologist	1767
☐ **positive**	**1571**	☐ prisoner	1075	☐ **psychology**	**1767**
☐ **possess**	**1831**	☐ privacy	374	☐ **public**	**54**,374
☐ possession	1831	☐ **private**	54,**374**	☐ publication	800
☐ possibility	778	☐ **privilege**	**1619**	☐ publicity	800
☐ **possible**	**778**,813	☐ probability	1783	☐ **publish**	**800**
☐ postpone	607	☐ **probable**	**1783**	☐ publisher	800
☐ **potential**	**1318**	☐ probably	1783	☐ **punctual**	**1710**
☐ **pour**	**503**	☐ procedure	1324	☐ punctuality	1710
☐ **poverty**	**1479**	☐ **proceed**	**1324**	☐ **punish**	**358**
☐ **practical**	196,**1344**	☐ **process**	1324,**1580**	☐ punishment	358
☐ practically	1344	☐ **produce**	**459**,1435	☐ **purchase**	**1436**
☐ **practice**	**196**,1342	☐ producer	855	☐ **pursue**	**1263**
☐ **praise**	**356**	☐ **product**	459,**1435**,p.293	☐ pursuit	1263
☐ prawn	642	☐ production	459	☐ put	p.118
☐ **pray**	**1052**	☐ **profession**	**989**		
☐ prayer	1052	☐ professional	989	## Q	
☐ **precious**	**203**	☐ **professor**	**410**		
☐ **precise**	**1712**	☐ **profit**	**935**	☐ qualification	1316
☐ precisely	p.293	☐ profitable	935	☐ **qualify**	**1316**
☐ precision	1712	☐ **progress**	**436**	☐ quality	1005
☐ **predict**	**1638**	☐ progressive	436	☐ **quantity**	**1005**
☐ prediction	1638	☐ **prohibit**	**338**	☐ **quarrel**	**790**,1192
☐ **prefer**	**709**	☐ prohibition	338	☐ **quarter**	**1006**
☐ preferable	709	☐ **project**	**317**	☐ **quit**	**516**
☐ preference	709	☐ **promise**	**179**	☐ quotation	1654
☐ **prejudice**	**1706**	☐ promote	1325	☐ **quote**	**1654**

R

- [ ] race — 435
- [ ] raise — **114**,621
- [ ] range — **1177**
- [ ] rapid — **386**
- [ ] rapidly — 386
- [ ] rare — 659,**797**
- [ ] rarely — 659,660,797
- [ ] rate — **1438**
- [ ] ratio — 1438
- [ ] rational — **1797**
- [ ] raw — **641**
- [ ] ray — **4**
- [ ] reach — **22**
- [ ] react — **418**
- [ ] reaction — 418
- [ ] real — 1696
- [ ] reality — **1696**
- [ ] realize — **404**,1696
- [ ] rear — 140
- [ ] reason — **133**
- [ ] reasonable — 133
- [ ] recall — 300,**1290**
- [ ] receipt — 443
- [ ] receive — **443**
- [ ] recent — **1557**
- [ ] recently — 1557
- [ ] reception — 443
- [ ] recession — **1791**
- [ ] recognition — 843
- [ ] recognize — **843**
- [ ] recommend — **752**
- [ ] recommendation — 752
- [ ] recover — **634**
- [ ] recovery — 634
- [ ] recreation — **1660**
- [ ] redo — 587
- [ ] reduce — **457**
- [ ] reduction — 457
- [ ] refer — **749**
- [ ] reference — 749
- [ ] refusal — 178
- [ ] refuse — **178**,290,755
- [ ] regard — **488**
- [ ] regardless — **1846**
- [ ] region — **1173**
- [ ] regional — 1173
- [ ] regret — **721**
- [ ] regretful — 721
- [ ] regrettable — 721
- [ ] regular — **796**,1718

- [ ] regulate — 796
- [ ] reject — **1381**
- [ ] rejection — 1381
- [ ] relate — 799,**1453**
- [ ] relation — 799,1453
- [ ] relations — p.309
- [ ] relative — **799**,**1453**
- [ ] release — **1363**
- [ ] reliable — **1508**
- [ ] reliance — 383
- [ ] relief — **1491**
- [ ] relieve — 1491
- [ ] religion — **528**,1044
- [ ] religious — 528,**1044**
- [ ] reluctant — **1679**
- [ ] rely — **383**
- [ ] remain — **121**
- [ ] remark — **1655**,1826
- [ ] remarkable — 1655,**1826**
- [ ] remedy — **1089**
- [ ] remember — **206**
- [ ] remind — **311**
- [ ] remote — **1501**
- [ ] removal — 837
- [ ] remove — **837**
- [ ] rent — **478**
- [ ] rental — 478
- [ ] repeat — **391**
- [ ] replace — **836**
- [ ] reply — **8**,**753**
- [ ] represent — **1296**
- [ ] representation — 1296
- [ ] representative — 1296
- [ ] republic — **1148**
- [ ] reputation — **1488**
- [ ] request — **431**
- [ ] require — **158**,301
- [ ] requirement — 158
- [ ] rescue — **1391**
- [ ] research — **1341**
- [ ] researcher — 1341
- [ ] resemblance — 23
- [ ] resemble — **23**,554
- [ ] reservation — 984
- [ ] reserve — **984**
- [ ] residence — 1819
- [ ] resident — **1819**
- [ ] resist — **1372**
- [ ] resistance — 1372
- [ ] resolution — 1353
- [ ] resolve — **1353**
- [ ] resource — **1827**,173

- [ ] respect — **824**,p.302
- [ ] respectable — 824,p.303
- [ ] respectful — 824,p.303
- [ ] respective — p.303
- [ ] respond — **419**
- [ ] response — 419
- [ ] responsibility — 701
- [ ] responsible — **701**
- [ ] rest — **108**
- [ ] restrict — **1500**
- [ ] restriction — 1500
- [ ] result — **818**
- [ ] retire — **517**
- [ ] retirement — 517
- [ ] return — **366**
- [ ] reveal — **1078**
- [ ] revelation — 1078
- [ ] review — **1120**
- [ ] revolution — **1150**
- [ ] revolutionary — 1150
- [ ] revolve — 1150
- [ ] reward — **1825**
- [ ] rid — **326**
- [ ] ride — **370**
- [ ] right — **51**,p.292
- [ ] ripe — **1597**
- [ ] rise — **113**
- [ ] risk — **1802**
- [ ] risky — 1802
- [ ] rob — **322**
- [ ] robber — 322
- [ ] robbery — 322
- [ ] role — **64**
- [ ] roll — **695**
- [ ] root — **1517**
- [ ] rough — **353**
- [ ] roughly — 353
- [ ] route — **1174**
- [ ] routine — **1694**
- [ ] row — **694**
- [ ] rubbish — 1384
- [ ] rude — **684**
- [ ] rudeness — 684
- [ ] ruin — **631**
- [ ] rule — **63**
- [ ] rumor — **1487**
- [ ] run — **218**
- [ ] rural — **1125**,1176

S

- [ ] sacred — 1049
- [ ] sacrifice — 1055

□ salary	965	□ shape	348	□ soon	1199
□ sale	222	□ share	940,1730	□ sophisticated	1511
□ satellite	1609	□ shelter	1690	□ sorrow	1669
□ satisfaction	509	□ shift	1011	□ sorrowful	1669
□ satisfied	511	□ shoot	633	□ soul	529
□ satisfy	509	□ shop	162	□ sound	47,p.298
□ satisfying	510	□ short	97,1471	□ source	173
□ savage	1114	□ shortage	97,**1471**	□ space	175
□ save	80	□ should	924,1520	□ spare	82
□ say	467	□ show	57,p.307	□ speak	468
□ saying	1653	□ shrimp	642	□ special	473
□ scale	1751	□ shy	340	□ specialist	1371
□ scarcely	657,**658**,996	□ sigh	792	□ specialization	1371
□ scare	1350	□ sight	1725	□ specialize	1371
□ scholar	1369	□ sightseeing	112	□ species	1411
□ scholarly	1369	□ signature	1023	□ specific	1828
□ scholarship	1369	□ significance	1473	□ specifically	1828
□ scold	788	□ significant	1473	□ specify	1828
□ score	833	□ signify	1473	□ spectator	976
□ scream	789	□ silly	1720	□ speech	118,468
□ search	842	□ similar	745	□ spend	334
□ seat	153	□ similarity	745	□ sphere	1162
□ secondary	1583	□ sin	1045	□ splendid	1474
□ secretarial	1022	□ since	p.378	□ splendor	1474
□ secretary	1022	□ sincere	1575	□ spoil	1377
□ sect	1731	□ sincerely	1575	□ spot	350
□ section	1731	□ sincerity	1575	□ spread	368
□ secure	1509	□ single	949	□ squeeze	1134
□ seek	841	□ situation	138	□ stability	1748
□ seem	44	□ size	422	□ stabilize	1748
□ seize	808	□ skill	1315	□ stable	1748
□ seldom	659,**660**	□ skilled	1315	□ staff	1031,1145
□ self	1703	□ skillful	1315,p.293	□ stage	1662
□ selfish	1703	□ slave	1115	□ stand	219,p.120,p.307
□ selfishness	1703	□ slight	1750	□ stare	839
□ sell	222	□ slightly	1750	□ start	242
□ senior	707	□ slim	342	□ starvation	1412
□ sense	731,**1285**,p.300	□ slip	1030	□ starve	1412
□ senseless	731	□ small	770	□ state	748,829
□ sensible	732,p.301	□ smart	342	□ statement	748,**829**
□ sensitive	731,p.301	□ smell	42	□ statistical	1358
□ sentence	397	□ social	59	□ statistics	1358
□ separate	980	□ society	59	□ steadily	1747
□ separation	980	□ soil	637	□ steady	1747
□ serious	702	□ sole	529	□ steep	1606
□ seriously	702	□ solid	1566	□ stick	1822
□ set	p.56	□ solution	401,**1803**	□ still	p.302
□ settle	518	□ solve	401,1803	□ stimulate	1329
□ settlement	518	□ somehow	1842	□ stimulation	1329
□ severe	452	□ sometimes	882	□ stimulus	1329
□ sew	442	□ somewhat	1862	□ stir	1142
□ shame	75,**1668**	□ somewhere	1841	□ stock	1458

405

☐ stop	191	☐ sure	186	☐ theme	1657
☐ store	162	☐ surely	186	☐ theoretical	1342,1344
☐ story	164	☐ surface	349	☐ theory	1342
☐ straight	p.293	☐ surgeon	1851	☐ therapy	1773
☐ strain	1322	☐ surgery	1851	☐ therefore	762,1785
☐ strategy	830	☐ surround	809	☐ thermometer	1069
☐ stream	1607	☐ surroundings	809,1418	☐ thick	351
☐ street	483	☐ survey	412	☐ thief	710
☐ strength	1645	☐ survival	24	☐ thin	351
☐ strengthen	1645	☐ survive	24	☐ think	1464
☐ stretch	1323	☐ suspect	315,669	☐ thirst	1598
☐ structural	1691	☐ suspicion	315	☐ thirsty	1598
☐ structure	1691	☐ suspicious	315	☐ this	p.373
☐ struggle	674	☐ sustain	1821	☐ thought	1464
☐ stubborn	1700	☐ sustainable	1821	☐ threat	1801
☐ stuck	1822	☐ sweat	1091	☐ threaten	1801
☐ stuff	1031,1145	☐ sweet	95	☐ throughout	761
☐ stupid	679,680	☐ sympathize	1671	☐ thunder	1070
☐ subject	128,1657	☐ sympathy	1671	☐ tidy	1693
☐ subjective	128	☐ symptom	1090	☐ tie	1856
☐ substance	p.301,1565	☐ synthesis	1590	☐ tight	352
☐ substantial	1565	☐ system	665	☐ tightly	p.311
☐ substitute	1733	☐ systematic	665	☐ tiny	948
☐ subtle	1683			☐ tire	512
☐ suburb	484	**T**		☐ tired	514
☐ succeed	739,1805			☐ tiring	513
☐ success	739,1805	☐ tail	37	☐ tongue	1280
☐ successful	739	☐ take	p.58,p.112	☐ toothache	1082
☐ succession	740,1805	☐ tale	37,1656	☐ top	141
☐ successive	740	☐ talent	1764	☐ topic	816
☐ sudden	1542	☐ talented	1764	☐ tough	1810
☐ suddenly	1542	☐ talk	469	☐ tour	105
☐ suffer	626	☐ task	988	☐ tourism	105
☐ sufficiency	1743	☐ taste	43	☐ tourist	105
☐ sufficient	1743	☐ tear	1143	☐ trace	1264
☐ suggest	432	☐ technical	622	☐ track	1265
☐ suggestion	432	☐ technique	622	☐ trade	852
☐ suicide	1486	☐ technological	1551	☐ tradition	62
☐ suit	1032	☐ technology	1551	☐ traditional	62
☐ suitable	1032,p.293	☐ telephone	252,300	☐ traffic	360
☐ sum	1004	☐ telescope	1163	☐ tragedy	1661,1670
☐ summarize	1004	☐ tell	466,p.297	☐ tragic	1670
☐ summary	1004	☐ temper	1757	☐ transfer	1009
☐ superficial	1824	☐ temperament	1757	☐ transform	1854
☐ superior	705	☐ temperature	2	☐ transformation	1853
☐ superiority	705	☐ temporary	1543	☐ translate	1294
☐ supply	346,427	☐ tend	1777	☐ translation	1294
☐ support	420,613,p.307	☐ tendency	1777	☐ translator	1294
☐ suppose	486	☐ term	1284,p.308	☐ transmit	1271
☐ supposition	486	☐ territory	1175	☐ transplant	1550
☐ supremacy	1868	☐ thank	359	☐ transport	361,1008
☐ supreme	1868	☐ that	p.372	☐ transportation	361,1008
		☐ theft	710		

☐ travel	106
☐ treasure	439
☐ treat	421
☐ treatment	421
☐ treaty	1151
☐ trial	208, **1061**
☐ tribal	1116
☐ tribe	1116
☐ trick	972
☐ trillion	1809
☐ trouble	100
☐ true	94, **187**
☐ truly	187
☐ truth	187, p.297
☐ try	208
☐ turn	p.60, **367**
☐ twice	p.379
☐ type	1064
☐ typical	1064
☐ tyre	512

U

☐ ugly	455
☐ ultimate	1866
☐ ultimately	1866
☐ unable	776
☐ unbelievable	1047
☐ uncomfortable	1084
☐ unconscious	1769
☐ understand	**127**, p.311
☐ understanding	127
☐ undertake	1024
☐ undertaking	1024
☐ unfortunate	1780
☐ unfortunately	476
☐ unique	1379
☐ unite	862
☐ universal	1613
☐ universe	1613
☐ unlikely	211
☐ unnecessary	815
☐ unusual	1715
☐ upset	1758
☐ upstairs	195
☐ urban	1125, **1176**
☐ urbane	1176
☐ urbanization	1176
☐ urge	1759
☐ usage	1293
☐ use	**479**, p.293, p.294, p.295
☐ useful	812
☐ useless	812

☐ usual	1715
☐ usually	880

V

☐ vacancy	1692
☐ vacant	1692
☐ vague	1684
☐ vaguely	1684
☐ vain	1702
☐ valuable	938
☐ value	938
☐ vanish	1429
☐ vanity	1702
☐ variety	**747**, 1301, 1734
☐ various	1301, **1734**
☐ vary	1301
☐ vast	1858
☐ vehicle	1422
☐ verb	1273
☐ verbal	1273
☐ via	1237
☐ vice	1651
☐ victim	1059
☐ view	5
☐ village	52
☐ villager	52
☐ violence	1756
☐ violent	1756
☐ virtue	1651
☐ virtuous	1651
☐ virus	1498
☐ visible	1723
☐ vision	1724
☐ visionary	1724
☐ visit	302
☐ visitor	979
☐ vital	1476
☐ vitality	1476
☐ vivid	1475
☐ vocabulary	**1292**, p.309
☐ volcano	635
☐ volume	1658
☐ voluntary	1332
☐ volunteer	1332
☐ vote	956
☐ voyage	107

W

☐ wage	966
☐ wake	335
☐ wander	1010
☐ warn	314

☐ warning	314
☐ waste	99
☐ way	780, p.295, p.298
☐ wealth	937
☐ wealthy	937
☐ weapon	713
☐ wear	**220**, p.310
☐ weather	1
☐ weed	1126
☐ weedy	1126
☐ weigh	1274
☐ weight	1274
☐ welfare	1467
☐ well	309
☐ well-experienced	1587
☐ wheat	1127
☐ wheel	994
☐ whenever	877
☐ whereas	1229
☐ whether	p.376, p.377
☐ while	p.374
☐ whisper	392
☐ width	950
☐ willing	1512
☐ wind	3
☐ windy	3
☐ wipe	1144
☐ wisdom	677, **1650**
☐ wise	677, 678
☐ wish	381
☐ withhold	581
☐ witness	1060
☐ wonder	489
☐ word	p.309
☐ work	985
☐ worm	1103
☐ worry	380
☐ worship	1051
☐ worth	451, 1762
☐ worthy	451, **1762**
☐ wrap	492
☐ write	671
☐ wrong	p.293

X

☐ X-ray	4

Y

☐ yield	1129

熟語さくいん

●本文に収録されている熟語・重要表現を ABC 順に掲載しています。数字は Word No. です。p. は熟語等の掲載されているページ数です。なお，見出し熟語は太字で示しています。

A

□ a crowd of ...	482
□ a diversity of ...	1631
□ a good[great] deal of ...	1034
□ **A is no less B than C (is) (D)**	**1236**
□ **A is no more B than C (is) (D)**	**1235**
□ **A is to B what C is to D**	**1257**
□ a large amount of ...	775
□ a large quantity of ...	1005
□ a leaf of paper	16
□ a mass of ...	1158
□ a variety of ...	747
□ a vast number of ...	1858
□ abound in[with] ...	1616
□ account for ...	p.305
□ accuse ⟨人⟩ of ...	1154
□ adapt to ...	1298
□ adapt ... for ~	1298
□ adapt ... to ~	1298
□ add ... to ~	774
□ adjust to ...	408
□ advise ⟨人⟩ to *do*	425
□ agree to ...	35
□ agree with ⟨人⟩	35
□ all of a sudden	1542
□ all the way	p.293
□ **all the +比較級 (＋for[because] ...)**	**1245**
□ allow ⟨人⟩ to *do*	90
□ almost all ...	212
□ **although ...**	**1226**
□ amount to ...	775
□ an authority on ...	1378
□ an endangered species	1411
□ an enormous amount of ...	1859
□ **answer for ...**	**1194**
□ **any ... will do**	**592**
□ **apart from ...**	**1239**
□ apologize for ...	31
□ apologize to ⟨人⟩	31
□ appeal to ⟨人⟩ for ...	415
□ **apply for ...**	**1529**,1599
□ **apply to ...**	**1528**,1599
□ approve of ...	751
□ argue with ⟨人⟩	32
□ as a consequence of ...	1785
□ as a matter of fact	p.301
□ as a rule	63
□ as a substitute for ...	1733
□ as far as ...	193
□ as if to *do*	1527
□ **as if + 仮定法**	**1527**,p.377
□ as is often the case (with) ...	p.371
□ **as many[much] as ...**	**1222**,1233
□ **as (of) yet**	**1196**
□ **as soon as ...**	**885**,889
□ as soon as *one* can	885
□ as soon as possible	885
□ as the proverb goes[says]	1653
□ **as ... as any ~**	**1221**
□ as ... as possible	778
□ as +形容詞[副詞] + as ...	p.371
□ 形容詞+ **as ...**	**1228**
□ aside from ...	1503
□ ask a favor of ...	78,700
□ ask ... (for) a favor	700
□ **ask ⟨人⟩ for ...**	**1530**
□ ask ⟨人⟩ to *do*	78
□ associate with ...	487
□ associate ... with ~	487
□ assume that ...	1286
□ assuming that ...	1286
□ at a glance	1416
□ at any moment	385
□ at any rate	1438
□ at any risk	1802
□ at dawn	1604
□ at first glance	1416
□ at issue	1397
□ **at large**	**1242**
□ at last	689
□ at least	1234
□ at most	1232
□ at *one's* leisure	109
□ at *one's* own risk	1802
□ at present	p.307
□ at the cost of ...	79
□ at the expense of ...	1455
□ at the mercy of ...	1043
□ at the wheel	994
□ **attend to ...**	**10,1532**
□ **attribute ... to ~**	**1534**,1581

B

□ B as well as A	892
□ back and forth	1504
□ ban ... from -ing	1499
□ *be* able to *do*	776
□ *be* absent from ...	98
□ *be* absorbed in ...	1121
□ *be* abundant in ...	1616
□ *be* accustomed to ...	1297
□ *be* accustomed to -ing	930,p.295
□ *be* adequate for ...	1742
□ *be* afraid of ...	73
□ *be* alien to ...	1717
□ *be* amazed at[by] ...	521
□ *be* amused at[by] ...	524
□ *be* annoyed at ...	534
□ *be* anxious about[for] ...	74
□ *be* anxious for ...	74
□ *be* apt for ...	1775
□ *be* apt to *do*	1775
□ ***be* as good as *one's* word[promise]**	**1217**
□ *be* ashamed of ...	75
□ *be* astonished at ...	1346
□ *be* at a loss	854
□ ***be* at home in[with] ...**	**1215**
□ *be* at home -ing	1215
□ *be* at liberty to *do*	1140
□ *be* at the point of -ing	143
□ *be* aware of ...	1829
□ ***be* beside the point**	**1218**
□ *be* blessed with ...	1053
□ *be* bored with ...	527
□ *be* born	329
□ *be* bound for ...	p.309
□ *be* bound to *do*	1131,p.309
□ *be* capable of -ing	777
□ ***be* caught in ...**	**1251**
□ *be* certain to *do*	210
□ *be* composed of ...	1407
□ *be* confused about ...	537
□ *be* conscious of ...	1769

408

☐ be convinced (that) ...	313	☐ be likely to do	211	☐ be under an[the] illusion	1681
☐ **be covered with ...**	**1250**	☐ be lost	458	☐ be under pressure to do	1789
☐ be crowded with ...	482	☐ **be made from ...**	**223**	☐ **be under way**	**1214**
☐ be curious about ...	703	☐ be made into ...	226	☐ **be up to ...**	**1210**
☐ be defeated	1311	☐ **be made of ...**	**224**	☐ **be used to -ing**	**930**,p.295
☐ be delayed	968	☐ **be made up of ...**	**225**	☐ be vital to[for] ...	1476
☐ be dependent on[upon] ...	382	☐ be married to ...	20	☐ **be well off**	**1212**
☐ be derived from ...	1289	☐ be notorious for ...	1704	☐ be willing to do	1512
☐ be determined to do	490	☐ be occupied with[in] ...	1362	☐ be worn out	p.311
☐ be devoted to ...	1396	☐ be of no effect	284	☐ be worthy of ...	1762
☐ be disappointed at ...	540	☐ be of the opinion that ...	130	☐ **be yet to do**	**1211**
☐ be due to do	388,p.305	☐ be on a diet	1595	☐ bear fruit	17,p.307
☐ be eager to do	1678	☐ **be on good[bad] terms with ...**	**1216**	☐ bear ... in mind	329,p.307
☐ be engaged in ...	1029	☐ **be on the go**	**246**	☐ because of ...	p.305
☐ be engaged to ...	1029	☐ be on the point of -ing	143	☐ **before long**	**1199**
☐ be equal to ...	746	☐ be on ... terms with ~	p.309	☐ beg ⟨人⟩ for ...	973
☐ be essential to[for] ...	449	☐ be out of use	p.295	☐ behave oneself	737
☐ be excited at[by] ...	500	☐ be peculiar to ...	1716	☐ **behind one's back**	**1243**
☐ be expected to do	p.305	☐ be pleased with ...	379	☐ **behind the times**	**1195**
☐ be familiar to ...	185	☐ be possessed by[with] ...	1831	☐ behind the wheel	994
☐ be familiar with ...	185	☐ be possessed of ...	1831	☐ believe in ...	104
☐ be fascinated with ...	1348	☐ be proud of ...	71	☐ belong to ...	123
☐ be fed up with ...	646	☐ be put under pressure to do	1789	☐ bend down	444
☐ be fit for ...	504	☐ be qualified to do	1316	☐ beyond the bounds	p.309
☐ be flooded with ...	1063	☐ be quiet	578	☐ birds of a feather	1101
☐ be frightened of ...	1349	☐ be quoted as saying ...	1654	☐ blame ~ for ...	355
☐ be good at -ing	p.293	☐ be related to ...	1453	☐ boast about[of] ...	1352
☐ be grateful for ...	p.311	☐ be reluctant to do	1679	☐ **both A and B**	**890**
☐ be grateful (to ⟨人⟩) for ...	72	☐ be resolved to do	1353	☐ bother to do	970
☐ be headed for ...	p.309	☐ be responsible for ...	701	☐ break one's word[promise]	568
☐ be hostile to ...	1754	☐ be ripe for ...	1597	☐ **bring oneself to do**	**618**
☐ be ignorant of ...	971	☐ **be satisfied with ...**	511,**1252**	☐ **bring out ...**	**617**
☐ **be in charge of ...**		☐ be scared of ...	1350	☐ **bring ... home to** ⟨人⟩	**620**
	92,953,**1209**	☐ be senior to ...	707	☐ bring ... into effect	553
☐ be in debt	1449	☐ be sensitive to ...	731	☐ **bring ... to light**	**619**
☐ be in debt to ...	1449	☐ be short of ...	97	☐ **bring ... up**	**621**
☐ be in demand	427	☐ be similar to ...	745	☐ burn out	330
☐ be in fashion	481	☐ be still to do	1211	☐ burst out[into] -ing	1544
☐ be independent of ...	344	☐ be subject to ...	128	☐ **but for ...**	**1521**,1522
☐ be indifferent to ...	1708	☐ be superior to ...	705	☐ buy and sell	67
☐ be inferior to ...	706	☐ be supposed to do	486	☐ by accident	307
☐ **be injured in ...**	628,**1253**	☐ be sure of ...	186	☐ **by all means**	p.295
☐ be innocent of ...	1072	☐ be sure to do	186,p.309	☐ by chance	183
☐ **be interested in ...**	508,**1248**	☐ be the size of ...	422	☐ by instinct	1104
☐ be involved in ...	1493	☐ **be through with ...**	**1213**	☐ by means of ...	944,p.295
☐ be junior to ...	708	☐ be tired from ...	514	☐ by nature	172
☐ be keen on -ing	1675	☐ be tired of ...	514	☐ by the way	p.299
☐ **be killed in ...**	**1254**	☐ be to blame	355	☐ **by turns**	**291**
☐ be known by ...	1249	☐ **be to do**	**911**	☐ by virtue of ...	1651
☐ be known for ...	1249	☐ be true of ...	187	☐ **by way of ...**	**1237**,p.299
☐ **be known to ...**	**1249**	☐ be typical of ...	1064		
☐ be lacking in ...	834				

C

- □ call for ... 301
- □ **call in** 306
- □ call in sick 306
- □ **call it a day** 303
- □ **call on** ⟨人⟩ 302
- □ **call (...) back** 304
- □ **call ... off** 305
- □ **call (...) up** 300
- □ can afford to *do* 166
- □ can hardly *do* 996
- □ **cannot be too ...** 1203
- □ cannot (help) but *do* 611
- □ **cannot help -ing** 611
- □ cannot resist -ing 1372
- □ **cannot ... enough** 1204
- □ **care for ...** 505,**1531**
- □ catch a glimpse of ... 1417
- □ cause ⟨人⟩ to *do* 91
- □ cause damage to ... 1388
- □ cease -ing[to *do*] 1427
- □ characteristic of ... 1672
- □ cheat ⟨人⟩ (out) of ... 327
- □ clear ⟨場所⟩ of ... 325
- □ **come about** 550
- □ **come across ...** 230
- □ come alive 38
- □ **come by (...)** 235
- □ come into ... 549
- □ **come into being** 549
- □ **come into effect** 553
- □ **come off** 233
- □ **come out** 552
- □ **come to** 232
- □ come to *one's* sense p.301
- □ come to *one's* rescue 1391
- □ come to *oneself* 232
- □ come to terms with ... p.309
- □ **come to think of it** 234
- □ **come true** 187,**231**
- □ **come up** 551
- □ **come up with ...** 548
- □ commit a crime 711
- □ commit suicide 1486
- □ communicate with ... 416
- □ compare ... to ∼ 983
- □ compare ... with[to] ∼ 983
- □ compensate for ... 1184
- □ compete with[against] ... 1309
- □ complain of[about] ... 33
- □ concentrate ... on ∼ 1328

- □ confuse ... with ∼ 535
- □ congratulate ⟨人⟩ on ... 1036
- □ consent to ... 1738
- □ **considering ...** 920
- □ consist in ... 982
- □ consist of ... 982
- □ continue -ing[to *do*] 236,275,331
- □ contrary to ... 1788
- □ contribute to ... 1395
- □ contribute ... to ∼ 1395
- □ convince ⟨人⟩ of ... 313
- □ **cope with ...** **1533**,1840
- □ correspond to[with] ... 1452
- □ correspond with ... 1452
- □ count calories 1850
- □ count on[upon] ... 214
- □ criticize ⟨人⟩ for ... 357
- □ cure ⟨人⟩ of ... 324
- □ **cut in** **1188**

D

- □ dawn on ⟨人⟩ 1604
- □ deal in ... 1034
- □ deal with ... 1034
- □ decide to *do* 227,426
- □ depart from ... 1012
- □ depend on[upon] ... 382
- □ deprive ⟨人⟩ of ... 323
- □ derive from ... 1289
- □ devote *oneself* to ... 1396
- □ devote ... to ∼ 1396
- □ differ from ... 1300
- □ **directly ...** 889
- □ dispense with ... 590
- □ distant from ... 194
- □ distinguish ... from ∼ 869,1119
- □ **do away with ...** 593,1153
- □ **do good to ...** 591
- □ do harm to ... 591,625
- □ do justice to ... 1073
- □ do more harm than good 591
- □ **do nothing but *do*** 588
- □ **do over ...** 587
- □ **do with ...** 589
- □ **do without ...** 590
- □ **do ... good** 591
- □ do ... harm 591,625
- □ do ... justice 1073
- □ don't hesitate to *do* 720
- □ doubt that[if, whether] ... 670
- □ due to ... 388,p.305

E

- □ earn a[*one's*] living 957
- □ educate *oneself* 1106
- □ **either A or B** 893
- □ eliminate ... from ∼ 697
- □ **... enough to *do*** 905
- □ escape from ... 198
- □ **even if ...** 176,**1225**,p.377
- □ even though ... p.377
- □ **every time ...** 877
- □ excuse ⟨人⟩ for ... 394
- □ explain ... to ⟨人⟩ 406
- □ express *oneself* 1307

F

- □ face to face 215
- □ fall asleep 656
- □ fall ill 309
- □ **fall out** 1192
- □ fall out over ... 1192
- □ fall victim to ... 1059
- □ fancy -ing 1770
- □ far from ... 193
- □ fast asleep p.311
- □ feel at home 868
- □ **feel free to *do*** 871
- □ **feel ill at ease** 872
- □ feel like ... 927
- □ **feel like -ing** 41,**927**
- □ filled to capacity 1380
- □ find fault with ... 1765
- □ find out ... 102
- □ first aid 653
- □ focus (...) on ∼ 1722
- □ follow *one's* advice 844
- □ for a minute 384
- □ for a moment 385
- □ for example 132
- □ **for fear (that)...** **897**,908
- □ for fear of -ing 897
- □ **for good (and all)** **1200**,p.293
- □ for instance 1813
- □ for lack of ... 834
- □ **for nothing** 900
- □ for *one's* age 83
- □ for the benefit of ... 936
- □ **for the life of me** 912
- □ forget -ing 207
- □ forget to *do* 207
- □ fossil fuel 1390
- □ from the bottom of *one's* heart 141

G

- gaze at[into, on, upon] ... 1415
- **generally speaking** **917**
- get accustomed to ... 1297
- get angry with ... 76
- **get at ...** **575**
- **get down to ...** **570**
- get fat 423
- get in *one's* way 299
- get in the way of ... 299
- **get in touch with ...** **295**,564
- get nowhere 297
- **get on[along] with ...** **296**
- **get on *one's* nerves** **298**
- get over ... **571**
- get rid of ... 326,**573**
- **get the better of ...** **572**
- **get through ...** **574**
- **get to *do*** **293**
- get to know 〈人〉 293
- get under way 1214
- get ... nowhere 297
- **get ... to *do*** **294**
- give a hand to 〈人〉 251
- give a speech 118
- give an order p.297
- **give away ...** **259**
- **give birth to ...** **253**,p.307
- give credit to ... 1446
- **give in (...)** **255**
- give in to ... 255
- **give off ...** **261**
- give *one's* consent to ... 1738
- **give out ...** **258**
- **give rise to ...** **260**
- **give up (...)** **254**
- give up -ing 55,254
- **give way to ...** **256**,p.299
- give ... credit for ~ 1446
- **give 〈人〉a call[ring]** **252**
- **give 〈人〉a hand** **251**
- give 〈人〉up for lost 254
- **given ...** **257**
- go abroad 111
- **go ahead with ...** **242**
- **go bad** **240**
- go for a ride 370
- **go from bad to worse** **241**
- **go -ing at[in, on] 〈場所〉** **238**
- **go into effect** **553**
- go on a diet 1595
- **go on -ing** **236**
- **go on with ...** **237**
- **go *one's* own way** **285**
- **go out of *one's* way to *do*** **245**
- go out of the way 245
- **go over ...** **243**
- go pale 654
- **go through ...** **239**
- go through with ... 239
- **go with ...** **244**
- graduate from ... 34
- grow up 19

H

- **had better *do*** **923**
- had it not been for ... 1524
- **hand in ...** 255,**874**
- **hardly ... when [before]** ~ 657,**888**
- Hardly＋助動詞＋主語＋動詞 888
- have a fever 651
- **have a good command of ...** **286**
- **have a good time -ing** **278**
- have a hard time -ing 278
- have a quarrel with ... 790
- have a seat 153
- have an appointment with ... 782
- **have an effect on ...** **284**
- **have an eye for ...** **280**
- have an interest in ... 506
- have cancer 1485
- **have no choice but to *do*** **287**
- **have no idea** **279**
- have no notion of ... 1792
- **have nothing to do with ...** **899**
- **have *one's* own way** **285**
- **have only to *do*** **281**
- have something to do with ... 899
- have still to *do* p.303
- have to *do* 281
- **have words with ...** **283**
- have yet to *do* 1211
- have ... *do* 137
- **have ... *done*** 137,**282**
- **help (...) out** **612**
- **help ... (to) *do*** **610**
- **help 〈人〉with ...** **609**
- **hit on[upon] ...** **1191**
- **hold back ...** **581**
- **hold good[true]** **579**
- **hold *one's* breath** **577**
- **hold *one's* tongue** **578**
- **hold out (...)** **580**
- hold out against ... 580
- **hold the line** **576**
- hope for ... 169
- **How about -ing?** **928**
- **How dare ...?** **1208**
- human being 88
- hurry up 369

I

- I beg your pardon? 378
- I can't help it. 611
- **I wish＋仮定法** **1518**,1526
- identify ... with ~ 491
- **if it had not been for ...** **1524**
- if it is provided that ... 1223
- **if it were not for ...** **1523**
- **if *one* can help it** **916**
- **If only＋仮定法（！）** **1526**
- **if S should *do*** **1520**
- **if S were to *do*** **1519**,1520
- if ... not 1227
- if＋仮定法 p.377
- I'm afraid (that) ... 73
- impose on[upon] ... 1168
- impose ... on ~ 1168
- in a hurry 369
- in a little while p.375
- in a row 694
- in a sense p.301
- in a way p.299
- in addition to ... 774
- **in advance** **1197**
- in all aspects 1728
- in any case p.297
- in attendance p.307
- in brief 387
- **in case ...** **898**
- in case of ... 151,p.297
- in company with ... 277,316
- in conclusion 819
- in conflict with ... 1787
- in contrast (to[with] ...) 1288
- in delight 1663
- in despair 1665
- in detail 1729
- in effect 1576
- in fact 131

411

Entry	Page
in front of ...	140
in (full) bloom	15
in general	473
in isolation	1470
in no circumstances	**913**
in no time	**1198**
in one's bare feet	424
in opposition to ...	822
in order not to do	**908**
in order that ...	**896,907**
in order that ... not ...	908
in order to do	896,**907**
in position	139
in principle	1562
in public	54
in regard to ...	488
in simple terms	p.309
in space	175
in spite of ...	757
in sympathy with ...	1671
in terms of ...	1284,p.309
in the direction of ...	817
in the long run	**884**
in the long term	p.309
in the meanwhile[meantime]	p.295
in the presence of ...	1812
in the short run	884
in the way (of ...)	p.299
in turn	**292**
in vain	1702
inform 〈人〉 of ...	312
insist on ...	428
inspire 〈人〉 with ...	1855
inspire ... in 〈人〉	1855
interfere in ...	1181
interfere with ...	1181
It can't be helped.	611
it doesn't matter	p.301
it follows that ...	216
it goes without saying that ...	**934**
it is ... that ~	p.373
it is no use -ing	p.295
it is possible for 〈人〉 to do	778
it is probable that ...	1783
it occurs that ...	515
it occurs to 〈人〉 that ...	515
it sounds as if[though] ...	p.299
it takes 〈時間〉 for 〈人〉 to do	268
it takes 〈人〉〈時間〉 to do	**268**
it won't be long before ...	1199

Entry	Page
it's a pity that ...	718
It's been a while.	p.375
it's high time ...	1525
it's time ＋仮定法過去	**1525**

J

Entry	Page
join in ...	859
judging from ...	400,**919**
just in case	p.297

K

Entry	Page
keep a diary	**273**
keep an eye [one's eye(s)] on ...	**569**
keep away from ...	**563**
keep good[early] hours	**272**
keep good time	**274**
keep (in) contact with ...	120
keep in shape	348
keep in touch with ...	**564**
keep off ...	**566**
keep on with ...	275
keep (on) -ing	236,**275**
keep one's temper	1757
keep one's word[promise]	**568**
keep order	p.297
keep to ...	**567**
keep ... away from ...	563
keep ... from -ing	337,**562**
keep ... -ing	**276**
keep ... to oneself	**565**
keep 〈人〉 company	**277**
know better than to do	**1247**

L

Entry	Page
lay off ...	**1540**
lean on[against] ...	1776
learn to do	**875**
leave much[a lot] to be desired	**248**
leave nothing to be desired	248
leave ... alone	**249**,582
leave ... behind	**247**
leave ... out	**250**
let alone ...	**583**
let go of ...	586
let go of one's hand	**586**
let us[let's] do	136
let ... alone	**582**
let ... do	136
let ... down	**584**

Entry	Page
let ... out	**585**
live up to ...	**1193**
look after ...	265,1531,1538
look alike	744
look at ...	45
look back at[to] ...	603
look back on[upon] ...	603
look down on[upon] ...	599,600
look forward to -ing	**929**
look into ...	597
look like ...	595
look on[upon] ... as ~	601
look out for ...	602
look up to ...	599,600
look ... over	598
look ... up in ~	596
look 〈人〉 in the eye	594
look 〈人〉 in the face	594
lose one's temper	1757
lose one's way	458

M

Entry	Page
maintain order	p.297
major in ...	414
make a choice	69
make a difference	**541**
make a gesture	1272
make a hypothesis	1591
make a[one's] living	864
make a point of -ing	**228**
make a promise	568
make a request	431
make a speech	118
make allowance(s) for ...	**1185**
make comments on ...	1641
make do with ...	**589**
make every effort to do	699
make for ...	**867**
make fun of ...	1182,1190
make it a point to do	228
make it a rule to do	**1186**
make it impossible for 〈人〉 to do	**547**
make one's living	**864**
make one's way	**866**
make oneself at home	**868**
make oneself heard	863
make oneself understood	**863**
make out ...	**546**
make progress	436

□ make progress in …	229	
□ make sense	1285,p.301	
□ make sure (of) …	544	
□ make the best of …	542	
□ make the most of …	542	
□ make up …	1183	
□ make up for …	1184	
□ make up *one's* mind to *do*		227
□ make up with …	545	
□ make use of …	543,p.295	
□ make way for …	865,p.299	
□ make … do	589	
□ make … *do*	135	
□ make … into ~	226	
□ manage to *do*	1021	
□ masses of …	1158	
□ may as well *do*	1206	
□ may as well … as ~	1207	
□ may well *do*	1205	
□ mean -ing	209	
□ mean that …	p.295	
□ mean to *do*	209,p.295	
□ melt away	645	
□ might as well *do*	1206	
□ might as well … as ~	1207	
□ mistake … for ~	271	
□ more (of) B than A	1219	
□ more often than not	880	
□ mother tongue	1280	
□ musical instrument	1612	

N

□ neat and tidy	1693
□ need -ing	933
□ need not *do*	925
□ need to *do*	925
□ neither A nor B	894
□ never fail to *do*	168
□ no kidding	84
□ no less than …	1233
□ no matter if …	p.377
□ no more than …	1231
□ no sooner … than ~	887
□ No sooner＋助動詞＋主語＋動詞	887
□ none the＋比較級（＋for[because] …)	1246
□ not A but B	891,p.375
□ not less than …	1234
□ not more than …	1232
□ not only A but (also) B	892

□ not so much A as B	1219
□ not so much as *do*	1220
□ nothing but …	901

O

□ object to …	1615
□ object to -ing	931
□ of great importance	202
□ of no use	p.295
□ of *one's* own -ing	122
□ of use	p.295
□ omit -ing[to *do*]	1441
□ on a budget	1443
□ on a large scale	1751
□ on account of …	p.305
□ on and off	881
□ on average	795
□ on condition that …	1224
□ on end	879
□ on impulse	1760
□ on no condition	1224
□ on *one's* conscience	1795
□ on second thought(s)	1241
□ on the contrary	1788
□ on the decline	1382
□ on the spot	350
□ on trial	1061
□ once again	764
□ once (and) for all	883
□ once in a while	882
□ one after another	878
□ order … to *do*	p.297
□ ought to *do*	924
□ out of date	1195
□ out of order	429,p.297
□ out of stock	1458
□ out of the question	915
□ out of (the) reach	22
□ owe … to ~	89

P

□ participate in …	267,860
□ pass by	58
□ pay attention to …	119
□ pay *one's* respects to …	p.303
□ pay *one's* last[final] respects to …	p.303
□ persist in …	1373
□ persuade 〈人〉 into -ing	1539
□ persuade 〈人〉 to *do*	1539
□ pick up …	18
□ play a trick on …	972

□ play an important role in …	64
□ plenty of …	1618
□ police officer	668
□ praise 〈人〉 for …	356
□ pray to God for …	1052
□ prefer … to ~	709
□ prepare for …	1093
□ present … to 〈人〉	347
□ present 〈人〉 with …	347
□ prevail in[among] …	1326
□ prevent … from -ing	336,562
□ previous to …	1559
□ proceed with …	1324
□ product development	1435
□ profit and loss	935
□ prohibit … from -ing	338
□ prohibit 〈人〉 from -ing	1537
□ protest against …	1178
□ prove (to be) …	289,402
□ provide for[against] …	345
□ provide 〈人・場所〉 with …	345
□ provided (that) …	1223
□ pull *one's* leg	1182,**1190**
□ pull up (…)	1189
□ punish 〈人〉 for …	358
□ put an end to …	604
□ put forward …	608
□ put off …	606,**607**,968
□ put on …	606,607
□ put up with …	605
□ put … in order	429,p.297
□ put … into practice	196
□ put … to use	p.295

R

□ raise money	114
□ rather B than A	1219
□ reach (a) consensus	785
□ reach for …	22
□ react to …	418
□ recover from …	634
□ refer to …	749
□ refrain from -ing	1536
□ regard … as ~	488,601
□ regardless of …	1845
□ rely on[upon] …	383
□ remain to be done	121
□ remember -ing	206
□ remember to *do*	206
□ remind 〈人〉 of …	311
□ remove … from ~	837
□ replace … with ~	836

413

☐ result from ...	818	☐ stick to ...	1822	☐ tell ... off	870
☐ result in ...	289,818	☐ still less ...	p.303	☐ tell ... off for ~	870
☐ retire from ...	517	☐ stock market	1458	☐ **tell ... from** ~	466,**869**
☐ rid 〈もの〉of ...	326,573	☐ stop to do	191	☐ tell 〈人〉to do	466
☐ right away	51,390,p.293	☐ stop ... from -ing	191	☐ tend to do	1777
☐ right there	p.293	☐ substitute ... for ~	1733	☐ thank 〈人〉for ...	359
☐ rob 〈人〉of ...	322	☐ substitue ... with ~	1733	☐ that ... not	p.375
☐ run out of ...	218	☐ succeed in ...	1805	☐ the former	461,462,p.373
		☐ succeed to ...	1805	☐ the instant ...	886

S

☐ say that ...	467	☐ such ... as ~	p.371	☐ the latter	461,462,p.373
☐ **scarcely ... when[before]** ~		☐ such + 名詞 + that ...	p.373	☐ the minute ...	384,886
	657,**888**	☐ suffer from ...	626	☐ **the moment ...**	385,**886**
☐ scold 〈人〉for ...	788	☐ sufficient to do	1743	☐ the same ... as ~	p.371
☐ search for ...	842	☐ supply 〈人〉with ...	346	☐ the vast majority of ...	1857
☐ search ... for ~	842	☐ suppose that ...	486	☐ **the + 比較級 ..., the + 比較級**	
☐ see to ...	1538	☐ suspect that ...	669	~	**1244**
☐ **see to it that ...**	**1538**	☐ suspect 〈人〉of ...	315	☐ **there is no -ing**	**926**
☐ seek for ...	841			☐ think (all) the better of 〈人〉for	
☐ seek to do	841	## T		...	1535
☐ seize 〈人〉by the arm	808			☐ **think better of ...**	**1535**
☐ **seldom , if ever**	**914**	☐ take a rest	108	☐ think much of ...	903
☐ **set about ...**	**264**	☐ take a seat	153	☐ **think nothing of ...**	**903**
☐ **set in**	**263**	☐ take account of ...	p.305	☐ **think over ...**	**876**
☐ **set out (...)**	**262**	☐ **take after ...**	**554**	☐ **though ...**	**1226**
☐ settle down	518	☐ **take care of ...**	**265**,505	☐ to a degree	1752
☐ Shame on you!	1668	☐ take delight in ...	1663	☐ to be exact	1713
☐ **show up**	57,**873**	☐ **take in ...**	**558**	☐ to make matters worse	p.301
☐ Since when?	p.379	☐ **take it easy**	**270**	☐ **to** one's **taste**	**1240**
☐ **so as not to do**	**910**	☐ take notice of ...	403	☐ to some extent	1806
☐ **so as to do**	**909**	☐ take off ...	606	☐ ... to the contrary	1788
☐ so far as ...	193	☐ **take on ...**	**561**	☐ to the extent that ...	1806
☐ **so that ...**	**895**	☐ take one's advice	844	☐ **too ... (for ~) to do**	**904**
☐ **so ... as to do**	**906**	☐ take one's order	p.297	☐ try -ing	208
☐ so ... that ~	905	☐ **take** one's **own way**	**285**	☐ try to do	208,p.295
☐ so + 形容詞 [副詞] + that ...		☐ **take** one's **time on[at]** ...	**557**	☐ **turn down ...**	**290**
	p.373	☐ **take over (...)**	**266**	☐ **turn out (to be)**	**289**,**367**
☐ **something is wrong with ...**		☐ **take part in ...**	**267**,860	☐ turn over ...	367
	902	☐ **take place**	**556**	☐ turn pale	654
☐ sound asleep	p.299	☐ take pride in ...	71	☐ **turn up**	**288**
☐ speak ill of ...	309	☐ take shelter	1690		
☐ speak to ...	468	☐ take the liberty of -ing[to do] 1140		## U	
☐ **speaking of ...**	**918**	☐ take the place of ...	556		
☐ speaking of it	234	☐ **take up ...**	**555**	☐ under arrest	807
☐ specialize in ...	1371	☐ **take ... for** ~	**271**	☐ **under condition that ...**	**1224**
☐ **stand by (...)**	**613**	☐ **take ... for granted**	**269**	☐ **under no circumstances**	**913**
☐ **stand for ...**	219,**615**	☐ **take ... into account**	**559**,p.305	☐ **unless ...**	**1227**
☐ **stand in** one's **way**	**299**	☐ **take ... into consideration**		☐ urge 〈人〉to do	1759
☐ **stand out**	**616**		197,**560**	☐ used to do	930,1201,p.295
☐ **stand up for ...**	**614**	☐ take ... seriously	270		
☐ stare at ...	839	☐ talk to ...	469	## V	
☐ stay in shape	348	☐ talking about ...	918		
		☐ talking about it	234	☐ vote for ...	956
		☐ tell a lie	115		

W

- ☐ wake (...) up   335
- ☐ want -ing   933
- ☐ warn 〈人〉of ...   314
- ☐ **watch out for ...**   **602**
- ☐ wear a ... look   p.311
- ☐ wear (...) down   p.311
- ☐ wear (...) out   p.311
- ☐ **weather permitting**   159,**921**
- ☐ were it not for ...   1523
- ☐ What do you say to -ing?   928
- ☐ What has become of ...?   213
- ☐ **what is called ...**   **1258**
- ☐ what is more   1259
- ☐ **what is worse**   **1259**
- ☐ **what *one* has**   **1260**
- ☐ **what *one* was[used to be] 1256**
- ☐ **what *one* is (today)**   **1255**
- ☐ **what with ... and (what with) ～ 1261**
- ☐ **when it comes to -ing**   **932**
- ☐ **whereas ...**   **1229**
- ☐ whether to *do*   p.377
- ☐ whether ... or ～   1230
- ☐ **whether ... or not**   **1230**
- ☐ **who *one* is (today)**   **1255**
- ☐ **who *one* was[used to be] 1256**
- ☐ win a case   p.297
- ☐ wish to *do*   381
- ☐ wish ＋仮定法   381
- ☐ **with ...**   **1522**
- ☐ with a view to -ing   5
- ☐ with delight   1663
- ☐ with enthusiasm   1673
- ☐ **with *one's* arms folded**   502,**922**
- ☐ with regard to ...   488
- ☐ with relief   1491
- ☐ with respect to ...   824,p.303
- ☐ with the exception of ...   1578
- ☐ with ＋名詞＋分詞   922
- ☐ without ...   1521,1522
- ☐ without exception   1578
- ☐ **without fail**   **1238**
- ☐ without so much as -ing   1220
- ☐ **work out (...)**   **1187**
- ☐ worry about[over] ...   380
- ☐ worth -ing   451
- ☐ **would like to *do***   **1202**
- ☐ **would (often) *do***   **1201**
- ☐ Would you care for ...?   1531
- ☐ Would you like ...?   1202
- ☐ write to ...   671

Y

- ☐ yield to ...   255,256,1129

- ●執筆協力　　大川　努, 外山　徹, 細道　政祥
- ●編集協力　　吉永　晃紀（熊本県立熊本高等学校）
- ●英文校閲　　Karl Matsumoto, Jonathan Nacht

営業所のご案内
採用品のお問い合わせは下記営業所へお願いいたします。

札幌営業所（北海道）
(011) 836-8181
仙台営業所（東北）
(022) 358-3671
東京営業所（関東・甲信越）
(03) 5339-8510
名古屋営業所（東海）
(052) 704-8036

大阪営業所（近畿・北陸・徳島）
(06) 6368-8025
広島営業所（中国・香川・愛媛・高知）
(082) 567-2345
福岡営業所（九州・沖縄）
(092) 572-6543

データベース 4500　完成英単語・熟語 [3rd Edition]

```
2001 年  1 月 20 日    初　版第 1 刷発行
2001 年  5 月  1 日    初　版第 4 刷発行
2002 年  1 月 10 日    新装版第 1 刷発行
2005 年  4 月  1 日    新装版第 14 刷発行
2005 年 12 月  1 日    第 2 版第 1 刷発行
2008 年 10 月  1 日    第 2 版第 9 刷発行
2008 年 12 月 10 日    第 3 版第 1 刷発行
2012 年  8 月 30 日    第 3 版第 16 刷発行
```

監修者　　　　荻野　治雄
発行者　　　　ブレンダン・デラハンティ

発行所　　　株式会社　ピアソン桐原
　　　　　　〒163-6023　東京都新宿区西新宿 6-8-1 新宿オークタワー 23F
　　　　　　TEL 03-5339-8585（販売）
　　　　　　http://www.pearsonkirihara.jp/

▶装丁／山田幸廣（primary inc.,）
▶本文レイアウト／メディアリーフ株式会社
▶本書の内容を無断で複写・複製することを禁じます。
▶乱丁・落丁本はお取り替えいたします。

ISBN978-4-342-01280-8
Printed in China (C&C/16)